国家监察权力运行及其监督机制研究

江国华◎著

 中国政法大学出版社

2020·北京

图书在版编目（CIP）数据

国家监察权力运行及其监督机制研究/江国华著. —北京：中国政法大学出版社，2020.9
ISBN 978-7-5620-9654-2

Ⅰ.①国… Ⅱ.①江… Ⅲ.①行政监察法－研究－中国 Ⅳ.①D922.114.4

中国版本图书馆CIP数据核字(2020)第179096号

出　版　者　　中国政法大学出版社

地　　　址　　北京市海淀区西土城路 25 号

邮寄地址　　北京 100088 信箱 8034 分箱　邮编 100088

网　　　址　　http://www.cuplpress.com (网络实名：中国政法大学出版社)

电　　　话　　010-58908586(编辑部) 58908334(邮购部)

编辑邮箱　　zhengfadch@126.com

承　　　印　　北京中科印刷有限公司

开　　　本　　720mm×960mm　　1/16

印　　　张　　25.75

字　　　数　　450 千字

版　　　次　　2020 年 9 月第 1 版

印　　　次　　2020 年 9 月第 1 次印刷

定　　　价　　129.00 元

论国家监察体制改革的三重价值
（代序）

在马克思主义哲学中，价值是规定主体人与客体之间相互关系的概念，而这种相互关系又集中表现为客体之于主体所需要满足的意义。这种"意义"内在地包含两重意思：一是客体之于主体人的意义或作用——在这个意义上，价值是客观存在的元本体，是其之于主体所具备的相互作用、相互联系的性质和能力；二是主体人对于客体满足意义之评价——在这个意义上，价值是社会意识的内在规定性和客观能力，它标志着客观存在之于主体人的行为和社会生活的指导意义。

《监察法》的出台与各级监察委员会的设立绝非单纯的国家机构的重构，其变革之根本乃是制度之变而非单纯的组成之变。新制度主义者诺思认为：制度是规则的存在，这种规则限制了共同体内成员的博弈方式与边界。换句话说，制度作为一种约束，为主体所创造并用来规范主体之间以及主体与周遭环境之间的互动关系。[1] 制度的形成与变革取决于并反向决定共同体内主体的交互关系，而历史的发展与演化离不开此种交互关系的发展与演化。因此，要理解社会历史的发展规律，就需要全面把握制度的变迁与发展。探讨制度改革或变革的价值，意在呈现制度变革本身的价值诉求及其与主体需要之间的满足关系，并借此揭示制度自身的内在规定性及其发展取向。因此，制度变革的价值议题直接关涉改革者所代表的"主体"需求之满足，其内嵌推动制度变革之动因、目的和价值预期等。

马克思主义哲学普遍认为，对价值和真理的讨论并非是纯粹的理论问题，

---

〔1〕　［美］道格拉斯·C. 诺思：《制度、制度变迁与经济绩效》，杭行译，格致出版社、上海三联书店、上海人民出版社 2014 年版。

而是根源于对实践的反映并作用于实践。[1]在实践层面上，主体的需求是多元而且是多层的，主体对价值的认知和把握也具有多层次性。故此，价值问题也因其实践性而内在地具有多层次性。不同层次的价值既对应于主体之于价值的不同认知层次，也对应于客体之于主体不同层次需求的满足关系。

作为以习近平同志为核心的党中央在新一轮全面深化改革的战略部署之下作出的事关全局的重大政治改革，国家监察体制改革对于强化党的自我革新与发展具有重要意义，是推动政治体制改革与全面深化从严治党走向纵深的战略举措，是在全党乃至全国范围内实现反腐败斗争全面胜利的必由之路。[2]其目的或内在价值正在于建立统一而有权威的反腐败机制，以期有效地控制公权力。[3]历史经验已经无数次表明，惩治腐败以形成威慑是进行腐败预防的最佳选择，建立与维护一种制度体系更是当代法治话语下治国理政的最大的保障。唯有加快建立健全制度体系，以制度限权力，以制度创生态，以制度促廉洁，方可实现国家治理体系与治理能力的变革与提高。[4]

从学理上分析，国家监察体制改革的价值可以根据其基本属性与对国家治理需要之满足划分为廉政、勤政与善政三个基本层次。其中，居于表层价值的廉政价值具有本体价值之属性，服务于"构建高效权威的反腐败国家监察体系"的需求及其满足程度；居于中层价值的勤政价值具有关联性价值之属性，服务于塑造"恪尽职守、敢于担当、全心全意为人民服务"的党德政格之需求及其满足程度；居于深层价值的善政价值具有目的价值之属性，服务于"推进国家治理体系和治理能力的现代化"之需求及其满足程度。

一、廉政：国家监察体制改革的本体价值

在价值哲学上，本体是一种指引着"实然存在"之发展方向的"应然存

---

〔1〕 马克思说："人的思维是否具有客观的真理性，这不是一个理论的问题，而是一个实践的问题。人应该在实践中证明自己思维的真理性，即自己思维的现实性和力量，自己思维的此岸性。关于思维——离开实践的思维——的现实性或非现实性的争论，是一个纯粹经院哲学的问题。"《马克思恩格斯选集》（第1卷），人民出版社1995年版，第55页。

〔2〕 袁曙宏："深化国家监察体制改革的四重意义"，载《中国纪检监察》2018年第5期。

〔3〕 韩大元："论国家监察体制改革中的若干宪法问题"，载《法学评论》2017年第3期。

〔4〕 马怀德："国家监察体制改革的重要意义和主要任务"，载《国家行政学院学报》2016年第6期。

在"，[1]其作为本体之意义也在于这种指引关系。在这个意义上，所谓本体价值就是"应然存在"与主体需求之间的满足关系，它兼具工具性和目的性。据此，如果说"廉政"乃国家监察体制改革之"应然存在"，那么，国家监察体制改革之本体价值即"廉政"之于主体的满足关系。古语云："政者，正也。"故"廉政"亦为"廉正"。《晏子春秋》有曰："廉政而长久，其行何也?""其行水也。美哉水乎清清，其浊无不雩途，其清无不洒除，是以长久也。"说的正是为政者的品行对于国家治理的重要意义，统治者只有具备泉水一样的清澈品行方能涤荡污浊，实现国泰民安。[2]从建党伊始到革命战争年代再到社会主义建设时代，党风廉政建设从始至终都是我党建设的重要环节。[3]特别是党的十八大以来，党中央从全局出发，以其高远的战略眼光全面有序地推行国家监察体制改革，以修改《宪法》为总的引领，出台国家《监察法》及其配套法律法规，于法有据地迅速建立了统一权威的国家监察机构体系，将"开展廉政建设和反腐败工作"作为其核心职能（《监察法》第3条），为制度化反腐、常态化反腐和长期化反腐奠定了法治保障和组织保障的基础，标志着中国特色社会主义廉政建设迈入制度化的崭新时代。

（一）廉政制度

腐败是一种"体制病"。"体制病"必须依靠体制来治疗——体制的治疗方法：一曰治，即惩治腐败；二曰疗，即预防腐败。[4]构筑廉政法规制度体系，保证国家监督体制机制的制度化、规范化，是国家监察体制改革的核心以及目标之一。十八大之后，全面推进依法治国成了"四个全面"战略布局中的重要一环，其总目标乃是建设中国特色社会主义法治体系，这一法治体系囊括社会主义法治国家法律规范体系、法治实施体系、法治监督体系、法治保障体系、党内法规体系等核心内涵要素。完备、高效、严密、有力是其基本特征与根本要求。[5]构建以宪法、党章和监察法为基本内核的法纪贯通

---

[1] 邓安庆："论价值哲学的本体论问题"，载《江汉论坛》1997年第3期。

[2] 张倩："国家监察体制改革的三维价值"，载《中国报道》2017年第11期。

[3] 亓光："论中国共产党的反腐倡廉建设"，载《政治学研究》2011年第3期。

[4] 光靠反腐不可能消灭腐败，还必须加强廉政建设以预防腐败。李和中、邓明辉："政府廉政生态的建构与策略选择"，载《中国行政管理》2014年第4期。

[5] 马怀德："国家监察体制改革的重要意义和主要任务"，载《国家行政学院学报》2016年第6期。

的廉政法治体系，既是全面依法治国的内在需要，也是监察体制改革的内在价值。"加强反腐倡廉法规制度建设，充分利用法律法规的强制力与威慑力消灭腐败。"〔1〕

其一，深化监察体制改革，首先就是要将廉政体制建设起来，并且必须将根本性、全局性、稳定性以及长期性作为此体制的根本要求。法律乃制度之外化，本着任何改革都要于法有据的要求，不断加强反腐倡廉法治体系建设作为廉政制度建设中的重要一环乃是关键抓手。一方面盘活"存量"即完善并合理利用已有的反腐机制；另一方面也要吐故纳新，废止部分不适应新形势的法律法规，制定合法且行之有效的新的法律法规体系，做到既满足中央要求，又符合群众期盼，努力形成系统完备的廉政制度体系。这种廉政制度体系建设，从战略意识上着手绝非仅是吏治之变，乃是国家治理结构之变，即构建国家治理结构意义上的宏观制度环境与制度基础，形成政府、市场、社会三元共治的国家治理结构体系。立基于此，国家决定实行党和国家机构改革，进一步明确政府职能的范围，实现政府职能的分解、转移和下沉。〔2〕中国特色社会主义市场经济改革的核心问题就在于政府与市场的关系问题。〔3〕国家将"发挥市场在资源配置中的决定性作用"写入党章；将"社会建设"纳入"五位一体"的总体布局，将"社会文明"写入宪法总纲之中；将打造"共建共治共享"的社会治理体系作为社会建设的总体目标。〔4〕

其二，深化监察体制改革，内在地需要构建系统完备、衔接配套、立治有体、施治有序的廉政法治体系。为此，完善廉政法治体系必须坚持两个结合：一要坚持问题意识与战略意识的有机结合，即一方面始终实事求是地以问题为导向、抓住主要矛盾，强调对具体问题的科学把握与有效针对，另一方面又要坚持从战略的角度出发，注重宏观思考、从全局上做好规划；二要坚持原则统一与规则配套的有机结合，即一方面充分体现宪法、党章的基本原则和精神，在依法治国的总体布局之内活动，另一方面又要在保持法治统

〔1〕 习近平在中共中央政治局第二十四次集体学习时强调："加强反腐倡廉法规制度建设，让法规制度的力量充分释放"，参见《人民日报》2015 年 6 月 28 日。

〔2〕 江国华、张倩："权力的分解、位移与下沉——写在 1982 年《宪法》实施三十周年之际"，载《法学杂志》2012 年第 7 期。

〔3〕 习近平：《习近平谈治国理政》，外文出版社 2014 年版，第 116 页。

〔4〕 江国华、刘文君："习近平'共建共治共享'治理理念的理论释读"，载《求索》2018 年第 1 期。

一的基础上，从系统出发，在法律法规关于与党纪国法的相互关系上做到左右联动、上下配套、系统集成，把反腐倡廉法规制度的"笼子"扎细、扎密、扎牢，在反腐败制度建设中以整体统率部分，以部分促进整体。立基于此，国家修改《宪法》并出台《监察法》，构设了党政合署、全面覆盖的廉政法治框架——参照透明国际制度支柱理论[1]。在中观层面上，我国正在打造廉政的五大支柱制度体系，即决策系统（中国共产党的各级委员会作为整个党和国家政权的领导核心和决策中心）廉政支柱规范体系，政策审议和参议（各级人民代表大会以及民主党派和政治协商会议分别拥有政策审议权和政策参议权）廉政支柱规范体系，公共政策执行（政府行政机关、公职人员系统、公共部门、部委和地方政府是公共政策的具体执行者）廉政支柱规范体系，专门监督（国家监察机关、审计机关、信访机构、检察院、法院分担不同廉洁监督责任）廉政支柱规范体系，社会监督（社会组织、新闻媒体、公民个人等是公共政策实施的监督者）廉政支柱规范体系。[2]

其三，深化监察体制改革内在地需要构建一套反腐倡廉法治体系的实施机制。为此，必须进一步加强并以制度形式保持和固定执行的手段与力度，依靠执行手段为制度接上"拳头"，为法律装上"牙齿"，以确保各项法律法规制度得到真正的落实。与此同时，要加强监督检查与巡视制度，落实监督制度、完善监督手段，用强有力的监督所带来的压力来推动制度的落地生根。[3]对任何踩"红线"、越"底线"、闯"雷区"的违法违纪行为，无论权势大小、无论问题大小、无论违者多寡都要坚决严肃查处，任何人都不能享有法律上的"暗门"和"天窗"，坚决防止"破窗效应"。[4]在这个层面上，国家以《监察法》为基础，形成了三大微观廉政实施机制，即法纪融通实施机制、监察机关案件调查公安机关等予以协助配合机制、监察处置与刑事司法衔接机制（2018年《刑事诉讼法》再次修正）。

---

〔1〕张杰："透明国际建构国家廉政体系主张及其对中国反腐败的意义"，载《江苏警官学院学报》2010年第5期。

〔2〕陈景云、杨爱平："制度剩余与制度短缺：我国廉政制度建设的结构性问题"，载《学术论坛》2011年第12期。

〔3〕习近平："加强反腐倡廉法规制度建设 让法规制度的力量充分释放"，载《人民日报》2015年6月28日。

〔4〕习近平："加强反腐倡廉法规制度建设 让法规制度的力量充分释放"，载《人民日报》2015年6月28日。

其四，深化监察体制改革，内在地需要构建一套切实可行的廉政指标体系和监察责任制度。为此，必须以"有责必究、追责必严"作为追责之基本原则，将监察责任追究本身也纳入廉政指标体系中去，以制度化、程序化与法治化的方式将监察追责的内容、对象、事项、主体、程序以及方式固定下来，做到追责于法有据。另外，对于为政一方的领导干部，要把反腐倡廉制度的执行工作作为重要政治任务。在考核上将反腐倡廉制度执行情况纳入党政领导干部述职述廉和政绩考核之范围，通过规范并强化领导干部的主体责任、监督责任、领导责任，让领导干部正视并重视廉政问题，从而带动其他干部群众以达到法律法规制度的规范作用。[1]

（二）廉政生态

生态作为生物学上的概念，本指生物生存的状态，其内在地也蕴含了生物之间、生物与环境之间的互动关系。在社会学意义上，生态一词引申为社会存在之间及其与其他存在之间相互影响、相互作用的动态关系。廉政生态，顾名思义即是作为廉政主体的人和社会与影响其发展的一切社会要素之总和。众所周知，廉洁系为政之根本，腐败乃廉政之天敌。廉生威，公生明。"为政清廉才能取信于民，秉公用权才能赢得人心。"[2]廉政是人民之期盼，人民期盼之满足乃是为政者公信力之来源，为政者之公信力又是为政者执政合法性的重要来源。[3]因此成功塑造干净透明的廉政生态，是深化国家监察体制改革的基本价值之一。党的十八大以来，中国共产党对廉政生态建设的要求不断提高，"对政治生态的要求要像对自然生态的要求一样，务必做到山清水秀。要以作风建设为抓手，净化政治生态，营造廉洁从政的良好环境，做到有腐必反、除恶务尽。"[4]

其一，党内政治生态。"政治生态主要是指作为主体的政治系统及其内部各要素的矛盾运动和作为整体的政治系统与外部各系统要素的相互作用关系的综合体现，它是党内政治生活的集中反映，并反过来影响与制约着政治生活

---

[1] 习近平："加强反腐倡廉法规制度建设 让法规制度的力量充分释放"，载《人民日报》2015年6月28日。

[2] 中共中央纪律检查委员会、中共中央文献研究室编：《习近平关于党风廉政建设和反腐败斗争论述摘编》，中央文献出版社、中国方正出版社2015年版，第4页。

[3] 张倩："国家监察体制改革的三维价值"，载《中国报道》2017年第11期。

[4] 《关于新形势下党内政治生活的若干准则 中国共产党党内监督条例》，人民出版社2016年版，第74页。

的发展，既是当下政治风气的综合体现，也预示着政治生活发展的方向。"〔1〕作为《监察法》的立法宗旨，"深入开展反腐败工作，推进国家治理体系和治理能力现代化"与廉政生态也有着密不可分的关系，一方面廉政生态是治理体系与治理能力现代化之目标与价值，另一方面政治生态的净化与重塑本身也是治理能力现代化的重要表现。习近平总书记对净化政治生态有过深刻的论述，习近平总书记指出："做好各方面工作，必须有一个良好政治生态。政治生态污浊，从政环境就恶劣；政治生态清明，从政环境就优良。政治生态和自然生态一样，稍不注意，就很容易受到污染，一旦出现问题，再想恢复就要付出很大代价。"〔2〕要突出领导干部这个关键，教育引导各级领导干部立正身、讲原则、守纪律、拒腐蚀，形成一级带一级、一级抓一级的示范效应，积极营造风清气正的从政环境。因此，习近平总书记在十九大报告中明确把"全面净化党内政治生态"纳入新时代坚持和发展中国特色社会主义的基本方略。〔3〕

其二，廉政制度生态。科斯在分析制度变迁理论时指出："制度生态，即一系列基本政治、社会法律的基础性规则以及其自身之间、与环境要素之间的相互关系。"〔4〕制度是体系的存在物，任何单一的制度都难以在纷繁复杂的社会生活中单独起作用，都需要在制度体系中与其他相关制度相互配合从而发挥其价值。因此，廉政制度生态建设就要求我们用系统论的观点看待制度生态，从构建完整的廉政制度体系出发，以系统的发展带动要素的发展。深化监察体制改革，构建以监察制度为基本内核的统一权威的反腐败机制是塑造廉政生态的制度保障。为此，必须进一步健全反腐倡廉制度体系，立"明规矩"、破"潜规则"，通过体制机制改革和制度创新促进政治生态不断改善〔5〕，完善反腐败国家立法和党内法规建设，坚持依法治国与依规治党相结合，形

---

〔1〕 包心鉴："不断净化优化党内政治生态"，载《人民日报》2016年12月19日。

〔2〕 "做好各方面工作必须有一个良好政治生态"，载 http://news.ifeng.com/a/20150310/43307262_0.shtml，访问日期：2019年7月21日。

〔3〕 习近平："决胜全面建成小康社会 夺取新时代中国特色社会主义伟大胜利——在中国共产党第十九次全国代表大会上的报告"，载《人民日报》2017年10月19日。

〔4〕 ［美］R. 科斯等：《财产权利与制度变迁——产权学派于新制度学派译文集》，刘守英译，上海三联书店、上海人民出版社1994年版，第270页。

〔5〕 董瑛："努力构建山清水秀的党内政治生态——学习十九大报告关于全面从严治党的重要论述"，载《人民论坛·学术前沿》2017年第24期。

成不敢腐、不想腐、不能腐的长效体制机制，"营造风清气正的良好政治生态"。[1]

其三，经济生态。经济基础决定上层建筑，经济生态的好坏直接决定了政治生态的优劣。[2]如果说，"形成一个廉洁为公的政治生态"是《监察法》的内在诉求，那么造就一个健康有序的经济生态则是监察体制充分发挥作用的外部条件。在这个意义上说，深化监察体制改革，内在地包含了经济生态建设。其中，核心议题关涉政府与市场之间关系之调整——在社会的资源配置系统中，市场配置和政府配置是两个最重要的子系统。如何在制度上构设二者"双向运动"的良性生态，是市场化改革和政府体制改革的共同命题。从制度经济学的角度看，政府职权如何确定以及是否明晰，是直接影响经济体制架构的核心问题，关系到长期的资源配置效率。[3]故此，进一步明确政府权力之边界，防止政府对市场的不当干预，仍属于当前中国政府与市场关系调整的重要面向。在廉政层面上，当务之急，须在政治与经济之间构建一道防火墙，重拳治理经济领域的腐败现象，以"无禁区""全覆盖""零容忍"的坚决态度，努力造就一个健康有序的经济生态，从而从经济基础层面出发，改良我国当前之政治生态。

其四，社会生态。制度生发于社会并最终作用于社会。因此社会生态的健康程度决定了制度之样态及其运行之效果。社会生态的作用机理具有浸润性和渗透性，并往往通过民情、民意、民心等生活化的话语形式予以表征。在廉政建设层面，社会生态的意义正在于培植廉政的社会土壤和社会环境，促成全民反腐的生态格局，让腐败分子成为过街老鼠，人人喊打、无处遁形。在这个意义上说，人民群众才是廉政生态建设的主体——对于一个具体的社会来说，公民是社会的主体，公民的思想、文化、精神都一定程度地影响着制度的形成、执行和变迁。[4]特定社会中"以关注公共事务为内容的公民精

〔1〕习近平："决胜全面建成小康社会　夺取新时代中国特色社会主义伟大胜利——在中国共产党第十九次全国代表大会上的报告"，载《人民日报》2017年10月19日。

〔2〕董瑛："努力构建山清水秀的党内政治生态——学习十九大报告关于全面从严治党的重要论述"，载《人民论坛·学术前沿》2017年第24期。

〔3〕张守文："政府与市场关系的法律调整"，载《中国法学》2014年第5期。

〔4〕陈丰："论制度生态环境与制度成本"，载《华东理工大学学报（社会科学版）》2013年第1期。

神"[1]在相当程度上决定了制度运行的实际效果。因此，深化监察体制改革，必须进一步坚持以人民为中心，充分发挥人民群众在廉政生态建设中的主体作用，满足人民对美好生活向往的需要，构建政党、政府、社会组织、公众多元共治的反腐败生态建设机制，开辟多样化、多元化、多层化的平台、通道和载体，严肃查处社会领域的典型腐败案件，营造公平正义廉洁的社会氛围，铲除腐败滋生的社会根基。借此，重塑党和政府之公信力——国家监察体制改革的终极目的在于"赢得民心"，深化国家监察体制改革，坚定不移地惩治腐败，本质上就是一场"民心保卫战"。我们党自建立以来一贯坚持从群众中来，到群众中去，时刻与人民群众站在一起，人民群众的支持与拥护是我党永远不变的根基。必须把保持党同人民群众的血肉联系融入坚持全心全意为人民服务的根本宗旨，加强和规范党内政治生活。[2]从根本上讲，决定反腐败成败的终极因素在于"政治良治、社会良序、公民良知"。

（三）廉政文化

"对公职人员开展廉政教育"系《监察法》赋予各级监察机关首要的、基本的职责（《监察法》第11条）。廉政教育的核心任务就在于汇聚向上向善的正能量，[3]培育"不想腐"的廉政文化。就其性质而言，廉政文化兼具道德文化和政治文化的双重属性。在道德层面表现为公职人员健康积极的价值观；在政治层面则表现为公职人员廉洁奉公的权力观。但不论是在道德文化层面，抑或是在政治文化层面、廉政文化层面，均内在地包含器物、制度和思想三个基本层次。

其一，器物文化。"物格而后知至"。器物不仅是价值文化的载体，而且器物本身也是一种独特的文化形态。廉政文化建设中的"器物层面"意指具有警示、提醒和示范作用的器物文化塑造，主要包括廉政教育场所、设施、平台、图书、榜样、景物、影视作品、廉政博物馆以及典型腐败案例展示等。器物文化具有儒化和涵化之双重功能，特别是廉政博物馆以及典型腐败案例展示，在警示腐败、教化社会方面具有基础性地位。

---

〔1〕 ［美］罗伯特·D. 帕特南：《使民主运转起来》，王列、赖海榕译，江西人民出版社2001年版，第182页。

〔2〕 "中国共产党第十八届中央委员会第六次全体会议公报"，载《中国纪检监察》2016年第21期。

〔3〕 王少伟、王新民、陈治治："汇聚向上向善的正能量——深入推进党风廉政建设、重塑社会价值观系列述评之三"，载《中国纪检监察报》2014年10月8日。

其二，制度文化。"制度"即规程、规矩、准则、法度等之总称。"无规矩不成方圆"，没有制度就没有分寸。廉政文化培育中的"制度"建设就是"立章建制"，构建行之有效的廉政教育制度体系，这些制度从大处讲，关涉政治体制、经济体制、国民教育体制以及司法体制等；从小处讲，关涉家庭结构、人际交往模式、道德规范以及风俗习惯等；其中，核心内容当属统一高效权威的国家监察制度。制度文化承载和表达的是一种"规范化、定型化了的正式行为方式与交往关系结构"，[1]构成了人类行为的规范和习惯，将人们的行动纳入预设的轨道，具有规范和惩戒之双重功能。

其三，思想文化。思想是行为的指导者。无数经验已经证明，任何的腐败都是最先从思想的腐败开始，进而在各个方面恶化开去。在思想上放松对自己的要求、忘记自己的初衷乃是腐败之根源。廉政文化培育中思想层面的核心问题是价值观的培育问题，内含"知""情""意"三个方面。其中，"知"即主体之于腐败之危害性和反腐败之必要性等问题之认识或知识摄取与内化；"情"即主体之于腐败现象和腐败行为羞感、耻情之培育；"意"即主体自觉抵制与拒绝腐化的意志力之养成。廉政文化中的思想文化以"心理"为作用对象，具有自省和自律的双重功能——外因通过内因起作用，归根结底，人的主观能动性决定了任何文化最终都要通过人的心理发生作用，只有内心对某一价值能够产生认同方能用之指导实践，器物文化和制度文化的培育自然也是同理。因此，加强廉政思想文化建设要培育一种廉政的价值观念，用价值观的作用指导人，这也构成了廉政文化建设的基石。

二、勤政：国家监察体制改革的关联价值

立基于"系统效应理论"和"制度变迁的广义理论"的制度关联学说指出：用以解释制度绩的变量往往不是单一与孤立的。[2]如上文所述，作为体系的存在物的制度，其运行也必定是在和其他关联制度的互通互动之基础之上进行。在这个意义上说，制度变革之成败并不仅仅取决于制度本身的设计，它还与关联制度的作用密切相关。相应地，制度变革的价值研究仅限于

---

〔1〕 高兆明：《制度公正论——变革时期道德失范研究》，上海文艺出版社2001年版，第27页。

〔2〕 邹雷："民主巩固过程中的制度因素：发展、设计及其关联性"，载《国外社会科学》2012年第2期。

本体价值是远远不够的，还应当着眼于制度关联价值研究。就国家监察制度改革而言，如果说"廉政"是其本体价值，那么"勤政"则是其最重要的关联价值——廉政与勤政密不可分。"有'勤'无'廉'，政失之于公；有'廉'无'勤'，政失之于慵。"《尚书》有云："功崇惟志、业广惟勤。"官员是勤政抑或是懒政将直接影响国家治理的有效性，进而影响人民与社会的整体福祉。勤者，为政之要也。勤政者，德政之基也。执政为民，每一个为政者都应该努力做到像习近平总书记要求的：肩负历史责任，不愧历史与人民的重托，以勤政回应人民，以奉献面对历史。国家监察体制改革的推进与深化，既要着力于廉政，同样也要将对勤政的要求融入其中。[1]如果说"廉政"意在"去贪腐"，那么"勤政"则旨在"有作为"。"有作为"之要义在于营造"恪尽职守、敢于担当、全心全意为人民服务"的党风政德。

（一）懒政治理

"懒政"也是一种腐败。为政者强调为公谋福祉而不为己谋私利，腐败一方面是为己谋私利的腐败，另一方面便是指不为公谋福祉，当作为而不作为的腐败，是为懒政腐败。懒政者往往抱着"做得多错得多"的错误价值观念，身在为民办事的岗位却做着混混日子"到站下车"的梦，对百姓之难不闻不问，对百姓之急能拖就拖，对百姓之求能推就推。这种懒政者的存在极大地影响了党和政府公共服务的质量与效率，更极大地伤害了人民对公务人员的信任与期待。治理懒政是反腐败工作的当然内容，国家监察体制既是廉政体制的基本内核，也是懒政治理体制的核心构架。

其一，"懒政"是一种腐败。北宋欧阳修尝言："不材之人，为害深于赃吏。"就是说，慵政怠政的危害较诸贪污腐化为祸尤甚。在其现实意义上，如果说贪污腐败是乱作为之"硬腐败"，那么懒政、慵政就是不作为之"软腐败"，它是一种具有极强传染性和浸润性的慢性病，对国家和社会的危害更甚于贪污腐败。[2]党的十八大以后，有些干部表面上惺惺作态，实则"上有政策，下有对策"，以"不吃""不喝""不拿""不干"等"四不主义"消极应对。出现了部分公职人员一心当官，无心干事；一心揽权，无心负责；一

---

〔1〕 张倩："国家监察体制改革的三维价值"，载《中国报道》2017 年第 11 期。

〔2〕 夏文强："论公务员勤政建设的重要性"，载《世纪桥》2016 年第 9 期。

心出彩，无心出力的畸形现象。〔1〕这种无担当、不作为的懒政、慵政现象不仅直接影响政府治理效能，而且直接破坏了政府形象，损害了政府公信力。

其二，"懒政治理"系国家监察机关的当然职责。作为党集中领导的专责反腐败机构，监察机关既要反贪污贿赂之类的硬腐败，也要反懒政慵政之类的软腐败。在懒政治理层面，言治理必谈惩戒，而言惩戒则必谈威慑，从今以后各级国家监察委员会将充当制度的"牙齿"，这种惩戒具有党、政合署之双重属性。作为党的惩戒机构，各级国家监察委员会要承担全面从严治党的使命，用党纪监督的"鞭子"威慑党员干部，时刻提醒其作为党员应有的先进性；作为政府的惩戒机构，各级国家监察委员会要承担维护国家公权力、公信力与合法性的重要作用，用政纪的"鞭子"威慑公职人员，杜绝懒政怠政。〔2〕

其三，国家监察法构设了懒政治理体系的基本框架。在其一般意义上，懒政治理体系内在地包含懒政诫勉机制、懒政惩处机制和勤政预警机制。其中，诫勉机制由诫勉谈话、责令整改等机制构成。根据《监察法》之规定，监察机关有权对不依法履行职责等不作为行为进行检查——这种检查主要是针对公职人员在思想作风方面存在明显问题，或因工作怠慢、行为明显失当并已对公私财产造成较大损失或影响时，对其进行诫勉谈话，并责令其进行整改。懒政惩处机制由不作为问责、不作为追诉等机制构成。根据《监察法》之规定，监察机关有权对玩忽职守等不作为职务违法和职务犯罪进行调查；对履责怠慢或是履职履责明显不当的领导人员进行问责；对涉嫌职务犯罪的，将调查结果移送人民检察院依法审查、提起公诉——这里的"玩忽职守""履职不力""失职失责"等均属于典型的不作为范畴，监察法将其纳入"处置"范围，展示了其懒政惩戒之属性。勤政预警机制由廉政教育、监察建议等机制构成。根据《监察法》之规定，监察机关有权对公职人员开展廉政教育，向监察对象所在单位提出监察建议——这里的廉政教育和监察建议均有预警性质，其所针对的不仅是贪污贿赂等硬腐败，也包括玩忽职守等不作为腐败。〔3〕

〔1〕 许耀桐："治理为官不为、懒政怠政问题刍议"，载《中共福建省委党校学报》2015 年第 10 期。
〔2〕 张倩："国家监察体制改革的三维价值"，载《中国报道》2017 年第 11 期。
〔3〕 吴建雄："论国家监察体制改革的价值基础与制度构建"，载《中共中央党校学报》2017 年第 2 期。

（二）勤政导向

"勤政"是一种精神，也是一种德性。作为一种精神，"勤政"需要激励；作为一种德性，"勤政"需要褒扬。"勤政"导向固然不能没有"惩戒"，但更应着力于"激励"。故此，在勤政导向层面，国家监察机关应当充当惩戒者与激励者的双重角色——作为惩戒者，意味着国家监察机关要对所有履行公职的公职人员挑毛病、找问题、动真格、不留情面；而作为激励者，意味着国家监察机关要坚持赏罚分明、奖惩并举之原则，"让能干、想干、愿干的优秀干部获得合理的晋升空间与机会；把那些没能力、没动力、没诚意的干部清理出公职人员队伍"。[1]

其一，勤政引导。构建高效权威的国家监察体制，不仅意在形成"不敢腐、不能腐、不想腐"的有效机制，而且意在塑造"想干事、能干事、敢干事"的价值共识。空谈误国，实干兴邦，党领导人民开创的任何事业概依赖全党之踏实苦干。在高压反腐的态势下，现在有些部门在形式上便民利民，表面上对人民群众热情满满，但实际上不愿意真正解决人民群众的切身问题。既严重影响到党中央一系列决策部署，又极大地挫伤广大群众对改革成果的殷切期盼。故此，必须高压惩治懒政、怠政等腐败现象，引导公务人员向上向前，想正事、干实事，不仅要有两袖清风的廉洁，更要有夙兴夜寐的勤政。

其二，勤政激励。"惩戒与激励"是勤政建设的一体两面。在以发展为基本使命的时代，"惩戒"的价值不言而喻，但"激励"的功能更不可忽视。构建制度化的反腐败体制，不仅要着力于严厉惩治官僚主义，而且也应着眼于运用有效的激励使公务人员想干实事、乐于干实事，让"为官一任，造福一方"既成为一种光荣也成为一种利益。要彻底改变做得多错得多、做得少错得少的逆向激励，完善相关激励机制，修正相关政绩考核评价体系，做到奖惩分明，给予广大干部一定的宽容度，为其创造一片勤政光荣、勤政有益的为政热土。让广大干部安心、安身、安业，充满信心，积极作为、敢于担当，更好地为改革开放和现代化建设作出新贡献。"为官不为"是典型的官僚主义在作祟。站在历史之大变革时代，广大党员干部必须敢于担当，不怕担责，既要认识到自己肩上沉重的历史使命，也要解放思想，勇于探索，须知疾风知劲草，烈火炼真金，为了党和人民的伟大事业，我们的干部要敢想、敢做、

---

〔1〕 张倩："英国监察专员的类型、功能及启示"，载《政法论丛》2017年第4期。

敢当，做我们时代的劲草、真金。[1]

其三，勤政保护。对公务人员的勤政保护必须以制度的形式确定下来。制度具有稳定性与可预测性，其既是勤政的保护伞又是懒政的警戒线，对于公务人员的行为具有决定性的指导与规范意义。只有取得制度上的勤政保护成果，才能鼓励公务人员勇于干事创业，激发公务人员不惧教条、不怕担责的勤政动力。[2]习近平总书记曾指出："每一个领导干部都要拎着"乌纱帽"为民干事，而不能捂着'乌纱帽'为己做'官'。"[3]对于贪污腐败、不干实事的干部要坚决严惩。与此同时，对敢于创新、勇于探索、为群众做实事谋福祉的干部也要保护，运用制度的作用，为他们构筑一个既讲原则又敢创新的为政环境。因此，要从制度入手，建立一套合理的官员评价体系，融入一定的保护和容错机制，以为民办实事、为公谋福利为标准；选拔出真正有能力、有干劲、有想法的干部，拒绝庸官懒政。创新创业往往会遭遇一些挫折与错误。对于干部犯错问题，要实事求是地区分看待，对在推进改革中因缺乏经验出现的失误和错误应当予以适当的包容，但对违法违纪、明知故犯的错误要坚决惩处；对于法律法规与中央没有明确规定的探索性试验中的失误要予以适当的包容，但对法律法规与中央已经明令禁止后依然我行我素的违法违纪行为要坚决惩处；对于确实一心为公谋福祉，推动发展的过失要予以适当包容，但对谋取私利的违法违纪要坚决惩处。总的来说，就是要以实事求是为原则，以为民谋福祉为标准对工作中的失误予以区别对待，不让任何一个勤政者受委屈，也不错放任何一个违法违纪者。

（三）勤政文化

古人曰："凡事，勤则成，怠则废；思则通，昏则滞。故善持其志者不为昏怠所乘，是以业日广，德日进。"通过奖励廉政与高压反腐的两方面作用，营造一种想干事、能干事、敢干事的工作氛围，让勤政成为一种文化，让勤政务实、干事创业成为一种时尚。

其一，责任文化。勤政是以高度的责任文化为基础的。所谓责任文化指的是共同体内形成的高度统一的以责任理念为核心的共同价值追求。责任就

---

[1] 中共中央文献研究室编：《十八大以来重要文献选编》（上），中央文献出版社2014年版，第338页。

[2] 许耀桐："治理为官不为、懒政怠政问题刍议"，载《中共福建省委党校学报》2015年第10期。

[3] 习近平："要拎着'乌纱帽'为民干事"，载《西部大开发》2013年第3期。

意味着尽心尽责干事，各级领导干部奋发有为就要"做到责任在心、担当在肩"〔1〕。培养责任文化就是要在全体公职人员队伍中形成一种对社会主义事业高度负责的态度和氛围，不放过任何一个对社会主义建设无益的懒政者，同时也保护每一个勇于对社会主义事业负责、对改革开放负责的有为干部。因此，国家监察体制改革的价值取向不仅在于构建一套"责任追究和责任风险防范体系"，也在于形成一套"为人民事业勇于担当、敢于负责的激励体系"——将激励、督促、保障公务人员勤政务实、干事创业、勇于担当的管理工作统筹纳入国家监察体制建设体系之中。据此，国家监察过程中，应当贯彻"追责与激励"的平衡。对于勇于探索的行为，在改革试验过程中有所失误与损失，但只要其切实本着为社会谋福祉、为群众谋利益的态度，在内部应不予追究责任，反而应该加以鼓励，帮助其总结经验、吸取教训和继续探索。对任何可能有益于社会进步的改革措施，只要不是中央明确禁止的，就不能一棍子打死、一概否定。要逐步解除那些解放思想、实事求是的"创业者"的思想包袱，形成人人为改革开放尽一份力的良好创业环境。

其二，公仆文化。公仆是马克思主义国家学说的一个重要概念。它是相对于公众或人民而存在，并以"服务于公众"为基本职旨的国家政权、国家机关和社会管理机构及其公职人员的概称。它是由人民当家作主派生出来的概念，是真正民主政治的产物。〔2〕公仆文化从根本上讲就是国家政权及其公职人员恪守为人民服务的宗旨文化。习近平总书记反复强调："党的干部都是人民公仆，自当在其位谋其政"，"按本色做人，按角色做事"。国家监察体制改革的一个基本目标就是要促使国家政权机关及其公职人员必须牢记为人民服务的宗旨，始终按照人民公仆的标准要求自己，坚决去除"官老爷""当官发财"的封建文化糟粕，大力弘扬"立志做大事而不是做大官"的优良传统，牢固树立"出以公心，是为公；做好服务，是为仆"的公仆文化，时刻牢记党的使命和人民的诉求。习近平总书记在不同场合对公仆精神都做出了经典的论述：无论是要求各级领导干部带头发扬劳模精神，还是坚决反对干部群众反映强烈的"四风问题"，都透露出了浓厚的公仆文化色彩。公仆文化的本

〔1〕 中共中央文献研究室编：《十八大以来重要文献选编》（中），中央文献出版社2014年版，第325页。

〔2〕 陈建斌："论公仆人格及其冲突与调适"，载《上海交通大学学报（哲学社会科学版）》2003年第2期。

质就是"实",就是"做老实人,办老实事"的文化。就是要做到牢记党员初心,时刻与人民群众站在一起,脚踏实地地为人民排忧解难。

其三,效能文化。效能也是一种文化。这种文化已然成为衡量一国综合实力、政府管理能力的核心指标。[1]美国政治学家亨廷顿的研究表明:专制制度与民主制度对于国家发展的影响可能并没有我们想象的那么大,相比之下,国家是否有效对国家发展的影响更具有决定性的意义。[2]在我国,效能监察是传统行政监察的重要内容[3],也是监察体制改革的重要价值取向。基于国家治理体系和治理能力现代化之要求,效能政府的建设要想不偏离其正确方向,政府不能是过去只讲投入不讲效率的"大政府",而应该是有能力、有作为、讲效率的"效能政府"。[4]政府效能的本质属性在于政府的价值取向由公民的主体地位所决定,公民主体参与的积极性与有效性决定了政府工作的实际效能。[5]早在1991年,时任福州市委书记的习近平就提出了"马上就办"的效能精神,要求全市领导干部充分发挥实干精神,杜绝形式主义,狠抓工作时效。执政为民不仅要实现在文件中,更要体现在切实解决人民群众关切的大事小情中。

三、善政:国家监察体制改革的发展价值

"发展"既是本体价值和关联价值的表征形式,也是一种具有独立性的价值形态。作为一种价值形态,发展所表征的是存在与主体发展需求之间的满

---

〔1〕 方茜、贺昌政:"基于激励视角的政府效能提升路径研究——以基本公共服务为例",载《软科学》2013年第2期。

〔2〕 他说:"各国之间最重要的政治分野,不在于它们政府的形式,而在于它们政府的有效程度。有的国家政通人和,具有合法性、组织性、有效性和稳定性,另一些国家在政治上则缺乏这些素质;这两类国家之间的差异比民主国家和独裁国家之间的差异更大。"[美]塞缪尔·P.亨廷顿:《变化社会中的政治秩序》,王冠华等译,生活·读书·新知三联书店1989年版,第1页。

〔3〕 效能监察这个概念是在1989年我国行政监察体制恢复确立以后,监察部领导在研究、借鉴当时苏联、东欧一些社会主义国家监督、监察政府工作效率的经验,结合我国行政监察的实际提出的。1989年12月,尉健行同志在第二次全国监察工作会议上第一次正式阐明了"效能监察"这一概念,指出:"围绕治理整顿,深化改革,加强执法监察。执法监察是行政监察机关的基本职能和主要手段,既包括效能监察,也包括廉政监察。"此后,中央纪委、监察部领导又多次对效能监察的内涵、标准、方法、作用及力量组织等作了明确论述,为开展效能监察工作理论研究提供了思路,也为效能监察工作的开展奠定了基础。何勇:"努力做好效能监察工作",载《中国监察》2000年第3期。

〔4〕 李小琼:"效能政府的内涵",载《经济论坛》2005年第17期。

〔5〕 吴从星:"谈效能政府建设中公民主体理论的基础",载《北京城市学院学报》2009年第6期。

足关系。深化国家监察体制改革既要打击现实腐败，以强力铁腕治其标，又要预防可能腐败，以良性制度治其本，建立在新常态下多元主体推动的体系化、制度化、常态化反腐乃是势在必行，这种新常态明确追求一种廉洁政治的建设目标，旨在实现一种以干部清正、政府清廉、政治清明为重要标志的良好政治生态。同时，这场以肃清政治生态为主要目的的改革也内在地孕育着一场善政革命——国家监察体制改革是一个契机，更是实现善政的必要条件，整饬吏治在维护政治清明的同时也是在全党、全国上下凝聚改革共识，为接下来的改革攻坚消除积弊、扫清障碍的重要手段；最终通过全面深化改革，确立公平竞争的发展环境、释放和增强社会活力、促进社会公平正义才是目的所在。〔1〕在这个意义上说，"善政"构成了国家监察体制改革之发展价值的基本内核。所谓"善政"意指政治清明、政令良好等。《尚书·大禹谟》载："德惟善政，政在养民。"德政是善政的条件，善政是善治的基础，善政也罢，善治也罢，归根结底在于人民福祉之最优化、最大化。〔2〕在其现实意义上，"善政"可以从静动两个层面解释。所谓"静"，即从静态层面解释，善政可理解为"良好的政治体制"或优良的治理体系，走向善政即实现国家治理体系的现代化。所谓"动"，即从动态层面解释，善政可理解为"善于施政"或良好地治理，走向善政即趋向善治，即实现国家治理能力现代化。〔3〕

（一）治理体系发展价值

在中国，"善政"的核心问题是国家治理体系现代化问题。而国家治理体系现代化的核心问题则在于国家权力结构和权力秩序的科学化。深化国家监察体制改革关涉党和国家监督体系的重构、党政关系的调整和国家宏观权力秩序的优化，展示了国家治理体系整体上的发展态势和趋向。

其一，党和国家监督体系的重构。权力导致腐败，绝对的权力导致绝对的腐败，这是一条万古不变的经验。正是在这个意义上，权力监督体系在现代国家治理体系中具有根本性地位和意义。在传统上，我国的监督体系由党纪监督、人大监督、检察监督、司法审查、行政监察、民主监督等分支所组

---

〔1〕 陈琛："重构政治生态的善政革命"，载《改革与开放》2015年第23期。
〔2〕 张倩："英国监察专员的类型、功能及启示"，载《政法论丛》2017年第4期。
〔3〕 张倩："英国监察专员的类型、功能及启示"，载《政法论丛》2017年第4期。

成。这套监督体系的最大弊端在于权属分隶、职能分散、适用规范各异，故其实践效果并不完美。深化国家监察体制改革，整合纪检监督、检察监督中的职务犯罪调查职能和行政监察，形成专责的国家监察委员会体制，能够有效地弥补原有监督体系的局限，促成监督效果最优化——相对于司法监督而言，监察委员会的监督程序灵活、便捷而且完全免费，具有"为民"和"便民"的双重属性，为人民参与监督留有足够宽泛的空间；相对于人大监督和传统的纪律检查而言，监察委员会的监督更具有专业性和广泛性，它由职业化的监察员队伍组成，并以专业的法律知识和经验对职务违法和职务犯罪进行理性监督、调查和处置，既权威又不失关怀；相对于原有的监督体系而言，监察委员会的监督还具有主动性的特点，它不仅坐堂问案，而且主动开展调查并设有派出、派驻机制或巡回机制，从而确保了监督的常态化和日常化——这种常态化或日常化的监督机制，使得监察官员随时随地都有机会接触政府官员并及时发现问题。

其二，党政关系的调整——在党政关系层面，由"党政分开"转向"党政合设"。深化国家监察委员会改革，构设"纪法融通""党政合设"的国家监察体制，以期避免权力运行中的功能冲突和相互推诿现象，促成监督合力，提升监督绩效。从其试点效果而言，"党政合设"的监察体制有助于精简机构，节省人力、物力、财力，提升监督效率；有助于中国特色权力监督体系和监督权力配置的科学化。[1]这种"党政合设"模式为后续的"党和国家机构改革"提供了实验范式和参访模本。党的十九大报告提出："在省市县对职能相近的党政机关探索合并设立或合署办公"，标志着党政合设体制重构向系统性、整体性、协同性推进，[2]以"精简、统一、效能"为基本目标的国家治理组织结构体系改革正式拉开序幕。

其三，国家权力秩序的优化。国家监察委的诞生，从宪法的层面将国家权力重新作出了划分，将由此前人大下辖一府两院的"四权分隶"转向人大下辖一府两院一委的"五权分隶"架构。这种"五权分隶"的权力架构是新时代我国颇具创造性与前瞻性的基础性改革，将大幅度完善我国现有的治理

---

〔1〕 徐理响："现代国家治理中的合署办公体制探析——以纪检监察合署办公为例"，载《求索》2015年第8期。

〔2〕 张立哲："推进党政合署机构改革的基本遵循"，载《领导科学》2018年第20期。

体系并为党的治理能力带来极大的提升。在此前我国的宪法体制中，监察权表面上是一种从属于行政权的权力，这有其历史的原因，也在一定历史时期内起到了一定的积极作用。但随着我国政治社会的不断发展和成熟，这种监察权与行政权的"合一"已经不适应当前的政治形势，并且实际上我国已经对监察权与行政权的分离作出了初步的探索——监察部门与党的纪检部门合署的事实表明，监察权的运行实际上早就享有某种程度的"独立性"，至少它与其他行政权力的运行明显地区别开来。因此，实际上在我国现有的政治实践中就已经存在着监察权分离之倾向与事实。从这个观点出发，可以认为这次国家监察委员会改革从改革与社会现实的互动关系上看——在改革与社会现实的矛盾关系中，改革对现实的回应性成了矛盾的主要方面，可以成立一种"回应型变革"，是将实践中自发形成的有效的治理模式通过法律上升为国家基本制度的模式，同样也是我国改革开放四十余年来不断取得伟大成就的成功模式。"对民众的要求积极回应，对社会的变革积极回应，并通过积极采取合法行动加以满足"是责任政府的内在要求，〔1〕易言之，责任政府的意义正在于它认同了回应性是政府的核心价值和目标，政府部门和公职人员必须增强对社会需求的回应性，从而，政府由以前对上级权力中心的回应转变为对公民权利主体的回应。〔2〕国家监察委员会的成立使得监察权获得了法律上的独立性——其价值将不仅仅体现在整饬吏治、清明政治等方面，这种独立于其他四权的监察权作为我国治理体系中的重要要素，也将和立法权、行政权、审判权和检察权等既有要素相互配合、相互制约，使我国现代化治理体系这一庞大系统发挥出更大的效能。

（二）治理能力发展价值

国家治理能力，特别是在法治国家中，主要体现在国家运用法治创造制度、管理制度、实施制度等多方面能力的集中表现。〔3〕在其现实意义上，推动国家治理能力现代化是国家监察体制改革的基本目标之一，因而，也是其基本价值取向之所在。在学理上，"国家治理能力现代化"可解释为治理能力发展的一种样态或者取向，其阈值大致可对应于"善治"——在我国现阶段，

---

〔1〕 张成福："责任政府论"，载《中国人民大学学报》2000年第2期。
〔2〕 陈国权、黄振威："善政发展的逻辑"，载《经济社会体制比较》2009年第3期。
〔3〕 吴汉东："国家治理能力现代化与法治化问题研究"，载《法学评论》2015年第5期。

国家治理问题聚焦于党的领导、公共服务与发展变革三个主要问题，因此，相应地，实现国家治理能力和治理体系的现代化也应当用党的执政能力、提供和改善公共服务的能力以及带领人民群众自我革新和自我发展的能力作为核心指标来衡量。

其一，党的执政能力。从法理上讲，执政是一个政党在国家政治生活中占有最多的政治资源、在政治决策中居于主导地位并通过政权与法律将自己的政治理念合法地转化为国家意志的活动，相应的执政能力则是指政党在政治决策以及将自身意志转化为国家意志的全过程中展现出的控制与效能。[1]一个政党的执政能力贯穿于执政活动的全过程，对其评价既可以是对静态的组织样态、指导思想、执政理念、执政效能的评价，也可以是对动态的执政方式、领导体制等制度机制的运行的评价。[2]因此，党的执政能力内在地包含党的组织力、号召力和统摄力三个要素。反腐倡廉、从严治党是深化国家监察体制改革的实践动因，其"善政"与"善治"价值集中体现在党的执政能力之改善和提升程度。党的执政能力的提升和改善程度：一看党的组织力与号召力。"有效的国家治理涉及三个基本问题，对应三大主体要素：谁治理带来的治理主体问题、如何治理带来的治理机制问题与治理得如何带来的治理效果的问题。"[3]在当代中国，政党是整个国家治理体系的重要主体，[4]"它意味着执政党代表政党政府，同市民社会就利益分配与发展等重大经济社会问题（关键是政党政府与社会权利的界定）进行谈判与再谈判，并以此完成社会资源的整合实现社会的和谐与团结"。[5]因此，深化国家监察体制改革应当着重于提升党的威望和公信力，使其具备足够的团结力和号召力，能够团结一切可以团结的人力和智力，号召或调动一切可以调动的资源和力量，合力完成国家治理现代化的历史使命。二要看党的统摄力。在学理上，"统摄力"既是一种价值的整合能力，也是一种政权的驾驭能力。任何有效的治理都有赖于一个具有完整统摄力的"中枢机制"，正是这个"中枢机制"承担

〔1〕 石泰峰、张恒山："论中国共产党依法执政"，载《中国社会科学》2003年第1期。

〔2〕 孙谦："论依法治国与提高执政能力"，载《中国法学》2005年第4期。

〔3〕 俞可平："推进国家治理体系和治理能力现代化"，载《前线》2014年第1期。

〔4〕 王可园、齐卫平："国家治理现代化视角下党的执政能力提升研究"，载《理论与改革》2014年第5期。

〔5〕 徐锋："现代政党治理刍论"，载《当代世界与社会主义》2004年第1期。

着有效治理所不可或缺的"价值整合"与"政治领导"的功能。社会的参与改变了现代治理的基本结构，但更彰显了政治领导在国家治理中的地位。在中国，这个"中枢机制"就是党的领导。〔1〕因此，深化国家监察体制改革应当有助于加强和改善党对国家政权的领导，确保国家政权运行的正确方向，既能通过高效的整合将国家治理的成本降到最低，也能通过有力的控制将国家治理的风险降到最低。

其二，公共服务能力。回答了谁治理的问题之后，"善治"的实现不仅对作为执政主体的政府本身的样态提出了要求，同样也要求执政者的执政理念符合现代社会的公民主体价值取向，这就需要政府与公民社会积极并且合乎理性地协作和互动，通过执政活动不断满足人民的合理需求。在我国实现"善治"的目标就是要求政府秉承全心全意为人民服务的根本理念，通过与公民社会的分工协作、相互配合，既运用科学化、民主化、法治化的管理手段，又运用高效化的服务手段，在保证国家秩序与稳定的前提下最大化地生产公共产品和公共服务。因此，公共服务能力的改善和提升内在地包含两个核心问题：一则是政府治理能力的提升。在任何情况下，政府都是公共服务最重要的供给者，提升公共服务能力首先必须提升政府的公共服务能力。在这个层面上，深化国家监察体制改革的实践价值在于——在确保政府公共服务的廉洁性和可接受性的同时，鞭策和坚定政府推进公共服务体制改革的"意向"——政府意向性（intentionality）是一个衡量政府决心与意志的概念。在政府推进型的制度变革中，政府目标函数是最能体现政府集体意向性的一个指标。〔2〕因此，在深化国家监察体制改革的过程中，各级政府要坚定改革意向，把提升自身公共服务能力和建成多元公共服务体系确立为其核心目标。二则是社会参与主体治理能力的提升。公共服务社会化是现代治理的基本特质，为保证社会化公共服务的优质性，就必须大力提升社会参与主体的治理能力。在这个层面上，深化国家监察体制改革的实践价值在于，在确保社会公共服务的廉洁性和可接受性的同时，保护和促进社会参与公共服务的意

---

〔1〕 强大的政党组织是唯一能最终排除腐化型的或普力夺型的或群众型的社会动乱的选择。[美] 塞缪尔·P. 亨廷顿：《变化社会中的政治秩序》，王冠华等译，世纪出版集团、上海人民出版社2008 年版，第 69 页。

〔2〕 欧阳景根："作为制度变革的法治建设模式：一种统摄性法治理论的建构"，载《政治学研究》2015 年第 4 期。

愿——制度的维系和变革均取决于人们的信念或意向性,尤其取决于集体意向性。如果说多元化的公共服务体系建构之成败很可能取决于社会的参与意愿,那么如何保护和激励这种意愿以及与这种意愿相关联的权利则是考验国家监察体制改革的一项基本指标。

其三,发展变革能力的提升。善治针对的是政府能力,在现代国家,发展与变革乃政府的核心能力。其中:①发展能力集中体现在政治发展和经济发展两个基本领域。鉴于经济发展乃政治发展之基础和条件——正是经济的充分发展,为政治发展创造了条件、奠定了基础。毕竟,"越富裕的国家对民主的接纳可能性也越高"。[1]在这个意义上说,经济发展能力构成了现代政府发展能力的主要方面。②变革能力集中体现在为改变旧秩序(破旧)和建构新秩序(创新)的两个基本领域。鉴于改变旧秩序的目的在于创造新秩序,故此,创新能力构成了政府变革能力的主要方面。迄今为止的经验表明,腐败是发展的最大障碍,也是变革的最强阻力。国家监察体制改革以根除腐败为根本目标,在扫除一切不适应改革发展的体制机制的同时将腐败的既得利益群体清除出党和国家公职人员的队伍。此举也必将成为国家有效的发展变革能力的强劲动力——在现实的政治发展中,政府作为共同体意志的最终代表仍然主导着政治社会的发展方向,官员作为政府理念的践行者也依然是人类政治列车的驾驶员。[2]反腐倡廉对政府及官员有着刮骨疗毒之决定作用,同样对政府与吏治的整饬、对人类实现善治起着决定性的作用。

(三)治理理念发展价值

在治理理念上,发展价值有两个基本面向:一个是主体性面向,即"为人的"价值世界面向,基于这个面向,一项制度或者制度变革的善政发展价值表现为"崇尚以人为本,从个体出发,关心人类社会的生存状况和命运,追求个人的幸福和社会的正义"。另一个是未来面向,即"未来社会"的价值世界面向,一项制度或者制度变革的善政发展价值表现为"其所展示的未来取向"。马克思说:未来社会是"以每个人的全面而自由的发展为基本原则的

---

〔1〕[美]西摩·马丁·李普塞特:《政治人——政治的社会基础》,张绍宗译,上海人民出版社1997年版,第27页。

〔2〕俞可平:"论政府创新的若干基本问题",载《文史哲》2005年第4期。

社会形式"。[1]在这个意义上讲，国家监察体制改革之善政理念发展价值归根结底在于人的发展，特别是人的全面而自由的发展。

其一，"公共善"的政治发展。从政府的本质和职能看，"对现代政府的评价与讨论往往将公共性作为其基本属性与评价标准。政府在执政的全过程中对社会意志的反映与对社会需求的满足则是其公共性的主要表现。"[2]亚里士多德曾经指出："人作为天生的政治动物，其结成共同体之终极目的乃是寻求如何更好地共同生活。这种对更好的共同生活的追求便是对善治的追求，因为人类总是以获得某种善为目的而行动。而国家作为最高层次的政治共同体，既包容了其他共同体之存在，自然也包容了人对于某种善的最高层次的追求即一种善的共同生活。"[3]因此就国家而言，如何反映与满足人们对这种"公共善"的追求[4]是衡量一个国家的政府与政权治理能力与治理效能的最终标准。在善政发展意义上，政治共同体被赋予了一项主动作为的义务——致力于促进某种良善生活方式，引导公民参与政治并就公共善进行商议和讨论，通过公民教育以使公民具备参与公共事务、讨论公共善的德行和能力。[5]在这个意义上，"公共善"既是一种政治组织形式（桑德尔观点），也是"未来社会"的一种理想状态——恩格斯在谈到未来社会时说："生产力高度发达，发达到社会生产的产品及其增长能满足每个人的一切合理的需要及其增长。"[6]深化国家监察体制改革既立足于"公共善"的政治组织形式之优化，又着眼于"未来社会"之期许，最终促成"管理上严明公正，吏治上清明廉洁，服务上高效便民"[7]之善政目标。

其二，善政也是一项权利。作为以人的存在与发展为终极追求的马克思主义，其追求的最终价值目标乃是人自由而全面的发展。价值目标决定价值尺度。所以，主体尺度或人的内在尺度从根本上说就是人全面而自由的发展。[8]基于这一点，"享受善政"乃是一项人权（Right to Good Administration）——《欧

---

〔1〕［德］马克思：《资本论》，人民出版社1975年版，第649页。

〔2〕刘熙瑞、段龙飞："服务型政府：本质及其理论基础"，载《国家行政学院学报》2004年第5期。

〔3〕［古希腊］亚里士多德：《政治学》，吴寿彭译，商务印书馆1965年版，第1页。

〔4〕［古希腊］亚里士多德：《政治学》，吴寿彭译，商务印书馆1965年版，第3页。

〔5〕朱慧玲："共和主义在当代的困境及桑德尔的解决进路"，载《哲学动态》2014年第12期。

〔6〕《马克思恩格斯全集》（第19卷），人民出版社1963年版，第124页。

〔7〕俞可平："公正与善政"，载《南昌大学学报（人文社会科学版）》2007年第4期。

〔8〕王玉樑："关于价值本质的几个问题"，载《学术研究》2008年第8期。

洲联盟基本权利宪章》第 41 条规定："享受良好行政之权利。这一权利包括：在受到不利行政措施前接受通知的权利；在不影响社会及他人利益的前提下获取自己个人档案之权利；以及对行政机关作出决定之理由的知情权。"正因如此，"治理劣政（Maladministration）"在欧洲成了监察专员的主要工作。所谓劣政或者不良行政，既是对政府行政合法性与公信力的破坏，又是对公民权利的重大戕害。[1]而监察专员的工作性质使得其"在获取与公共领域贯彻基本人权有关的重要信息方面处于有利的位置"[2]，由此决定了其在公共领域中具备人权保障的特殊角色和地位。在这个意义上，若将深化国家监察体制改革聚焦于主体尺度，那么，这项改革在善政人权方面的价值势必得以彰显。

其三，政治合法性基础的拓展。执政合法性是被统治者对统治的一种信任与接受——"任何统治除了要求以物质满足、情绪满足或者以价值合乎理性的动机作为其合法性之外，往往都试图通过其他方式找寻自己得到接受与信任之动机。[3]在传统意义上，政治统治的合法性多聚焦于其民主性和法治性两大基本要素。其中，民主性意味着"合法性"的统治必须获得人民同意，法治性意味着"合法性"的统治必须经由法律授权。[4]在强调治理实效即政府治理能力（the degree of government）[5]的实质政治时代，政治统治的合法性内在地需要在传统合法性的基础之上向"善治"要素拓展。作为政治统治合法性的一个要素，"善治"体现了"一种统治的实质效果，作为一种终极需求的满足，善治的实现也自然成为了人们愿意相信现行制度之合理性乃至最适性之理由，由此而来的接受与信仰构成了统治的实质合法性"，[6]它内嵌着

〔1〕 李红勃："人权、善政、民主：欧洲法律与社会发展中的议会监察专员"，载《比较法研究》2014 年第 1 期。

〔2〕 Riitta-Leena Paunio, Objectives and Challenges — 90 Years of the Ombudsman's Oversight of Legality, in Parliamentary Ombudsman 90Years 7, *The Office of the Parliamentary Ombudsman of Finland*（2009）: 15.

〔3〕 ［德］马克斯·韦伯：《经济与社会》（上），阎克文译，商务印书馆 1998 年版，第 238~239 页。

〔4〕 姚大志："善治与合法性"，载《中国人民大学学报》2015 年第 1 期。

〔5〕 ［美］塞缪尔·P. 亨廷顿：《变化社会中的政治秩序》，王冠华等译，世纪出版集团、上海人民出版社 2008 年版，第 1 页。

〔6〕 ［美］西摩·马丁·李普塞特：《政治人——政治的社会基础》，张绍宗译，上海人民出版社 1997 年版，第 55 页。

"有效性"与"廉洁性"两个指标。其中，有效性侧重于治理绩效，集中表现为推动政治、经济、社会、文化发展的能力与效度——从理论上讲，政治体系的有效性指的是其治理的结果与成绩，即它所创造的一切物质的和精神的成果。[1]它大体上包含了政府绩效评估中的 4E 指标和 3R 标准，即经济（economic）、效率（efficiency）、效果（effectiveness）、公平（equity）和责任（responsibility）、回应（response）、代表性（representation）。廉洁性则侧重于治理德性，集中表现为廉洁度、公信度、满意度等——它决定了政治统治系统"自认为以及被认为是正确和正当的程度"。[2]由此可见，如果说治理之有效性和廉洁性乃善治的两个基本要素，那么善治则成为评价监察体制改革合法性的重要指标。反过来说，若善治被纳入监察体制改革本身正当性之评价体系，那么善治同时也理所当然地被纳入到政治统治合法性的评价体系之中。基于此，作为以国家治理体系和治理能力现代化（《监察法》第 1 条）为终极目标的国家监察体制改革顺理成章地将政治合法性基础拓延至善治领域——在欧盟，监察专员除了实现反腐败监察的职责之外，更多地则是将"善政和善治目的的法哲学"融入每一个监察案件，将反腐败工作从改善吏治推向追求善治的更高层面。[3]在中国，基于监察体制改革的内在价值取向，后续无论进行怎样的政治体制改革，或者在未来会形成何种治理模式，"善治"作为政治社会发展的最终目的将始终贯穿于政治体制改革的全过程，在"善政"中谋求"善治"，任何政治社会矛盾的解决方案都将以是否符合善治目标作为其产生依据与正义与否之判断标准。[4]

结　语

腐败是政府的掘墓人。自人类开始政治生活数千年以来，无论在何种时代，身处哪种社会制度，更无论采用怎样的政府形式，腐败都是国家由盛世转向衰败乃至灭亡的一个重要原因。坚持和不断推进改革开放是我国的基本

---

〔1〕　林尚立："在有效性中累积合法性：中国政治发展的路径选择"，载《复旦学报（社会科学版）》2009 年第 2 期。

〔2〕　［美］西摩·马丁·李普塞特：《政治人——政治的社会基础》，张绍宗译，上海人民出版社1997 年版，第 25 页。

〔3〕　Paul Magnette, Between Parliamentary Control and the Rule of Law: The Political Role of Ombudsman in the European Union, 10 *Journalof European Public Policy*677（October 2003）：682.

〔4〕　杨宇："21 世纪的公共治理：从'善政'走向'善治'"，载《改革与开放》2011 年第 20 期。

国策之一，而腐败问题已经成为并且在可以预见的将来都将是我国改革和现代化道路上的重大阻碍。国家监察体制改革以"壮士断腕"之决心融汇古今智慧，以"刮骨疗毒"之气魄汲蓄中外经验，涵摄廉政、勤政和善政三重价值。其志高远，其命常新。

目 录
CONTENTS

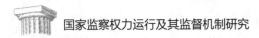

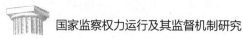

导　论

2016 年 1 月 12 日，习近平总书记在十八届中央纪委第六次全会上明确提出"形成全面覆盖国家机关及其公务员的国家监察体系"，从顶层设计层面健全监督体系，建构国家监察体制。首次提出了将原来的行政监察体制升格为"国家监察体系"的构想。

2016 年 10 月 27 日，党的十八届六中全会提出："各级党委应当支持和保证同级人大、政府、监察机关、司法机关等对国家机关及公职人员依法进行监督。"同日，中国共产党第十八届中央委员会第六次全体会议通过的《中国共产党党内监督条例》也作了同样的规定。〔1〕根据《关于在北京市、山西省、浙江省开展国家监察体制改革试点方案》，第十二届全国人民代表大会常务委员会第二十五次会议决定在北京市、山西省、浙江省开展国家监察体制改革试点工作，要求试点省市从体制机制、制度建设上先行先试、探索实践，为在全国推进国家监察体制改革探索并积累经验。

2017 年 1 月 18 日，山西省成立全国第一个省级监察委员会。2017 年 1 月 20 日，北京市监察委员会和浙江省监察委员会成立。在先行试点的北京、山西和浙江，改革后的数据显示：北京市监察对象达到 99.7 万人，较改革前增加 78.7 万人；山西省监察对象达到 131.5 万人，较改革前增加 53 万人；浙江省监察对象达到 70.1 万人，较改革前增加 31.8 万人。〔2〕

至此，我国监察体制改革试点工作正式启动。作为我国反腐败工作成果

---

〔1〕《中国共产党党内监督条例》第 37 条第 1 款前半段规定："各级党委应当支持和保证同级人大、政府、监察机关、司法机关等对国家机关及公职人员依法进行监督，人民政协依章程进行民主监督，审计机关依法进行审计监督。"

〔2〕"积极探索实践 形成宝贵经验 国家监察体制改革试点取得实效——国家监察体制改革试点工作综述"，载 http://www.ccdi.gov.cn/toutiao/201711/t20171105_ 126202.html，访问日期：2019 年 7 月 20 日。

的经验总结和系统提升，监察体制改革以构建高效权威的反腐败监察制度为核心，事实上是对现有的反腐败制度、监察制度和权力监督制度进行了彻底的整合与发展。由此，作为事关全局的重大政治改革，"监察体制改革将不单单涉及国家监察制度的重构，还将对现有国家权力架构进行重大调整，影响国家宪法和政治治理结构与方式"。[1]

绝对的权力将导致绝对的腐败，任何权力的运行都离不开监督。长期以来，我国形成了以人大监督为核心的国家监督体系，人大是国家权力机关和监督机关，人民法院是司法审判机关，检察权派生了职务犯罪侦查、起诉权，行政权派生出行政监察、行政复议监督和审计监督。执政党有监督国家的职能，党的纪律检查委员会则承担党内纪律审查职能，人民政协进行民主监督。此外，各民主党派、社会团体、新闻媒体和人民群众均有监督权。

这套体系可以形象地概括为"三驾马车"模式：党纪委为主导、检察院为保障、政府监察机关为补充，三轨并行、相对独立、分工运作。"这样的模式存在诸多问题，三者各自为政，边界不清，职能重合且没有统一标准，缺乏统一指挥；存在着同体监督、党纪断层、资源分散等问题，涵盖对象不周延，难以做到监察的全覆盖。"[2]这种分治体制有其特定的产生背景和发展历程，发挥过特定的历史作用。但是，面对新的反腐败压力，多个反腐主体之间在工作中出现的职能分散、衔接不力等弊端日渐凸显。为适应制度反腐的需要，对现行反腐体制予以整合，构建以监察委员会为基本内核的反腐败体制，实属正当其时。[3]

孟德斯鸠曾说："一切有权力的人都容易滥用权力，这是万古不易的一条经验。"过去的监察体制存在着诸多问题，难以有效而全面地监督权力运行。现今的监察委部分工作人员由原先检察院的负责职务犯罪侦查的人员转隶而来，与中纪委合署办公，并且整合了原先行政机关的监察部门。监察体制改革将检察院监督、党纪监督、行政监督这"三驾马车"整合成监察委"一马当先"，将分散的监督资源集中、变同体监督为异体监督、扩大覆盖面使之对公职人员全覆盖、将法纪紧密衔接，最终健全国家监督组织，形成全面覆盖

---

〔1〕 马怀德："事关全局的重大政治改革"，载《中国纪检监察报》2017年第6期。

〔2〕 秦前红："困境、改革与出路：从'三驾马车'到国家监察——我国监察体系的宪制思考"，载《中国法律评论》2017年第1期。

〔3〕 江国华："国家监察体制改革的逻辑与取向"，载《学术论坛》2017年第3期。

国家机关及其公务员的国家监察体系，取得监察良效。

十八大以来，中央大力进行反腐，将全面从严治党纳入"四个全面"战略布局之中，向全国人民作出了"打铁还需自身硬"的郑重承诺。无禁区、零容忍、全覆盖、"老虎""苍蝇"一起打、猛药去疴、刮骨疗毒、反腐没有"铁帽子王"、"塌方式腐败"等新提法在反腐败斗争中逐渐被人熟知，也形成了"不敢腐"的震慑力。[1]但是"不敢腐"只是反腐的第一步，我们应当认识到反腐败斗争是一个长期的过程，需要一个严密的制度体系和完备的法律来进行保障，如此才能在这个过程中逐渐达到"不能腐、不愿腐"的要求。[2]正因如此，监察体制改革顺应而来，推进国家监察体制改革是将反腐斗争制度化、法治化的重大举措。

一、国家监察体制改革与国家反腐败机制重构

在监察体制改革之前，我国反腐败机制中至少包含了行政监察、党内纪检监督、检察机关的法律监督等多种形式，而其所涉及的主体则既有作为行政机关的监察部门，还有作为党内组织的纪律检查部门、司法机关中的监察机关。这样多形式、多主体的反腐败体制虽然可以从不同的方面和领域加强对国家监督的效力，但是多主体共同主导的监督体制也不可避免地易陷入"九龙治水而水不治"的困境中。尽管在1993年以后，行政监察与纪律检查部门合署办公，在一定程度上有助于避免工作重复、职能重叠，增强反腐工作的衔接性。[3]但是不可否认的是，多个监察主体之间依然存在责任划分不清、工作衔接不畅的问题，成为阻滞国家反腐败体制发展的难题。

建立监察委员会就是要整合反腐败资源力量，改变现有的反腐败"三驾马车"（中国共产党纪律检查委员会、政府监察机关、司法机关）并驾格局，实施组织和制度创新，由监察委员会集中统一行使反腐败国家监察职能。这样能够有效地解决反腐败力量分散、相关职责机关工作衔接不畅的问题，同

---

[1] 本报评论员："党风廉政建设和反腐败斗争永远在路上"，载《人民日报》2015年1月15日。

[2] 徐法寅："机构合并和平台协调——监察体制改革中监督力量的整合路径"，载《河南社会科学》2018年第7期。

[3] 1993年5月18日，中共中央纪律检查委员会、监察部（已撤销）制定并发布《关于中央直属机关和中央国家机关纪检、监察机构设置的意见》，对纪检部门与行政监察部门合署办公以整合监察资源作出了具体规定。中央直属机关、中央国家机关纪检、监察机构合署办公，实行一套工作机构，两个机构名称，履行两种职能的体制。

时有利于党纪与国法之间的衔接，健全党对反腐败工作的领导，真正做到把权力关进制度的笼子里。

二、国家监察体制改革与国家监察全面覆盖

十八大以后，党内监督逐渐加强，已基本实现了党员监督的全覆盖，覆盖了所有的国家机关、社会团体及企事业单位的党员；而行政监察机关作为政府的组成部门，只负责监察行政机关的工作人员以及政府任命的工作人员，不可能覆盖到政府以外的机构和人员，由此便形成了"一条腿长一条腿短"的尴尬局面。这就要求国家适应形势发展构建国家监察体系，对党内监督未覆盖或者不适用于行使公权力执行党的纪律的公职人员依法实施监察。

国家监察体制改革的一大目标就是实现对所有行使公权力的国家公职人员的监督全覆盖，实现由监督"狭义政府"到"广义政府"的转变，使得国家监察监督与党内监督相互补全，真正落实对公权力的监督，从而逐步形成"不敢腐"的局面。[1]党的十八大以来，党内监督覆盖了所有党组织和党员，但行政监察对象主要是行政机关及其工作人员，未做到对所有行使公权力的公职人员的全覆盖。在国家监察体制改革过程中，党和国家着眼于加强党对反腐败工作的集中统一领导，健全党和国家监督体系，实现对所有行使公权力的公职人员监察全覆盖。[2]国家监察全覆盖的具体含义有三：其一，全面覆盖全部公职人员，包括党员和非党员。党的纪律检查委员会只能监督检查具有党员身份的公职人员，而国家监察委员会则监察全部公职人员，包括不具有党员身份的公职人员。对公职人员的全面覆盖首先意味着打破了之前党的纪律检查机关、政府的行政监察机关以及检察院职务犯罪侦查与预防部门"各管一段"的监督格局，实现了不分党员与非党员，但凡行使公权力就须得接受监督的重大制度创新。监察机关的检查对象不仅仅包括我国《公务员法》规定的公务员范围中的行政机关工作人员，同时还包括中国共产党机关、人大机关、审判机关、检察机关、民主党派机关、工商联机关的公务员，以及

---

〔1〕 陈尧："从'三位一体'到'四位一体'：监察体制改革对我国政体模式的创新"，载《探索》2018年第4期。

〔2〕 江国华：《中国监察法学》，中国政法大学出版社2018年版，第40页。

参照公务员管理的人员。亦即只要行使公权力并由国家财政供养，都是广义的公务员。[1]将"行使公权力"作为纳入监察范围的标准，有利于实现监察"全面覆盖"的目标。监察委员会的监察覆盖范围除了国家公务员法所规定的国家公职人员之外，还包括以下五大类：一是由法律授权或者由政府委托来行使公共事务职权的公务人员；二是国有企业的管理人员；三是公办的教育、科研、文化、医疗、体育事业单位的管理人员；四是群众组织、自治组织中的管理人员；五是其他依法行使公共权力的人员。这即意味着，所有行使公权力的公职人员都在监察之列。其二，全面覆盖全部国家权力运行机关。在以往的行政监察制度之下，监察部门是政府的一个职能部门，其监察覆盖范围只包括国家行政机关及其公务员，以及国家行政机关任命的其他人员。[2]即行政监察只覆盖国家行政权力运行机关。国家监察则覆盖全部国家权力运行机关，包括立法机关、行政机关和司法机关，即国家监察委员会可以对"一府两院"和其他公职人员进行监察监督，不再限于行政权之内。其三，全面覆盖权力运行的全过程。更加注重事前、事中监督，而不是仅仅进行事后监督，形成"既监察于已然，又监察于未然"的全过程监督机制。

三、国家监察体制改革与国家治理体系和治理能力现代化

习近平总书记在第十三届人大第一次会议上的讲话中指出："我们要以更大的力度、更实的措施发展社会主义民主，坚持党的领导、人民当家作主、依法治国有机统一，建设社会主义法治国家，推进国家治理体系和治理能力现代化，巩固和发展最广泛的爱国统一战线，确保人民享有更加广泛、更加充分、更加真实的民主权利，让社会主义民主的优越性更加充分地展示出来。"[3]十八大以来，全国上下加大了反腐的力度，采取了对腐败零容忍的态度，取得了巨大的成绩。但是，由于改革前监察机构及其权力错综复杂，这在一定程度上影响了反腐工作，使得反腐工作在一定程度上受到阻碍。

---

〔1〕《公务员法》第 2 条第 1 款规定："本法所称公务员，是指依法履行公职、纳入国家行政编制、由国家财政负担工资福利的工作人员。"

〔2〕《行政监察法》（已失效）第 2 条规定："监察机关是人民政府行使监察职能的机关，依照本法对国家行政机关及其公务员和国家行政机关任命的其他人员实施监察。"

〔3〕"实现奋斗目标，习主席提出这么干"，载 http://www.chinanews.com/gn/2018/03－20/8471983.shtml，访问日期：2019 年 7 月 21 日。

《监察法》的制定，"理清了党的监督和国家机关监督的关系，使二者相互配合、有机统一，有效地提高了国家治理体系和治理能力"。[1]党的领导是人民当家作主的根本保障，提升党和国家的治理能力有利于更好地实现人民当家作主。党和国家的治理主要包括两个方面：一是严格依规治党，靠严明的党规党纪管党治党；二是全面依法治国，依据宪法法律治国理政。[2]据中央组织部党内统计数据显示，截至 2017 年底，中国共产党党员总数为 8779.3 万名，其中政党机关工作人员 10.6 万名。公务员队伍中 87.1% 为中国共产党党员，7.1% 为共青团员，只有很少一部分是民主党派（1.4%）和不具有党派背景的人（4.3%）。根据在合肥市、深圳市、汉川市、镇宁县的调查表明，政治地位最高的"国家与社会管理者阶层"（即具备领导职务的公务员）中党员的比例分别是 77.5%、100%、100%、100%。[3]党员群体与公职人员群体的高度重合是我国一大特色，国家监察体制改革实质上是党内民主监督与行政监察相统一的结果。以往，对非党员身份和非行政机关的监督是缺失的，在这一方面的监督工作一直很难开展。在《监察法》出台之前，对于此类人士的监督一直以来是一个盲区和空白。但是《监察法》出台后，将以前难监管、监管不到的人员统一纳入监察范围，确保了监督全覆盖、无死角。

四、国家监察体制改革与世界反腐败潮流

腐败是全球性的顽疾，反腐败问题是世界各国所面临的重要问题。从各个国家（地区）的经验来看，构建统一和权威的反腐败体制成了 20 世纪后半叶各个国家（地区）加强反腐力量的共同路径选择，如中国香港特别行政区发轫于 20 世纪 70 年代又在回归祖国后加以改良发展的廉政公署制度，相似时期与历史条件下受香港制度影响并借鉴吸收前者又具备自身特点的中国澳门特别行政区廉政公署制度，以及韩国自 1963 年整合审计与监察职权并合并各自独立的审计院和监察委员会形成的监查院制度。众多欧美国家也在其国家权力机制中设置或增添了监督、监查的因素，如美国行政机关大多配备针对本机关及公务人员的监察员制度；再如众多东欧国家，如捷克、波兰亦建

---

〔1〕 马怀德："《国家监察法》的立法思路与立法重点"，载《环球法律评论》2017 年第 2 期。

〔2〕 参见中共中央纪律检查委员会、中华人民共和国国家监察委员会法规室编写：《〈中华人民共和国监察法〉释义》，中国方正出版社 2018 年版，第 54 页。

〔3〕 陆学艺主编：《当代中国社会阶层研究报告》，社会科学文献出版社 2002 年版，第 35 页。

立其本国独立的监察系统，一些国家还以宪法上明确的独立权力性质定位为监察体制的有效运行提供保障，特别是波兰在 20 世纪末建立独立监察系统的过程中以至今日都与我国相关部门保持交流。[1]

"尽管它们所建立起来的反腐败模式各有不同，有的为议会主导，有的为行政主导，甚至有的是相对独立的司法机关反腐机制，但构建一个强有力的反腐机构成了绝大多数国家（地区）共同的反腐败制度选择，其往往通过权威的反腐败机构的统筹来促进反腐败工作的整体推进，以解决反腐败机制的运转不灵与效力低下的问题。"[2]鉴于当下反腐败工作的现实需要，革新现有的反腐败体制和机制成为必然的选择。而从理论和域外国家（地区）的实践经验来看，解决反腐败机制运转不灵的有效方式之一，即为建立统一和权威的反腐败工作机构，并由此机构对分散的反腐败资源与力量进行整合，共同作用在反腐败事业的一线之中。所以，监察委员会事实上也将成为未来我国反腐败工作的领导机构，肩负起监督国家权力行使和反腐败治理的双重任务，而该机构设置的高配置也为其有效领导现有的反腐败力量和监察力量提供了必要基础，这样统一权威的专门机构必将为我国反腐败事业的发展和国家监察制度的完善提供充足动力。

五、国家监察体制改革与政治体制改革

我们党之所以能够历经考验磨难无往而不胜，关键就在于不断进行实践创新和理论创新。[3]"要根据时代变化和实践发展，不断深化认识，不断总结经验，不断实现理论创新和实践创新的良性互动。"[4]《监察法》的出台展现了我国治理能力的提升和体制的创新。该法明确了我国监察委员会的性质与地位，其第 3 条规定："各级监察委员会是行使国家监察职能的专责机关，依照本法对所有行使公权力的公职人员（以下称公职人员）进行监察，调查

---

〔1〕 明金维、马世骏："贺国强与波兰最高监察院院长会谈"，载《人民日报》2011 年 7 月 8 日。

〔2〕 李秋芳、孙壮志主编：《反腐败体制机制国际比较研究》，中国社会科学出版社 2015 年版，第 8~9 页。

〔3〕 "习近平谈党的实践创新和理论创新：永无止境"，载 http://www.chinanews.com/gn/2015/02-15/7065026.shtml，访问日期：2019 年 7 月 21 日。

〔4〕 李捷："理论创新与实践创新的良性互动和新时代新思想的创立"，载《红旗文稿》2017 年第 23 期。

职务违法和职务犯罪，开展廉政建设和反腐败工作，维护宪法和法律的尊严。"《监察法》对中国特色社会主义政治制度建设作出了重大贡献，是我国国家治理结构改革调整和国家治理能力现代化建设的创新。国家监察体制改革不仅使党的监督和国家机关的监督有机统一，而且更有利于全面贯彻从严治党，为更加深入地开展党风廉政建设和反腐败工作提供了法治基础。改革之前，对不明显的、隐蔽的违规违法行为规定不明确，有时甚至出现处罚时无法可依的情况。《监察法》针对职务违法及犯罪行为进行了细致的划分，对以往不明晰的地方作了明确的规定：第一类是对有职务违法行为但情节较轻的公职人员，可以进行谈话提醒、批评教育、责令检查或者予以诫勉；第二类是对违法的公职人员依照法定程序作出警告、记过、记大过、降级、撤职、开除等政务处分决定；第三类是对涉嫌职务犯罪的公职人员，移交检察机关提起公诉。

六、国家监察体制改革与国家监察立法

2017年10月18日，党的十九大报告指出："深化国家监察体制改革，将试点工作在全国推开，组建国家、省、市、县监察委员会，同党的纪律检查机关合署办公，实现对所有行使公权力的公职人员监察全覆盖。"随后，2017年10月24日，《中国共产党章程（修正案）》规定："党必须保证国家的立法、司法、行政、监察机关，经济、文化组织和人民团体积极主动地、独立负责地、协调一致地工作。"

2017年10月，中共中央办公厅印发《关于在全国各地推开国家监察体制改革试点方案》，部署在全国范围内深化国家监察体制改革的探索实践，完成省、市、县三级监察委员会组建工作。2017年11月4日，第十二届全国人大常委会第三十次会审议通过了《关于在全国各地推开国家监察体制改革试点工作的决定》。《决定》对监察委员会的设立与产生、监察对象以及监察委员会的职权和措施、暂时调整或者暂时停止适用有关法律的规定等事项作出规定。

2018年2月11日，青海省监察委员会领导班子成员全部产生，全国省级监察委员会全部成立；2018年2月13日，河北省唐山市监察委员会挂牌，全国市级监察委员会全部完成组建；2018年2月25日，广西壮族自治区崇左市

大新县监察委员会揭牌。至此，全国省、市、县三级监察委员会全部组建完成。[1]

在试点经验的基础上，监察立法工作逐渐走上正轨。2018 年 3 月 11 日，第十三届全国人民代表大会第一次会议通过的《中华人民共和国宪法修正案》中增加了有关监察委员会的各项规定，确立了监察委员会作为国家机关的宪法地位。3 月 17 日，第十三届全国人大第一次会议通过《关于批准国务院机构改革方案的决定》。根据方案，监察部、国家预防腐败局并入国家监察委员会。3 月 18 日，杨晓渡当选为中华人民共和国国家监察委员会主任并进行宪法宣誓。3 月 20 日，第十三届全国人大第一次会议表决通过了《中华人民共和国监察法》。

《中华人民共和国宪法修正案》明确了国家监察委员会的法律地位，监察委员会在组织机构上独立于"一府两院"，形成"一府一委两院"（"一委"即监察委员会）的国家机构新格局。同时，在第七节还专门规定了监察委员会的职权及组织原则。《中华人民共和国监察法》依据宪法对监察组织的设置、职权种类、监察对象、职权边界、内部监督等内容进行了细化规定。

七、国家监察体制改革与监察委员会组织建设

当前，监察体制改革尚处于探索、发力期，成熟的监察体制尚未完全形成，监察体制改革面临着一系列理论与实践问题。同时，党政机构合署办公改革正如火如荼地开展，在这方面，监察委员会与同级党委的纪律检查委员会合署办公，可谓走在改革的前列。

（一）基本的组织制度

其一，双重领导制度。对于上下级监察机关之间隶属关系的问题，"监察委员会对本级人民代表大会及其常务委员会和上一级监察委员会负责，并接受监督"。[2]"监察委员会在隶属关系上将与人民检察院的'双重领导'模式类似，即在对同级人大及其常委会负责的同时也要对上级监察委员会负责，在业务上实行只接受上级监察委员会领导的'垂直领导模式'，以避免地方政

---

[1]　新华社："全国 31 个省区市三级监察委员会全部产生"，载《改革与开放》2018 年第 5 期。

[2]　"全国人大常委会关于在全国各地推开国家监察体制改革试点工作的决定"，载 http://npc.people.com.cn/n1/2017/1105/c14576-29627494.html，访问日期：2019 年 7 月 21 日。

府对监察委员会履职的不正当干预，确保监察权行使的独立性。"〔1〕新修改的《宪法》第 125 条确认了上级监察委员会对下级监察委员会的领导关系。同时，第 126 条确认了各级监察委员会对本级人民代表大会及其常务委员会和上一级监察委员会负责。简言之，国家监察委员会领导地方各级监察委员会的工作；上级监察委员会领导下级监察委员会的工作。〔2〕

其二，人员产生和任免制度。国家监察委员会主任由全国人民代表大会选举，副主任、委员由国家监察委员会主任提请全国人民代表大会常务委员会任免。地方各级监察委员会主任由本级人民代表大会选举，副主任、委员由监察委员会主任提请本级人民代表大会常务委员会任免。

其三，领导体制。监察委员会实行的是主任负责制，从人员任免制度可以看出，主任可以向各级人大提名副主任及其内设机构负责人的人选。但与此相对应的是，《监察法》第 31 条、第 32 条、第 42 条、第 43 条分别就从宽处罚的建议、调查中的重要事项、留置措施的决定等内容规定了"集体研究"的要求。由此可见，监察委员会的领导体制依旧是在民主集中制的基础上坚持重大事项集体决策制度。

（二）内设机构与办案组织

监察工作针对的是公职人员违法违纪行使职权的行为，包括利用职务实施的或者与其职务有关的违法行为。职务即公职人员因法律、法规授权和任命而使其获得公职人员身份的职责，在公法上履行职责意味着享有权力，权力不受监督就容易滋生腐败。因此，对公职人员的监督就是对权力的监督，对权力的监督就要监督公职人员是否遵纪守法地履行了职责。

依照《监察法》的规定，监察委履行"监督、调查、处置"的职责，可以对公职人员开展廉政教育，对其依法履职、秉公用权、廉洁从政从业以及道德操守情况进行监督检查；对涉嫌贪污贿赂、滥用职权、玩忽职守、权力寻租、利益输送、徇私舞弊以及浪费国家资财等职务违法和职务犯罪行为进行调查；对违法的公职人员依法作出政务处分决定；对履行职责不力、失职失责的领导人员进行问责；对涉嫌职务犯罪的，将调查结果移送人民检察院

---

〔1〕 李红勃："迈向监察委员会：权力监督中国模式的法治化转型"，载《法学评论》2017 年第 3 期。

〔2〕 江国华：《中国监察法学》，中国政法大学出版社 2018 年版，第 52 页。

依法审查、提起公诉；向监察对象所在单位提出监察建议。

目前《国家监察组织法》尚未出台，对于监察委员会内设机构和办案组织的设立暂无明确的规定。由于具体规范的缺失，各监督力量之间尚未实现整体系统部署、集中统筹。监督检查部门与审查调查部门在协作配合方面没有具体法律规定，这带来了工作中的种种不便。具体表现为监督检查部门对联系地区和单位的党风廉政建设情况了解和掌握得还不够深入，需要从其他监督力量中获取更多更有价值的信息；对派驻机构全面系统地开展工作联系、指导、统筹需要加强；纪检监察机关在监督检查、审查调查工作中的协作配合亟须加强。从我国现有的各类组织法的立法情况来看，内部机构的规定往往较为简单，如1986年《人民检察院组织法》第20条规定："最高人民检察院根据需要，设立若干检察厅和其他业务机构。地方各级人民检察院可以分别设立相应的检察处、科和其他业务机构"。从监察委员会实际运行情况来看，以浙江省为样本，在机构设置上，省、市两级实行执纪监督和审查调查职责分开、部门分设，审查调查部门不固定联系单位和地区，一事一交办、一案一受理。省纪委4位副书记（省监委副主任）分管信访、案件监督管理、审查调查和案件审理等不同的工作部门，形成了相互配合、相互制约的机制。[1]

对此，有必要在参考改革之前检察机关和行政监察机关办案组织形式的基础上，根据监察权运行的自身规律，形成以办案组织为核心的内设机构设置，明确办案组织的主体要素、权力配置和运行机制，以促进监察权的专业和高效运行。

（三）与其他国家机关的关系

国家监察委员会设立后，我国由原先的人大与"一府两院"的国家机关格局变为人大与"一府一委两院"的国家机关格局，县级以上各级地方亦将全部形成人大及其常委会下的"一府一委两院"的体制。[2]监察委员会作为一个新成立的国家机关，与政府、法院、检察院平级，是权力运行的重要组成部分。"监察权乃一种有别于立法权、行政权、检察权、审判权的新型国家

---

〔1〕　钱唐："打造全融合全覆盖监察新体系——监察体制改革试点的'浙江样本'之二"，载《中国纪检监察报》2018年1月11日。

〔2〕　秦前红："困境、改革与出路：从'三驾马车'到国家监察——我国监察体系的宪制思考"，载《中国法律评论》2017年第1期。

权力，而这五种权力相互关系，共同构成我国的国家权力结构。在这种权力结构中，监察权与行政权、检察权、审判权乃平行权力，彼此相互分工合作又相互制约。"〔1〕

监察机关有权对行政机关、检察机关、审判机关进行监察，而行政机关、检察机关、审判机关也可从不同侧面影响、制约监察机关。行政机关可以通过财政、制定行政法规等各种方式间接制约监察委员会；检察机关则可以对监察机关行使国家监察权进行法律监督，如在刑事诉讼中决定是否批准逮捕等；而法院则可以通过行使最终审判权的方式对监察机关的行为予以认可或反对。同时它们互相配合，在打击职务违法犯罪问题上起着不同的作用。

◆ 案例链接

北京市监察委员会 "留置措施" 第一案

北京市是最先开始监察体制改革试点的地区之一。根据北京市通州区人民检察院的指控，2016 年 1 月和 12 月，被告人李某利用担任北京市通州区某镇财政所出纳的职务便利，先后 5 次将某镇人民政府北京农商银行账户内的人民币 761 万元转入个人账户用于股票交易活动。

2016 年 12 月 26 日、29 日，被告人李某将挪用的钱款全部归还至原账户；2017 年 1 月，被告人李某主动向单位领导交代了上述事实。

2017 年 4 月 7 日，李某因涉嫌犯挪用公款罪被北京市通州区监察委员会留置，同年 4 月 19 日，北京市通州区监察委员会给予李某开除处分，同年 5 月 5 日，经北京市通州区人民检察院决定逮捕李某，通州区检察院于 2017 年 5 月 16 日向法院提起公诉。

该案是北京市开展监察体制改革试点工作以来，首例采取留置措施后移送审查起诉的案件。2017 年 6 月 12 日，北京市通州区人民法院对该案公开宣判，判决李某犯挪用公款罪，判处有期徒刑三年，缓刑五年。

---

〔1〕 江国华："国家监察体制改革的逻辑与取向"，载《学术论坛》2017 年第 3 期。

第一章

国家监察权的内涵、规范与性质[1]

监察体制改革是事关全局的重大政治体制改革，通过实行组织创新和制度创新，打破原有监察工作体制机制的障碍，建立了崭新的国家监察机构，即监察委员会，与党的纪律检查机关合署办公，并依法赋予其职责权限和调查手段，以此贯通执纪和执法，实现党内监督与国家监察的有机统一，是中国特色监察道路的创制之举。由此而创设的国家监察权是国家权力体系中的新成员，对其内涵本质、法律地位、规范渊源和性质特征进行分析研究，不仅是深刻理解国家监察权和国家监察理论体系之基础，更是深化国家监察体制改革和深入推进国家监察工作实践之根本。

第一节　监察权的内涵与法律地位

国家监察体制改革创设了全新的国家监察权，就其内涵而言：监察权是一种国家反腐败权力，旨在严厉惩戒腐败；监察权是一项监督公权力的权力，对所有行使公权力的公职人员进行监察。[2]就其法律地位而言：监察权是一类新型的国家权力，宪法明确规定其具有独立的宪法地位，与国家行政权、检察权和审判权处于平等的法律地位。

一、监察权的实质：一种国家反腐败权力

2016年11月，时任中共中央政治局常委、中央深化国家监察体制改革试

---

　　[1]　本章系中国法学会"研究阐释党的十八届六中全会精神"重点专项课题"国家监察立法研究"（课题编号：CLS（2016）ZDZX12）最终研究成果的一个单元。我的学生彭超作为课题组成员参与课题研究，并依据提纲主要负责该部分的写作任务。经课题组同意，其中部分观点由其单独署名公开发表。收入本书时，作了较大幅度修改。
　　[2]　王希鹏："国家监察权的属性"，载《求索》2018年第4期。

点工作领导小组组长的王岐山到北京、山西、浙江就开展国家监察体制改革试点工作进行调研时，明确指出"监察委员会实质上是反腐败机构"。[1]据此，监察委员会的权力职能也必然围绕反腐败职能这个中心而展开。所以，国家监察权实质上就是一种反腐败权力，[2]其功能具有特定性，即进一步加强党对反腐败工作的统一领导，整合行政监察部门、预防腐败机构和检察机关查处贪污贿赂、失职渎职以及预防职务犯罪等部门的工作力量，集中反腐败资源，贯通执纪和执法，加强廉政建设和反腐败工作，严厉惩治腐败。监察权作为一项由国家监察体制改革所创设并受《监察法》规制的权力，无论是国家监察体制改革的目标，还是制定《监察法》的指导思想、具体内容以及监察委员会的工作机制，都突出强调其实质是一种国家反腐败权力。

（一）国家监察体制改革的目标

整合反腐败资源力量，构建集中统一、权威高效的中国特色国家监察体制，实现对所有行使公权力的公职人员监察全覆盖是监察体制改革的目标。2018 年 3 月 13 日，在第十三届全国人民代表大会第一次会议上，第十二届全国人大常委会副委员长李建国向大会作了《关于〈中华人民共和国监察法（草案）〉的说明》，明确阐述了国家监察体制改革的目标，即国家监察体制改革是事关全局的重大政治体制改革，是强化党和国家自我监督的重大决策部署，改革的目标是：整合反腐败资源力量，加强党对反腐败工作的集中统一领导，构建集中统一、权威高效的中国特色国家监察体制，实现对所有行使公权力的公职人员监察全覆盖。[3]

（二）制定《监察法》的指导思想

"加强党对反腐败工作的集中统一领导"是《监察法》指导思想的重要内容。《关于〈中华人民共和国监察法（草案）〉的说明》明确阐述了制定监察法的指导思想，即高举中国特色社会主义伟大旗帜，全面贯彻党的十九大精神，坚持以马克思列宁主义、毛泽东思想、邓小平理论、"三个代表"重

---

〔1〕"王岐山在北京、山西、浙江调研监察体制改革试点工作时强调　实现对公职人员监察全覆盖　完善党和国家的自我监督"，载《中国纪检监察》2016 年第 23 期。

〔2〕秦强主编：《监督权力——国家监察委员会的文化传承与制度创新》，人民日报出版社 2017 年版，第 95 页。

〔3〕李建国："关于《中华人民共和国监察法（草案）》的说明——2018 年 3 月 13 日在第十三届全国人民代表大会第一次会议上"，载《人民日报》2018 年 3 月 14 日。

要思想、科学发展观、习近平新时代中国特色社会主义思想为指导，坚持党的领导、人民当家作主、依法治国有机统一，坚持统筹推进"五位一体"总体布局和协调推进"四个全面"战略布局，加强党对反腐败工作的集中统一领导，实现对所有行使公权力的公职人员监察全覆盖，使依规治党与依法治国、党内监督与国家监察有机统一，推进国家治理体系和治理能力现代化。[1]

（三）《监察法》的立法目的和内容

"深入开展反腐败工作"是《监察法》重要立法目的之一。《监察法》规定了监察机关的工作方针、工作职责、监察范围和监察权限。从其内容来看：监察机关工作方针的重要内容是，强化监督问责，严厉惩治腐败，构建不敢腐、不能腐、不想腐的长效机制；监察机关的职责，即监督、调查和处置，三者都聚焦反腐败职能；监察机关行使的监察权全面覆盖行使公权力的公职人员，而且也只针对行使公权力的公职人员，注重对其职权行为的廉洁性进行监察；监察机关调查公职人员涉嫌职务违法和职务犯罪，是开展廉政建设和反腐败工作的重要措施，突出体现了监察委员会作为国家反腐败工作机构的定位，是行使国家监察职能、开展反腐败工作的专责机关。由此可见，《监察法》是反腐败国家立法，是一部对国家监察工作起统领性和基础性作用的法律。

（四）监察委员会的工作机制

监察委员会与党的纪律检查委员会合署办公，为实现国家监察体制改革之目标，国家监察委员会必须将"加强党对反腐败斗争的统一领导，形成反腐败工作合力，维护宪法和法律的尊严"作为履行监察职能的最高政治原则和价值功能定位。"中国是一个典型的党建和党治国家，现有的政治体系是政党构建起来的，现有政治体系的发展与完善也是由政党直接推动和主导的。"[2]故此，要始终坚持党的领导，实现党和国家集中统一、高效权威的反腐败之目的，就必然需要实行监察委员会与党的纪律检查委员会"合署办公"的制度，这也是"党的领导、人民当家作主和依法治国有机统一"政治原则的重要表征。[3]

---

〔1〕 李建国："关于《中华人民共和国监察法（草案）》的说明——2018年3月13日在第十三届全国人民代表大会第一次会议上"，载《人民日报》2018年3月14日。

〔2〕 马怀德："国家监察体制改革的重要意义和主要任务"，载《国家行政学院学报》2016年第6期。

〔3〕 翟志勇："监察委员会与'八二宪法'体制的重塑"，载《环球法律评论》2017年第2期。

由此可见，监察权的设立服务于反腐败工作的整体要求。[1]监察权是党统一领导下的反腐败权力。坚持和加强党对反腐败工作的集中统一领导，是监察工作的根本政治原则，贯穿于监察工作的全过程和各方面。宪法创设了监察权，《监察法》为监察权的运行设定了具体规则，体现出以法治思维和法治方式来惩治腐败，为新形势下反腐败斗争提供了法治保障，能够确保反腐败工作在法治轨道上行稳致远。

二、监察权的核心：监督制约公权力

反腐败的首要工作就是要有效监督和制约公权力，其工作重心在于建构权力运行规则、规范权力运行机制、完善权力监督体系，以确保公权力在法治轨道上运行，为公共利益服务。这既是反腐败的根本要求，也是现代政治文明发展的内在要求。国家监察体制改革正是适应这一要求，创设国家监察权专门负责监督公权力运行。因此，监察权的核心即是监督制约公权力。国家监察瞄准公权力，通过对行使公权力的人进行监督，确保公权力的依法行使，从而将公权力关进制度的笼子，防止权力异化腐败。

（一）执政党高度重视权力制约和监督，国家监察体制改革的价值追求就是要加强权力监督制约

中国共产党作为执政党，历来高度重视权力运行的制约和监督。党的十八大以来，更强调要健全权力运行制约和监督体系，加强制度建设，增强监督合力和实效。习近平总书记强调："要加强对权力运行的制约和监督，……把权力关进制度的笼子。"[2]2013 年 11 月，党的十八届三中全会提出："坚持用制度管权管事管人，让人民监督权力，让权力在阳光下运行，是把权力关进制度笼子的根本之策。"[3]2014 年 10 月，党的十八届四中全会提出："必须以规范和约束公权力为重点，加大监督力度，做到有权必有责、用权受监督、违法必追究"；同时要求，"强化对行政权力的制约和监督。……努力

---

〔1〕 莫纪宏："国家监察体制改革要注重对监察权性质的研究"，载《中州学刊》2017 年第 10 期。

〔2〕 "习近平总书记在十八届中央纪委第二次、三次、五次全会上重要讲话选编"，载《中国纪检监察报》2016 年 1 月 11 日。

〔3〕《中国共产党第十八届中央委员会第三次全体会议公报》（2013 年 11 月 12 日中国共产党第十八届中央委员会第三次全体会议通过），载 http://cpc.people.com.cn/n/2013/1112/c64094－23519137-4.html，访问日期：2018 年 7 月 25 日。

形成科学有效的权力运行制约和监督体系，增强监督合力和实效。"〔1〕2016年1月，在第十八届中央纪律检查委员会第六次全体会议上，习近平总书记指出："监察对象要涵盖所有公务员。要坚持党对党风廉政建设和反腐败工作的统一领导，扩大监察范围，整合监察力量，健全国家监察组织架构，形成全面覆盖国家机关及其公务员的国家监察体系。"并强调"要做好监督体系顶层设计，既加强党的自我监督，又加强对国家机器的监督"〔2〕这就阐明了国家监察体制改革的基本思路和改革方向，明确了国家监察的价值追求，即加强对公权力的监督。2016年10月，党的十八届六中全会进一步明确指出："监督是权力正确运行的根本保证，是加强和规范党内政治生活的重要举措。必须加强对领导干部的监督，党内不允许有不受制约的权力，也不允许有不受监督的特殊党员。要完善权力运行制约和监督机制，形成有权必有责、用权必担责、滥权必追责的制度安排。"〔3〕国家监察体制改革，正是监督制约权力的重要"制度安排"之一，国家监察亦是对公权力最直接、最有效的监督。

（二）加强对所有行使公权力的公职人员的监督是制定和实施监察法的重要目的

在我国，党的机关、人大机关、行政机关、政协机关、监察机关、审判机关、检察机关等，都在党中央统一领导下行使公权力，都必须受到监督和制约。党的十八大以来，党内监督得到有效加强，监督对象覆盖了所有党员。而在监察体制改革前，行政监察仅监督行政机关工作人员，不监督其他机关公职人员；检察机关也只侦办职务犯罪案件，不调查职务违法行为。制定《监察法》就是要以法律的形式全面填补国家监督空白，实现国家监察对所有行使公权力的公职人员进行监督的全覆盖、无死角。〔4〕以此保证党内监督与国家监察有机统一，提高监督效能。《监察法》第1条规定了监察立法目的，"加强对所有行使公权力的公职人员的监督"是重要目的之一；《监察法》第

〔1〕《中共中央关于全面推进依法治国若干重大问题的决定》（2014年10月23日中国共产党第十八届中央委员会第四次全体会议通过）。

〔2〕习近平："在第十八届中央纪律检查委员会第六次全体会议上的讲话"（2016年1月12日），载《人民日报》2016年5月3日。

〔3〕《中国共产党第十八届中央委员会第六次全体会议公报》（2016年10月27日中国共产党第十八届中央委员会第六次全体会议通过）。

〔4〕卞建林："监察机关办案程序初探"，载《法律科学（西北政法大学学报）》2017年第6期。

6 条规定了监察工作方针,"有效制约和监督权力"是其中重要的内容。为实现监察立法目的和贯彻监察工作方针,监察机关与党的纪律检查机关实行"合署办公"的工作制度机制。监察委员会与党的纪律检查委员会合署办公,代表党和国家行使监督权和监察权,履行纪检、监察两项职责,加强对所有行使公权力的公职人员的监督,从而在我们党和国家形成巡视、派驻、监察三个全覆盖的统一的权力监督格局。[1]

(三)监察权指向掌握公权力的人,主要是一种"对人监督"

监察权的基本制度目标是监督公职人员的职务廉洁状况,其核心功能在于管住"掌握权力的人"。从《监察法》的内容可以看出,监察权是专门针对行使公权力的公职人员的,没有直接针对作为国家管理相对人的社会组织和公民个人。通过监督管住掌握公权力的人——这个"关键少数",保证他们敬畏权力、慎用权力,将行使公权力的行为纳入法治轨道并置于监督之下就能确保公权力的依法行使,实现建设廉洁政治的目标。相反,如果党员和行使公权力的公职人员发生腐败问题,尤其是这个群体中的"关键少数"贪污腐化,不仅会导致公权力异化徇私、廉政目标落空,甚至会削弱党的执政能力,严重威胁党的执政安全。[2]因此,监察权首先要监督并管住掌握公权力的人——这个"关键少数",这是监督公权力的关键所在。

需要强调的是,"监察权对象主要指向'对人监督',这是由监察权的实质决定的"。[3]监察权实质上是反腐败权力,故其权能定位应以"对人监察"为主体职能,即监察权的对象仅为国家公职人员,无权对其他国家公权力的运行进行监督与干预,表现为"权"对"人"的逻辑关系;当然,监察权亦可以指向"对事监察",即监察权的对象可以是其他国家机关的权力运行,表现为"权"对"权"的逻辑关系。但是,监察权对"权"进行监察仅具有事实上的监督制约效果,无权作出具有法律强制力的约束性决定。[4]监察权必须遵循人民代表大会制度下的国家权力配置和国家权力秩序规范,不得违背

---

〔1〕李建国:"关于《中华人民共和国监察法(草案)》的说明——2018 年 3 月 13 日在第十三届全国人民代表大会第一次会议上",载《人民日报》2018 年 3 月 14 日。

〔2〕莫纪宏:"国家监察体制改革要注重对监察权性质的研究",载《中州学刊》2017 年第 10 期。

〔3〕姜明安:"国家监察法立法的若干问题探讨",载《法学杂志》2017 年第 3 期。

〔4〕周乐军:"'对人监察'抑或'对事监察'——论我国监察委员会监察权的边界",载《时代法学》2018 年第 4 期。

宪法和监察法等法律规定，不得随意将其权力触角伸及其他公权力的运行范畴之内。

三、监察权的法律地位：一类新型的国家权力

国家监察体制改革是事关全局的重大政治体制改革，改革实行组织创新和制度创新，打破了体制机制障碍，建立了崭新的国家监察机构——监察委员会。监察委员会作为新设的国家机构，是行使国家监察职能的专责机关，依法独立行使监察权。监察权是一项新设的国家权力，具有独立的宪法地位，是与行政权、检察权、审判权法律地位平等的"第四种权力"，是一类新型的国家权力。

（一）监察权是一项新设的国家权力

强化对公权力的监督制约是遏制权力腐败的有效方式。国家监察体制改革，就是要完善权力运行监督制约机制，实现监督全覆盖，改变原有行政监察范围过窄、检察机关职务犯罪"自侦自捕自诉"式自我监督的局限，以填补国家监察空白，形成监督合力，理顺权力监督体制。2016 年 10 月 27 日，党的十八届六中全会提出："各级党委应当支持和保证同级人大、政府、监察机关、司法机关等对国家机关及公职人员依法进行监督。"同日，中国共产党第十八届中央委员会第六次全体会议通过的《中国共产党党内监督条例》也作了同样的规定。[1]这是党的文件和党内法规中首次将"监察机关"与人大、政府、司法机关一同并列提及，首次提出"监察机关"这一主体。由此可见，监察机关的监督权不再隶属于政府，而是一项新设的权力。

国家监察体制改革先由中央作出改革试点方案，全国人大常委会作出改革试点授权决定。[2]经过一年多的实践并积累了可复制、可推广的经验后，全国人大常委会作出在全国各地推开改革试点工作的决定。[3]由此，国家监

〔1〕《中国共产党党内监督条例》第 37 条第 1 款前半段："各级党委应当支持和保证同级人大、政府、监察机关、司法机关等对国家机关及公职人员依法进行监督，人民政协依章程进行民主监督，审计机关依法进行审计监督。"

〔2〕2016 年 11 月 7 日，中共中央办公厅印发《关于在北京市、山西省、浙江省开展国家监察体制改革试点方案》，部署在上述三省市设立各级监察委员会，要求试点省市从体制机制、制度建设上先行先试、探索实践，为在全国推开积累经验。

〔3〕2017 年 11 月，十二届全国人大常委会第三十次会议通过《全国人民代表大会常务委员会关于在全国各地推开国家监察体制改革试点工作的决定》。

察体制改革试点在全国有序推开。通过国家立法赋予监察委员会必要的权限和措施，并规定严格的监察权运行程序，是全面依法治国的内在要求。2018年3月11日，全国人民代表大会通过了宪法修正案，增加了有关监察委员会的各项规定。至此，新设的监察权正式成为了一种宪法规定的国家权力。为将宪法规定具体化，2018年3月20日，第十三届全国人民代表大会第一次会议审议并通过了《监察法》，这就将国家监察体制的改革成果以法律形式固定了下来，有利于巩固改革成果并保障国家监察权在法治轨道上行稳致远。

（二）监察权是一项具有独立宪法地位的权力

国家监察体制改革是事关全局的重大政治体制、监督体制改革，是国家政权组织形式的重大改变，同时改变了现行国家机构的权限分配和组织架构。新修改的《宪法》在第三章增设一节，专门就监察委员会作出规定，以宪法的形式明确国家监察委员会和地方各级监察委员会的性质、地位、名称、人员组成、任期、监督方式、领导体制、工作机制等，为监察委员会行使职权提供了宪法依据和根本遵循。[1]根据《宪法》的规定，监察委员会在组织机构上独立于"一府两院"，形成"一府一委两院"（"一委"即监察委员会）的国家机构新格局。作为国家机构，监察委员会的职权主要体现为"国家监察权"。故此，监察权是一项具有独立宪法地位的国家权力。

（三）监察权是与行政权、检察权、审判权法律地位平等的"第四种权力"

根据宪法的规定，从权力形态来看，监察权是与行政权、检察权、审判权相并立的"第四种权力"，是一种新型的国家权力。"监察权的创设，改变了我国原有的'一府两院'式国家权力体系，形成了"一府一委两院"式国家权力格局，监察权与行政权、检察权、审判权共同组成我国权力体系的四大柱石。"[2]这四大权力都由人大产生、对人大负责、受人大监督并向人大报告工作，因此就法律地位而言，四者都处于人民代表大会及其常务委员会之下。但是，四者彼此之间法律地位平等，不存在谁领导（主导）谁、谁服从谁的问题。在工作中，四者的关系是分工负责、互相配合、互相制约。

---

〔1〕 信春鹰："我国宪法修改的重点内容及其重大历史意义"，载《人民日报》2018年5月16日。

〔2〕 雷思远："如何理解监委依法独立行使监察权——准确把握依法、独立、配合、制约四个关键词"，载《中国纪检监察》2018年第9期。

第二节　监察权的规范渊源

监察权作为一项重要的国家权力，可从职责、权限和监察范围等角度对其进行规范分析。根据《宪法》和《监察法》的规定，监察委员履行监督、调查、处置三项职责，有权行使调查、留置、查封扣押冻结、搜查、勘验鉴定、采取技术调查措施、决定通缉与采取限制出境措施、收集调取证据、作出监察建议和要求有关机关单位协助等十余项权限，依法对所有行使公权力的公职人员进行监督，实现国家监察的全面覆盖。

一、监察权的职责

监察委员会依照《监察法》和有关法律规定履行监督、调查、处置之职责：

（一）监督职责

监察委员会对公职人员开展廉政教育，对其依法履职、秉公用权、廉洁从政从业以及道德操守情况进行监督检查。监督是监察委员会的首要职责，监察委员会依照《宪法》《监察法》和有关法律规定，监督所有公职人员行使公权力的行为是否符合法律规定、是否符合公正标准、是否符合清廉要求，以确保公权力不被滥用，防止谋取私利，将权力置于监察监督之下。监察机关履行监督职责的方式包括教育和检查，廉政教育是防止公职人员腐败的基础性工作，其根本内容是加强理想信念教育，使讲规矩、守法律、有道德成为公职人员的自觉行动，不断增强"不想腐"的自觉。监督检查的方法包括列席或者召集会议、听取工作汇报、实施检查或者调阅、审查文件和资料等，其内容是公职人员依法履职、秉公用权、廉洁从政从业以及道德操守情况。监察机关行使监督职责的目的是为了惩前毖后、防微杜渐，防止一般违纪违法行为发展成严重违纪违法行为，严重违纪违法行为发展成犯罪行为。[1]

（二）调查职责

监察委员会对涉嫌贪污贿赂、滥用职权、玩忽职守、权力寻租、利益输送、徇私舞弊以及浪费国家资财等职务违法和职务犯罪进行调查。调查是为

---

[1]　江国华：《中国监察法学》，中国政法大学出版社 2018 年版，第 98 页。

了获取真相，目的是为判断公职人员是否依法履职提供基础。[1]调查职责是监察委员会行使监察职责的核心。[2]监察委员会的调查范围基本涵盖了公职人员的腐败行为类型。其中，"贪污贿赂"主要是指贪污、挪用、私分公共财物以及行贿受贿等破坏公权力廉洁性的行为；"滥用职权"主要是指超越职权，违法决定、处理其无权决定、处理的事项或者违反规定处理公务，致使公共财产、国家和人民利益遭受损失的行为；"玩忽职守"主要是指公职人员严重不负责任，不履行或者不认真、不正确履行职责，致使公共财产、国家和人民利益遭受损失的行为；"徇私舞弊"主要是指为了私利而使用欺骗、包庇等方式从事违法的行为。公职人员腐败行为与《刑法》规定的罪名以及有关法律法规规定的违法行为不完全——对应，但其实质是一致的。比如，"权力寻租"主要是指公职人员利用手中的公权力违反或者规避法律法规，谋取或者维护私利的行为；"利益输送"主要是指公职人员利用职权或者职务影响，以违反或者规避法律法规的手段将公共财产等利益不正当授受给有关组织、个人的行为；"浪费国家资财"主要是指公职人员违反规定，挥霍公款、铺张浪费的行为。

（三）处置职责

监察委员会的处置职责是监察权的保障，即通过处分和制裁违法犯罪行为以保障监察机关的有效履职与威慑作用。[3]监察委员会的处置职责主要包括以下四个方面内容：其一，对违法的公职人员依法作出政务处分决定。监察机关根据监督、调查结果对违法的公职人员依照法定程序作出警告、记过、记大过、降级、撤职、开除等政务处分决定。公职人员有违法行为，已经被立案调查，不宜继续履行职责的，监察机关可以决定暂停其履行职务。[4]其二，对履行职责不力、失职失责的领导人员进行问责。这里的"问责"是指监察机关根据问责的有关规定，对不履行或者不正确履行职责负有责任的领导人员，按照管理权限对其直接作出问责决定，或者向有权作出问责决定的机关提出问责建议。对公职人员不履行或者不正确履行职责负有管理责任的领导人员，监察机关可以依据或者参照《中国共产党问责条例》《关于实行党

---

[1] 郑贤君："试论监察委员会之调查权"，载《中国法律评论》2017年第4期。
[2] 江国华：《中国监察法学》，中国政法大学出版社2018年版，第98页。
[3] 江国华：《中国监察法学》，中国政法大学出版社2018年版，第99页。
[4] 《公职人员政务处分暂行规定》第12条。

政领导干部问责的暂行规定》等规定，按照管理权限对其作出通报批评、诫勉、停职检查、责令辞职等问责决定，或者向有权作出问责决定的机关提出降职、免职等问责建议。[1]问责的对象是公职人员中的领导人员，主要是指中国共产党机关、人大机关、行政机关、监察机关、审判机关、检察机关、政协机关、民主党派和工商联机关中担任各级领导职务和副调研员以上非领导职务的人员；在参照《公务员法》管理的单位中担任各级领导职务和副调研员以上非领导职务的人员；大型、特大型国有和国有控股企业中层以上领导人员，中型以下国有和国有控股企业领导班子成员，以及上述企业中其他相当于县处级以上层次的人员；事业单位领导班子成员及其他六级以上管理岗位人员。其三，对涉嫌职务犯罪的，将调查结果移送人民检察院依法审查、提起公诉。监察机关经调查认为犯罪事实清楚，证据确实、充分的，制作起诉意见书，连同案卷材料、证据一并移送人民检察院依法审查、提起公诉。其四，向监察对象所在单位提出监察建议。监察建议是监察机关依照法定职权，根据监督、调查结果对监察对象所在单位廉政建设和履行职责存在的问题等提出的建议。监察建议不同于一般的工作建议，它具有法律效力，被提出建议的有关单位在无正当理由时必须履行监察建议要求其履行的义务，否则，就要承担相应的法律责任。

二、监察权的权限

各级监察委员会依法行使监察职权，遵循《监察法》和相关法律的规定。从监察法规范的角度考察，监察权具体包括以下十项权限：一是调查权；二是留置权；三是查封扣押冻结等权限；四是搜查权；五是勘验鉴定的权限；六是采取技术调查措施的权限；七是决定通缉与采取限制出境措施的权限；八是收集、调取证据的权限；九是监察建议权；十是要求协助的权限。

（一）调查权

根据《监察法》的规定，监察委员会的调查权限主要有以下四项：其一，对可能发生职务违法的监察对象进行谈话或者要求说明情况的权限。对可能发生职务违法的监察对象，监察机关按照管理权限，可以直接或者委托有关机关、人员进行谈话或者要求说明情况。其二，要求涉嫌职务违法的被调查

---

[1]《公职人员政务处分暂行规定》第17条。

人作出陈述的权限。在调查过程中，对涉嫌职务违法的被调查人，监察机关可以要求其就涉嫌违法的行为作出陈述，必要时向被调查人出具书面通知。其三，讯问涉嫌职务犯罪的被调查人的权限。对涉嫌贪污贿赂、失职渎职等职务犯罪的被调查人，监察机关可以进行讯问，要求其如实供述涉嫌犯罪的情况。其四，询问证人的权限。在调查过程中，监察机关可以询问证人等人员。

（二）留置权

根据《监察法》的规定，监察机关对以下两类人员享有留置权限：其一，涉嫌贪污贿赂、失职渎职等严重职务违法或者职务犯罪的被调查人；其二，涉嫌行贿犯罪或者共同职务犯罪的涉案人员。监察机关在已经掌握上述两类人员部分违法犯罪事实及证据后，仍有重要问题需要进一步调查，并有下列情形之一的，经监察机关依法审批，可以将其留置在特定场所：涉及案情重大、复杂的；可能逃跑、自杀的；可能串供或者伪造、隐匿、毁灭证据的；可能有其他妨碍调查的行为的。留置场所的设置、管理和监督依照国家有关规定执行。

（三）查封扣押冻结等权限

根据《监察法》的规定，监察机关调查涉嫌贪污贿赂、失职渎职等严重职务违法或者职务犯罪行为时，根据工作需要，可以依照规定查封、冻结涉案单位和个人的存款、汇款、债券、股票、基金份额等财产。同时，监察机关在调查过程中，可以调取、查封、扣押用以证明被调查人涉嫌违法犯罪的财物、文件和电子数据等信息。监察机关在行使查封扣押冻结职权时，需要注意以下五点：其一，冻结的财产经查明与案件无关的，应当在查明后3日内解除冻结，予以退还。其二，采取调取、查封、扣押措施，应当收集原物原件，会同持有人或者保管人、见证人，当面逐一拍照、登记、编号，开列清单，由在场人员当场核对、签名，并将清单副本交财物、文件的持有人或者保管人。其三，对调取、查封、扣押的财物、文件，监察机关应当设立专用账户、专门场所，确定专门人员妥善保管，严格履行交接、调取手续，定期对账核实，不得毁损或者用于其他目的。其四，对价值不明物品应当及时鉴定，专门封存保管。其五，查封、扣押的财物、文件经查明与案件无关的，应当在查明后3日内解除查封、扣押，予以退还。

（四）搜查权

根据《监察法》的规定，监察机关可以对涉嫌职务犯罪的被调查人以及可能隐藏被调查人或者犯罪证据的人的身体、物品、住处和其他有关地方进行搜查。监察机关在行使搜查职权时，需要注意以下三点：其一，在搜查时，应当出示搜查证并有被搜查人或者其家属等见证人在场。其二，搜查女性身体，应当由女性工作人员进行。其三，监察机关进行搜查时可以根据工作需要提请公安机关配合，公安机关应当依法予以协助。

（五）勘验鉴定的权限

根据《监察法》的规定，监察机关在调查过程中，可以直接指派或者聘请具有专门知识、资格的人员在调查人员主持下进行勘验检查。监察机关在调查过程中，对于案件中的专门性问题，可以指派、聘请有专门知识的人进行鉴定。监察机关在行使勘验鉴定职权时，需要注意以下两点：其一，勘验检查情况应当制作笔录，由参加勘验检查的人员和见证人签名或者盖章。其二，鉴定人进行鉴定后，应当出具鉴定意见，并且签名。

（六）采取技术调查措施的权限

根据《监察法》的规定，监察机关调查涉嫌重大贪污贿赂等职务犯罪时，根据需要并经过严格的批准手续后可以采取技术调查措施，按照规定交有关机关执行。监察机关在采取技术调查措施时，需要注意以下三点：其一，技术调查措施批准决定应当明确采取技术调查措施的种类和适用对象，自签发之日起3个月内有效。其二，对于复杂、疑难案件，期限届满仍有必要继续采取技术调查措施的，经过批准，有效期可以延长，每次不得超过3个月。其三，对于不需要继续采取技术调查措施的，应当及时解除。

（七）决定通缉与采取限制出境措施的权限

根据《监察法》的规定，在以下两种情形下，监察机关可以决定通缉或者采取限制出境措施：其一，依法应当留置的被调查人如果在逃，监察机关可以决定在本行政区域内通缉，由公安机关发布通缉令，追捕归案。通缉范围超出本行政区域的，应当报请有权决定的上级监察机关决定。其二，监察机关为防止被调查人及相关人员逃匿境外，经省级以上监察机关批准，可以对被调查人及相关人员采取限制出境措施，由公安机关依法执行。对于不需要继续采取限制出境措施的，应当及时解除。

（八）收集、调取证据的权限

根据《监察法》的规定，监察机关行使监督、调查职权，有权依法向有关单位和个人了解情况，收集、调取证据。有关单位和个人应当如实提供。

任何单位和个人不得伪造、隐匿或者毁灭证据。监察机关依照法律规定收集的物证、书证、证人证言、被调查人供述和辩解、视听资料、电子数据等证据材料，在刑事诉讼中可以作为证据使用。监察机关在收集、调取证据时，需要注意以下三点：其一，监察机关及其工作人员对监督、调查过程中知悉的国家秘密、商业秘密、个人隐私，应当保密。其二，监察机关在收集、固定、审查、运用证据时，应当与刑事审判关于证据的要求和标准相一致。其三，以非法方法收集的证据应当依法予以排除，不得作为案件处置的依据。

（九）监察建议权

根据《监察法》的规定，监察委员会依照法律规定履行监督、调查、处置职责，有权向监察对象所在单位提出监察建议。各级监察委员会派驻或者派出的监察机构、监察专员根据授权，按照管理权限依法对公职人员进行监督，提出监察建议，依法对公职人员进行调查、处置。监察机关根据监督、调查结果，依法有权对监察对象所在单位廉政建设和履行职责方面存在的问题等提出监察建议。

此外，根据《监察法》的规定，监察机关对于符合法定条件的被调查人和涉案人员，在经过监察机关领导人员集体研究并报上一级监察机关批准后，可以在移送人民检察院时提出从宽处罚的建议。具体而言，有两种情形：其一，对于涉嫌职务犯罪的被调查人，监察机关提出从宽处罚建议的法定条件为：被调查人主动认罪认罚，即自动投案，真诚悔罪悔过；或者积极配合调查工作，如实供述监察机关还未掌握的违法犯罪行为；或者积极退赃，减少损失；或者具有重大立功表现或者案件涉及国家重大利益等情形。其二，对于职务违法犯罪的涉案人员，监察机关提出从宽处罚建议的法定条件为：涉案人员揭发有关被调查人职务违法犯罪行为，查证属实或者提供重要线索，有助于调查其他案件。

根据《监察法》的规定，监察机关的监察建议具有法律上的效力，有关单位无正当理由拒不采纳监察建议的，由其主管部门、上级机关责令改正，对单位给予通报批评；对负有责任的领导人员和直接责任人员依法给予处理。

（十）要求协助的权限

对于监察机关依法提出的协助要求，有关机关和单位应当在其职权范围内依法予以协助。《监察法》在第一章"总则"中明确规定：监察机关在工作中需要协助的，有关机关和单位应当根据监察机关的要求依法予以协助。监察机关工作过程中遇到超出监察机关职权范围或者其他紧急、特殊情况，需要公安、司法行政、审计、税务、海关、财政、工业信息化、价格等机关以及金融监督管理等机构予以协助的时候，有权要求其予以协助。

根据《监察法》的规定，公安机关应当依法协助监察机关，具体情形有：其一，监察机关进行搜查时，可以根据工作需要提请公安机关配合，公安机关应当依法予以协助。其二，监察机关决定对依法应当留置的被调查人进行通缉的，由公安机关发布通缉令，追捕归案。其三，监察机关为防止被调查人及相关人员逃匿境外，经省级以上监察机关批准后，可以对被调查人及相关人员采取限制出境措施，由公安机关依法执行。其四，公安机关等国家机关在工作中发现公职人员涉嫌贪污贿赂、失职渎职等职务违法或者职务犯罪的问题线索，应当移送监察机关并由监察机关依法调查处置。被调查人既涉嫌严重职务违法或者职务犯罪又涉嫌其他违法犯罪的，一般应当由监察机关为主调查机关，其他机关予以协助。其五，监察机关采取留置措施，可以根据工作需要提请公安机关配合，公安机关应当依法予以协助。

三、监察权的范围

监察机关依法对所有行使公权力的公职人员进行监督，实现国家监察的全面覆盖。"全面覆盖"至少应包含三个维度：首先，从权力种类来看，全面覆盖全部公权力，即覆盖立法权、行政权、司法权、监察权等全部国家公权力。其次，就权力运行过程而言，全面覆盖权力运行的全过程，更加注重事前、事中监督，而不是仅仅进行事后监督，形成"既监察于已然，又监察于未然"的全过程监督机制。最后，从人的角度来考察，全面覆盖所有行使公权力的公职人员，既包括《公务员法》所规定的公务员，还包括法律授权或者受委托行使公共事务职权的人员、国企管理人员、公办教科文卫体事业单位管理人员、群众组织和自治组织中的管理人员。[1]根据《监察法》第15条的规定，监察机关对下列公职人员和有关人员进行监察：

（一）中国共产党机关、人民代表大会及其常务委员会机关、人民政府、监察委员会、人民法院、人民检察院、中国人民政治协商会议各级委员会机

---

〔1〕　参见江国华、彭超："国家监察立法的六个基本问题"，载《江汉论坛》2017年第2期。

关、民主党派机关和工商业联合会机关的公务员，以及参照《公务员法》管理的人员；

（二）法律、法规授权或者受国家机关依法委托管理公共事务的组织中从事公务的人员；

（三）国有企业管理人员；

（四）公办的教育、科研、文化、医疗卫生、体育等单位中从事管理的人员；

（五）基层群众性自治组织中从事管理的人员；

（六）其他依法履行公职的人员。

据此，国家监察的范围全面覆盖了所有履行公职的人员，只要其行使公权力，所涉嫌的职务违法或者职务犯罪损害到公权力的廉洁性，就属于监察的对象，处在监察权范围之内。

第三节　监察权的性质与特征

"国家监察体制改革涉及国家权力体系的重大变革，形成了国家权力机关统摄下的'一府一委两院'式国家机构新体系，监察权与行政权、检察权、审判权构成国家权力体系中的四大柱石。"[1]作为一类新型的国家权力，监察权的性质和特征可概括为以下八个方面：一是监察权主体的国家性；二是监察权内容的复合性；三是监察权权能的强制性；四是监察权对象的全覆盖性；五是监察权行使的独立性；六是监察权运行的受监督性；七是监察权内在体系的集中统一性；八是监察权外部关系的互相配合、互相制约性。

一、监察权主体的国家性

宪法将国家监察权配置给了监察委员会，作为监察权行使主体的监察委员会由同级人民代表大会产生，并与党的纪律检查委员会合署办公，对产生它的国家权力机关负责，是行使国家监察职能的专责机关。从性质定位角度考察，监察委员会具有国家性，具体而言：

---

〔1〕 雷思远："如何理解监委依法独立行使监察权——准确把握依法、独立、配合、制约四个关键词"，载《中国纪检监察》2018 年第 9 期。

（一）监察委员会在宪法定位上是"国家机构"，由国家权力机关产生，
是国家的监察机关

现行《宪法》第三章"国家机构"中的第七节规定了"监察委员会"，
并在第 123 条规定了"中华人民共和国各级监察委员会是国家的监察机关"。
可见，从宪法定位上来看，监察委员会是国家机构，具有国家性。同时，《宪
法》第 57 条、第 96 条规定了"中华人民共和国全国人民代表大会是最高国
家权力机关""地方各级人民代表大会是地方国家权力机关"。《监察法》第 8
条、第 9 条规定了"国家监察委员会由全国人民代表大会产生"，"地方各级
监察委员会由本级人民代表大会产生"。这表明监察委员会由国家权力机关产
生，行使国家权力机关授予的职权。因此，监察委员会当属于国家机构，并
且是一个独立的国家机构，在法律地位上与"一府两院"平行，是由国家权
力机关产生的具有独立法律地位的主体，依法独立行使监察权。

（二）监察委员会和党的纪律检查委员会"合署办公"，并不能因此淡化
甚至否认监察委员会作为国家机构的性质

党的机构和国家机构"合署办公"，是为"推进党和国家机构职能优化协
同高效"，[1]并不是要以党的机构代替国家机构或者将党的机构国家化党的机
构和国家机构在机构性质、产生方式、职责权限、工作依据、工作内容、工
作程序、工作方法等方面都不相同。党的机构由党的代表大会产生，依据
《党章》和党内法规具体管理党的事务、管理党组织和党员；国家机构由国家
权力机关产生，依据宪法和国家法律具体管理国家事务、管理全体公民。监察
委员会是行使国家监察职能的专责机关，党的纪律检查委员会是党内监督的专
责机关。二者合署办公，"这种工作机制的出现充分显示了政党在反腐败中的中
心地位"，[2]能够实现党对国家监察工作的领导，形成党内监督与国家监察的
强大监督合力，达成依规治党和依法治国有机统一之目标。同时，这对于构建
合理化的中国特色权力监督体系、实现党纪与国法的紧密衔接与结合、优化党
政关系都具有重要的理论与实践意义。需要注意的是："二者合署办公，既要充
分发挥纪委的党内监督作用，又要保证国家监察机关依法独立行使职权。"[3]

---

〔1〕　"中共中央印发《深化党和国家机构改革方案》"，载《人民日报》2018 年 3 月 22 日。
〔2〕　林尚立：《建构民主——中国的理论、战略与议程》，复旦大学出版社 2012 年版，第 400 页。
〔3〕　马怀德："全面从严治党亟待改革国家监察体制"，载《光明日报》2016 年 11 月 12 日。

(三) 监察委员会是国家的监察机关，具有国家性而拒斥地方性[1]

这是由监察权作为一项重要的国家权力而具有国家性所决定的。具体而言，监察权的国家性包含三层意思：第一层是指监察权的法律归属，即在实证法意义上，监察权归属于国家，而不属于任何个人、社会组织抑或地方。从权力属性来看，监察权是一种国家性的权力，其国家性主要体现在监察权的非社会性和非地方性上。现行《宪法》第123条规定："中华人民共和国各级监察委员会是国家的监察机关。"从宪法地位来看，监察委员会是国家的而不是地方的。第二层是指监察权的效力或实现，即监察权的效力直接源于国家意志，并以国家强制力保障实施。[2]监察委员会的监察权是国家宪法授予的，其运行受宪法、法律的约束，宪法、法律也保障监察权依法行使。第三层是指地方各级监察委员会是国家设在地方的监察委员会，而不是"地方的监察委员会"。地方各级监察委员会与最高监察机关国家监察委员会一样，都应当严格遵照宪法和法律，依法对所有行使公权力的公职人员进行监察，使监察委员会真正成为国家的监察机关，防止地方各级监察委员会被地方行政捆绑成为地方保护主义的工具。

深刻理解监察委员会的国家性还需要对《宪法》第126条之规定进行精准分析。《宪法》第126条规定了"地方各级监察委员会对产生它的国家权力机关和上一级监察委员会负责"。《监察法》第9条规定了"地方各级监察委员会由本级人民代表大会产生"。以此看来，地方各级监察委员会由同级地方人民代表大会产生，并对同级地方人民代表大会负责。从表面上来看，这两条规定似乎可以作为监察机关具有地方性的法律依据。但是，这种理解是对《宪法》和《监察法》的误读。不同层级、不同区域的地方监察机关不能以其所在地方名义代表其所在地方来行使监察权，而只能以国家名义代表国家行使监察权。具体理由在于：地方各级人民代表大会不是"纯粹的"地方机器，而是地方"国家权力机关"，地方各级监察委员会固然由地方人大产生并对其负责，但是地方各级监察委员会的监察权并不是由产生它的地方人大所赋予的，而是由宪法赋予和配置的。这就决定了地方各级监察委员会行使的

---

[1] 徐伟红："孙中山监察权独立思想及其对廉政监察的启示"，载《湖南人文科技学院学报》2018年第2期。

[2] 姚文胜："监察权是符合党和人民意志的宪定权"，载《中国纪检监察报》2018年4月26日。

是国家监察权而不是地方监察权。理解这一问题的关键在于，要认识到监察委员会组成人员之产生和监察权之配置是分属于不同性质的两套机制。地方各级人大有权决定地方各级监察委员会组成人员，但是无权创制和具体配置监察权；监察权的创制权属于最高国家权力机关全国人民代表大会，监察权的配置属于宪法保留事项，只能由宪法作出规定来具体配置。

二、监察权内容的复合性

国家监察权是一种"复合性"权力而非"综合性"权力。[1]复合性强调组成部分之间的有机结合，各部分聚合成为一个有机整体，并区别于原组成部分；综合性则意味着各组成部分简单组合叠加在一起，相互之间没能有机融合。国家监察体制改革之后所产生的国家监察权，是一种新型的复合性权力。具体而言，其复合性表现在以下三个方面：

（一）兼具政治权力和法律权力双重属性

监察委员会作为行使国家监察职能的专责机关，与党的纪律检查机关合署办公，从而实现党对国家监察工作的领导，是实现党和国家自我监督的政治机关，不是行政机关、司法机关。[2]"监察委员会作为政治机关，政治属性是第一属性、根本属性。"[3]同时，监察委员会也是宪法上的国家机构，是国家的监察机关，应当依照《宪法》《监察法》等国家法律规定行使监察权。因此，旨在实现反腐败目标的监察权，既是政治权力又是法律权力，是具有中国特色的监察权。

从深层逻辑而言，监察权是执政党执政权的内在内容，是一种政治权力。掌握政治权力（即抽象意义上的执政权）是执政党在治国理政中进行政治领导的合法性基础，而执政权在具体表现形式上可以分解为六种权力，即政治决策权、行动指挥权、关系协调权、干部管理权、行为监督权、责任追究权。"监察权的权能覆盖了后三者，即覆盖了管理、监督和追责等领域，因此，在政治权力体系中，监察权是执政权意义上的一种复合型政治权力。"[4]然而，

---

〔1〕 徐汉明："国家监察权的属性探究"，载《法学评论》2018 年第 1 期。

〔2〕 中共中央纪律检查委员会、中华人民共和国国家监察委员会法规室编写：《〈中华人民共和国监察法〉释义》，中国方正出版社 2018 年版，第 62 页。

〔3〕 闫鸣："监察委员会是政治机关"，载《中国纪检监察报》2018 年 3 月 8 日。

〔4〕 莫纪宏："国家监察体制改革要注重对监察权性质的研究"，载《中州学刊》2017 年第 10 期。

国家监察全面覆盖所有行使公权力的公职人员（包括非党员在内），为保证监察权能够对所有行使公权力的人有"一体遵循"的制度效力，充分有效发挥监察权在国家体制中的监督作用，填补国家监督的空白，有必要将监察权纳入国家法律权力体系之中。[1]同时，将监察权纳入法律权力体系也能够通过国家法律规范其运行，将监察权关进法律的"笼子"——监察权必须服从宪法和法律的约束，严格依照法定权限和程序运行，违法行使应当承担法律责任。如是，才能有效防范和解决纪法衔接不畅问题，形成政治监督与法律监督有机结合的中国特色监察权运行机制。[2]

（二）整合多种权能

"监察权整合了监察体制改革前隶属于政府的行政监察权、行政预防权以及隶属于检察机关的贪污贿赂犯罪侦查权、渎职犯罪侦查权、职务犯罪预防权等五种权力，但绝不是这'五种权力'的简单拼合，而是对这几种权力的权能进行吸收转化和有机耦合之后形成的新的权力，具有内在的逻辑性、融洽性和系统性，是一种更高级形态的国家监察权结构体系。"[3]监察体制改革后，监察权的职能也不是行政监察、反贪反腐、预防腐败等三项职能的简单叠加，而是依法对所有行使公权力的公职人员进行监察，调查职务违法和职务犯罪并依法作出处置，维护宪法和法律的尊严。这就在"依托纪检"的基础之上拓展了监察并衔接了司法，实现了"一加一大于二等于三"的效果。[4]

（三）结合调查权和处置权

根据《监察法》的规定，监察机关履行监督、调查、处置的职责，有权采取谈话、讯问、询问、查询、冻结、调取、查封、扣押、搜查、勘验检查、鉴定、留置等12项调查措施，并有权依法作出政务处分决定、进行问责、移送检察机关审查提起公诉。这就将调查权和处置权有效接合起来，有利于国家监察权的顺畅运行，从而提高监察的效力。同时，监察机关既调查职务违法行为又调查职务犯罪行为，这种"全覆盖"式的调查为处置权的行使提供

---

〔1〕 国家监察体制改革前，行政监察的对象主要是行政机关的工作人员，而不包括其他机关的公职人员；检察院也主要侦办国家工作人员职务犯罪，而不负责对职务违法行为进行监督。

〔2〕 郭世杰："从'纪法分开'转向'纪法衔接'"，载《北京日报》2018年4月2日。

〔3〕 李晓明、韩海军："反腐败合力的形成：资源整合与优势互补——兼论纪检监察部门与检察机关在反腐败中的关系"，载《学习论坛》2012年第3期。

〔4〕 江利红："行政监察职能在监察体制改革中的整合"，载《法学》2018年第3期。

了充分的基础。根据调查所查明的事实情况区分被调查人的行为性质和情节轻重，监察机关依法作出相应处置：涉嫌犯罪的，移送检察机关审查提起公诉；职务违法的，依法作出政务处分决定；履职不力、失职失责的领导人员，对其进行问责。

三、监察权权能的强制性

"监察权是国家权力体系的重要组成部分，监察权运行体现的是国家意志，因而监察权由国家强制力保证实施，具有国家性和强制性。"[1]根据《监察法》的规定，监察委员会履行监督、调查、处置三项职责，可以采取谈话、讯问、询问、查询、冻结、调取、查封、扣押、搜查、勘验检查、鉴定、留置等12项调查措施。由此可见，监察权的权能具有法定的强制性。监察权作为国家政治权力，是监察机关依据法定授权所能适用的强制手段，是为有效执行国家意志而依据宪法法律原则对所有行使公权力的公职人员进行监督、调查和处置的一种能力。而以国家强制力保证实施是国家权力"强制性"的通性。[2]监察权权能的强制性主要体现在以下三个方面：

（一）监察权的调查权能

从内容来看，其与行政机关调查权和检察机关职务犯罪侦查权具有相向性特质，带有明显的强制性色彩。监察权的"强制性"还伴随着"主动性"，监察权运行的主动性是由监察的目的即反腐败决定的。[3]这即要求监察机关主动监督、调查，及时发现行使公权力的公职人员的违纪违法行为并督促其改正或依法作出处置。监察权的启动并不要求具备特定的"触发条件"，这与司法权相区分——司法权奉行"不告不理"原则，而主动监督则是监察机关的法定职责。当然，监察权的强制性和主动性都必须以"法治性"作为根本遵循。监察权的"强制性"和"主动性"是"法治性"之下的强制和主动，应当遵循"法无授权不可为""法定职责必须为"的公权力运行原则，这是以法治思维和法治方式深入推进反腐败工作的必然要求。

（二）监察权的处置权能

监察机关有权依法对行使公权力的公职人员的违纪违法行为作出处置，

---

[1] 徐德刚："五权宪法监察权研究"，武汉大学2006年博士学位论文。

[2] 徐汉明："国家监察权的属性探究"，载《法学评论》2018年第1期。

[3] 徐汉明："国家监察权的属性探究"，载《法学评论》2018年第1期。

其处置行为对被处置人具有强制约束力。根据《监察法》第 45 条之规定，按照被调查人行为性质和情节轻重之不同，监察机关可作出如下处置：谈话提醒、批评教育、责令检查、予以诫勉；作出警告、记过、记大过、降级、撤职、开除等政务处分决定；直接作出问责决定，向有权作出问责决定的机关提出问责建议；移送人民检察院依法审查、提起公诉。这些处置具有强制性，对被调查人的权利能够产生实质性的影响。

（三）监察权的调查措施

其针对被调查人的人身或者财产，对被调查人的人身、财产、自由具有强制性的限制作用。尤其是留置取代"两规"措施之后，限制人身自由的强制性更加明显。《监察法》规定的 12 种调查措施依法赋予监察机关职责权限和调查手段，有效解决了反腐败工作手段单一的问题。从范围和种类来看，监察委员会可采取的措施多于党的纪律检查委员会可以采取的 8 项措施；[1]多于行政监察机关可以采取的 8 项措施；[2]多于检察机关职务犯罪侦查可以

---

[1] 根据《中国共产党纪律检查机关案件检查工作条例》（1994 年 5 月 1 日施行）第 28 条的规定，纪律检查机关调查组有权按照规定程序，采取以下八项措施调查取证："（一）查阅、复制与案件有关的文件、资料、帐册、单据、会议记录、工作笔记等书面材料；（二）要求有关组织提供与案件有关的文件、资料等书面材料以及其他必要的情况；（三）要求有关人员在规定的时间、地点就案件所涉及的问题作出说明；（四）必要时可以对与案件有关的人员和事项，进行录音、拍照、摄像；（五）对案件所涉及的专门性问题，提请有关的专门机构或人员作出鉴定结论；（六）经县级以上（含县级）纪检机关负责人批准，暂予扣留、封存可以证明违纪行为的文件、资料、账册、单据、物品和非法所得；（七）经县级以上（含县级）纪检机关负责人批准，可以对被调查对象在银行或其他金融机构的存款进行查核，并可以通知银行或其他金融机构暂停支付；（八）收集其他能够证明案件真实情况的一切证据。"

[2] 根据《行政监察法》（2010 年 6 月 25 日修正）（已失效）第 19 条、第 20 条、第 21 条的规定，行政监察机关履行职责时，有权采取下列三项措施："（一）要求被监察的部门和人员提供与监察事项有关的文件、资料、财务帐目及其他有关的材料，进行查阅或者予以复制；（二）要求被监察的部门和人员就监察事项涉及的问题作出解释和说明；（三）责令被监察的部门和人员停止违反法律、法规和行政纪律的行为。"行政监察机关在调查违反行政纪律行为时，可以采取下列四项措施："（一）暂予扣留、封存可以证明违反行政纪律行为的文件、资料、财务帐目及其他有关的材料；（二）责令案件涉嫌单位和涉嫌人员在调查期间不得变卖、转移与案件有关的财物；（三）责令有违反行政纪律嫌疑的人员在指定的时间、地点就调查事项涉及的问题作出解释和说明，但是不得对其实行拘禁或者变相拘禁；（四）建议有关机关暂停有严重违反行政纪律嫌疑的人员执行职务。"此外，行政监察机关在调查贪污、贿赂、挪用公款等违反行政纪律的行为时，经批准可以查询案件涉嫌单位和涉嫌人员在银行或者其他金融机构的存款；必要时，可以提请人民法院采取保全措施，依法冻结涉嫌人员在银行或者其他金融机构的存款。

采取的 6 项措施。[1]但是，从内容来看，监察机关可以采取的调查措施，并不是上述三个机关可采取措施的简单合并，而是对监察体制改革前"'三驾马车'分散式反腐模式"下，各机关可采取的措施进行的高度有机整合并进行创新性发展所形成的新的制度成果。这些调查措施能够有力保障监察权的顺利运行，维护其权威性和强制性。

四、监察权对象的全覆盖性

《监察法》第 1 条规定了其立法目的，明确了制定和实施《监察法》要实现的价值和达到的目标之一就是要"加强对所有行使公权力的公职人员的监督，实现国家监察全面覆盖"。《监察法》第 15 条规定了监察对象范围，明确列举了六类监察对象。如此，就将"国家监察全面覆盖所有行使公权力的公职人员"以法律形式固定下来。国家监察全面覆盖，其具体含义有三：

（一）从人的角度来看，全面覆盖公职人员

国家监察对象既包括党员又包括非党员；既包括公务员、参公管理人员，还包括五类人员：其一，法律、法规授权或者受国家机关依法委托管理公共事务的组织中从事公务的人员；其二，国有企业管理人员；其三，公办的教育、科研、文化、医疗卫生、体育等单位中从事管理的人员；其四，基层群众性自治组织中从事管理的人员；其五，其他依法履行公职的人员。这即意味着，所有履行公职的人员及其行使公权力的行为都在监察范围之内。

（二）从权力种类来看，全面覆盖公共权力

公权力是国家权力或公共权力的总称，是法律法规规定的特定主体基于维护公共利益的目的，对公共事务进行管理而行使的强制性支配力量。从国家权力的种类来看，国家监察全面覆盖全部的国家公权力，即覆盖立法权、行政权、司法权、监察权等国家公权力；从行使公权力的主体来看，国家监察全面覆盖"广义政府"，即覆盖所有行使公权力的国家机关，包括人大、政

---

[1]　根据《刑事诉讼法》（2012 年 3 月 14 日修正）第六章"强制措施"及《人民检察院刑事诉讼涉案财物管理规定》（2014 年 11 月 19 日通过）等相关规定，检察机关根据案件情况，有权对犯罪嫌疑人、被告人采取拘传、取保候审或者监视居住等强制措施，有权查封、扣押、冻结与案件有关的犯罪嫌疑人的违法所得及其孳息、供犯罪所用的财物、非法持有的违禁品以及其他与案件有关的财物及其孳息。

协、"一府两院"等。[1]

（三）从权力运行来看，全面覆盖整个过程

国家监察全面覆盖公权力运行的整个过程，更加注重事前、事中监督，而不仅仅是进行事后监督，形成"既监察于已然，又监察于未然"的全过程监督机制。

五、监察权行使的独立性

按照一般的监督原理，监督者应当独立于被监督者，监督的效力才能有效发挥。正是基于这一考量，国家监察体制改革才将监察权从行政权体系中"剥离"出来，避免行政系统内部的行政监察机关监督行政机关公职人员产生"同体监督"之弊病。[2]为此，我国现行《宪法》第127条第1款明确规定："监察委员会依照法律规定独立行使监察权，不受行政机关、社会团体和个人的干涉。"《监察法》第4条第1款亦重申了这一原则。由此，确立了"监察权依法独立行使"的理念和原则，也从宪法层面确定了监察机关与行政机关之间的相互关系，即监察机关依法独立行使监察权，不受行政机关干涉。具体而言，这一原则的含义有五：

（一）监察权"专属"于监察机关

国家监察权专属于监察机关，其他机关不得分享。《监察法》第3条明确规定了"各级监察委员会是行使国家监察职能的专责机关"。"专责机关"的性质不仅强调专业化特征和专门性职责，更加突出强调了监察机关的责任，行使监察权不仅仅是监察机关的职权，更重要的是其职责和使命担当。[3]为此，监察权不可分割、不可委托且不可转让，监察权统一并专属于监察机关。

---

[1] 在我国，党是领导一切的，所有行使公权力的国家机关都属于"广义政府"范畴。在人民群众眼里，无论人大、政协，还是"一府两院"，都代表党和政府，都要践行全心全意为人民服务的根本宗旨。中共中央纪律检查委员会、中华人民共和国国家监察委员会法规室编写：《〈中华人民共和国监察法〉释义》，中国方正出版社2018年版，第52页。

[2] 郭文亮、王经北："同体监督异体化·异体监督实体化——改革和完善我国权力监督机制的路径与对策"，载《理论探讨》2010年第5期。

[3] 中共中央纪律检查委员会、中华人民共和国国家监察委员会法规室编写：《〈中华人民共和国监察法〉释义》，中国方正出版社2018年版，第63页。

（二）监察权"依法"行使

监察机关"依照法律"行使监察权，将《宪法》第127条置于整个宪法文本之中来考量，这里的"法律"只能作狭义上的解读，即仅指全国人大与全国人大常委会制定的法律，而不包括其他法律渊源形式。《宪法》的这一规定侧重对监察权行使过程的规控，即可以将其解释为"监察委员会依照法律规定的方式与程序行使监察权"。这即意味着：其一，监察委员会"只能依照法律"规定的方式和程序行使监察权；其二，只有法律（狭义）才可以规定监察权的行使方式与程序。

需要注意的是，在规范意义上，《宪法》第127条首先应当是授权性条款，即监察委员会所行使的"监察权"之正当性渊源，其可合乎逻辑地解释为"监察委员会所行使的监察权是依法享有的"。在这个意义上，《宪法》第127条之"法律"就应当指《宪法》，因为监察权是由《宪法》直接授予（配置）监察委员会的，《监察法》等其他法律只是对《宪法》的授权作了进一步细化规定。

（三）监察机关"独立"行使监察权

"监察独立内在地包含监察主体独立和监察权力独立两层基本意涵，作为监察机关的监察委员会是一个具有独立人格的主体，其具有独立的宪法地位，既不再隶属于行政机关，也不属于司法机关，而是宪法上一个具有独立主体资格的国家机构。"[1]监察机关行使的监察权与行政权、检察权和审判权平行，是一项独立的国家权力。为此，在监察权运行过程中，必须保障监察委员会独立的宪法地位，强化其独立的主体资格。

（四）监察机关"行使"监察权的整个过程不受干涉

此规定为监察权的行使设置了必要的护栏，即排除对监察机关的非法干扰，主要是排除行政机关、社会团体和个人利用职权、地位，或者采取其他不正当手段干扰、影响监察人员依法行使职权的行为。如利用职权阻止监察人员开展案件调查，利用职权威胁、引诱他人不配合监察机关工作等。

（五）监察机关只有在行使"监察权"的时候才是独立并不受干涉的

在现实意义上，监察委员会所行使的权力除了"监察权"之外，还有其

---

〔1〕 秦前红、石泽华："论监察权的独立行使及其外部衔接"，载《法治现代化研究》2017年第6期。

他权力，如制定监察法规、发布监察规范性文件、开展监察信息公开工作等。从《宪法》第127条的规定来看，监察委员会只有在行使"监察权"的时候才是独立并不受干涉的。换言之，《宪法》第127条并不能作为监察委员会"独立"行使"监察权"以外的其他权力且不受"行政机关、社会团体和个人干涉"之宪法依据。[1]

此外，为确保监察权在实际运行过程中真正能够依法独立行使，仅仅在机构设置上确保独立性还不够，还需要在人事、经费等方面确保其具有独立性，这既是监察权独立行使的保障，也是其重要内容。这需要通过设计出台具体的配套制度来落实，也需要对现有的制度进行改革来配套，比如对预算管理体制进行改革。根据现行《预算法》第23条和第24条的规定，国务院负责编制中央预算、决算草案，县级以上地方各级政府编制本级预算、决算草案。这将有可能造成监察机关受到行政机关通过编制预算草案的方式而形成的"干涉"，不利于监察机关对行政机关工作人员履行监察职责，有碍于监察机关独立行使职权。为此，有必要改革、调整现行预算制度，实现监察机关预算单独编制。这可以借鉴我国香港特别行政区廉政公署的经验，即廉政公署财政经费是行政长官在政府预算中另立单项支拨并由行政长官审批的，从而避免其他各级政府官员对廉政公署的干预。[2]

六、监察权运行的受监督性

"监察权作为监督权，其运行并不天然具有抗腐性。信任不能代替监督，监督者更要接受监督。"[3]因而，"必须加强对监察权运行的监督，建构起一套具有实效性的、法治化的监督制约机制，规范监督权的行使，确保监察权在法律轨道上运行，防止监察权自身成为权力的脱缰野马"。[4]具体而言，在监察权运行过程中要受到以下四个方面的监督与制约：

---

〔1〕 秦前红、石泽华："论监察权的独立行使及其外部衔接"，载《法治现代化研究》2017年第6期。

〔2〕 赵心："香港反腐制度设计对内地国家监察体制改革的借鉴研究"，载《理论月刊》2017年第8期。

〔3〕 龚举文："对监察权有效监督制约将使监委更具权威"，载《中国纪检监察》2018年第8期。

〔4〕 谭世贵："论对国家监察权的制约与监督"，载《政法论丛》2017年第5期。

（一）党的领导与监督

《监察法》第 2 条明确规定了"坚持中国共产党对国家监察工作的领导"。党的领导本身就包含着监督，监察委员会与党的纪律检查委员会合署办公，在同级党委和上级监委的领导下开展工作，将党的领导贯穿反腐败工作全过程。中央纪委法规室主任马森述指出："在合署办公体制下，对监察委第一位的监督是党委监督，各级党委对监委的监督也是最有效的监督。"

党对监察委员会的监督是通过与其合署办公的党的纪委这一党的机构和监察委员会中具有党员身份的领导干部来实现的。党对监察委员会的领导和监督应当主要体现在上级党委和上级纪委进行的监督，具体缘由有三：其一，监察委员会是党统一领导下的国家反腐败工作机构，必须坚持党的领导；其二，监察委员会实行垂直领导体制，同级党委不能干涉其具体工作，以确保监察委员会对同级党委的监督实效性；其三，监察委员会和党的纪律检查委员会合署办公，同级纪委的监督属于监察委员会内部自我监督；上级党委和上级纪委可以依据党章和党内法规对监察委员会进行监督，这种监督才是真正意义上的党的监督。[1]当然，"强调上级党委和上级纪委的监督并不意味着同级党委监督的虚化，同级党委对监察委员会的监督在合署办公机制中能够得到体现"。[2]

"党对监察权运行的领导与监督主要体现在政治领导和纪律检查两个方面，具体包括巡视、党内谈话、干部考察考核、述职述廉、领导干部个人有关事项报告、执纪审查等。"[3]需要特别注意的是，党对国家监察权运行的领导，必须在宪法和法律规定的范围内进行。"每个党政组织、每个领导干部必须服从和遵守宪法法律，不能把党的领导作为个人以言代法、以权压法、徇私枉法的挡箭牌。"[4]故此，党员领导干部尤其是主要领导干部，不能随意干涉监察工作。北京市纪委监委出台了《关于对打听过问干预监督执纪案件工作实行登记报告和责任追究办法》，这对于保障监察权依法独立行使，防止领

---

〔1〕　江国华、彭超："国家监察立法的六个问题"，载《江汉论坛》2017 年第 2 期。

〔2〕　马怀德："再论国家监察立法的主要问题"，载《行政法学研究》2018 年第 1 期。目前实践中，各省市县监察委员会主任一般用作为省委常委、市委常委、县委常委的纪委书记兼任。

〔3〕　谭世贵："论对国家监察权的制约与监督"，载《政法论丛》2017 年第 5 期。

〔4〕　习近平："领导干部要做尊法学法守法用法的模范 带动全党全国共同全面推进依法治国"，载《人民检察》2015 年第 4 期。

导干部个人采取不正当手段干扰和影响监察工作具有积极意义。

（二）权力机关的监督

《宪法》第3条第3款规定了"监察机关由人民代表大会产生，对它负责，受它监督"。这就为监察机关的产生以及监察机关与权力机关之间的关系（即监察机关向权力机关负责、权力机关监督监察机关）提供了宪法依据。《监察法》第8条和第9条规定了各级监察委员会应当对本级人民代表大会及其常务委员会负责并接受其监督。根据《宪法》和《监察法》的规定，权力机关监督监察机关，其含义有三：其一，从宪法地位来看，权力机关高于监察机关。在我国，人民代表大会统一行使国家权力，行政权、监察权、审判权、检察权和武装力量领导权的划分都必须遵循这一前提。[1]其二，从"主从"关系来看，权力机关居于主要地位，监察机关则处于从属地位，即监察机关由权力机关产生，并对权力机关负责。其三，从监督关系来看，监察机关受权力机关监督。根据《监察法》的规定，权力机关监督监察机关的方式有五种：其一，选举和任免监察委员会的组成人员；其二，罢免监察委员会主任；其三，听取和审议本级监察委员会的专项工作报告；其四，组织执法检查；其五，就监察工作中的有关问题提出询问和质询。同时，基于各级人大常委会作为权力机关常设机关的宪法地位，为了有效监督监察权，各级人大常委会可以根据《各级人民代表大会常务委员会监督法》规定的监督方式和监督程序来监督监察委员会，防止监察权滥用。

需要注意的是，《监察法》第15条规定的监察对象范围将人民代表大会及其常务委员会机关的公务员纳入监察范围之内。但是，这并不意味着监察机关可以监督权力机关。《监察法》这一规定的本旨是将权力机关的公务员纳入监察范围，是对权力机关中行使公权力的公职人员，即"人"的监督而不是对"机关"的监督。这是由权力机关的宪法地位决定的，是人民代表大会制度这一根本政治制度的内在要求；同时，将权力机关中的公务员纳入监察范围，也是实现监察全覆盖的必然要求。然而，需要特别注意的是，监察机关对权力机关中"人"的监督需要建立一定的防范和隔离措施，以防止监察

---

〔1〕例如：全国人大常委会时任委员长乔石根据宪法指出，一切国家权力属于人民，而人民行使权力的机关是人民代表大会；应由全国人大及其常委会统一行使最高国家权力，在这个前提下明确划分国家的行政权、审判权、检察权和武装力量的领导权。参见《法制日报》1996年12月15日。

机关通过对"人"的监督实质上形成对"机关"的监督。同时，监察机关在对"人"进行监督时，尤其在对具有人大代表身份的权力机关中的公职人员进行监督时，必须遵守《宪法》和《全国人民代表大会和地方各级人民代表大会代表法》中对人大代表的特殊保障规定。例如：《监察法》中的留置措施自然属于《代表法》第 32 条所规定的"法律规定的其他限制人身自由的措施"，是故，监察机关在对具有人大代表身份的公职人员采取留置措施时，无疑应当履行相应的许可或报告手续。[1]

（三）监察委员会自我监督

自我监督是一种很有力的监督，党的十八大以来，中纪委铁拳反腐"打老虎"即是中国共产党自我监督的实践明证。"监察委员会和党的纪律检查委员会合署办公，在全面从严治党的要求下，这种自我监督的力度只会越来越大，从而确保监察委员会始终在宪法法律范围之内行使监察职权。"[2]监察权除了要接受党的领导与监督、权力机关的监督之外，《监察法》更是在具体制度上突出了刀刃向内的自我监督，强化了监察机关的内控机制。[3]具体包括以下几个方面：

一是将监察委员会的公务员纳入监察范围。《监察法》第 15 条明确规定，监察机关对监察委员会的公务员进行监察。具体包括两类：一类是各级监察委员会的组成人员；另一类是各级监察委员会内设机构和派出监察机构的工作人员、派出的监察专员等。

二是要求监察机关严格按照程序开展工作，监察机关内部各部门之间建立相互协调、相互制约的工作机制。对此，《监察法》第 36 条第 1 款作了总体规定，具体包括两个方面：一方面是程序规控，《监察法》第五章专门规定了监察程序，这是监察权运行的基本遵循，《监察法》第 36 条要求监察机关应当严格按照法定（规定）程序开展监察工作，这是法治反腐的基本要求；另一方面是内部各部门相互制约，明确案件监督管理部门、监督调查部门、案件审理部门、控告申诉部门等各自的职责，强化各部门的相互制约作用，形成内部各部门之间制约、制衡的体制机制。以此，通过程序规控和内部机

---

[1]　秦前红："我国监察机关的宪法定位——以国家机关相互间的关系为中心"，载《中外法学》2018 年第 3 期。

[2]　马怀德："监察法：新时代党和国家自我监督的重要规范"，载《紫光阁》2018 年第 4 期。

[3]　江国华、彭超："国家监察立法的六个问题"，载《江汉论坛》2017 年第 2 期。

构职能的有序分离，实现监察权分层控制和规范运行。

三是设立专门工作部门履行管理协调职能，强化对调查、处置工作全过程的监督管理。《监察法》第 36 条第 2 款对此作了明确规定。在实践中，在监察机关内部，一般由案件监督管理部门履行线索管理、监督检查、督促办理、统计分析等管理协调职能。[1]

四是设立内部专门的监督机构。《监察法》第 55 条对此作了明确规定。党的十八届三中全会后，中纪委秉持"信任不能代替监督"的理念，专门设立了对纪委工作人员实施监督的内设机构——纪检监察干部监督室，以加强自我监督，防止"灯下黑"情况发生。[2]这类似于我国香港特别行政区廉政公署设置的"L"小组，数十年来，"L"小组发挥"手术刀"的作用，及时精确地剔除廉政公署内部的"癌细胞"，防止廉政公署"病变"。[3]监察机关内部专门的监督机构就是要加强对监察人员执行职务和遵守法律情况的监督，不断强化自我监督。

五是监察机关调查人员采取调查措施要形成笔录，重要取证工作必须全程录音录像。《监察法》第 41 条的这一规定通过规范调查取证工作，强化了自我监督的内控程序，实现了对监察权运行"全程留痕"式的全过程监督。如此，能够保证调查取证工作的合法性，防止权力滥用，保护被调查人的合法权益。这是落实宪法"尊重和保障人权"原则的内在要求。

六是上级监察委员会监督下级监察委员会。根据《监察法》第 9 条、第 10 条的规定，监察机关的纵向关系是上级监察机关领导并监督下级监察机关。上下级监察机关之间的领导与被领导关系，一方面有利于加强对下级监察机关的监督，上级监察机关通过检查工作、受理复核申请等方式监督下级监察机关严格依法履职；另一方面有利于支持下级监察机关依法行使职权，在下级监察机关遇到阻力或地方保护主义干扰时，上级监察机关可以给予支持或帮助排除各种干扰。

---

〔1〕 中共中央纪律检查委员会、中华人民共和国国家监察委员会法规室编写：《〈中华人民共和国监察法〉释义》，中国方正出版社 2018 年版，第 179 页。

〔2〕 谢皓、原晓红："信任就是考验 监督没有例外——始终贯彻信任不能代替监督的理念"，载《中国纪检监察》2016 年第 21 期。

〔3〕 陈永革："论香港廉政公署制度的特色及其对内地廉政法治的启示"，载《清华法学》2003 年第 2 期。

此外，为加强监察机关的自我监督，《监察法》规定了对打听案情、过问案件、说情干预的报告和登记备案、监察人员的回避、脱密期管理和对监察人员辞职、退休后从业限制等制度。同时，还规定了对监察机关及其工作人员不当行为的申诉和责任追究制度。

（四）其他外部监督

监察权不仅要接受党的监督、权力机关的监督，还需要接受民主监督、社会监督和舆论监督；不仅要突出刀刃向内的内部监督，更需要健全外部监督制度。如此，才能把监察权关进制度的笼子，让监察权在阳光下运行。

《监察法》设专章对监察机关和监察人员的监督作出了详细的规定，并在第 54 条明确规定监察机关自觉接受外部监督的义务，包括以下两个方面的内容：一方面是监察机关应当依法公开监察工作信息。监察工作信息公开是监督的前提，也是落实宪法知情权、监督权的必然要求。监察机关应当健全信息发布机制，主动公开工作流程，自觉接受监督。为了保障公民、法人和其他组织依法获取监察工作信息，提高监察工作的透明度，促进监察权依法运行，有必要尽快制定出台与监察工作信息公开有关的法律或法规，以明确监察信息公开的工作机制，确定公开的范围、方式和程序，建立监察信息公开的监督和保障制度。〔1〕另一方面是监察机关应当依法接受民主监督、社会监督、舆论监督。具体而言，监察机关应当接受的外部监督有二：一是民主监督。民主监督一般是指人民政协或者各民主党派等主体对监察机关及其工作人员的工作进行的监督。〔2〕人民政协作为爱国统一战线组织，是中国共产党领导的多党合作和政治协商的重要机构；八个民主党派作为参政党，参加国家政权，参与国家事务的管理。故此，人民政协和各民主党派对监察权的运行起着重要的监督作用，可以依法对监察工作提出意见、建议和批评，监督监察权依法行使。在实践中，北京市监察委员会就主动向市政协通报工作情况，自觉接受民主监督。〔3〕二是社会监督和舆论监督。社会监督一般是指公

---

〔1〕 现行的《政府信息公开条例》不适用于监察工作信息公开，《政府信息公开条例》所称政府信息，是指行政机关在履行职责过程中制作或者获取的，以一定形式记录、保存的信息。显然，监察工作信息不属于政府信息。故此，有必要及时制定出台监察工作信息公开方面的法律法规。

〔2〕 中共中央纪律检查委员会、中华人民共和国国家监察委员会法规室编写：《〈中华人民共和国监察法〉释义》，中国方正出版社 2018 年版，第 242 页。

〔3〕 雷思远："如何理解监委依法独立行使监察权——准确把握依法、独立、配合、制约四个关键词"，载《中国纪检监察》2018 年第 9 期。

民、法人或其他组织对监察机关及其工作人员的工作进行的监督。舆论监督一般是指社会各界通过广播、影视、报刊、杂志、网络等传播媒介发表自己的意见和看法并形成舆论，从而对监察机关及其工作人员的工作进行的监督。"社会监督和舆论监督是一种最广泛的制约监督形式，是一种自下而上的监督，本质上是社会成员对于政治体系的一种利益表达以及对公共利益的一种维护方式，是权力制约机制中不可或缺的重要组成部分，是我国反腐倡廉、防止权力滥用的可靠保证，对国家监察权有着重要的监督作用。"〔1〕诚然，社会和舆论监督也有其固有的局限性，如监督不具有强制力、监督发生带有随意性、缺乏刚性制度保障、监督效果滞后等。因此，必须落实《宪法》第41条和《监察法》第67条之规定，及时修改《国家赔偿法》，明确规定监察机关的国家赔偿责任、赔偿程序等具体内容，以保障社会监督和舆论监督的成效。

需要注意的是，外部监督功能之实现受到如下四个方面条件的制约：其一，行为主体话语权和地位的平等性；其二，个人和组织的自主性；其三，协商合作的正式制度和规则；其四，畅通的信息资源共享和沟通网络等。在自媒体和数字传媒时代，移动终端和互联网为社会监督和舆论监督提供了非常便捷的技术支撑。社会和舆论怎样才能真正监督监察权？"问题的核心不在于监督的方式，而在于监督的有效性，即社会舆论的监督能否实质性地引起权力当局的注意、是否有畅通的制度化渠道来传导社会监督、社会监督能否做到使违法不当行使权力者依法承担法律责任。"〔2〕据此，为增强对监察权的外部监督，有必要及时确立两项制度，即人民监察员制度和监察机关接受诉讼监督制度。前者即借鉴人民监督员制度，加强对监察机关办理职务违法和职务犯罪案件立案调查工作的监督，健全监察权运行的外部监督制约机制，建立人民监察员制度。后者即明确对监察委员会违法行使监察权的行为以及对监察委员会的监察信息公开工作可提起行政诉讼，让监察委员会接受更为有效的诉讼监督。〔3〕如此，才能真正将监察权关进制度的笼子，使得监察机关始终在严格的监督之下履行职责。

---

〔1〕 任铁缨："反腐败与社会监督"，载《中共中央党校学报》2009年第4期。

〔2〕 江国华、彭超："国家监察立法的六个基本问题"，载《江汉论坛》2017年第2期。

〔3〕 王锴、王心阳："如何监督监督者——兼谈对监察委员会的诉讼监督问题"，载《浙江社会科学》2017年第8期。

七、监察权内在体系的集中统一性

国家监察体制改革整合了我国反腐败资源力量，有效解决了反腐败力量分散的问题，改变了原有的反腐败"三驾马车"并驾格局。[1]通过实施组织和制度创新整合了监察体制改革前的行政监察、预防腐败和检察机关查处贪污贿赂、失职渎职及预防职务犯罪等职权，由此形成统一的监察权并由监察机关集中统一行使。从监察权内在体系的角度来看，监察权的集中统一性表现在以下几个方面：

（一）监察权体系实行垂直领导体制

根据《监察法》的规定，国家监察委员会领导地方各级监察委员会的工作，上级监察委员会领导下级监察委员会的工作。这种中央领导地方、上级领导下级的领导体制，牢固确立了监察权的"集中统一"性，即监察权由中央集中统一领导、下级服从上级。监察权体系的"垂直领导"体制不仅能够保证监察权"全国一盘棋"、保证全国监察机关实现"三个统一"（即集中统一领导、统一工作步调、统一依法履职），而且还有利于加强对下级监察委员会履行监察职责的情况进行监督；同时，当下级监察委员会遇到地方保护主义等阻力时，上级监察委员会可以支持其依法行使职权，帮助其排除各种干扰和阻力。

诚然，在人民代表大会制度之下，监察机关在横向层面需要向同级权力机关负责，在纵向层面需要向上级监察机关负责，这是一种"双重从属负责"体制。但是，监察机关纵向层面的从属性要强于横向层面的从属性，这是由以下三个方面原因决定的：一是由监察体制改革的目标决定的。国家监察体制改革的根本目的是要加强党对反腐败工作的统一领导，构建集中统一、权威高效的监察体系。[2]二是由监察权运行状态的行政性决定的。监察机关并非司法机关，监察权运行状态基本上是行政性的而非司法性的，上下级监察机关之间更强调领导与被领导的服从性。三是由监察机关与党的纪检机关合署办公决定的。党的纪检机关的领导体制在相当大的程度上决定了监察机关的

---

〔1〕 监察体制改革前，我国反腐败职能机构呈现"三驾马车"结构：中国共产党纪律检查机关、政府监察机关和国家司法机关。这即意味着，国家监察职能被分解成三块，分别由三大机构行使。

〔2〕 中共中央纪律检查委员会、中华人民共和国国家监察委员会法规室编写：《〈中华人民共和国监察法〉释义》，中国方正出版社2018年版，第52页。

领导体制，加之党的纪检体制改革要求强化上级纪委对下级纪委的领导，[1]那么与党的纪检机关合署办公的监察机关的领导体制也更趋于强化上级对下级的领导。

（二）监察权运行过程中，监察委员会主任发挥着决定性作用

监察委员会主任的"决定性"作用表现在两个方面：一方面，监察委员会主任提请本级人大常委会任免本级监察委员会副主任、委员。根据《监察法》的规定，国家监察委员会副主任、委员由国家监察委员会主任提请全国人民代表大会常务委员会任免；地方各级监察委员会副主任、委员由监察委员会主任提请本级人民代表大会常务委员会任免。可见，监察委员会主任在监察委员会组成方面有着重要的影响和作用。另一方面，监察委员会主任有权决定依法应当经集体研究决定之外的事项。《监察法》明确规定了监察委员会"应当集体研究"的事项，具体包括三项：一是从宽处罚的建议，即对涉嫌职务犯罪的被调查人主动认罪认罚和对职务违法犯罪的涉案人员揭发犯罪或提供重要线索的案件，在移送人民检察院时，决定是否提出从宽处罚的建议应当经集体研究并报上一级监察机关批准。二是调查过程中的重要事项，即调查人员应当严格执行调查方案，不得随意扩大调查范围、变更调查对象和事项。对调查过程中的重要事项应当集体研究后按程序请示报告。三是采取留置措施，即监察机关采取留置措施应当由监察机关领导人员集体研究决定。设区的市级以下监察机关采取留置措施应当报上一级监察机关批准。省级监察机关采取留置措施应当报国家监察委员会备案。留置时间不得超过3个月。在特殊情况下可以延长一次，延长时间不得超过3个月。省级以下监察机关采取留置措施的，延长留置时间应当报上一级监察机关批准。除了这三项法定"应当集体研究"的事项之外，监察委员会主任在履行职责的过程中，可以不需要经过"集体研究"即依法作出决定。由此可见，监察委员会主任在监察权运行过程中具有决定性作用。

（三）监察权的派出分支和人员具有独立地位

根据《监察法》的规定，各级监察委员会可以向本级中国共产党机关、国家机关、法律法规授权或者委托管理公共事务的组织和单位以及所管辖的

---

[1]　党的十八届三中全会通过的《中共中央关于全面深化改革若干重大问题的决定》提出："查办腐败案件以上级纪委领导为主，线索处置和案件查办在向同级党委报告的同时必须向上级纪委报告。"

行政区域、国有企业等派驻或者派出监察机构、监察专员。监察机构、监察专员对派驻或者派出它的监察委员会负责。可见，派驻或者派出的监察机构和监察专员不受驻在部门的领导、不对驻在单位负责，具有依法独立开展监察工作的地位。这也体现出监察权的集中统一性，即统一于监察机关，其他机关不得分享，哪怕是对派驻或者派出的监察机构和监察专员，驻在机关和单位亦不享有对其的管理权和领导权。

（四）监察事项管辖权原则体现了上级监察机关对下级监察机关的领导

根据《监察法》的规定，监察事项管辖权原则如下：一是一般管辖原则，即监察机关实行级别管辖与地域管辖相结合的原则，各级监察机关按照干部管理权限对本辖区内的监察对象依法进行监察。二是提级管辖原则，即上级监察机关可以办理下一级监察机关管辖范围内的监察事项，必要时也可以办理所辖各级监察机关管辖范围内的监察事项。三是管辖权争议解决原则，即监察机关之间对监察事项的管辖有争议的，由其共同的上级监察机关确定。四是指定管辖原则，即根据上级监察机关的指定来确定监察事项的管辖机关，上级监察机关可以将其所管辖的监察事项指定下级监察机关管辖，也可以将下级监察机关有管辖权的监察事项指定给其他监察机关管辖。五是报请提级管辖原则，即监察机关因法定事由可以报请上级监察机关管辖原本属于自己管辖的监察事项；监察机关认为所管辖的监察事项重大、复杂，需要由上级监察机关管辖的，可以报请上级监察机关管辖。由此可见，监察事项管辖权原则体现了监察机关上下级之间的领导关系，也凸显出监察权内在的集中统一性。

（五）监察权受党中央集中统一领导

深化国家监察体制改革的重要目的就是加强党对反腐败工作的统一领导。监察委员会是党统一领导下的国家反腐败工作机构，要坚持党中央的领导、接受党中央的监督。党的纪律检查委员会和监察委员会合署办公，实行一套工作机制、两个机关名称的组织架构，履行纪检、监察两项职能，对党中央或地方党委全面负责。[1]这种体制机制有利于形成监督合力、提高监察工作效率，也更加有利于实现党对国家监察工作的集中统一领导。《监察法》在"总则"中明确规定"坚持中国共产党对国家监察工作的领导"。《监察法》

---

〔1〕　中共中央纪律检查委员会、中华人民共和国国家监察委员会法规室编写：《〈中华人民共和国监察法〉释义》，中国方正出版社2018年版，第60页。

的这一规定，就将党对反腐败工作的"集中统一"领导机制固定下来，并为其提供了法治保证。

八、监察权外部关系的互相配合与互相制约性

《宪法》和《监察法》明确了监察权与其他国家公权力之间的关系，确定了监察权与外部权力关系的原则，即"互相配合、互相制约"的原则。现行《宪法》规定，监察机关办理职务违法和职务犯罪案件应当与审判机关、检察机关、执法部门互相配合、互相制约。《监察法》第4条第2款重申了这一原则，并将其作为一项基本原则贯穿于监察权运行的全过程。正确处理监察权与其他国家公权力之间的关系，必须深刻理解并坚持"互相配合、互相制约"的原则。因此，如何理解这一原则就成为基础性问题。具体而言，这一原则的要义有三：

（一）权力分工是配合和制约的前提

监察权、检察权和审判权共同组成我国法治反腐的力量。三种权力之间分工明确，互相独立，各司其职。监察机关行使监察权对职务违法和职务犯罪行为进行调查和处置，但是不享有最终的违法犯罪判定权；检察机关行使检察权对被调查人决定是否批准逮捕和提起公诉，不再享有对职务犯罪行为的侦查权；法院行使审判权对被调查人是否构成违法犯罪作出最终裁判。三者需要在各自的权力范围内承担宪法和法律责任。每一种权力都是有限的，在行使职权的过程中要以尊重其他权力的独立性为前提，不能过度介入甚至替代。宪法确定并保障法定职权的专属性，唯有明确监察权、检察权和审判权的职权和职责，确保其相互之间不越位、不错位、不缺位，三者才能在法律范围内充分发挥各自的功能，实现相互配合和相互制约，达成法治反腐之目的。

（二）互相配合是工作程序上的衔接

监察委员会、检察院和法院在反腐败工作的程序外观上呈现的是"监察委员会调查—检察院审查批捕、提起公诉—法院裁判"这种"流水作业"式的线性程序。[1]三者工作程序上的互相配合与衔接，其意涵有三：一是工作

---

[1] 监察委员会调查违纪违法行为人，若被调查行为人涉嫌犯罪，就需要移送检察院审查起诉，由法院最终裁判是否构成犯罪；若认为不构成犯罪，只是违反党纪政纪，则依党内法规和行政纪律作出处分，被处分当事人可以向上级监察委员会申诉，涉及处分宪法和法律权利的，当事人还可以向法院提起诉讼，由法院依法裁判。

程序上的配合是相互的，不存在谁主导、谁服从的问题，三者共同服从于宪法和法律。这即意味着要防范"监察中心主义"，即监察委员会经过调查之后，检察院不是必须以监察委员会调查情况为依据提起公诉、法院不是必须依据监察委员会调查情况作出判决，检察院和法院必须依据法律独立作出自己的判断。二是工作程序上的配合是为了在遵守宪法和法律、尊重和保障人权的前提下实现效率的要求，但是必须秉持"公平优先、兼顾效率"的价值，绝不能以效率淹没公平。三是"工作程序上的配合不是'联合办案'式的配合，而是在遵守法律规定、正确履行各自职责的基础之上，互相支持，以实现国家反腐败职权有效运转。"〔1〕三者之间不能互设障碍，不能违反法律规定各行其是、互不通气甚至互相扯皮。《监察法》中的许多规定体现了"互相配合"的原则，如第 24 条第 3 款规定："监察机关进行搜查时，可以根据工作需要提请公安机关配合。公安机关应当依法予以协助。"再如第 47 条第 1 款规定："对监察机关移送的案件，人民检察院依照《中华人民共和国刑事诉讼法》对被调查人采取强制措施。"

（三）互相制约是权力运行中的核心

监察权、检察权和审判权在运行过程中的核心价值要求是互相制约监督，这是监察机关和司法机关互相配合、协调衔接机制的核心所在，具体要义有三：一是国家权力存在分工，权力相互制约的基本原理在古今中外的国家统治和治理过程中是相通的，只不过具体的制度安排各有不同、民主程度和政治文明程度各有高低。我国现行《宪法》第 127 条和第 140 条明确使用"制约"这一表述，确定监察机关办理职务违法和职务犯罪案件时，应当与审判机关、检察机关、执法部门互相制约；明确法院、检察院和公安机关办理刑事案件时应当互相制约。二是公权力之间的制约受宪法价值约束，即以维护公民基本权利为价值取向。我国现行《宪法》第 33 条第 3 款规定："国家尊重和保障人权。""人权条款是'互相制约'关系的宪法规范指引，即通过合宪、合法和有效的制约，防止权力滥用，"〔2〕以此确保监察权、检察权和审判权规范公正行使。三是制约本身不是目的，根本目的在于通过制约来保障准确公正适用法律，从而实现保障公民权利的宪法价值。需要注意的是："在文

---

〔1〕 江国华、彭超："国家监察立法的六个基本问题"，载《江汉论坛》2017 年第 2 期。

〔2〕 韩大元、于文豪："法院、检察院和公安机关的宪法关系"，载《法学研究》2011 年第 3 期。

义上，'互相'一词体现了双向而非单向制约关系，即每一机关都对其他机关形成一定制约，同时它也成为其他机关制约的对象。"〔1〕《监察法》中许多具体程序的设置都体现了"互相制约"的原则，以此防止和及时纠正错误，保证正确应用法律惩罚违法犯罪。如检察机关对监察机关移送的案件，经审查后认为需要补充核实的，应当退回监察机关补充调查，必要时可以自行补充侦查；对于存在《刑事诉讼法》规定的不起诉情形的，经上一级人民检察院批准后，依法作出不起诉的决定。

◆ 案例链接

江西省一村主任被采取留置措施

2018 年 6 月 21 日，江西省萍乡市上栗县纪委监委对上栗县赤山镇麻田村村委会原主任曾某喜依法采取留置措施。"与其他被留置人员不同，他显得很轻松。"上栗县纪委副书记、监委副主任朱琳说。原来，意识到自己东窗事发之后，曾某喜便对案件相关知情人进行了一系列软硬兼施的"嘱咐"，熟人社会下，曾某喜自信没有人会"出卖"自己。

谈话讯问期间，曾某喜避重就轻，一副满不在乎的样子。"对此，我们一方面给曾某喜普法，一方面积极联系案件相关人员。给案件相关人员介绍监委和监察法后，他们纷纷出来作证，配合度很高。"朱琳介绍道。随着普法的深入以及留置时间的增长，曾某喜意识到问题的严重性，开始坦白，熟人社会的藩篱就此打破。最终查明：曾某喜任赤山镇麻田村村委会主任期间，在村级账务代理室重复报销两笔资金共计 23.48 万元；利用职务便利，伙同他人，采取虚报户头的方式骗取国家征地补偿款 38 万余元。

曾某喜属于第五类监察对象：基层群众性自治组织中从事管理的人员。作为监察对象的基层群众性自治组织中从事管理的人员，包括村民委员会、居民委员会的主任、副主任和委员，以及其他受委托从事管理的人员。根据有关法律和立法解释，这里的"从事管理"，主要是指：①救灾、抢险、防汛、优抚、扶贫、移民、救济款物的管理；②社会捐助公益事业款物的管理；③国有土地的经营和管理；④土地征用补偿费用的管理；⑤代征、代缴税款；

---

〔1〕 沈德咏主编：《中国特色社会主义司法制度论纲》，人民法院出版社 2009 年版，第 228 页。

⑥有关计划生育、户籍、征兵工作；⑦协助人民政府等国家机关在基层群众性自治组织中从事的其他管理工作。

此外，《监察法》设定了第六类监察对象：其他依法履行公职的人员，如人大代表、政协委员、党代会代表、人民陪审员、人民监督员、仲裁员等。这一项是兜底条款，为了防止出现对监察对象列举不全的情况，避免挂一漏万。当然，对于"其他依法履行公职的人员"不能无限制地扩大解释，判断一个"履行公职的人员"是否属于监察对象的标准，主要是其是否行使公权力，所涉嫌的职务违法或者职务犯罪是否损害了公权力的廉洁性。

第一节　监察法规创制权

一、监察法规创制权的形成基础

根据《监察法》第 11 条的规定，监察机关有监督、调查、处置的职责，即拥有监督权、调查权、处置权。"从法理上看，当前监察机关拥有的三项职权都是行动性的权力，"[2]针对的都是具体的违纪违法监督和职务犯罪调查工作的职权需要。而从国家机构运转对职权的一般需求来看，除了以上必需的行动性权力之外，还需要一些事前性和事后性的权力来加以补充，如赋予监察机关监察法规创制权。

（一）理论体系

"从理论上来看，重要国家机关的职权体系应分为抽象职权和具体职权两类。"[3]其中，抽象职权指国家机关为确保机构的自主性和专业性，所具有的一定的规则制定权和决策形成权，以强化内部监督和管理，促进机构行为的规范化；而具体职权则是其机构日常工作的职权所需，所针对的均为具体的特定事务。[4]《监察法》第 11 条赋予的职权均为具体职权，而对抽象职权则

---

〔1〕　本章系中国法学会"研究阐释党的十八届六中全会精神"重点专项课题"国家监察立法研究"（课题编号：CLS（2016）ZDZX12）最终研究成果的一个单元。我的学生彭超作为课题组成员参与课题研究，并依据提纲主要负责该部分的写作任务。经课题组同意，其中部分观点由其单独署名公开发表。收入本书时，作了较大幅度修改。

〔2〕　李森："国家监察委员会职权的立法配置与逻辑思考"，载《首都师范大学学报（社会科学版）》2017 年第 5 期。

〔3〕　江国华："国家监察体制改革的逻辑与取向"，载《学术论坛》2017 年第 3 期。

〔4〕　[日] 芦部信喜：《宪法》（第 3 版），林来梵等译，北京大学出版社 2006 年版，第 307 页。

无明确规定。抽象职权的缺失导致监察机关的一般需求无法得到满足，这成为监察法规创制权形成的理论基础。

（二）宪法地位

根据《宪法》和《监察法》的相关规定，监察机关是一个独立于行政机关和司法机关之外的全新的国家机关，各级国家监察机关由人大产生，对其负责并受其监督。监察机关的设立使得在全国人民代表大会的制度框架内，国家机构体系由现行的"一府两院"演变为"一府一委两院"（"一委"即监察委员会）的新格局。监察委与政府的宪法地位处于同一位阶，国务院依据《宪法》第89条第1款拥有"规定行政措施，制定行政法规"的职权，相应地，监察委也应被赋予相应职权以保障监察机关的有效运行。

（三）现实需要

1. 法律体系需求

《监察法》的出台，标志着中国特色国家监察体制已经迈入法治化建设的新阶段，"新阶段"带来的不仅仅是机遇，也是挑战。"在'新阶段'，监察权的有效运行需要完善的法律体系作为保障，仅仅依靠《监察法》是不够的，而是需要构建以宪法为核心，监察法为主导的监察法律体系，这就需要监察机关拥有一定的监察法规创制权，以完善监察法律体系。"[1]

2. 权力衔接需求

依据《监察法》第4条，监察权独立行使，不受行政权、司法权的干扰。在实践中，监察权、行政权、司法权三者之间是相互独立又彼此配合的，做好监察权与行政权、司法权之间的衔接是监察权有效运行的前提。这也就需要监察机关拥有一定的监察法规创制权，对监察法律体系进行细化，对监察权进行细致规范，以做好与行政权、司法权的权力衔接。

3. 监察制度需求

《监察法》通过对监察机关、监察权限、监察程序等的规定，构建了监察制度的整体框架。但监察制度的完善仍需要解决两个问题，第一个问题即前文所提及的监察法律体系的构建；第二个问题就是当监察工作出现新情况、新问题或法律缺失时，监察机关需要拥有一定的监察法规创制权，以制定监

---

[1]　翟志勇："论监察权的宪法性质——兼论八二宪法的分权体系"，载《中国法律评论》2018年第1期。

察法规填补法律漏洞、解决监察问题。

二、监察法规创制权的内涵

从狭义上来说，监察法规创制权是指监察机关依据《宪法》以及《立法法》的相关规定并结合监察工作的实际需求，制定不与现行法律法规冲突的监察法规、规章的权力。从广义上来说，监察法规创制权除了根据立法权限拥有一定的监察法规和规章的制定权外，还可以包括以下几个方面的权力：其一，出台监察措施权；其二，发布监察决定、命令权；其三，向同级人民代表大会或者人民代表大会常务委员会提出监察议案权；其四，领导下级监察委员会工作，改变或者撤销下级监察委员会发布的不适当的规章、决定和命令权。

（一）监察法规创制权

监察法规创制权的权限可以参照《立法法》的相关规定进行设置。参照《立法法》第 65 条第 1 款的相关规定，监察法规只能由国家监察委员会根据宪法和法律规定制定，且可制定监察法规的事项应参照《立法法》第 65 条的规定，即为执行法律的规定，需要制定监察法规的事项和属于《宪法》《监察法》中规定的监察委管理职权的事项。应参照《立法法》第 72 条第 1 款的规定，省、自治区、直辖市的监察委员会可以根据实际需要制定地方性监察法规。其可制定地方性监察法规的事项应参照《立法法》第 73 条的规定，即为执行法律、监察法规的规定，需要根据本监察区域的实际情况作出具体规定的事项和属于地方性监察事务需要制定地方性法规的事项。

（二）出台监察措施权

《监察法》第四章"监察权限"中规定了监察机关在开展监察工作时可以依据实际情况采取询问、留置、搜查、调取、查封、扣押等监察措施。随着监察工作的不断开展，现有监察措施会存在以下两方面的问题：其一，现有监察措施无法满足监察工作的需求；其二，现有监察措施在实践中需要进一步细化。所以，赋予监察机关出台监察措施权很有必要。但需要注意的是，《立法法》第 8 条规定："对公民政治权利的剥夺、限制人身自由的强制措施和处罚"只能制定法律，监察机关按照其宪法地位只能制定法规和规章，所以其出台的监察措施不能涉及"对公民政治权利的剥夺、限制人身自由"等手段。

（三）发布监察决定和命令权

发布监察决定和命令权是指国家监察委根据工作需求，在全国范围内，或某一范围内，或针对某一事项发布进行监察或其他监察命令的权力。相应地，省级监察委可在本省范围内发布监察决定和命令。"该权力赋予了监察委对影响比较重大、社会广泛关注的监察工作进行主动监察、自主监察的权利，促进监察工作自主开展，保障监察机关的自主性。"[1]

（四）提出监察议案权

《立法法》第14条第2款规定了"全国人民代表大会常务委员会、国务院、中央军事委员会、最高人民法院、最高人民检察院、全国人民代表大会各专门委员会，可以向全国人民代表大会提出法律案"，故而，拥有相应宪法地位的国家监察委也应拥有提出监察议案权。

（五）改变或撤销下级规章、决定和命令权

《监察法》第10条规定："国家监察委员会领导地方各级监察委员会的工作，上级监察委员会领导下级监察委员会的工作。"所以在监察工作中，上级监察委对其发现的下级不适当的决定和命令有权予以改变或撤销。因为规章只能由省级监察委制定，所以省级监察委制定的不适当的规章只能由国家监察委改变或撤销。

第二节　监督权

一、监督权的内涵

根据《监察法》第11条之规定，监察委员会具有监督权，即有权对公职人员开展廉政教育，对其依法履职、秉公用权、廉洁从政从业以及道德操守情况进行监督检查。"监督权统合了原行政监察权和检察机关的部分法律监督权。"[2]监察机关既能够对所有行使公权力的公职人员进行监督，也可以对公权力活动和行使过程展开全面监督，实现包括"对人监督"和"对事监督"在内的广泛的监察和监督。

---

〔1〕　徐汉明："国家监察权的属性探究"，载《法学评论》2018年第1期。

〔2〕　江国华、何盼盼："中国特色监察法治体系论纲"，载《新疆师范大学学报（哲学社会科学版）》2018年第5期。

二、监督权的特点

（一）全面性

监督权的全面性体现在两个方面：首先，监督的对象覆盖所有公职人员。监督权作为监察权的组成部分，监察的对象也是监督的对象，即《监察法》第 15 条规定的公职人员和有关人员，实现对公职人员的全面监督；[1]其次，监督不仅仅"对人监督"，也"对事监督"。"公职人员的履职、用权甚至职业操守都受到监督，监督覆盖权力行使的各个环节，从而实现'对事监督'的全覆盖。"[2]

（二）主动性

从本质上说监督是一种主动性的行为，监察机关行使监督权强调对公职人员的常态化监督，公职人员行使公权力的"每时每刻"都应该受到监督，这就要求监察机关必须积极主动地履行监督职责，依法对公职人员进行常态化监督。相比监督权，调查权的行使是在监察中发现公职人员可能存在违纪、违法、犯罪行为之后，处置权的行使是在监察中公职人员的违纪、违法、犯罪行为被调查清楚之后，二者均不具有主动性。

（三）前置性

监察机关拥有的监督权、调查权、处置权在行使顺序上，监督权先于调查权，调查权先于处置权。如前文所言，监督权的行使发生在公职人员出现违纪、违法甚至犯罪行为之前，而调查权、处置权的行使都在其后，故监督权具有前置性。

三、监督权的内容

《监察法》第 11 条第 1 款明确了监督权的内容主要是对公职人员依法履

---

[1] 《监察法》第 15 条："监察机关对下列公职人员和有关人员进行监察：（一）中国共产党机关、人民代表大会及其常务委员会机关、人民政府、监察委员会、人民法院、人民检察院、中国人民政治协商会议各级委员会机关、民主党派机关和工商业联合会机关的公务员，以及参照《中华人民共和国公务员法》管理的人员；（二）法律、法规授权或者受国家机关依法委托管理公共事务的组织中从事公务的人员；（三）国有企业管理人员；（四）公办的教育、科研、文化、医疗卫生、体育等单位中从事管理的人员；（五）基层群众性自治组织中从事管理的人员；（六）其他依法履行公职的人员。"

[2] 钱小平："监察委员会监督职能激活及其制度构建——兼评《监察法》的中国特色"，载《华东政法大学学报》2018 年第 3 期。

职、秉公用权、廉洁从政从业和道德操守四个方面的监督检查。该条规定表明对公职人员的监督标准是不断提高的，依法履职是对公职人员的基本要求，道德操守是要求公职人员具有高尚的道德情怀，现有监督标准已上升至公职人员的人格方面。对公职人员的监督不仅监督内容全面，而且监督的标准不断提高，有利于监督落到实处，促进监督的常态化、全面化开展。

（一）依法履职

依法履职是公职人员的基本要求，也是其基本义务，所有公职人员的职权均由法律予以规定且必须依据法律法规的规定履行职责。"监察机关对公职人员的履职情况进行监督是权责统一原则的要求，是'用权受监督'的体现。"[1]通过监督可以实时掌握公职人员履职动态，对不依法履职的公职人员进行合理及时的处理，减少"庸政""懒政"的出现，提高行政效率。

（二）秉公用权

公职人员依据法律规定行使公权力，法律对公权力行使的规定并未且也难以细化到细致入微的程度。在实践中，公职人员在行使公权力时存在一定的自由裁量空间，因此公权力的行使存在不公平的可能。公权力行使的公正与否关系到相对人的权利，这就要求公职人员在行使公权力时要秉持公平公正的原则，公权力的行使是否公平公正则要受到监察机关的监督。监察机关对公职人员行使公权力进行监督，一方面可以对公职人员产生约束，减少"权力寻租"的出现；另一方面可以对公权力行使过程中出现的不公平、不公正的行为进行处理，以保障公权力行使过程中的公平公正。

（三）廉洁从政从业

"在监察体制改革之前，廉洁监督一直都是行政监督的重点。而《监察法》出台的目的之一就是深入开展反腐败工作，可见廉洁监督也是监察机关监督工作的核心。"[2]廉洁从政从业要求所有公职人员廉洁自律，不以权谋私，不贪污腐败。监察机关对公职人员廉洁从政从业方面的监督不仅要体现在对人进行监督，还要对公权力行使的过程进行监督，实现"对人监督"和"对事监督"的结合。[3]监察机关通过对公职人员廉洁从政从业方面的监督，

---

〔1〕 谭家超："国家监察权设置的功能"，载《河南社会科学》2017年第6期。

〔2〕 姜明安："论监察法的立法目的与基本原则"，载《行政法学研究》2018年第4期。

〔3〕 卢岳华："党政纪检、监察监督体制改革刍议"，载《行政与法（吉林省行政学院学报）》2004年第3期。

可以减少贪污腐败现象的出现，营造廉洁公正的政治环境。

（四）道德操守

公职人员不仅仅是国家公权力的行使者，也是国家形象的代言人，所以其道德操守方面也应有较高要求。但对公职人员道德操守的监督应考虑以下问题：一是公职人员道德操守情况与其规范行使公权力之间的相关关系，或者说公职人员道德品质的好坏是否与其完成本职工作以及与其合法行使公权力有必然的相关关系。进而，我们需要考虑对于以监察公职人员行使公权力的情况为核心的监察制度，是否需要将个人的道德品质纳入监察范围的问题。当然，如果为了监察机关履职方便而需要保留该项职权的话，就必须得对道德操守的范围加以明确，将其限于职业操守和公共责任的范畴之内。二是当前既然已经有多个机构可以对公职人员的道德情况进行监督，监察机关为何还要在其之上继续对该项内容进行监督呢？[1]从现实层面考虑，在繁重的日常监察和职务犯罪调查工作之余，监察机关是否还有足够的精力对公职人员的道德操守情况进行有效监督？如果没有的话，监察机关还是应当专注于自身核心职权领域，不应过多地涉及其他机构已有的职权范围，以避免留下监察权可以恣意解释和运用的空间。

第三节　调查权

一、调查权的内容

"国家监察委员会的调查权，意即对违反法定职责的公权力机关和违反法定职务行为规范的公职人员进行调查，利用各种措施获取证据以查明是否存在违法犯罪问题，调查涉及的情形可包括贪污贿赂、滥用职权、玩忽职守、权力寻租、利益输送、徇私舞弊以及浪费国家资财等。"[2]"关于调查权的具体内容，实际上是对原有权力体系的整合与移转，除了留置措施在一定程度上有所创设，其他的内容可以说均可在现行的反腐措施中找到源头。"[3]具体

---

〔1〕 江国华、何盼盼："中国特色监察法治体系论纲"，载《新疆师范大学学报（哲学社会科学版）》2018年第5期。

〔2〕 江国华、彭超："国家监察立法的六个基本问题"，载《江汉论坛》2017年第2期。

〔3〕 朱赟先："试论国家监察委员会的调查职能及其制约——以职务犯罪侦查权为视角"，载《山东青年政治学院学报》2018年第1期。

来说，《关于在北京市、山西省、浙江省开展国家监察体制改革试点工作的决定》（以下简称《决定》）指出"监察委员会可以采取谈话、讯问、询问、查询、冻结、调取、查封、扣押、搜查、勘验检查、鉴定、留置等措施"，这些措施大部分并非初创，而是具备立法的渊源。其中，谈话、询问是纪律检查活动的基本措施，属于对纪委部门权力的整合；查询、冻结、调取、查封、扣押、勘验检查、鉴定这七项措施在原有的《行政监察法》中亦有规定，属于此前对行政公职人员违法违纪行为的处理措施；而讯问、搜查、留置这三项措施可视为原检察院查处贪污贿赂、失职渎职以及预防职务犯罪部门针对职务犯罪行为的调查措施，属于《刑事诉讼法》的规制范畴。因此，有学者将监察委员会的调查权形容为"行纪检一体化"，取代分散的纪委调查权、行政调查权以及职务犯罪刑事侦查权。[1]从这一界定能够看出调查权内容的复合性，但需要提请注意的是，权力的整合不代表职权的简单叠加，更不意味着其他机关因为职权转移而丧失整合前所有的权属，比如检察机关的逮捕批准权与监视居住批准权就没有在监察委员会的调查权范围之列。将调查权进行整合是为了更好地发挥监察的合力，是为了服务于构建"集中统一、权威高效的监察体系"的改革要求。此外，整合后的调查权又有着其独特的作用与价值。

二、调查权的性质

目前学界对调查权的性质确定存在着较大的争议，争议的中心点在于调查权应当归于行政调查权还是刑事侦查权，或者是兼具两者的共同性质。马怀德教授倾向于肯定调查权的行政性质，他主张"调查权不能完全取代检察院的刑事侦查权，调查权有着其特殊的属性，更侧重过程预防和源头控制，而刑事侦查权侧重事后的惩戒，监察委员会的调查部门既有对违纪违法行为的调查，也有对涉嫌职务犯罪的调查"。[2]也就是说，监察委员会行使调查权与检察院继续行使侦查权是不冲突的，检察院依然有权对监察委员会移送的案件自行侦查。有些学者则倾向于将调查权定位于刑事侦查权，其中包含两

---

〔1〕　刘艳红："监察委员会调查权运作的双重困境及其法治路径"，载《法学论坛》2017年第6期。

〔2〕　马怀德："国家监察体制改革的重要意义和主要任务"，载《国家行政学院学报》2016年第6期。

种观点：一种观点主张"借鉴人民检察院当前自侦案件的初查权，以是否立案为界限将调查活动界分为初查和侦查两个层次，即以初查代替行政调查，使调查活动更偏向刑事侦查权"。[1]另一种观点主张"当调查范围覆盖刑事案件的时候，调查权就与刑事侦查权有着相同的实质，之所以表述为'调查'，是为了规避《刑事诉讼法》的约束"。[2]然而，更多的学者主张调查权综合了行政和司法的双重属性，只是有些主张对调查权的双重性质进行融合性界定，有些主张可以分阶段、分类别区分出不同调查措施的性质。具体而言，有学者将调查措施分为刑事调查措施与非刑事调查措施，"监察机关职务犯罪调查措施的性质是刑事侦查行为，应无异议；对职务违法行为采取非刑事侦查措施，系行使行政性权力，也不难形成共识"。[3]陈光中教授提出了一般调查与特殊调查的区别，一般调查是对公职人员的违法违纪行为的调查，特殊调查是针对职务犯罪行为的调查，前者代表的是行政性质的权力，后者代表的是司法性质的权力。此外，还有学者否定分割看待调查权的行政属性和刑事侦查属性，认为"调查活动的具体职能绝非单一的刑事侦查权或行政调查权所涵盖的，应同时具有调查和侦查属性，不再单设'侦查'程序"。[4]

"目的的正当性与否是判断任何公权力运行的基准。"[5]对调查权属性的分析也要结合调查设置用的目的来判断。《决定》之所以赋予监察委员会广泛的调查措施与多属性的调查权，是为了实现对公职人员全方位的监督，也是为了服务于"全面覆盖"的监察立法宗旨。综合以上观点并考量调查权设置的目的可以发现，割裂看待调查权属性的做法是片面的。为有效监督公职人员行使公权力，调查权必须具备综合性质。即既可以认为其具有"调查"的属性，也可以认为其具有"侦查"的属性，二者并不是截然对立的，需要在适用中融贯性地考虑。

〔1〕 秦前红、石泽华："监察委员会调查活动性质研究——以山西省第一案为研究对象"，载《学术界》2017 年第 6 期。

〔2〕 张建伟："法律正当程序视野下的新监察制度"，载《环球法律评论》2017 年第 2 期。

〔3〕 陈越峰："监察措施的合法性研究"，载《环球法律评论》2017 年第 2 期。

〔4〕 秦前红、石泽华："监察委员会调查活动性质研究——以山西省第一案为研究对象"，载《学术界》2017 年第 6 期。

〔5〕 郑贤君："论国会调查权的宪法界限"，载《法学评论》2014 年第 1 期。

三、调查权的具体措施

《决定》指出的 12 项具体调查措施是监察委员会查明案情、调查取证、固定证据所不可或缺的手段，措施的丰富性与多样性保障了监察委员会监察职能行使的权威高效。根据案情进展阶段的不同，调查措施体现为不同的形式，比如查询、谈话、调取属于立案之前可采取的措施，而讯问、询问、扣押、冻结等措施则是在立案之后实施的。此外，需提请注意的是，有些措施虽然在名称上与《刑事诉讼法》《行政监察法》（已废止）等法律的表述相同，但转隶到监察委员会后在一定程度上改变了原有的定性，具有某些之前不具备的内涵，尚需区别对待。下文将结合《监察法》与其他法律法规的规定，对调查权的具体措施展开介绍。

（一）谈话

"谈话"这一措施最早是在《中国共产党纪律检查机关案件检查工作条例》（中纪发〔1994〕4 号）中出现的，其中第 25 条规定："调查开始时，在一般情况下，调查组应会同被调查人所在单位党组织与被调查人谈话，宣布立案决定和应遵守的纪律，要求其正确对待组织调查，调查中，应认真听取被调查人的陈述和意见，做好思想教育工作。"该条例第 29 条也规定了对证人展开"谈话"的内容。"'谈话'是所有调查措施中最基本的措施，因为在立案之前，有很多措施是无法采取的，'谈话'发挥着获取最初证据、初步查明案情、确定案件突破口的基础作用。"[1]按照《监察法》第 19 条的规定，可能发生职务违法的监察对象没有拒绝被谈话的权利，必须按照要求作出如实陈述。"这一措施实施的目的并不限于查明违法犯罪事实，还发挥着思想教化作用，通过谈话能让监察对象认识到自身错误，及时反省履行公职中的不足，悬崖勒马。"[2]"谈话"虽然不涉及对财产与人身的限制，但也需要遵循一定的程序，具体可分为以下三步：第一步是谈话方案的提出，方案由案件承办负责人和核查组共同研究制定，经分管该案的监察委员会领导批准并由核查组实施；第二步是谈话开始前的准备，首先是要做好谈话地点的安全防

---

〔1〕 李艳："谈话函询覆盖六类监察对象"，载《中国纪检监察报》2018 年 5 月 9 日。

〔2〕 董树文："纪检监察谈话过程中的难点及对策"，载《北京石油管理干部学院学报》2010 年第 4 期。

范工作，其次是要通知调查对象所在单位或主管部门的纪律监察机构派人陪同；第三步是谈话措施的实施，要求调查对象填写《谈话对象交接单》，告知谈话对象权利义务，由两名工作人员进行谈话并制作现场笔录，对重点谈话同步录音录像，最后笔录还要经各方签名。谈话作为一项基本措施，成功的谈话能有效缓解调查对象的心理戒备，起到劝诫、疏导的功效，减少调查开展的阻力。

（二）讯问与询问

"讯问和询问的区别在于适用对象的不同，前者适用于犯罪嫌疑人，后者适用于证人、被害人。"[1]讯问和询问均是在立案之后采取的调查措施，所针对的也是职务犯罪行为，应当由两名以上工作人员进行，所形成的相应笔录、报告等书面材料都要由相关人员签字、盖章。

《监察法》第20条第2款规定："对涉嫌贪污贿赂、失职渎职等职务犯罪的被调查人，监察机关可以进行讯问，要求其如实供述涉嫌犯罪的情况。""讯问是12项调查措施的重中之重，是调查人员为了获取调查对象的陈述、供述和辩解，依照法定的程序进行提问，并对获取的内容加以固定的一种调查措施。"[2]这里的讯问涉及对调查对象人身自由的限制，干涉到公民的基本权利。《刑事诉讼法》及其相关法规中对讯问有明确的程序规则，但《决定》指出停止或者调整《刑事诉讼法》的适用，故在《监察法》中要严格规制讯问的适用程序。根据《监察法》第41条、第44条的规定，讯问要由两人以上执行，制作笔录，合理安排讯问时间和时长，并保证饮食、休息和安全。"但具体的讯问提纲、讯问计划、审批等事项还有待制定进一步的明确规定。"[3]

《监察法》对询问的规定比较简略，仅在第21条和第41条简单提及，对询问的时间、地点、间隔时间、步骤方法、录音录像等方面缺乏详尽的规定。就询问而言，因为针对的是证人和有关人员，监察机关无法限制其自由活动，所以被询问人员在询问之前对掌握的情况发生串供的可能性比较大。因此，在询问之前就要求工作人员掌握一定的证据与线索，制定精细的询问计划，对询问得到的信息也要进行细致的判断，避免受到错误信息的误导。

〔1〕 王中胜："谈话、讯问、询问三项措施有何不同"，载《中国纪检监察》2018年第12期。

〔2〕 余承法、廖美珍："询问乎·讯问乎——析《中华人民共和国刑事诉讼法》中'问'的表述"，载《求索》2006年第5期。

〔3〕 向伟："讯问、询问重在细节"，载《检察日报》2013年4月16日。

（三）冻结、扣押、查封

"这三项措施是对调查对象的财产实行的强制手段，目的在于防止财产转移、迅速固定证据、对调查对象形成心理压力，能够有效推进案件的开展。"[1]

冻结措施在《监察法》第 23 条作出了规定，监察委员会只能在严重违法或者职务犯罪案件中采取这一措施，尤其是一些涉案金额巨大、财产来源复杂、行贿手段隐蔽、调查对象试图转移财产的案件，及时地冻结既关系到案件证据的固定，更发挥着防止国有资产流失的作用。由于直接限制了调查对象的财产，采取这一措施必须遵循法定的程序，严格履行审批手续，自觉接受监督和制约，比如要经由案件监督管理室办理手续、开具冻结金融财产通知书等。此外，一旦有证据证明冻结的财产与案件无关，则必须在 3 日内及时解除冻结。

查封和扣押措施的规定在《监察法》第 25 条，这一措施是对调查对象财物、文件、资料、电子数据等信息的一种暂时性控制手段，目的在于证明调查对象有无违法违纪行为或者职务犯罪，并根据数额大小或情形程度的不同判断案件情节的轻重。查封和扣押的区别在于前者针对的通常是不动产，后者针对的通常是动产，二者均是防止重要证据被污染或流失的重要手段，也便于后期赃款的统计和追缴。具体到实践中，查封和扣押都要受到严格的监管，既要编号并开列清单，还需见证人见证。此外，财务部门也会对清单物品的数量以及新旧程度进行反复查验，确保不出差漏。

（四）查询和调取

查询是为辅证言词证据的一种调查措施，所针对的是实物证据，但实物证据并不能单一地呈现出案件事实，需要与言词证据相互印证。查询属于一种具有隐蔽性的调查手段，可以初步摸清案件情况，获取调查的线索，为后期与调查对象的谈话或者对犯罪嫌疑人的讯问积累线索与证据。查询的对象与冻结的对象相同，主要是存款、汇款、债券、股票、基金份额等财产。

调取是监察委员会向单位或个人获取书证、物证、视听资料等证据，绝大多数的情形是向有关单位调取书证，是一种既可以隐蔽也可以公开的调查方式。在监察实践中，大多数调取所获得的证据都是可复制之物，调取既可

---

[1]　王凤涛："变通定罪与制度损益——非法处置行政机关查封、冻结、扣押的财产的定性"，载《安徽大学法律评论》2012 年第 2 期。

面向公权力机构，也可面向私权利主体，采取较为平和的方式，并以较强的针对性快速地让核查组了解案情并掌握关键的证据。

（五）搜查

《监察法》第 24 条明确规定了搜查措施，其所针对的是涉嫌职务犯罪的被调查人。搜查是一种带有极强的人身与财产约束的调查措施，不仅可以对调查对象的工作场所展开搜查，还能扩展到家庭这一私人生活领域，可以迅速地查明调查对象的性格、生活习惯、生活经历等信息，能够为案件调查提供诸多重要信息。但是，搜查不仅可能侵犯调查对象的隐私权、财产权，还可能侵犯调查对象家人的隐私与安宁，监察委员会在采取搜查措施时必须十分慎重，并经过严格的审批程序。[1]在实践中，搜查措施是需要分管委员、分管副主任提出是否同意的意见，并经由监察委主任批准后方可实施的，并且在搜查时必须出示搜查证，搜查过程也要有被搜查人或其家属或其他人见证。

（六）勘验与鉴定

所谓勘验检查，是监察委员会运用科技手段对与职务犯罪相关的场所、物品或者人身进行勘查、检验、检查，以发现和固定职务犯罪活动所遗留下来的各种痕迹、物品的侦查活动。勘验既可以由监察机关直接进行，也可以委托其他部门进行，但无论采取何种方式，最终都以形成的勘验笔录为重点。

《监察法》第 25 条和第 27 条均规定了鉴定措施，将案件中的专门问题提交给专业人士和专业机构进行科学鉴别和判断，主要是对监察机关无法直接查清的物品、文件、痕迹、笔记等事实进行查明。在实务当中，鉴定主要表现为物证类鉴定、声像资料鉴定、电子证据鉴定、会计鉴定等，若是调查对象对鉴定意见有异议，还可申请补充鉴定或者重新鉴定。

（七）留置

"双规"措施在产生之初，其性质和权力来源就受到理论界的质疑，而留置作为取代"双规"的措施，一经提出就饱受学术界的关注。[2]《监察法》第 22 条对留置措施适用的条件和情形进行了明文规定，第 43 条规定了留置措施

---

〔1〕 左卫民："规避与替代——搜查运行机制的实证考察"，载《中国法学》2007 年第 3 期。

〔2〕 赵晓光："监察留置的属性与制约体系研究"，载《中国社会科学院研究生院学报》2018 年第 2 期。

的程序以及留置期限等问题，并在第 44 条指明了留置对象的权利保障和刑期折抵问题。可以看出，立法层面对留置的规定相较于其他调查措施而言，内容是最为全面和具体的，这也是考虑到该措施直接关涉公民人身自由，属于最为严厉的调查措施。

关于留置的性质，学界的主流观点是其兼具行政属性与刑事司法属性，是一种兼具强制措施性质和调查取证措施性质的国家监察手段。〔1〕一方面限制调查对象的人身自由及断绝调查对象与外界社会关系的接触，便于讯问、移送起诉等流程的开展；另一方面为监察工作人员调查取证创造良好的条件，防止证据的损毁，以及当事人之间串供的发生。此外，采取留置措施还需满足事实、对象、情节三个条件：一是要有充足的证据证明调查对象实施了严重违法或职务犯罪行为；二是调查对象应该是《监察法》所规定的六类人员；三是出现符合《监察法》第 22 条规定的四大情形。

留置措施因为影响公民基本权利，故"必须受到正当程序的约束"。〔2〕首先，应由监察机关领导人集体研究决定是否采取留置措施；其次，必须留置在专门的留置场所，保障留置人员的饮食、休息和安全；再次，采取留置措施时，需要告知被留置人的权利，对于留置后是否允许律师介入的问题，在学界依然有争议；最后，留置应当严格遵循时限，即不得超过 3 个月，最多只能延长一次。

第四节　处置权

一、处置权的内容

"处置权即对调查的违法问题依据相应的法律法规予以审查定性并决定给予何种处分和处理的权力。"〔3〕监察委员会处置结果的具体实施需要依赖相关机关的配合，监察委员会的处置权是非终局性的，侧重于程序性质，是非完全意义上的处分权。根据调查对象违法违规程度的不同，处置手段可以界分

〔1〕　姜明安："国家监察法立法的若干问题探讨"，载《法学杂志》2017 年第 3 期。
〔2〕　王飞跃："监察留置适用中的程序问题"，载《法学杂志》2018 年第 5 期。
〔3〕　彭辉："监察体系重构视野下的国家监察委职能研究"，载《社会治理法治前沿年刊》2017 年。

为两个不同的层次：一是针对一般性违法行为的处置，二是针对职务犯罪行为的处置。一般性违法行为的处置根据处置手段作出主体的不同，又可分为两种：一种只能由监察委员会作出，另一种可以由监察委员会或者相关机关作出。直接由监察委员会作出的处置手段，是终局性的处分权；职务犯罪的处置只能由人民检察院审查决定是否提起公诉，对监察委员会来说是非终局性的处分权。需要注意的是，对一般性违法行为的处置，若是由相关部门处置，如问责决定由调查对象所在单位的人事部门作出，那么这时的处置权也是非终局性的。

二、处置的具体方式

根据《监察法》第 45 条的规定，监察委员会形成监督和调查结果后，可导向五种处置结果：一是对情节较轻的，谈话训勉即可；二是给予调查对象政务处分；三是对领导人员作出问责决定或向有权限问责的部门提出问责建议；四是提出监察建议；五是将职务犯罪移送检察院提起公诉。

（一）谈话诫勉

谈话诫勉是对存在职务违法行为但情节并不严重的公职人员适用的处置措施。采取这一措施的主体可以根据实际情况，决定由监察人员或者调查对象所在单位来实施。"目的在于提醒公职人员认识自身错误，指明履行职务中的不足，促使公职人员更好地履行职责，并起到教育、示范之作用。"[1]党的组织建设要求从严教育干部、从严管理干部、从严监督干部，要让"咬耳扯袖、红脸出汗"成为常态，谈话诫勉措施正是将党的组织建设优秀经验推广运用到公职人员人事管理的尝试。通过日常的谈话及时纠正工作中的错误，防微杜渐、未雨绸缪，不仅要达到教育指正的效果，更要发挥激励鞭策的功效。

（二）政务处分

政务处分是从政纪处分发展而来的，二者虽然只有一字之差，但其实质内容却有天壤之别。要理解政务处分的具体内容，可从其与政纪处分的差异入手，具体可总结为以下三方面：一是调整对象的不同，原政纪处分主要针对行政机关及其相关人员，调整范围过窄，而政务处分是为了适应监察对象

---

〔1〕 刘飞："诫勉谈话若干问题解析"，载《中国纪检监察报》2018 年 3 月 14 日。

范围扩大之要求，可处分的对象囊括所有行使公权力的公职人员，将国有企业管理人员、事业单位管理人员以及基层群众自治性组织中履行公职的人员都纳入可处分的范围；二是权力性质的不同，政纪处分是各单位人事管理部门针对本部门工作人员的独立处分权，如原行政监察部的行政处分权、纪委的党纪处分权，而政务处分独立作为监察委员会权力的一项，属于监察权的重要组成部分，具有更高、更强的效力；三是处分程序的不同，政务处分须经监察机关集体研究决定，以监察委员会的名义作出政务处分决定，其中作出撤职、开除等重处分决定的，还须呈报同级党委常委会议审批；而政纪处分则依据处分对象及种类的不同，需要处分决定单位集体研究。[1]2018 年 4 月 16 日，中央纪律检查委员会、国家监察委员会印发了《公职人员政务处分暂行规定》，其中第 2 条明确了政务处分决定的法律依据，这意味着在相关法律出台之前，对公职人员的非职务违法行为进行立案的依据仍需依靠原有的处分体系。此外，该规定还详细指明了处分作出的程序、处理措施、解除方式等，并明确了政务处分与党纪处分、刑事责任、行政处罚等其他处罚措施适用的相互关系。关于政务处分的作出机关，根据该规定第 19 条，监察机关与公职人员的任免机关、单位均可据相关法律依据给予处分，这表明政务处分并不是监察委员会专属的处置权，当其他单位优先作出处分决定时，监察委必须尊重其他单位的初始判断，这在一定程度上也是对监察权的制约。

（三）问责

"问责措施是对领导干部的一种监察手段，在领导干部违规违法、懈怠履行职责时，以问责压实责任，以问责督促执行。"[2]各级党委（党组）就要敢抓敢管、严格执纪，把全面从严治党的政治责任担负起来。领导干部必须是本职责领域的第一责任人，必须要担起管党治党的政治责任，种好自己的"责任田"。问责实质上是为确保领导干部认真履行职责设置的处置手段，具体处置的方式还是要依照政务处分的相关规定。问责与普通政务处分的区别在于，问责的查处范围更加广泛，被问责方不仅要对自己的行为负责，还要对统管领域其他人的行为负责。此外，涉及内容也更为广泛，包括对党的领导弱化、党的建设缺失，对贯彻落实中央精神不力、选人用人问题突出、腐

---

[1] 王臻："浅析政务处分和原政纪处分的解除"，载《中国纪检监察报》2018 年 2 月 14 日。
[2] 余凌云："对我国行政问责制度之省思"，载《法商研究》2013 年第 3 期。

败问题严重、不作为乱作为等。关于处置的实施，既可以根据监察委员会的管理权限径行作出警告、记过、记大过、降级等处分，也可以采取问责建议的方式向有权作出问责决定的机关提出。"关于如何监督问责建议的落实，以及问责的程序、权限等问题，还有待制定细则的进一步明确。"[1]

（四）监察建议

《行政监察法》（已失效）第23条、第24条对可以采纳监察建议的情形进行了规定，在《监察法》中仅规定监察委员会有提出监察建议的权限，但对在何种情况下应当提出监察建议并无明文规定。那么，何谓监察建议？"经总结目前实践中适用监察建议的情形，大致是监察机关依法根据监督、调查结果，针对监察对象所在单位廉政建设和履行职责存在的问题等，向相关单位就其职责范围内的事项提出的具有一定法律效力的建议。"[2]这里的建议具有"一定的法律效力"是指具有强制效力，若是无正当理由不被采纳，单位会被责令改正或者被通报批评。监察建议往往起着"闭环"的作用，辅助其他处置措施的效果，即在某单位出现一例严重的职务犯罪案例或者在某个关键领域出现监管不利的状况时，在采取相对应的处置措施后，监察委员会再深入剖析问题产生的成因，通过个别情况挖掘出该单位潜伏的深层次问题，进而再提出专业化建议送达该单位，以达到以小见大、综合整改的目的。[3]监察建议一般是针对重点领域、关键环节存在的问题发挥作用，是巩固执纪审查成果的后期举措，是以个案为突破，以点治面的关键所在。厘清问题源头后提出合理的监察建议对推动发案行业党风廉政建设和反腐败工作具有重要意义。

（五）移送起诉

移送起诉处置措施针对的是职务犯罪行为，是监察委员会吸收人民检察院职务犯罪侦查权后所产生的职权，解决了职务犯罪处理同体监督的问题。监察委员会移送起诉的前提是"犯罪事实清楚、证据确实充分"，相关的证据材料也需要一并移送。值得注意的是，《监察法》与之前公布的草案相比，增加了"审查"二字，这意味着人民检察院依然对案件是否满足起诉标准有决

---

〔1〕 胡洪彬："廉政问责多元参与机制的建构"，载《中国特色社会主义研究》2016年第2期。

〔2〕 高伟："监察建议运用研究"，载《中国纪检监察报》2018年5月23日。

〔3〕 罗淦、宋甜甜、李琳："监察机关是如何提出监察建议的"，载《中国纪检监察》2018年第12期。

定权，若是证据不足或者事实不清，可以作出不起诉决定或者退回监察委员会补充调查。在此过程中还涉及证据移交的问题，《监察法》第 33 条对此作出了肯定性规定，即监察委员会调查收集的证据可以直接作为人民检察院审查起诉的证据使用，而且要求监察委员会提供的证据应当与刑事审判关于证据的要求和标准一致。"但是，该规定并不完整，还应当规定检察机关在证据审查过程中发现证据取得存疑时可以要求监察机关对证据收集的合法性作出说明。"〔1〕此外，国家监察委员会还应对调查对象认罪认罚的态度进行考察，若存在《监察法》第 31 条规定的四种情形之一，或者存在立功表现，经领导人员集体研究并报上级机关批准后，可提出从宽处罚的建议。

◆ 案例链接

山西留置第一案

郭某，山西煤炭进出口集团有限公司原党委书记、董事长。山煤集团是全省唯一一家拥有煤炭进出口经营权的企业。这样一家专业的贸易企业，由于郭某等相关人员严重失职渎职，造成了 40 多亿元的巨额国有资金损失，致使企业生产经营举步维艰。在 2014 年案件发生后，有关执纪执法机关对其进行了立案调查。但该案复杂程度非常高：既有违纪问题，又有违法犯罪问题；既涉及失职渎职问题，也涉及经济受贿问题。在监察体制改革试点前，违纪违法问题多头办理，单是违法犯罪问题就由于涉及不同的罪名而由不同的机关、部门查处。因此，虽然有关机关均立案调查，但仍造成郭某案件在案发后近三年的时间里，迟迟没有结案。根据党中央确定的、全国人大通过的《关于在北京市、山西省、浙江省开展国家监察体制改革试点方案》，2017 年 2 月 26 日山西省纪委监委机关对线索进行初核。同年 3 月 21 日，对郭某采取留置措施。该案也由此成为山西省监察委成立后采取留置措施的第一案。

对郭某立案并采取留置措施后，审查组确定了渎贪并查的工作思路。在省纪委监委的坚强领导下，审查组一方面继续对郭某的失职渎职问题进行深入审查，另一方面对郭某的经济问题进行调查。在深挖细查郭某涉嫌职务犯罪问题的同时，审查组坚持把纪律挺在前面，对郭某有关违纪问题一并进行

---

〔1〕 江国华、何盼盼："中国特色监察法治体系论纲"，载《新疆师范大学学报（哲学社会科学版）》2018 年第 5 期。

审查，查清了郭某违反组织纪律、廉洁纪律等问题。虽然时间紧任务重，审查组严格执行《山西省纪委监委机关执纪监督监察工作试行办法》，初核工作和立案审查工作均严格依照事先报批的方案实施，严把程序关、事实关、证据关、法律适用关，确保了办案质量。

2017年6月9日，经山西省纪委监委会议研究并报经省委批准，决定给予郭某开除党籍、开除公职处分，并将其涉嫌职务犯罪问题移送检察机关审查起诉。同年7月15日，长治市中级人民法院以受贿罪、国有公司人员失职罪一审判处郭某有期徒刑13年。

从监察委立案到法院宣判，用了不到4个月的时间，监察委便把压积三年的旧案解决了。监察体制改革试点后，解决了反腐败力量分散、纪律与法律衔接不畅等问题，使郭某的严重违纪违法问题得到快速有效查处，这充分体现了党对反腐败工作集中统一领导的优势。

国家监察体制改革是一项重大政治改革，其将分散的各部门对职务违法行为之监督权力调整合并为由国家监察委员会统一行使的国家监督权力，改变过去监督权隶属于行政权的权力结构模式，从而形成监督权与行政权、司法权相对独立的国家监察权，并且通过修宪，将其确立为一项独立的宪法权力，带来国家权力结构的重大调整。作为一项独立的宪法权力，国家监督权也共享公权力运行的一般规律和共同逻辑。因此，监督权的运行本身也需要受到监督。为了规范和指导该项权力依宪、依法而行，有必要在制度上、理论上明确监察权运行所应遵循之基本原则。目前，在理论上尚未对监察权运行所应遵循之基本原则作出明确的界定。监察权作为一项全新的宪法权力刚刚创立，其实践的经验还比较少，在规范方面还有很多不足。因此，在监察权正式实际运行之初，明确其运行所应遵循之基本原则，对于监察权的规范、有序运行，无疑是十分重要的。通过对《监察法》条文文本的具体分析，我们可以总结出包括党的领导原则、法治原则、人权保障原则、正当程序原则与比例原则在内的五条基本原则。

第一节　党的领导原则

一、坚持党的领导是权力人民性的根本体现

社会主义民主政治是共产党领导广大人民群众，经过民主革命和社会主义革命，推翻帝国主义和反动派在中国的反动统治后建立起来的。没有中国共产党的领导，就没有社会主义民主政治的成功。"社会主义制度确立以后，坚持党的领导是发展社会主义民主政治和全面进行社会主义现代化建设的先

决条件与根本保证。"〔1〕党政军民学，东西南北中，党是领导一切的。中国特色社会主义制度的最大优势就是党的领导，党的全面领导是深化国家监察体制改革取得成功的根本保证。国家监察制度作为中国特色社会主义制度的重要组成部分，是促进国家治理体系和治理能力现代化的重要因素。要充分发挥国家监察制度的优势，就一定要在改革过程中既坚持问题意识，又突出重点，最为关键的还是要坚持党的全面领导。共产党领导的本质内容就是组织和实现人民当家作主，因此，它与权力人民性的原则是完全一致的。"中国共产党是我国社会主义建设事业的领导核心，党的领导是我们在各项工作中都必须坚持的基本原则。中华人民共和国成立以来的历史和实践表明，只有坚持党的全面领导，社会主义建设事业才能稳步前进、顺利进行；只有坚持党的全面领导，党和国家的事业才能取得历史性成就，发生历史性变革。"〔2〕党的领导是中国反腐败斗争取得胜利的根本政治保证，国家监察委员会作为反腐败工作的专责机关，在开展监察工作中，最首要的原则即是要坚持党的领导原则。

二、坚持党的领导是监察权正确行使的政治保证

监察委员会作为行使国家监察职能的专职机关，与党的纪律检查委员会合署办公，从而实现党对国家监察工作的领导，是实现党和国家自我监督的政治机关，不是行政机关、司法机关。作为政治机关，必须要坚持正确的政治方向、问题导向、价值取向和立场倾向。在政治上坚持了党的领导原则，监察工作就坚持了正确的方向，避免出现政治失误与严重错误，在党的领导下始终立于不败之地。在监察工作中坚持了党的领导原则，就能够抓住监察工作的本质与核心，就能够迅速在监察工作中找到关键问题和打开突破口，解决好党和人民提出的问题，不负党和人民的重托。在重大价值判断上坚持了党的领导原则，监察制度就能够始终在正确的轨道上运行，就不会在大是大非的判断上发生动摇。价值判断对监察工作的正确合理推进具有重要作用，当今社会各种价值观林立，价值取向愈发混乱，必须要坚持党的价值观、价

---

〔1〕 莫纪宏："坚持党的领导与依法治国"，载《法学研究》2014 年第 6 期。
〔2〕 张恒山："论坚持党的领导与依法治国"，载《安徽师范大学学报（人文社会科学版）》2015 年第 2 期。

值取向来肃清谬误，以正视听。"坚持党的领导原则就是要始终和党、和人民站在同一立场上，想党之所想、忧党之所忧，为党分忧，始终维护党和最广大人民群众的利益。"[1]

三、坚持党的领导是全面推进依法治国的前提

我国《宪法》序言中共有五次提到了中国共产党领导，旗帜鲜明地表明了广大人民在党的领导之下创制、设立宪法并遵守宪法。党的十八届四中全会通过的《关于全面推进依法治国若干重大问题的决定》，首次以党的文件形式就执政党与依法治国的关系作了全面而系统的论述，明确指出："把党的领导贯彻到依法治国全过程和各方面，是我国社会主义法治建设的一条基本经验。"监察体制改革试点工作也强调："深化国家监察体制改革的目标，是建立党统一领导下的国家反腐败工作机构。由省（市）人民代表大会产生省（市）监察委员会，作为行使国家监察职能的专责机关。党的纪律检查委员会、监察委员会合署办公。"党的机构和国家机关合署办公的体制具有中国特色。中央纪律检查委员会和原监察部从 1993 年起开始合署办公。中央纪律检查委员会由党的全国代表大会选举产生，并向中央委员会报告工作；党的地方各级纪律检查委员会由同级党的委员会代表大会选举产生，并向其报告工作。在监察体制改革当中，新设立的国家监察委员会和党的纪律检查委员会合署办公，由于党的中央纪律检查委员会直接对党中央负责，接受党中央的监督，进而合署办公将有利于整个国家监察体系接受党中央的最高领导，贯彻党中央的思想路线和政治路线，更好地贯彻落实习近平总书记对全面从严治党的战略部署，使党的主张更好地体现为国家意志，把党的领导贯穿于纪检、监察的全过程，从而加强党中央的思想引领作用。

国家监察委员会是宪法所确定的行使监察权的国家监察机构。这一委员会将国家范围内的公权力和具有行使公权力性质的机关、组织都纳入监察范围，这与执政党同国家机关的关系紧密相连的现状是适应的。我国并不存在党政分开的政治格局，党政之间只有分工之别，没有分立之说，国家机关各种权力都在党的领导之下。在反贪腐工作中，党对查办行政纪律、贪腐案件

---

〔1〕　白钢、潘迎春："论坚持党的领导、人民当家作主和依法治国的有机统一"，载《政治学研究》2010 年第 1 期。

等的行政监察部门和司法机关进行监督，让后者承担起反贪腐的大任，不但可以将党的反腐败意志体现在行政监察和刑事侦查中，也可发挥党"总览全局，协调各方"的领导作用。党的领导，一方面保证监察权运行的正确方向，另一方面也是加强党对监察权的监督的一种方式。

第二节　法治原则

一、监察体制改革是法治反腐的需要

"国家机关的设立、组织应当严格按照相关宪法法律进行，但是如果设立新的国家机关必须是宪法条文里已经明确规定的机关，则极大地限制国家职能的自我发展和自我完善，也不利于国家机关在新时期加强配合协作和互相监督。"[1]

党的十九大报告强调"深化依法治国实践"，要求"推进反腐败国家立法"。必须进一步强化全面从严治党与全面依法治国的战略融合，坚持运用法治思维和法治方式反腐败，深入开展反腐败工作。监察体制改革是法治反腐的需要，通过织密法治监督体系，强化反腐败法治手段，构建科学合理的反腐败工作制度机制，促进反腐败法律体系的完善，"推动反腐败工作的制度化、法治化"。

二、法治原则是国家权力配置的基本原则

法治原则回答的是权力行使的依据问题。"法治是指统治阶级按照民主原则把国家事务法律化、制度化，并严格依法治理的一种治国理论和治国方略，"[2]其核心内容是依法治理国家，法律面前人人平等，反对任何组织和个人享有法律之外的特权。法治是与人治相对立的概念，是作为人治的对立物产生的。法治原则最初体现在资产阶级启蒙思想家卢梭等人提出的法治主义的思想和主张中，在美国建立政治制度的实践中，法治原则得到了充分体现。此后，这一原则作为一项普遍适用的原则，被载入各国宪法或宪法性文件中。

---

〔1〕 刘道前："中华人民共和国监察法（草案）立法考量——基于国家学说及宪法权利保障的角度分析"，载《人民论坛·学术前沿》2017年第23期。
〔2〕 赵肖筠、郭相宏："法治原则述要"，载《法学评论》1998年第4期。

如法国的《人权宣言》规定："法律仅有权禁止有害于社会的行为。凡未经法律禁止的行为即不得受到阻碍，而且任何人都不得被迫从事法律所未规定的行为。"我国《宪法》第5条规定："中华人民共和国实行依法治国，建设社会主义法治国家。……一切违反宪法和法律的行为，必须予以追究。任何组织或者个人都不得有超越宪法和法律的特权。"法治原则体现在权力来源的制约与监督中，就是国家权力运行的规范化、制度化，要依法授权、依法用权、依法罢权，不允许有任何超越法律的权力存在，把权力制约与监督纳入法律调整的范围。

"尽管近现代意义的法治是西方文明的产物，但它作为广泛时空场景下人类实践经验与认知逻辑相结合的治国理政方式，已然成为当今世界一种全球共享的意识形态，其价值正当性不言而喻。"[1]近现代意义的法治，清末才开始移植到中国，晚清及民国政府进行了一些不成功的法治实践。中华人民共和国成立后，党和国家领导人非常重视法治。虽然在法治建设的过程中一度遭遇挫折，但最终法治被确立为治国理政的根本方略。党的十五大提出依法治国、建设社会主义法治国家，把依法治国确立为党领导人民治理国家的基本方略。1999年《宪法》修正时规定，"中华人民共和国实行依法治国，建设社会主义法治国家"，以根本大法的形式把依法治国的治国方略上升为一项基本的法律原则，明确了建设社会主义法治国家的道路。2012年党的十八大报告指出，"法治是治国理政的基本方式"，应当"更加注重发挥法治在国家治理和社会管理中的重要作用"。2014年习近平总书记主持召开中央全面深化改革领导小组第二次会议时强调，把抓落实作为推进改革工作的重点，真抓实干、蹄疾步稳、务求实效。习近平总书记强调，凡属重大改革都要于法有据。"在整个改革过程中，都要高度重视运用法治思维和法治方式，发挥法治的引领和推动作用，加强对相关立法工作的协调，确保在法治轨道上推进改革。"[2]法治国家建设已经成为当下中国社会的基本共识。简要回顾近代法治在我国百余年的发展历程，才能更加体会到法治精神之弥足珍贵。正如江平先生所言："放在人类历史的长河中，30多年的繁荣与发展只不过是匆匆过客。对于一个国家的长久兴衰而言，政策性和偶然性的因素，更像是一个

---

[1]　张志铭、于浩："现代法治释义"，载《政法论丛》2015年第1期。
[2]　刘海年："略论社会主义法治原则"，载《中国法学》1998年第1期。

'药引子'。而真正能够让国家养成'健康体魄'的还是制度性因素。其中，法治又是制度建设的核心，重中之重。"[1]随着监察委员会的成立，之前纪检监察部门的"双规""双指"等做法将进一步规范化或纳入法治框架，逐渐被新的监察手段"留置"所取代。也有学者指出：设立监察委员会，将促进我国的反腐败工作进一步法治化，彰显党在宪法和法律范围内活动的原则。在全面依法治国背景下制定《监察法》，是实现国家治理体系和治理能力现代化的重要举措。

三、监察体制是新型权力制约形式

监察委员会成立以前，在我国的反腐败力量中，中国共产党的纪律检查委员会扮演着主导角色。由纪律检查委员会主导的反腐败行动，存在三个方面的法治化难题。"在高效率的运行过程中，纪委在查处贪腐案件中，一直存在法治化方面的困惑和难题。一是党的纪律检查权力与国家专门机关的权力界限的划分难以明晰；二是'双规'措施难以完全符合法律关于人身自由的保障规定；三是纪委具体的调查行为需要法律予以保障与规范。"[2]从法律角度严格审视，如果这三个难题不加以解决，在依法治国的治国理政新思维之下，这种实践中行之有效的反贪腐做法，恐怕难有可持续性。如何保持反贪腐的高压态势，使反贪腐取得的成效得以保持，贪腐形势不致反弹，成为十八大以来廉政风暴引出的重大议题。国家监察委员会的成立，为当前反腐败法治化提供了契机。"目前监察体制改革是中国宪法体制下监察制度传统的恢复与回归，也是对权力制约形式的新探索、新发展。"[3]

首先，监察权运行的法治原则要求做到有法可依，有法必依。具体说来，有法可依要求宪法和法律对监察机关行使监察权作出明确规定。有一种观点认为，宪法已经授权人大制定国家组织机构的基本法律，不需要宪法再次授权。[4]但法治原则则要求作为一项全新的、独立的国家权力的监察权具有明

〔1〕 江平："法治兴，则中国兴——'法治中国'丛书总序"，载於兴中：《法治东西》，法律出版社 2014 年版，第 2 页。

〔2〕 刘茂林："国家监察体制改革与中国宪法体制发展"，载《苏州大学学报（法学版）》2017年第 4 期。

〔3〕 秦前红、李雷："监察体制改革的宪法学思考"，载《江苏行政学院学报》2017 年第 3 期。

〔4〕 刘道前："中华人民共和国监察法（草案）立法考量——基于国家学说及宪法权利保障的角度分析"，载《人民论坛·学术前沿》2017 年第 23 期。

确的宪法依据。在我国，作为与监察机关具有同等政治地位的国家机关如行政机关、审判机关、检察机关，在宪法中均有明确规定。监察权作为一种独立的权力，应具有与行政机关、审判机关、检察机关同等的宪法地位，应在宪法中对该权力提供明确的规范依据，明确该权力在我国宪法权力结构中的具体定位和职权。我国《宪法》第 123 条规定："中华人民共和国各级监察委员会是国家的监察机关。"我国《监察法》第 3 条规定："各级监察委员会是行使国家监察职能的专责机关，依照本法对所有行使公权力的公职人员（以下称公职人员）进行监察，调查职务违法和职务犯罪，开展廉政建设和反腐败工作，维护宪法和法律的尊严。"可见，监察权运行具有的法定性，要求监察机关只能根据法律的授权，对于法律规定的对象，运用法律规定的手段，并依照法律规定的程序行使权力，不能超越职权、滥用职权。涉及公民基本权利的监察措施的设定和实施，特别是限制人身自由的强制措施等，应当遵循《宪法》《立法法》上的法律保留原则，这一点毫无疑义。关于反腐败与法治的关系，邓小平同志曾经指出："在整个改革开放过程中，都要反对腐败。对干部和共产党员来说，廉政建设要作为大事来抓。还是要靠法制，搞法制靠得住些。"[1]此次监察体制改革，先取得全国人大常委会授权再进行试点，先通过《宪法修正案》并制定《监察法》，再产生国家监察委员会，都遵循了依法治国的原则。

其次，监察权运行的法治原则要求监察机关与司法机关能够有效衔接，确保其在法治轨道上运行。新增国家机关权力的设定和行使，显然会对原有的国家权力横向和纵向的配置格局产生广泛的影响，而权力重新配置在法治体系中的必然表现就是引起法律的创制或法律的废、改、立。监察委员会的创设除涉及修改宪法之外，还涉及刑法、刑事诉讼法、组织法、国家赔偿法等法律的修改问题。监察体制改革使行使相应职权的主体和机关发生变化，有关监察措施的名称发生变化。监察委员会依法行使的监察权不是行政监察、反贪反渎、预防腐败职能的简单叠加，而是在党的直接领导下，代表党和国家对所有行使公权力的公职人员进行监督，既调查职务违法行为，又调查职务犯罪行为，依托纪检、拓展监察、衔接司法，实际上是新的扩展、新的开

---

〔1〕 邓小平同志在武昌、深圳、珠海、上海等地的谈话要点（1992 年 1 月 18 日~2 月 21 日）》，载《邓小平文选》（第 3 卷），人民出版社 1993 年版。

创，实现了"一加一大于二、等于三"的效果。监察机关监督的对象和内容多出了一块，有新内容，是新创举，与司法机关的职权、性质有着根本性的不同。问题的关键在于监察机关的调查和处置是否属于国家机关的内部行为，是否不受依法治国原则的调整，被调查人和被处置人的基本权利是否受到保护，受到限制后能否得到法律救济。"在大陆法系国家，例如德国，公务员管理关系在19世纪国家法和行政法理论中被作为内部行政对待，系国家与公民之间的一种特殊关系，即特别权力关系，总体上不受法律调整，而由行政机关根据职权发布必需的规则并在必要情况下实施侵益行为。"[1]但是，第二次世界大战后，特别是1972年德国联邦宪法法院的一项判决之后，司法和学理普遍认为："基本权利、法律保留和法律保护（救济），也适用于被视为传统特别权力关系的国家与公民之间的关系。"[2]从行政监察到国家监察，监察机关不再属于行政序列，不是人民政府的组成部门，而是与人民政府并列的由人民代表大会产生的专责机关。看起来，监察机关的行为不再是内部行政，但是它实际上仍然是基于公务员、行使公权力的公职人员的管理关系而进行的活动。监察机关对行使公权力的公职人员所实施的调查和处置仍属于国家机构的内部行为，过去通常将行政监察作为内部行政对待也并非错误。但是，当调查中所采取的强制措施和调查后的处置措施涉及被调查对象作为公民的基本权利，或者当处置措施使公职管理关系消灭时（即作出辞退、开除公职决定时），监察措施就设定了具有外部效果的权利义务。此前，行政监察制度的框架和实际运行忽视了这一方面。其实，这些监察措施的设定和实施，应当根据我国宪法"依法治国、建设社会主义法治国家"的原则，适用法律保留，经过正当程序，并应当有法律上的救济途径。

---

〔1〕 杨临宏："特别权力关系理论研究"，载《法学论坛》2001年第4期。

〔2〕 杨解君："特别法律关系论——特别权力关系论的扬弃"，载《南京社会科学》2006年第7期；胡建淼："'特别权力关系'理论与中国的行政立法——以《行政诉讼法》《国家公务员法》为例"，载《中国法学》2005年第5期。

第三节　人权保障原则

一、人权保障原则作为监察权运行基本原则的法理

人权保障原则是基于对人权概念的阐释而产生的。"人权是指作为一个人所应该享有的权利，是一个人为满足其生存和发展需要而应当享有的权利。"[1]作为观念、学说的人权和作为政治主张的人权是有所区别的，但仅从人权的原初含义上看，人权是一种应然权利和道德权利。另外，在思想史和制度史上，人权甚至可以视作民主国家和宪治的渊源。因此，尊重和保障人权就成了民主政治与现代法治的基本价值追求和终极目标，人权保障原则作为国家和宪法法律的基本原则贯穿始终。具体来说，包含以下两个方面的原因：

第一，人权保障原则是现代民主国家的基本原则。人权的观念始于古希腊、古罗马时期的自然法学说，斯多葛学派以及西塞罗认为，人具有普遍的理性，因而享有平等的权利，这种权利先于且高于政治共同体的形成。及至近代，格老秀斯首先把自然法引入市民社会，构建了天赋权利与社会契约的关系。霍布斯进一步发展了这种理论，描述了在国家产生前的人的自然状态，以及在这种状态下人的平等自然权利，为了保全自己，人民签订契约建立国家。洛克以权利哲学为中心，进一步完善了霍布斯的理论。洛克认为，在自然状态下，人们只受到自然法的支配，"人们在自然法的范围内，按照他们认为合适的办法，决定他们的行动和处理他们的财产和人身，而无须得到任何人的许可或听命于任何人的意志"[2]。但由于缺少一个政治权威来确保人民的权利，人民通过签订社会契约来形成国家，由国家承担仲裁者和执法者。德沃金也认为"个人权利是个人手中的政治护身符"，[3]保障人的权利是政府的基本追求与政治道德追求。因此在学理上，人权是主权国家的渊源，保障人权是政治共同体的基本价值追求，人权保障原则也就成了公权力运行的基本原则。

---

〔1〕 周叶中主编：《宪法》，高等教育出版社 2016 年版，第 85 页。

〔2〕 ［英］洛克：《政府论》（下篇），叶启芳、瞿菊农译，商务印书馆 1964 年版，第 5 页。

〔3〕 ［美］罗纳德·德沃金：《认真对待权利》，信春鹰、吴玉璋译，上海三联书店 2008 年版，第 7 页。

人权的观念不可避免地会带有时代性与阶级性。经典的马克思主义中就包含了人权理论，其在对资本主义人权观进行借鉴与批判的基础上，建立了基于历史唯物主义与辩证唯物主义的人权观念，成了社会主义民主国家的基本原则。马克思在《论犹太人的问题》《黑格尔〈法哲学批判〉导言》以及对法国 1791 年、1793 年宪法中的人权内容的分析中，清晰地指出了资产阶级人权观的局限性与矛盾性。马克思认为，"平等地剥削劳动力，是资本主义的首要的人权"，这种"人权"本质上是资产阶级的特权[1]。资本主义国家所谓的自由更是"狭隘的、封闭在自身圈子的个人的权利"。[2]恩格斯也提出："一旦社会的经济进步，把摆脱封建桎梏和通过消除封建不平等来确立权利平等的要求提到日程上来，这种要求就必定迅速获得更大的规模……这种要求就很自然地获得了普遍的、超出个别国家范围的性质，而自由和平等也很自然地被宣布为人权。"[3]因此，马克思设想的无产阶级革命所建立的国家所保障的人权应当是人（不仅仅是某一个阶级的人）的生存权、劳动权、财产权、民主、自由和平等权，其本质是人的发展。因此，这些普遍的权利不仅仅是无产阶级革命的目标，也是社会主义国家的渊源，保障人权应当作为社会主义国家制度构建与运行的基本原则。我国作为一个现代化的社会主义民主国家，在政治体制上实行的是人民代表大会制度，监察权作为一项国家公权力与政治体制中的一部分，应当遵循国家与基本政治体制运行的基本原则，即人权保障原则。

此外，从我国国家监察权的形成过程看，监察权是把四种权力，即原属于行政权的行政监察权和行政违法预防权，以及原属于检察权的贪污贿赂渎职侦查权、职务犯罪预防权进行转隶整合所形成的人民代表大会之下与行政权、检察权等平行的国家公权力。因此，由于我国人民民主专政的社会主义国家性质，监察权与监察制度不可避免地带有人民性。正如马克思在《共产党宣言》中所言："过去的一切运动都是少数人的或者为少数人谋利益的运动。无产阶级的运动是绝大多数人的、为绝大多数人谋利益的独立的运动。"[4]我国国家监察权是以公权力的人民性为基础的，其权力来源是人民的主体地位

---

〔1〕 《马克思恩格斯全集》（第 3 卷），人民出版社 1972 年版，第 229 页。

〔2〕 《马克思恩格斯全集》（第 1 卷），人民出版社 1972 年版，第 437 页。

〔3〕 《马克思恩格斯全集》（第 3 卷），人民出版社 1972 年版，第 145 页。

〔4〕 袁秉达："习近平总书记治国理政思想的人民性特质"，载《前线》2017 年第 5 期。

与意志，其行使也必然要遵循人民性，这种人民性的核心内容就是人民的利益至上。由此，从这个意义上可以看出，人民的权利与国家监察权之间隐含了一种渊源关系，人权保障原则实际上是国家监察权的基本原则之一。

第二，人权保障原则是现代宪法法律体系的基本原则。"人权不但是现代民主国家的渊源之一，也是现代宪法法律体系的重要渊源之一。"〔1〕近代以来的资产阶级革命与无产阶级革命最终都把人权理论、观念规范化，成为宪法的基本内容与宪法法律的基本原则之一，贯穿于整个宪法法律体系之中。资产阶级的人权理论最早通过美国的《独立宣言》与法国 1787 年的《人权宣言》予以确立。之后各资本主义国家的宪法以不同的形式把人权保障确立为一项最基本的宪法原则。在这个原则下通过立法、司法、法律监督等方式实现人权保障。而社会主义国家作为人民主权国家，同样也在宪法中确立了人权保障的原则。列宁提出"宪法就是一张写着人民权利的纸"〔2〕，因此，人权保障原则应当是立宪的最基本的原则之一，依据宪法制定的各项法律都应当遵循这一项基本原则。

2004 年 3 月 14 日，第十届全国人民代表大会第二次会议通过《宪法修正案》，将"人权"概念引入宪法，明确规定"国家尊重和保障人权"。〔3〕尊重和保障人权由中国共产党和中国政府文件的政策性规定上升为国家根本大法的一项原则。2018 年 3 月 11 日，第十三届全国人民代表大会通过了《宪法修正案》，在中国特色社会主义宪治体系中增设了国家监察权这一国家公权力。同年，全国人大表决通过了《中华人民共和国监察法》，其第 2 条规定了监察工作以马克思列宁主义、毛泽东思想、邓小平理论、"三个代表"重要思想、科学发展观、习近平新时代中国特色社会主义思想为指导思想；第 5 条规定了国家监察工作严格遵照宪法和法律，并在适用法律上一律平等，保障当事人的合法权益。这两个方面实质上确立了人权保障原则作为监察法律体系的一项基本原则。

---

〔1〕 李步云、邓成明："论宪法的人权保障功能"，载《中国法学》2002 年第 3 期。

〔2〕《列宁全集》（第 12 卷），人民出版社 1987 年版，第 50 页。

〔3〕《宪法》第 33 条："凡具有中华人民共和国国籍的人都是中华人民共和国公民。中华人民共和国公民在法律面前一律平等。国家尊重和保障人权。任何公民享有宪法和法律规定的权利，同时必须履行宪法和法律规定的义务。"

二、我国监察制度下的人权保障现状

目前，人权保障原则在我国监察制度中主要体现在《监察法》对监察活动以下几个方面的规定之中：第一，以法律规定的形式限定了监察的对象，可以有效防范监察范围的随意扩大，保障公民的权利与利益免受不法侵犯；第二，严格限定了监察机关和人员的监察权限，包括依法行使监督和调查职权，并且在监察活动中保障公民的隐私权；第三，规定了法定调查程序，以防止调查任意性地侵犯公民合法权益，包括调查取证不得侵犯公民合法财产权、调查过程中的女性保护、对技术调查设定严格批准手续等；第四，监察机关及其工作人员行使职权，侵犯公民、法人和其他组织的合法权益并造成损害的，依法给予国家赔偿等。可以说，在整个监察程序的法律规定中，人权保障原则贯穿始终。但是，监察制度作为一项新的政治与法律制度，在现实中还有一些方面亟待优化。

在现实司法活动中，"现代法治国家普遍通过诉讼制度的设计对实体正义与正当程序的价值观进行了调和"。[1]就侦查阶段而言，一方面要充分保证侦查机关收集罪证、查获犯罪嫌疑人、查明案件事实的需要，另一方面又要严格保护侦查权力相对人的基本权利，尤其是犯罪嫌疑人的基本权利，并且适应社会发展条件的变化不断进行相应的调整，努力实现侦查需要与人权保障之间的动态平衡。成立国家监察委员会，可以为近些年来廉政风暴的法律正当程序困境提供转机，也可能加剧法律正当程序危机，这取决于制度设计是否具有正当性和合理性，对此我们应有明确的认识。在我国，反腐败案件查办的对象主要是党政干部，其中具有党员身份者为数不少。这些人的党员、干部身份，可否成为在查办案件中避开宪法、法律有关人权保障规定之适用的例外事由？我国《宪法》明确规定："国家尊重和保障人权"，这一宣示在反贪腐领域也不例外。职务犯罪，尤其是近年来大量的贪腐案件对我国社会的和谐与稳定造成了极大危害，对制度的公信力造成极大的破坏，建立集中统一、高效权威的监察体系实属必要。需指出的是，"惩治职务犯罪虽然是侦查职务犯罪的最初动因，但在实施一系列惩治措施的过程中注重对被调查者

---

〔1〕 赵旭东："程序正义概念与标准的再认识"，载《法律科学（西北政法学院学报）》2003年第6期。

人权的保障，这也是法治国家的题中应有之义"。〔1〕国际人权法明确表明：只有在国家处于危急之时，某些保障人权的义务才能予以克减，例如联合国《公民权利和政治权利国际公约》第 4 条第 1 款前半段规定："在社会紧急状态威胁到国家的生命并经正式宣布时，本公约缔约国得采取措施克减其在本公约下所承担的义务，但克减的程度以紧急情势所严格需要者为限。"保障生命权、禁止酷刑、刑法禁止溯及既往、法律人格的承认等义务不可以克减。我国政府在 1998 年签署了《公民权利和政治权利国际公约》，但迄今尚未提交全国人大常委会审议批准，该公约对我国尚无约束力。"但是作为联合国常任理事国之一，应当参照该公约完善我国刑事诉讼以及其他相关制度，根据反贪腐案件的需要而设定特殊程序，不宜与之相抵触。"〔2〕这意味着我国新的监察制度中的调查权以及强制措施，应将打击犯罪和保障人权的双重任务有机结合，在高效调查职务犯罪的同时，应严格遵守尊重和保障人权的基本原则。这意味着我国新的监察制度中的调查权以及强制措施都应依据《宪法》和《刑事诉讼法》关于司法人权的标准加以审核，对于突破我国《宪法》和《刑事诉讼法》保障司法人权规定的内容，应当格外慎重。因为查办对象的身份特殊就可以不受宪法和法律关于人身自由等规定的限制，恐怕难以成说。在特殊的反贪腐案件中，如何贯彻落实尊重和保障人权的基本原则，在今后监察活动中需要从以下几个方面予以重视：

首先，严格限定调查行为的实体要件和程序要件。这要求调查人员在调查取证方面依法履行客观义务，遵循比例原则。一方面，通过证据禁止或者程序无效制度，对违法调查予以救济；另一方面，限制调查笔录的证据能力，避免调查卷宗对法庭审理正当性的消极影响。可以说，在尊重基本人权和接受司法约束的前提下收集罪证、查获犯罪嫌疑人、查明案件事实已经成为现代法治国家刑事案件调查程序的基本价值取向。除此之外，应当加强对调查权力的程序制约，将监听、强制采样、诱惑调查（派遣秘密调查员）等调查措施纳入法律调整的范围，并且对其适用的案件范围、条件和程序等作出明确的规定。通过引入律师在场权、申请司法审查权等途径，对调查讯问和强

---

〔1〕　张志铭、于浩："现代法治释义"，载《政法论丛》2015 年第 1 期。

〔2〕　陈光中、张建伟："联合国《公民权利和政治权利国际公约》与我国刑事诉讼"，载《中国法学》1998 年第 6 期。

制搜查、扣押等行为进行牵制，打破调查程序"双方组合"的格局。

其次，保障犯罪嫌疑人及其辩护律师的权利。结合法治国家的经验以及现代刑事诉讼的基本原则，犯罪嫌疑人在调查阶段应享有以下权利：被告知拘捕的理由和指控性质的权利；不被强迫自证其罪的权利；聘请律师提供法律帮助的权利；在不受监听的条件下与律师进行自由会见的权利。"职务犯罪虽有其特殊性，但当公职人员面对国家权力时，其作为人的基本权利不应当克减。"[1]因此职务犯罪案件的律师介入，应当部分借鉴或适用《刑事诉讼法》的规定。根据《刑事诉讼法》第34条的规定，侦察机关在第一次讯问犯罪嫌疑人或者对犯罪嫌疑人采取强制措施的时候，应当告知犯罪嫌疑人有权委托律师作为辩护人。因此，监察刑事程序启动后，第一次讯问或者采取刑事留置措施时，即应当允许律师介入，以帮助被调查人行使陈述、申辩权。职务违法案件的调查，在能否获得律师的法律服务方面，也可以按照上述思路加以明确。此前，在行政监察体制下，基于监察行为属于行政机关内部行政行为的考虑，政纪案件的被调查人一直不能委托律师，原监察部为此作出过专门的答复："根据《律师暂行条例》的规定，律师的业务范围主要是作为代理人或辩护人参加诉讼活动以及调解、仲裁等非诉讼活动。监察机关依法查处政纪案件是行政机关的内部行政行为，根据《行政诉讼法》等法律的规定，不属于法院的行政诉讼受案范围。同时，查处政纪案件，也不属于调解、仲裁等非诉讼案件。因此，政纪案件的被调查人不能委托律师。"[2]在监察体制改革的制度设计中，就律师是否有权介入可进行分类规定。如果只是采取询问、调取等措施，那么无须规定告知有权委托律师，一般也可不接受律师介入。但是，当监察调查措施，特别是强制措施影响到被调查人基本权利时——当调查后受到没收财物、责令退赔、划转存款汇款或开除公职等处置时，特别是进入后续诉讼的，被调查人或被处置人完全有权根据《刑事诉讼法》的规定委托律师代理。故应明确律师在调查阶段的辩护人身份以及相应的会见权、阅卷权、申请保全证据权、申请取保候审权、参与羁押听审权以

---

〔1〕 曾大庆、孙欣："论侦查阶段中对犯罪嫌疑人权利的保护——以新刑事诉讼法的修改为背景"，载《湖北成人教育学院学报》2013年第1期。

〔2〕 "监察部关于政纪案件的被调查人是否可委托律师担任代理人问题的答复"（监法复字〔1992〕7号），载中华人民共和国监察部编：《中国监察年鉴：1992~1997年卷》（上册），中国方正出版社2007年版，第548~549页。

及对违法的调查行为代为提出申诉、控告或者申请司法审查的权利等。在监察机关办理案件过程中，被调查对象委托律师介入的权利应当予以充分保障。

最后，逐步引入司法审查和司法救济程序。"从国际准则和法治国家的经验来看，逮捕、羁押、搜查等强制侦查措施，原则上都需要经过独立的司法官审查批准，从我国的实际情况出发，可以从建立拘留、逮捕措施的司法审查制度起步，逐步确立侦查行为的司法审查制度。"〔1〕如果在查处职务违法案件中采取了行政性留置措施，此后案件未能转为职务犯罪调查并依法追诉，因其涉及被调查对象的人身自由这一宪法基本权利，应当设置救济途径，除了监察复议以外还应当与司法衔接，允许提起诉讼。从性质上来说，监察机关与被调查人的关系不完全等同于行政法上行政主体与行政相对人的关系，因此其不属于《行政诉讼法》的受案范围。但是监察诉讼可以准用《行政诉讼法》，由人民法院行政审判庭受理。在法律技术上，只需要在《监察法》上作出特别规定，然后由《行政诉讼法》第 12 条第 2 款"人民法院受理法律、法规规定可以提起诉讼的其他行政案件"加以容纳。实际上，在《行政诉讼法》制定之前，我国行政诉讼制度就曾经借助 1982 年《民事诉讼法（试行）》落地，该法第 3 条第 2 款规定："法律规定由人民法院审理的行政案件，适用本法规定。"由人民法院对行政性留置这一限制人身自由的最严厉的监察强制措施的合法性进行审查，将会是最为关键、也最为有效的监督方式。

第四节　正当程序原则

国家监察体制改革应当坚持正当程序原则。正当程序原则主要包括公开原则、公正公平原则。公开原则是现代民主政治的要求，也是现代民主的应有之义。作为行政程序法的基本原则，公开原则要求行政程序设计本身以及依该程序运作的行政过程应当满足公开透明之法则，受其拘束。行政主体的一切活动除了依法需要保密的外，应当一律向行政相对人和社会公开——作为 20 世纪以来迅速发展起来的一项行政程序法的基本原则，公开原则体现着

---

〔1〕 詹建红、张威："我国侦查权的程序性控制"，载《法学研究》2015 年第 3 期；孙长永："通过中立的司法权力制约侦查权力——建立侦查行为司法审查制度之管见"，载《环球法律评论》2006 年第 5 期。

行政程序法民主公正的价值取向，"它要求行政主体在行使职权时，除了涉及国家机密、个人隐私和商业秘密的以外，必须向行政相对人及社会公开与其职权有关的事项"。[1]公平公正乃法治之精髓，亦是现代行政之要旨。作为行政程序法的基本原则，公正原则要求行政程序设计本身以及依该程序运作的行政过程应当满足公平公正之法则。受其拘束，行政主体在行使行政职权的过程中，必须平等地对待各方当事人，排除各种可能造成不平等或者有偏见的因素，以实现行政过程的公平正义。它内含两层意思：其一，实体公正，即行政主体不仅要依法办事，不偏不倚，还要合理考虑相关的因素；其二，程序公正，即受"自己不能做自己案件法官"之自然正义原理的拘束，行政主体不得自我裁处其与相对人之间的纠纷，不得单方接触相对人等。

在现代刑事诉讼中，存在着两种截然不同的价值观，一种是实体真实的价值观，另一种是正当程序的价值观。根据实体真实的价值观，刑事诉讼是实现国家垄断的刑罚权的专门程序，要确定国家刑罚之有无及大小，必须首先发现案件的事实真相，刑事诉讼中的各种制度设置都不过是发现案件事实真相的手段。只要有助于发现案件的事实真相，在具体案件中采取何种手段在所不论。因此，即使长时间羁押讯问获取的口供，只要能够与其他证据相互印证，同样可以作为追诉和定罪的依据。根据正当程序价值观，刑事诉讼是公民个人面临国家追诉时的司法保障程序，虽然刑事诉讼中有必要发现事实真相并据此处罚真正有罪的人，但是否发现了真相，被告人是否真正是有罪之人，必须在普通人看来明白无误。正所谓"刑事诉讼不仅必须是公正的，而且要是可以看得见的公正"。

在贪腐案件的调查过程中，突破各种形式性规则的限制，成为保证查办贪腐案件取得进展的基本条件。贪腐案件具有高度隐秘性的特点，贿赂案件更是众所周知的"四知"案件——天知、地知、你知、我知。由于缺乏足够的信息情报以及特殊侦查手段，使得查办贪腐案件尤其是贿赂案件高度依赖口供，这使《刑事诉讼法》2012年确立的不得强迫任何人自己证实自己有罪的规定难以在贪腐案件查处中落实。办案人员常常处于两难境地：遵守刑事司法人权保障条款，意味着获得有罪供述的概率很低，案件会因证据不足而告吹，亦即遵守了正当程序，可能意味着实质真实的失落；摆脱刑事诉讼程

---

〔1〕 周佑勇："行政法的正当程序原则"，载《中国社会科学》2004年第4期。

序限制，便于获得有罪供述，有利于查明案情和推进诉讼进程，却不利于体现多年来司法人权保障方面取得的进步，影响办案机关的公众形象，亦即有利于惩罚犯罪，却无法照顾到正当程序。国家监察委员会的设立能否在法治化方面取得进展，取决于能否突破法律的正当程序困境。正当程序构成了规范监察权运行的其中一个面向。正当程序原则作为公权力运行的基本要求，既是所有程序立法的理论根据，又是程序立法重要的制度参考。传统的正当程序原则有两个基本要求：一是任何人不得做与自己有关案件的法官，利害关系人或者心存偏见的人不得参与相应的判决或者决定；二是任何人在遭受不利的公权力影响时，有获得告知、说明理由和提出申辩的权利，应为接受相应判决或行为不利影响的人提供辩护和异议的机会 。由此出发，正当程序原则的内涵逐步扩展为包括了公平、公正、公开和参与等在内的现代程序原则。正如美国学者巴里·海格指出的："正当程序概念已成为公民个人可以诉诸的一套程序方面的权利和救济的最为警觉的守护神。"[1]从正当程序原则的实际作用来看，其通过精巧的程序设置，在保障公民基本权利的同时亦实现了对国家公权力的有效规制，建立起了一套高度法治化的权力运作范式。由此，作为国家公权力的一部分，监察权的行使没有理由逃脱正当程序原则的羁束，否则就会面临着社会对其运作过程的否定性评价和合法性质疑。因此，新出台的《监察法》第五章对监察程序作了概括性的规定。根据《监察法》的规定，国家监察机关可以行使公安机关和检察机关行使的某些刑事强制措施权和刑事调查权，如讯问、查询、冻结、调取、查封、扣押、勘验检查、鉴定、留置等。"《监察法》没有明确陈述国家机关与司法机关的关系，在调查措施、留置措施等具体程序方面以及与《刑事诉讼法》衔接方面有待进一步完善。"[2]

一、调查权行使的程序

《监察法》规定的监察机关的第二类职权可以简称为调查权，即调查涉嫌贪污贿赂、滥用职权、玩忽职守、权力寻租、利益输送、徇私舞弊以及浪费

---

[1]　[美]巴里·海格：《法治：决策者概念指南》，曼斯菲尔德太平洋事务中心译，中国政法大学出版社 2005 年版。

[2]　冯俊伟："国家监察体制改革中的程序分离与衔接"，载《法律科学（西北政法大学学报）》2017 年第 6 期。

国家资财等职务违法和职务犯罪行为并作出处置决定。按照《监察法》的规定，国家监察委员会在不受《刑事诉讼法》约束的情形下将行使与刑事侦查和逮捕具有相同实质的权力。监察机关同时行使职务违法、职务犯罪的调查职权，前者是一种行政性权力，后者则属于刑事侦查权。这一调查权不仅适用于违纪案件，也适用于违法案件。国家监察委员会查证案件，名义上是调查而不是侦查，这就使作为法律监督机关的人民检察院所拥有的对于侦查活动的监督权在监察领域没有用武之地。但是当调查范围覆盖刑事案件的时候，这种调查权就与"刑事侦查权"有着相同的实质，只是没有冠以"侦查"之名，规避了《刑事诉讼法》的约束。实际上，英文中"调查"与"侦查"本为同一个词"investigation"，针对刑事案件进行的"调查"就是刑事诉讼中的"侦查"（日本使用的是"搜查"的概念），是否属于应受刑事诉讼法规范的"侦查"应看实质而非名目。根据我国《刑事诉讼法》第109条的规定，侦查指的是公安机关、人民检察院在办理案件过程中，依照法律进行的专门调查工作和有关的强制性措施。侦查是全部刑事诉讼程序中的一个独立的诉讼阶段。根据目前的法律规定，侦查的主体包括公安机关和人民检察院。很明显，调查权并不同于《刑事诉讼法》规定的侦查权。首先，侦查必须是在立案之后进行的，此处的调查则是在立案之前；其次，行使侦查权的机关是公安机关和人民检察院。随着人民检察院查处贪污贿赂、失职渎职以及预防职务犯罪等部门的相关职能整合至监察委员会，是否意味着人民检察院对于原来自侦案件的侦查权将转移至监察委员？"人民检察院三机关转隶监察委员会，必然会对人民检察院内部的权力划分、职责权限、办案程序等产生根本的影响，因此《刑事诉讼法》在将来也是需要修改的。《监察法》在处理这一问题时，必须根据试点总结，秉着科学立法的原则，进一步作出比较明晰的规定。"[1]

加强对调查权力的程序制约。首先，要将监听、强制采样、诱惑调查等游离于法律之外的调查措施纳入法律调整的范围，并且对其适用的案件范围、条件和程序等作出明确的规定。其次，要完善强制到案制度和强制候审制度，适当限制侦查机关控制犯罪嫌疑人的权力，防止出现无根据而长期羁押或者

---

〔1〕 冯俊伟："国家监察体制改革中的程序分离与衔接"，载《法律科学（西北政法大学学报）》2017年第6期。

超期羁押的情况。再次，要完善现行法关于搜查、扣押、讯问等常规调查取证行为实体要件和程序要件的规定，适当限制侦查机关在调查过程中的自由裁量权。最后，要通过证据规则的完善，限制调查笔录的证据效力，严格排除非法调查所获得的言词证据以及通过侵犯宪法权利的行为或犯罪行为所获得的实物证据，从源头上遏制调查人员违法调查的动机。

二、证据转化

"监察委员会调查案件获取的各种证据将成为起诉依据和判决根据，无须检察机关进行言词证据的司法转化，获取口供的正当性要求（录音录像等）以及非法证据排除规定是否适用于国家监察委员会调查的案件，取供手段的正当性如何加以保障，成为有待澄清的问题。"〔1〕如果获取证据不受法律正当程序的约束，非法证据排除将难以适用于国家监察委员会办理的案件。这次国家监察委员会的设立，引人注目的是过去"双规""两指"做法何去何从。"双规""两指"措施都是在较长时间内完全剥夺被调查者的人身自由，其合宪性不无疑问。党的纪律检查部门查办违法案件的做法也存在超越应有职权的问题。但是，纪委、行政监察部门将重大贪腐案件查清之后还要移送人民检察院启动刑事诉讼程序，保持了刑事公诉案件经过刑事立案、侦查再到起诉、审判的法律正当程序的基本格局。人民检察院查处贪污贿赂、失职渎职以及预防职务犯罪等部门的相关职能整合至监察委员会，取消了人民检察院对贪污贿赂、滥用职权、玩忽职守等职务犯罪的刑事侦查权，《刑事诉讼法》侦查程序有关强制措施的规定对于案件的适用范围缩减到大部分职务犯罪案件之外。

作为认定案件事实的依据，证据除了要具备证明力之外，还必须具有法律上的资格，即证据应当依法收集、审查和运用，必须符合法定形式。国家监察委员会调查案件，对涉嫌职务犯罪的，移送检察机关依法提起公诉，突破了刑事诉讼制度中关于公诉案件先须经过刑事立案再经过刑事侦查的格局。国家监察委员会办理职务犯罪案件未纳入刑事诉讼阶段，不需要刑事立案和侦查阶段，直接跨越到公诉阶段。"尽管检察机关可以在收到国家监察委员会移送来的涉嫌职务犯罪案件后进行刑事立案，但这种刑事立案已经不属于侦

---

〔1〕　姜明安："国家监察立法的若干问题探讨"，载《法学杂志》2017 年第 3 期。

查活动的前置程序，刑事侦查被'调查'取代。基于贪腐案件本身的特点，被监察对象往往具有很强大的社会关系，证据往往具有隐秘性。"[1]监察委员会通过调查所获取的证据是否具有法律上的正当性，也需要《监察法》作出具体的规定。在调查过程中，被监察对象是否有保持沉默的权利，律师能否介入等问题，都是值得深入探讨的问题。

基于贪腐案件的特殊性，办理此类案件的机构应当具有特殊性，办理案件的措施中也应有一定的特殊手段，迨无疑义。且《联合国反腐败公约》第36条明确提出："各缔约国均应当根据本国法律制度的基本原则采取必要的措施，确保设有一个或多个机构或者安排了人员专职负责通过执法打击腐败。这类机构或者人员应当拥有根据缔约国法律制度基本原则而给予的必要独立性，以便能够在不受任何不正当影响的情况下有效履行职能。这类人员或者这类机构的工作人员应当受到适当培训，并应当有适当资源，以便执行任务。""但是，《联合国反腐败公约》并没有为反腐败工作摆脱刑事司法程序的限制提供依据。"[2]《联合国反腐败公约》强调，"铭记预防和根除腐败是所有各国的责任"，同时要求"承认在刑事诉讼程序和判决财产权的民事或者行政诉讼程序中遵守正当法律程序的基本原则"，表明国际社会承认查处腐败案件的特殊性，也认同采取适当的特殊程序和手段查办贪腐案件。《联合国反腐败公约》第32条规定：制定为证人、被害人和鉴定人提供人身保护的程序，例如，在必要和可行的情况下将其转移，并在适当情况下允许不披露或者限制披露有关其身份和下落的资料；规定允许以确保证人和鉴定人安全的方式作证的取证规则，例如，允许借助于诸如视听技术之类的通信技术或者其他适当手段提供证言。但是《联合国反腐败公约》为此设定的前提是"不影响被告人权利包括正当程序权"，可见该公约不能为查处反腐败案件提供不受国际人权法和刑事诉讼法规制的依据。查处腐败案件的确需要一些特殊手段，如《联合国反腐败公约》第50条第1款后半段规定的"允许其主管机关在其领域内酌情使用控制下交付和在其认为适当时使用诸如电子或者其他监视形式和特工行动等其他特殊侦查手段，并允许法庭采信由这些手段产生的

---

〔1〕 朱立恒、王超："纪检监察证据在刑事诉讼中的合理运用"，载《中共中央党校学报》2016年第1期。

〔2〕 苏彩霞："《联合国反腐败公约》与国际刑法的新发展——兼论《公约》对我国刑法的影响"，载《法学评论》2006年第1期。

证据"。但是该公约并没有提出寻求适合这类案件查处而有别于刑事司法程序的新型程序，而是强调"各缔约国均应当在其本国法律制度基本原则许可的范围内并根据本国法律规定的条件在其力所能及的情况下采取必要措施"。[1] 我国学者在探讨中提到的所谓"新型程序"，"隐含的内容无非是刑事诉讼法在侦查权的司法制约、辩护制度以及犯罪嫌疑人、被告人诉讼权利方面的许多程序规定可能都无法适用，意味着刑事司法制度多年来取得的权利保障方面的进步在贪腐案件调查环节无法体现"。[2] 如果反腐败工作可以根据自身需要设立与刑事诉讼程序有别的"新型程序"，那么相应地，查办国家安全案件、恐怖活动犯罪是否也可以不受刑事诉讼法的约束呢？接下来，查办黑社会性质有组织犯罪是否也可以摆脱刑事诉讼法的限制呢？

三、留置

为履行职权，《监察法》赋予了监察委员会 12 种可以采取的措施，包括谈话、讯问、询问、查询、冻结、调取、查封、扣押、搜查、勘验检查、鉴定、留置等措施。关于监察委员会履行职权的 12 项措施和权限，《监察法》中并没有作出详细的规定。但《监察法》第 22 条对留置措施的实施条件、程序条件和情节条件作出了具体的规定，分别是有违法犯罪事实、经监察机关依法审批及有留置之必要。[3]

留置与刑事拘留或者逮捕之间存在较大区别。刑事拘留是指公安机关、人民检察院在侦查过程中，在紧急情况下，依法临时剥夺某些现行犯或者重大嫌疑分子的人身自由的一种强制措施。"逮捕是指公安机关、人民检察院和人民法院为防止犯罪嫌疑人或者被告人逃避侦查、起诉和审判，进行妨碍刑事诉讼的行为或者发生社会危险，而依法剥夺其人身自由，予以羁押的一种强制措施。"[4] 留置是一种限制人身自由的强制措施，是一种新型的调查手段，在严厉程度上不及刑事拘留和逮捕，也不同于"双规""双指"等措施，

---

〔1〕 苏彩霞："《联合国反腐败公约》与国际刑法的新发展——兼论《公约》对我国刑事法的影响"，载《法学评论》2006 年第 1 期。

〔2〕 王鹏祥、张彦奎："当代中国贿赂犯罪的刑法治理——以《联合国反腐败公约》为观照"，载《河北法学》2014 年第 2 期。

〔3〕 参见江华：《中国监察法学》，中国政法大学出版社 2018 年版，第 112~113 页。

〔4〕 陈卫东主编：《刑事诉讼法》，中国人民大学出版社 2015 年版，第 172~175 页。

是适用于所有监察对象的一种兼具强制措施性质和调查取证措施性质的监察手段。"双规""双指"是我国纪检监察机关查办案件时采取的特殊调查手段和组织措施。"双规"措施只存在于党的纪律处分委员会处理党员违纪的情况之中。按照宪法原理，党员与党组织之间是一种"特殊权力关系"。在党纪与国法衔接的问题上，党规党纪严于国家法律，党的各级组织和广大党员干部不仅要模范遵守国家法律，而且要按照党规党纪以更高标准严格要求自己。例如：《中国共产党纪律处分条例》专门对严重违反社会主义道德的行为进行了相应规范，与此相比，国家法律对一些纯道德行为并不作规范；另外，《关于领导干部报告个人有关事项的规定》对领导干部报告个人事项的义务进行了规定，与此相比，国家法律对普通公民个人事项的报告义务并不作要求。要保持党的先进性，必须将"党要管党，从严治党"落到实处，党纪和国法都要遵守。"双轨反腐"更符合监察委员会设立的初衷，当然，以"留置"取代"双规"、"双指"的制度安排，在相当程度上提升了反腐败的法治水平。当务之急，需要详加研究、充分讨论、妥善规定的是留置的适用条件、期限、程序和救济途径等内容。前已述及，"双规"措施是反腐败中最为有效，也是引发争议较大的措施。如果只是追求反腐败的有效性，那么完全可以不进行改革，继续在纪检监察工作中适用"双规"措施。监察体制改革是否具有正当性，能否坚持和发展监察法治，在很大程度上取决于留置措施的合法性和正当性。《行政监察法》（已失效）中的"指定的时间，指定的地点"是很不具体的概念，如果不能严格加以解释，在实践中就无法掌握，容易造成法律实施中的主观随意性，一旦造成拘禁或变相拘禁，就会在合法性上出现问题。[1]"监察体制改革，能否切实贯彻全面推进依法治国的决定，就要看关于留置措施的规定是否符合'依法治国，建设社会主义国家'的原则，是否'尊重和保障人权'。"[2]

四、监察程序的分类

监察程序应当进行分类规定，即在《监察法》《刑事诉讼法》的框架中

---

〔1〕 左连璧主编：《中国监察制度研究》，人民出版社 2004 年版，第 245 页。

〔2〕 刘艳红："程序自然法作为规则自治的必要条件——《监察法》留置权运作的法治化路径"，载《华东政法大学学报》2018 年第 3 期。

规定职务犯罪侦查程序和采取各类监察措施的程序，在《监察法》的框架中规定对职务违法行为的调查程序和采取相应各类监察措施的程序。正当程序原则所要求的关键程序要素应在法律程序规定中充分体现。其中，在行政案件办案程序中应明确规定被调查对象的陈述申辩权；采取查封、扣押、冻结和留置等措施应当告知；调查过程应当全程录音录像；最终处置为程度较重的行政处理的，可以规定听证程序等。"由这些关键程序要素支撑的监察程序设置还需要与司法合理衔接，监察措施的合法性才能真正落实，监察法治的基本架构也才能真正形成。"[1]

在监察机关办理案件程序分类的基础上，需要设定两类程序中的监察措施并规定实施的适用条件、具体程序等事项。在试点决定所列举的措施中，如果以现行刑事诉讼法和行政法律法规为参照，谈话应属于纪律调查措施；询问，调取，勘验检查，鉴定，查封、扣押，查询、冻结等措施属于行政和刑事程序均可设定和实施的措施；讯问和搜查则属于刑事侦查措施。对于查封、扣押，查询、冻结的适用条件、适用范围、适用期间、实施主体、具体程序、解除条件、救济途径等，应当分别在相应程序中作出严格、详细的规定。对于询问、讯问，应当明确规定适用条件、实施主体、地点、一次持续最长时间等。对于搜查，应当严格规定适用条件、实施主体、搜查范围和程序等。

针对以上分类设置的具体制度安排问题，公安机关办理案件程序设置及其后续司法衔接的经验可以借鉴。"公安机关一直在履行公安行政和刑事侦查的双重职能，尽管其刑事侦查行为受《刑事诉讼法》调整，但是实务中仍然有以刑事侦查的名义采取未获授权的'限制人身自由''扣押财物'等措施，且较长时间不结案也不解除强制措施的案件。"[2]对于这类案件，司法实务将其纳入行政诉讼的受案范围。因此可以在《监察法》基础上分类设置办理监察案件的程序框架，在《刑事诉讼法》的修订中明确监察机关办理刑事案件所适用的一般规定和特别规定，同时根据《监察法》《刑事诉讼法》等有关法律，制定《监察机关办理刑事案件程序规定》和《监察机关办理行政案件程序规定》。其中，在监察行政案件程序的"结案"部分规定，"违法行为涉

---

〔1〕　叶青："监察机关调查犯罪程序的流转与衔接"，载《华东政法大学学报》2018 年第 3 期。

〔2〕　徐汉明、张乐："监察委员会职务犯罪调查与刑事诉讼衔接之探讨——兼论法律监督权的性质"，载《法学杂志》2018 年第 6 期。

嫌构成犯罪，转为刑事案件办理"；在监察刑事案件程序的"受案""撤案"部分分别规定，对于不够刑事处罚需要行政处理的，对于撤销案件或者终止侦查但需要给予行政处理的，依法予以处理或者转为行政案件办理。

"监察体制改革，'先调查后立案'的规定是否打破了刑事诉讼中关于公诉案件先立案、后侦查的格局，监察委员会的调查权是否能够完全取代检察机关的侦查权，需要坚持科学民主的立法原则，在立法过程中进行考量和研究。"[1]证据是认定案件事实的依据，也是进行诉讼活动的基础。国家监察委员会查证案件不受《刑事诉讼法》约束并阻却了辩护律师在案件调查阶段的一般性介入。国家监察委员会办理的案件，涉嫌职务犯罪的，直接移送人民检察院依法提起公诉，被调查对象只有到了检察机关审查起诉环节才能获得律师帮助。易言之，律师只能在审查起诉阶段才能以辩护人身份介入案件。

权力的公共性决定了监察机关行使监察权的活动必须是公开的，除法律规定涉及国家机密的外，都应该对外公开。只有坚持监察活动公开原则的基础上，才能由国家权力机关、检察机关和社会舆论依法对其进行监督。在行使监察权的过程中，只要不违反宪法和法律，监察活动中的任何内容、情况、细节，都可以通过传播媒介报道，让公众知道、议论和选择。加强监察活动公开程度的具体措施包括建立监察机关的新闻发言人制度，定期（遇到重大情况可不定期）召开新闻发布会，介绍监察活动的情况和回答有关问题等。监察机关和监察人员作为执法者，同时也要受到监督。遵循正当程序是监察措施设定和实施过程合法性的重要基础。职务犯罪调查活动自觉与《刑事诉讼法》接轨，应是监察体制改革的基础共识。

第五节　比例原则

比例原则是指行政权配置应当兼顾行政目的与行政相对人权益，并在两者之间保持某种平衡，使得行政权的分派与调配既为实现行政目的之绝对必要，又对行政相对人权益损害尽可能的小。

---

〔1〕　陈越峰："监察措施的合法性研究"，载《环球法律评论》2017 年第 2 期。

一、比例原则是监察机关办理职务犯罪案件的基本遵循

"比例原则的思想最主要的功能是显现于基本权利领域的，尤其可说是有助于带动基本权利的保护作用以及发挥其实际效用。"[1]在监察委员会与刑事诉讼法相衔接的前提下，比例原则同样适用于监察委员会所管辖的职务犯罪案件。在职务犯罪案件的侦破过程中，公职人员一旦被列为嫌疑对象，监察委员会便可以对其采取一系列调查措施，以保障被调查人及时到案并固定与追诉有关的证据，这是调查权行使的应有之义。被调查人为国家公职人员，有的被调查人为领导干部，但在身份上，被调查人依然是中华人民共和国的公民，享有宪法和法律保障的基本权利，这点与其他普通公民没有区别。倘若从公民权利的视角来看，无论采取强制性调查措施还是非强制性调查措施，都会令其基本权利有所减损，甚至长时间地陷入不确定的状态。因此，刑事诉讼法强调办案机关采取侦查措施时，特别是采取强制性措施时，应与案件情节、嫌疑人人身危险性以及追诉目的相适应，也即在比例原则的规制下行使调查权。监察委员会办案人员在查办贪腐案件的过程中，在行使调查权时，尤其是采取搜查、扣押、留置等对基本权利影响较大的措施时，应考虑到法益权衡原则，受有节制。若以白话来表达，也就是"禁止以大炮打麻雀"。[2]

二、比例原则的具体内涵

比例原则有广义与狭义之分，广义比例原则包括适当性原则、必要性原则和均衡性原则。"适当性原则又称为妥当性原则、妥适性原则、适合性原则，它要求行政权的配置必须充分考虑权力与任务之间的妥当性、对应性，即被分配到行政主体手中的权力必须能够实现行政任务或至少有助于实现行政任务。"[3]由于行政权力与行政任务之间是目的与手段的关系——相对于行政任务而言，行政权力无疑就是完成任务、达成目的之手段。故此，适当性原则本质上是一个"目的导向"的要求。具体有三：其一，行政权力的配置

---

[1] 杨登峰："从合理原则走向统一的比例原则"，载《中国法学》2016 年第 3 期。
[2] 刘权："目的正当性与比例原则的重构"，载《中国法学》2014 年第 4 期。
[3] [德] 安德烈亚斯·冯·阿尔诺："欧洲基本权利保护的理论与方法——以比例原则为例"，刘权译，载《比较法研究》2014 年第 1 期。

应当符合行政任务的需要，或者有助于行政主体履行其法定职责、达成行政目的；其二，行政权包含若干子权力形态，不同的子权力形态具有不同的功能，法规范应当将这些权力配置到最合适的主体手中，从而使得各行政主体各负其责、各得其所；其三，分派到行政主体手中的权力在力量上足够完成行政任务之所需——超过完成任务之所需，意味着过度授权，必然滋生权力腐败；不足以完成任务之需，意味着授权不足，必然影响行政目的之实现。

"必要性原则，又称最小侵害原则、不可替代原则。它要求行政权配置必须充分考虑权力之于任务的必要条件关系，即对于特定的行政主体而言，享有某项权力乃其完成行政任务、达成行政目的之必要条件。"[1]具体有三：第一，为保证行政主体能够切实履行法定职责、达成行政目的，有必要将不同性质的行政权力分派到不同的行政主体手中；第二，分派到特定行政主体手中的权力是其完成特定行政任务之不可替代的条件，譬如：为应对紧急状态之需要，必须赋予行政主体行政强制权；第三，在保证行政任务得以实现或最大程度实现的前提下，应尽量选择将那些对公民利益损害最小的权力配置给恰当的行政主体。

均衡性原则指的是行政机关如果需要实施行政行为，那么必须进行前置的利益衡量程序，只有通过利益衡量，确认实施该行为不仅对于实现相应行政目标是适当和必要的，而且可能取得的利益大于可能损害的利益，收益大于成本，才能实施。均衡性原则之于监察机关就在于为了保护国家、人民的利益，应当对各种职务违法与职务犯罪行为切实履行好监察职权，绝不姑息纵容。

"狭义比例性原则，又称相对性原则，它要求行政权配置应充分考虑权力与任务之间的比例关系。"[2]正所谓过犹不及，过度授权或者授权不足都将打破行政权力与行政任务之间的均衡性。具体有二：第一，禁止过度授权。行政权力乃完成行政任务所必需，但过度的授权必导致权力资源的巨大浪费，有如给打麻雀的人配置了大炮——打麻雀配置鸟枪足矣，无须大炮；但你给了他大炮，他就会"用大炮打麻雀"。用大炮打麻雀，无论是否打中麻雀，其

---

〔1〕 黄学贤："行政法中的比例原则研究"，载《法律科学（西北政法学院学报）》2001年第1期。

〔2〕 吴昱江："试论比例原则在国家安全与言论自由平衡下的使用——以美国司法判例为鉴"，载《政法论丛》2016年第3期。

炮声都会惊吓周围邻居或者可能造成误伤他人等更严重的后果。第二，避免授权不足。既然行政权力是完成行政任务之必要条件，那么充分授权则为恰当达成行政目的所必需。授权不足，有如为宰牛户配置了杀鸡刀，而杀鸡刀是无论如何也难以顺利地完成宰牛任务的。

2018 年 3 月 11 日通过的《宪法修正案》及 2018 年 3 月 20 日通过的《监察法》标志着国家监察体制改革的最终法律定型。"此次推进的国家监察体制改革是'八二宪法'实施以来，国家机构层面一次最大幅度的改革，它既是围绕反腐败制度定型化的重大政治改革，也是极大丰富和发展了人民代表大会制度的重大宪法改革，还是关涉到具体部门法对相关权力配置、重整与协调的重大法律改革。"[1]国家监察体制改革也因此成了学界研究的热门话题。其中，监察权的权力配置及其组织体系构建是研究我国监察体制的重要环节。

第一节　最高国家监察机关及其内设机构

《宪法》第 125 条第 1 款和《监察法》第 7 条第 1 款明确规定："中华人民共和国国家监察委员会是最高监察机关。"这为本节内容明确了研究对象——国家监察委员会及其内设机构。在探讨国家监察委及其内设机构的具体设置前，首先需要明确国家监察委的宪法定位与特点，以期对国家监察委有一个宏观上的把握和了解，进而才能在此基础上，从机构功能、职权配置、机构运行、机构内部的制约与平衡等视角出发，从中观层面确立国家监察委机构设置的基本原则与要求，在其内设机构设置尚不明确之际，以历史沿革和地方监察委的机构设置为线索，对国家监察委内设机构具体设置进行微观层面上的探讨。

一、国家监察委员会的宪法地位与特点

国家监察体制改革起源于政治议题，是为加强党对反腐败工作的集中统

---

[1]　王旭："国家监察机构设置的宪法学思考"，载《中国政法大学学报》2017 年第 5 期。

一领导，实现党内监督和国家机关监督、党的纪律检查和国家监察有机统一，实现对所有行使公权力的公职人员监察全覆盖而形成国家反腐败的科学的权力结构。国家监察体制改革通过弥补原有三大专门反腐败制度即行政监察制度、党内纪检制度和检察反腐机制的不足，力在构建集中统一、权威高效的国家反腐败体制，其本质是对国家权力的重新配置。

从《宪法》和《监察法》规定来看，国家监察委的机构设置并没有突破我国的人民代表大会制度，仍然是属于人民代表大会制度下的一个专门履行监察职能的国家机构，它有如下宪法地位与特点：

（一）国家监察委是只能由人大选举产生的国家机构

我国的权力机关区别于西方议会制度的一个最重要特征就是它产生其他一切国家机关，是制宪权在日常政治中的直接运用。《宪法》第126条前半段规定："国家监察委员会对全国人民代表大会和全国人民代表大会常务委员会负责。"这表明："国家监察委员会只能由人大产生，对它负责，受它监督。因此，'监察'的对象本身不能及于人大的行为，只能针对具有公职身份的人大工作人员。"[1]

（二）国家监察委员会是党统一政治领导与人大统一法律领导的国家机构

国家监察委员会与其他同样由人大产生的国家机构不同，国家监察委员会既是"党统一领导反腐败的国家机构"，也是在人大的领导下行使国家监察权的机构，体现了中国的权力双轨制或说是中国式的混合宪制（mixed-constitutionalism）。[2]党的领导权与人大的领导权在这个机构里同时直接发挥作用：党的领导既是政治领导，也是业务领导，赋予国家监察机构政治生命；人大的领导主要是法律领导，尤其表现为一种监督，赋予国家监察委以法律生命。由此，国家监察委得以呈现出一种"正义的双面神"形象。国家监察委员会同中央纪律检查委员会合署办公，履行纪检、监察两项职责，实行一套工作机构、两个机关名称的组织架构，是此种"双重领导"的典型外部化呈现。

（三）国家监察委员会是独立的反腐机构

中共中央印发的《深化党和国家机构改革方案》载明，国家监察委员会

---

〔1〕韩大元："论国家监察体制改革中的若干宪法问题"，载《法学评论》2017年第3期。

〔2〕彭辉："监察体系重构视野下的国家监察委职能研究"，载《社会治理法治前沿年刊》2017年。

是在将监察部、国家预防腐败局的职责，最高人民检察院查处贪污贿赂、失职渎职以及预防职务犯罪等反腐败相关职责进行整合的基础上组建而成的。可见，与其他国家机构相比，国家监察委员会是独立行使特定国家权力的机构，不受其他国家机构的非法干涉。独立的反腐机构是党中央对于国家监察委员会的首先定位。与此同时，《宪法》也明确了国家监察委员会与最高人民法院、最高人民检察院的平级地位，构建了我国"一府一委两院"的国家机关权力格局，在中央层面形成了全国人大及其常委会、国务院、国家监察委、国家军事委员会的五大国家机关并立的格局。

二、国家监察委员会内设机构设置的原则与要求

国家监察委的宪法地位和特点为探讨国家监察委的内设机构设置提供了宏观上的方向指导，也奠定了国家监察委机构设置的基本格局，即中央纪律检查委员会和国家监察委合署办公。国家监察委的内设机构设置除应遵循一般国家机关权力运作规律外，还需遵循监察机关运行的特殊规律。总体而言，其内设机构设置应以机构效能原理为起点、以国家监察委的职权配置为基础、以机构间协同高效为目标、以内部的制约平衡为关键。

（一）国家监察委员会内设机构设置的起点：机构效能原理

国家监察委员会的设置是机构设置在国家层面上的一大变革，需要用中国宪法有关国家机构设置的原理与要求来指引国家监察委员会的机构设计。现行《宪法》的修改者将国家机构组织和发展的要求抽象总结为"使全体人民能够更好地行使国家权力""使国家机关能够更有效地领导和组织社会主义建设事业""使各个国家机关更好地分工合作、相互配合"。[1]有学者将其归纳为中国国家机构设置的三大宪法原理，即民主制约原理、机构效能原理、制度耦合原理，其中能够用于指导国家监察委员会内设机构设置的主要是"机构效能原理"。[2]

机构效能原理是指国家机构的设置必须尊重机构自身的权力属性和权力运行规律，以最大限度地发挥其应有的功能。机构效能原理对国家监察委员

---

〔1〕 彭真："关于宪法修改的说明"，载《彭真文选（1941~1990）》，人民出版社 1991 年版，第 454~456 页，转引自王旭："国家监察机构设置的宪法学思考"，载《中国政法大学学报》2017 年第 5 期。

〔2〕 王旭："国家监察机构设置的宪法学思考"，载《中国政法大学学报》2017 年第 5 期。

会内设机构设置的要求主要体现在两个方面：一是尊重监察权的属性和规律，以此作为国家监察委职权配置的根本标准，赋予国家监察委足以实现其设置初衷的相关职权。二是提供权力切实有效运行的保障机制，此种保障既包括配套的职权设置，也包括使其不至于腐化崩塌的制约监督。"国家监察委员会虽然对人大负责，但其权力属性乃是一种反腐败而非与最高人民法院、最高人民检察院类似的审判和法律监督的权力，它的机构运行重在独立性、专业性和初步判断性。"[1]这是国家监察委员会职权配置的起点，也是其内设机构设置应遵循的逻辑。

（二）国家监察委员会内设机构设置的基础：职责配置

机构设置应以科学的职责配置为基础，这是所有国家机关机构设置的前提和基础，国家监察委员会的内设机构设置也不例外。《深化党和国家机构改革方案》中较详细地载明了国家监察委员会的主要职责是维护党的章程和其他党内法规，检查党的路线方针政策和决议执行情况，对党员领导干部行使权力进行监督，维护宪法法律，对公职人员依法履职、秉公用权、廉洁从政以及道德操守情况进行监督检查，对涉嫌职务违法和职务犯罪的行为进行调查并作出政务处分决定，对履行职责不力、失职失责的领导人员进行问责，负责组织协调党风廉政建设和反腐败宣传等。

因而，"国家监察委员会的内设机构设置应以履行《宪法》《监察法》以及相关规范规定的职责为基础，将内设机构进行一级分类，再逐步细化至具体科室设置，从而完成其整体组织架构的搭建"。[2]

（三）国家监察委员会内设机构设置的目标：协同高效

《中共中央关于深化党和国家机构改革的决定》指出本轮机构改革要坚持优化协同高效的原则。《深化党和国家机构改革方案》中也进一步明确本轮机构要以推进党和国家机构职能优化、协同高效为着力点。其中，优化就是要做到科学合理、权责一致，主要是针对国家机关的总体机构设置和职能配置；协同就是要有统有分、有主有次；高效就是要履职到位、流程通畅。协同高效既是对国家机关设置的指引，也是对国家机关内设机构设置的基本要求。

---

〔1〕　王旭："国家监察机构设置的宪法学思考"，载《中国政法大学学报》2017年第5期。

〔2〕　姬亚平、吉亮亮："国家监察委员会的设立与运行制度研究"，载《财经法学》2018年第1期。

国家监察委员会的组建是新一轮中央机构改革的重要组成部分，其内设机构设置自然也应以协同高效为目标和基本导向。

国家监察委员会的内设机构设置应坚持一类事项原则上由一个部门统筹、一件事情原则上由一个部门负责，加强相关机构配合联动，避免出现政出多门、责任不明、推诿扯皮等情况。在组建之初便建立比较完备的体制机制，使得其内设机构设置更加科学、职能更加优化、权责更加协同、运行更加高效。

（四）国家监察委员会内设机构设置的关键：制约平衡

在横向权能上，可以将监察权划分为监察决策权、监察执行权、监察监督权。在内设机构设置和具体权能划分上，如果部门三权合一，同一个机构既是"组织员"，又是"运动员"，还是"裁判员"，则弊端之多，无需赘述。党的十七大报告也曾提出要"建立健全决策权、执行权、监督权既相互制约又相互协调的权力结构和运行机制"，因此，"如何把三权分离，使其既相互制约又相互协调，是国家监察委员会内设机构组建中应当考量的问题"。[1]其中，如何对监察委进行监督是伴随着国家监察体制改革诞生并延续至今的话题，在国家监察委员会内设机构的设置上，尤应注意加强对自身监督的机构设计，以回应理论争议和提前预防未来实务中可能出现的问题。

三、国家监察委员会的内设机构设置

目前，官方有关国家监察委员会的具体机构设置方案尚未出台，仅确立了国家监察委员会与中共中央纪律检查委员会合署办公的大框架，但其具体内设机构设置可以国家监察委员会的历史沿革和目前已经开展落实的地方监察委员会具体机构设置为线索，根据前文所述的国家监察委员会内设机构设置的原则与要求，做进一步探讨。

（一）中央纪委监察部机构设置概况

国家监察委员会是对原有的行政监察、预防腐败和检察机关查处贪污贿赂、失职渎职以及预防职务犯罪工作力量的整合，[2]其机构前身主要是中央

---

[1] 熊丝语："监察委员会的权力制约与监督机制研究"，载《社会治理法治前沿年刊》2017年。

[2] 王迎龙："监察委员会权利运行机制若干问题之探讨——以《国家监察法（草案）》为分析蓝本"，载《湖北社会科学》2017年第12期。

纪委监察部。原有的中央纪委监察部机关内设 27 个职能部门，具体为：办公厅、组织部、宣传部、研究室、法规室、党风政风监督室（国务院纠正行业不正之风办公室）、信访室、中央巡视工作领导小组办公室、案件监督管理室、第一纪检监察室至第十二纪检监察室、案件审理室、纪检监察干部监督室、国际合作局（国家预防腐败局办公室）、机关事务管理局、机关党委、离退休干部局。此外，还设有中国监察杂志社、中国纪检监察报社、中国方正出版社、电化教育中心、机关综合服务中心、信息中心、中国纪检监察学院、北戴河培训中心、廉政理论研究中心，共 9 个直属单位。中央纪委、监察部派驻纪检监察机构 53 个。

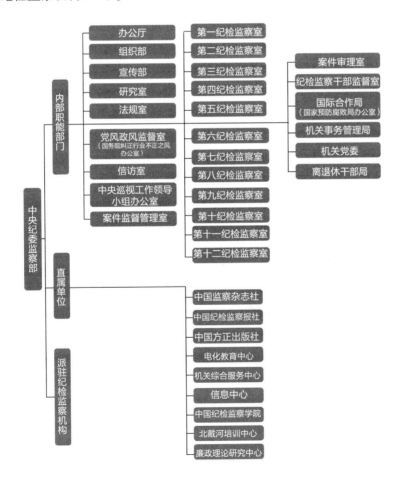

（二）现有地方监察委员会机构设置简况

我国的监察体制改革，是一次试点先行、逐渐铺开的改革，因而地方的监察机构设置探索在前，中央的国家监察委机构设置方案公开在后。"但为了便于领导，中央与地方往往'对口'设置机构，因此在我国中央地方的机构设置上，往往呈现出'上下对口''职责同构'的关系特征。"[1]由此，我们可以从各地监察委员会的机构设置情况，稍稍窥见国家监察委员会机构设置的可能方向与基本动态。

各地监察体制改革开展进度不一，以改革较早的北京市、山西省和后续跟进的广东省、江苏省监察委内设机构设置为例，其监察委内设机构设置简况如下：其一，北京市监察委。北京市纪委原有 23 个内设机构，检察院划转 10 个机构。北京市监察委内设机构撤并重组为 29 个。作为主要业务部门，17 个纪检监察室被分成三类：8 个负责执纪监督，联系地区和部门的日常监督工作；8 个负责执纪审查，对违纪违法行为进行初步核实和立案审查，一案一查，没有固定的联系地区和部门；还有 1 个专门负责追逃追赃和防逃工作。其二，山西省监察委。山西省监察委有 21 个内设职能部门，其中包括 10 个纪检监察室，同样按监督、审查功能分设，部门数比为 8：2。其三，广东省监察委。广东省省监察委设立 24 个内设机构，其中包含 7 个执纪监督部门、6 个审查调查部门以及 1 个专司追逃追赃部门。其四，江苏省监察委。江苏省监察委设立 22 个内设机构，其中 13 个纪检监察室，含 5 个执纪监督室、7 个审查调查室（1 个承担追逃追赃职能）、1 个技术保障室。

（三）国家监察委员会内设机构设置构想

从国家监察委员会的历史沿革和地方监察委的机构设置来看，国家监察委员会由内设职能部门、直属单位、派驻或派出监察机构等三大机构系统构成。内设职能部门即本节所指内设机构是指国家监察委员会开展国家监察工作的业务和行政辅助部门，其中纪委监察室是其主要职能部门。作为国家监察委员会最核心组织系统的内设机构，除了应设置纪委监察办公室、组织部、宣传部等常规机构外，还应根据前文所述，从实现其反腐败的机构效能出发，以《监察法》的规定和学者归纳的国家监察委员会主要享有的监督权、调查

---

[1] 徐双敏、张巍："职责异构：地方政府机构改革的理论逻辑和现实路径"，载《晋阳学刊》2015 年第 1 期。

权、处置权为基础，根据机构间协同优化和制约平衡的要求进行国家监察委员会的内设机构设置，在国家监察委员会下设监督部、调查部、预防部、案件管理与审查部四个主要业务机构。

上述监督部、调查部、预防部、案件管理与审查部等四个内设机构体现了反腐败各职能部门的不同特征和工作规律，四个业务部门可以根据需要，设立若干业务局，对所有行使公权力的公职人员（以下称公职人员）进行监察，调查职务违法和职务犯罪，开展廉政建设、腐败预防、国际合作、内部监督管理等反腐败工作。

1. 监督部

监督部主要负责履行对所有行使公权力的公职人员的监督职能，对监督对象执行国家法律、法规、政策、决定、命令以及廉洁从政要求等情况进行检查监督。监督部的职责决定其下设职能机构及其运行必须实现国家监察的全面覆盖，可在监督部下设监督一厅、监督二厅等若干个监督业务部门，也可设立民众接待室。监督部发现的违法犯罪线索应交由案件管理与审查部门进行后续处理，并由其交由调查部门进行调查。

2. 调查部

调查部负责对监察对象的违法犯罪情况进行调查，主要行使《监察法》赋予的调查权，其同样可下设调查一厅、调查二厅等负责各自联系单位和地区省级领导班子以及中管干部的违法犯罪情况的调查工作。调查终结的案件应当由调查部交回案件监督管理部门，而后由其交给案件审查部门审理结案。

3. 预防部

预防部在反腐败中的重要地位和作用决定了其职能机构及其运行的综合性和专门性。预防部主要负责廉政建设的教育和宣传工作、负责对相关规章制度预审进行腐败风险防范和漏洞审查工作，同时也应起到监督检查国家监察委员会系统内干部的作用。这是最重要也是最容易被忽视的部门，对其应尤为重视。

4. 案件管理与审查部

"作为管理整个国家监察委员会的线索和案件的部门，需要集中管理监督部在履行职责中掌握的犯罪线索、对调查部门调查终结的案件进行审查、受理和办理监察对象的申诉、做好有关监察案件的卷宗归档和整理工作，这就

要求其职能机构的设置与运行必须实现内部支持、配合和监督制约的统一。"〔1〕

国家监察委员会内设机构主要业务部门的"四部"设置形成了发现腐败线索、查处腐败违法、打击腐败犯罪、阻隔腐败通道和强化内部监督制约的反腐败整体合力，从职能上实现了党纪反腐与法律反腐的无缝衔接，是国家监察委员会的必备机构。

第二节　地方各级监察机关及其内设机构

一、地方各级监察机关

监察机关是对于各级国家行政机关及其工作人员的工作、行使公权力的国家机关工作人员、国家公职人员的工作进行监督、检查和纠举的国家机关，监察委员会是行使国家监察职能的专责机关，对所有行使公权力的公职人员进行监察，调查职务违法和职务犯罪，开展廉政建设和反腐败工作。我国设立国家监察委员会和地方各级监察委员会。

（一）地方各级监察委员会的产生和职责

在中央层面，国家监察委员会由全国人民代表大会产生。相应地，在地方层面，地方各级监察委员会由本级人民代表大会产生。同时，县级以上地方各级监察委员会负责本行政区域内的监察工作，接受国家监察委员会的统一领导，是整个国家监察体系的有机组成部分。按照《宪法》规定，国家行政机关、监察机关、审判机关、检察机关都由人民代表大会产生，地方各级监察委员会由本级人民代表大会产生。"由人民代表大会产生国家监察机关，对人大负责、受人大监督，贯彻了人民代表大会这一根本政治制度，体现了人民当家作主的要求，有利于强化人大作为国家权力机关的监督职能，拓宽人民监督权力的途径，更好地体现党的领导、人民当家作主和依法治国有机统一。"〔2〕

（二）地方各级监察委员会的组成

地方各级监察委员会的组成和人员产生方式与国家监察委员会相同。地

---

〔1〕　姬亚平、吉亮亮："国家监察委员会的设立与运行制度研究"，载《财经法学》2018 年第 1 期。
〔2〕　江国华："国家监察体制改革的逻辑与取向"，载《学术论坛》2017 年第 3 期。

方监察委员会由主任一人、副主任和委员若干人组成。关于副主任和委员的职数，《监察法》未作具体规定。在产生方式方面，地方监察委员会主任由地方人民代表大会选举产生，副主任、委员由地方监察委员会主任提请地方人民代表大会常务委员会任免，这与地方人民法院、地方人民检察院相关领导人员产生方式相同。

（三）地方各级监察委员会主任的任职期限

地方各级监察委员会主任的任期规定与国家监察委员会主任一致，每届任期与本级人大任期相同，随本级人大换届而换届。即地方各级监察委员会由相对应的同级人大产生，任期与地方人大每届任期相同。任期届满后，要重新经过地方人大选举新的地方监察委员会主任，每届地方各级监察委员会主任行使职权至新的监察委员会主任产生为止。需要注意的是，地方各级监察委员会组成人员的连选连任没有限制性规定。

（四）地方各级监察委员会的机构设置

《监察法》关于地方各级监察委员会的机构设置规定与宪法关于我国行政区域划分的规定一致。《宪法》第30条规定：全国分为省、自治区、直辖市；省、自治区分为自治州、县、自治县、市；直辖市和较大的市分为区、县。根据法律规定，地方设省级监察委员会、市（地）级监察委员会、县级监察委员会，乡镇不设监察委员会，但将来监察委员会可以在乡镇设派驻机构。

（五）地方各级监察委员会与本级权力机关关系

地方各级监察委员会对本级人大及其常委会负责并接受其监督。其监督关系主要体现在三个方面：其一，地方监察委员会的组成人员由本级人大及其常委会选举、任免。其二，地方人民代表大会有权罢免本级地方监察委员会主任。其三，根据《监察法》第53条的规定，地方监察委员会向地方人大常委会作专项工作报告，接受执法检查，接受人大代表和常务委员会组成人员就监察工作中的有关问题提出的询问和质询。明确本级监察委员会由本级人民代表大会产生是对人民代表大会这一根本政治制度的丰富和完善，有利于强化人大作为国家权力机关的监督职能，拓宽了人民行使监督权利的途径。

（六）地方各级监察委员会与上一级监察委员会关系

地方各级监察委员会对上一级监察委员会负责并接受其监督。监察机关和纪检机关合署办公，《监察法》规定地方各级监察委员会对上一级监察委员会负责，与上下级纪委之间的领导和被领导关系是相匹配的。实行地方各级监察委员会对上一级监察委员会负责并接受其监督的机制，一方面有利于加强对下级监察委员会履行监察职责情况的监督，上级监察委员会可以通过检查工作、受理复核申请等方式，对发现的问题予以纠正，监督下级监察委员会严格依法办事，公正履职；另一方面当下级监察委员会遇到阻力时，上级监察委员会可以支持其依法行使职权，帮助其排除各种干扰。

二、地方各级监察机关内设机构

从大部分地区实施的纪委监察委内设机构改革来看，纪委监察委目前成立监督、调查、审查、预防、案件监督管理等五个内设执纪执法部门以及若干综合部门，将检察院转隶过来的专业人才重点配置在执纪执法办案一线。同时成立"一办两组"的巡察机构，配备一定数量的法律专业人才充实巡察办，以切实发挥巡视监督综合实效。监察机关内设机构改革后，内设部门的具体职能如下：

（一）监督部门

本部门的主要职能为对党员（党组织）遵守党规党纪和公职人员（公共单位）实施法律法规的情况进行监督，包括被动地受理举报与主动地组织检查。根据工作需要，下设举报部门承担现行纪委信访室职能；同时下设作风检查部门，承担现行纪委党风政风监督室职能。鉴于现代科学技术在监督检查中的广泛运用，建议增设电子监察部门，承担现代科学技术监督检查工作。监督部门将发现的违纪违法问题线索移送给案件监督管理部门，由案件监督管理部门交由调查部门进行调查。

（二）调查部门

本部门的主要职能为对党员（党组织）违反党纪和公职人员（公共单位）违反法律的问题进行调查，承担现行纪委内部纪检监察室和检察机关职务犯罪侦查部门的职能。根据工作需要，可以下设若干调查单元。在调查过程中，根据调查范围和调查深度的不同，案件性质可能不断发生变化。为了降低案件移送带来的沟通成本、提升调查效率，各调查单元之间原则上均应享有对党纪案件、监察纪律案件和刑事犯罪案件的完整调查权。在调查过程中，针对被调查人员的身份和违纪违法问题严重程度，确定对其给予党纪立案、监察纪律立案、刑事犯罪立案调查等。当然，根据实践工作的需要，比如当某类案件工作量异常巨大时，也可设立若干专门调查单元。调查部门立案调查终结的案件移送给案件监督管理部门，由案件监督管理部门交由审查部门进行审查。

（三）审查部门

本部门的主要职能为对调查部门调查终结移送的案件进行审查，分别根据党的纪律、监察法律以及刑事诉讼法的相关规定，确定是否给予以及给予何种党纪、监察纪律处分；对于涉嫌刑事犯罪立案调查的案件，经审查后决定是否移送检察机关审查起诉。该部门主要承担现行纪检监察机关审理部门的职能。根据工作需要，可以依照职能分工分别设立党纪案件审查部门、监察纪律案件审查部门、刑事犯罪案件审查部门等。

（四）预防部门

本部门的主要职能为根据监督、调查、审查部门发现的问题，发送完善制度或加强管理方面的纪检监察建议，健全"不能腐"的机制，承担现行预防腐败局及检察机关职务犯罪预防部门的职能；根据监督、调查、审查部门工作的情况，有针对性地对党员（党组织）和公职人员（公共单位）开展纪律和法律教育，强化"不想腐"的自律意识；根据党的纪律检查委员会和监察委员会履职的情况，组织开展面向社会公众的外部宣传，树立"两委"的权威性和认同感，营造崇廉拒腐的良好社会氛围，承担现行纪检监察机关宣传部门的职能。可以根据工作需要按照职能分别下设廉洁风险防控部门、廉洁教育部门和廉洁宣传部门。廉洁风险防控部门，主要从制度层面检视政府部门各项制度存在的廉洁风险，发出监察建议书帮助完善制度；廉洁教育部门，专司针对公职人员的廉洁教育；廉洁宣传部门，专司面向全社会的廉洁宣传。

（五）案件监督管理部门

本部门的主要职能为管理整个监察委员会的线索和案件，负责线索和案件的移转、交办，对内组织监察委员会内部各个业务部门开展工作，对外协调监察委员会与财政审计机关、公检法机关等单位开展协作，管理监察委员会的警务人员、技侦措施、赃物证物、羁押场所等，为调查部门的调查工作提供保障并进行监督；对监察委员会各业务部门的工作进行程序性监督，发现违反案件工作程序的情况及时予以纠正；统计分析监察委员会管理线索和案件的情况，为领导层面作出反腐败决策提供依据。该部门主要承担现行纪检监察案件监督管理部门的职能。根据工作需要，该部门可下设综合协调部门、统计分析部门、办案管理部门。

（六）综合部门

综合部门的职能主要体现在以下几个方面：①负责处理纪委监察委机关日常事务；②负责纪委全委会、常委会、委局办公会议及其他重要会议、活动的筹备组织工作；③负责与纪委委员进行联系；④汇总党风廉政建设和反腐败工作情况，组织起草区域内纪委全委会工作报告、委局领导同志文稿和有关文件文稿，编发通报和信息，审核以委局及办公室名义发布的公文；⑤督促检查上级纪委、同级党委批办、交办事项的落实情况，督促检查本级纪委全委会工作部署和本级纪委常委会、委局办公会议决定事项及委局领导批办交办事项的落实情况，组织协调有关本级人大代表建议和本级政协提案答复工作；⑥组织协调委局机关机要文件的办理和运行管理，保管、使用本级纪委、本级监察委及区纪委办公室印章，负责制发委局机关各部门、下属事业单位印章，负责委局机关保密工作，协调纪检监察系统密码管理工作；⑦负责委局机关对外联络接洽、秘书、值班、后勤管理、行政服务、对外接待、财务管理、国有资产管理和安全保卫工作，配合审计主管部门对委局机关财务进行审计；⑧统筹指导归档工作，负责委局机关文书等档案材料的编辑整理及管理工作；⑨负责委局机关计算机信息网络的建设、运行、维护和管理以及信息安全保密工作；⑩负责本区域纪检监察干部管理、干部监督工作；⑪负责法规研究工作，协调委局机关有关工作，指导本区域纪检监察系统有关工作。

第三节　上下级国家监察机关之关系

《监察法》第9条第4款规定："地方各级监察委员会对本级人民代表大会及其常务委员会和上一级监察委员会负责，并接受其监督。"由此可以看出，上下级监察机关之间是监督与被监督的关系。同时第10条规定了"国家监察委员会领导地方各级监察委员会的工作，上级监察委员会领导下级监察委员会的工作"，表明上下级监察机关之间属于领导与被领导的关系。

一、国家监察机关上下级关系的含义

领导的含义是率领并引导，在领导关系中，上级监察机关享有命令、指挥、教育、管理和监督等权力，有权对下级监察机关作出违法或者不当决定

等行为责令改正或撤销，下级行政机关有义务服从并执行上级监察机关决定、命令，不得违背或者拒绝，否则须承担相应的后果。如《监察法》第 17 条第 1 款规定："上级监察机关可以将其所管辖的监察事项指定下级监察机关管辖，也可以将下级监察机关有管辖权的监察事项指定给其他监察机关管辖。"第 49 条规定："监察对象对监察机关作出的涉及本人的处理决定不服的，可以在收到决定之日起一个月内，向作出决定的监察机关申请复审，复审机关应当在一个月内作出复审决定；监察对象对复审决定仍不服的，可以在收到复审决定之日起一个月内，向上一级监察机关申请复核，……复核机关经审查，认定处理决定有错误的，原处理机关应当及时予以纠正。"

领导关系区别于指导关系。在指导关系中，上级机关对于下级机关仅享有业务上的指导权和监督权，不能对下级机关直接下达命令或者决定。同时，国家监察机关上下级之间的领导关系也区别于法院以及检察院上下级之间的关系。首先，我国《人民法院组织法》对审判机关内部纵向关系的规定是："下级人民法院的审判工作受上级人民法院监督"。由此可见审判机关上下级之间属于监督关系，与国家监察机关内部的纵向关系存在较大差别。其次，我国《人民检察院组织法》对检察机关内部纵向关系的规定是："最高人民检察院领导地方各级人民检察院和专门人民检察院的工作，上级人民检察院领导下级人民检察院的工作。"从表面看，检察机关与国家监察机关上下级之间一样属于领导关系，但是相较于检察机关，国家监察机关内部纵向关系的领导性更强。因为根据《监察法》第 9 条之规定，下级监察机关不仅要接受上级监察机关的领导，而且要向其负责，受其监督。国家监察机关上下级之间的领导关系可能更为接近政府系统内部的纵向关系，《地方各级人民代表大会和地方各级人民政府组织法》第 55 条第 1、2 款就规定："地方各级人民政府对本级人民代表大会和上一级国家行政机关负责并报告工作。……全国地方各级人民政府都是国务院统一领导下的国家行政机关，都服从国务院。"

监督关系隶属于领导关系，是指上级机关通过一定的组织和手段实现对下级机关决定等行为的监督，并通过监督来确保其领导职能的正确贯彻执行。也就是说，监察机关上下级之间的监督关系是其领导关系实现的重要保证。相较于法院等其他机关上下级之间的监督关系，监察机关的上下级监督关系由于隶属于领导关系因而具有以下特征：其一，监督的强制性。监察机关上下级之间的监督是一种以权力为依归的对下级监察机关行为的监察和约束。

"在这种监督关系中，上级监察机关享有相应的强制性权力，因此对于下级监察机关而言，其监督就具有一定的约束力和权威性。"[1]其二，监督的全面性。上级监察机关对下级监察机关的监督关系是行政监督，具体表现为上级监察机关对下级监察机关在行政以及业务等方面的监督，例如《监察法》第43条第1款规定，"设区的市级以下监察机关采取留置措施，应当报上一级监察机关批准"。而法院上下级之间的监督关系主要表现为法律上的监督，即上级法院只能对下级法院的审判工作进行监督，如我国《民事诉讼法》第170条规定，第二审人民法院对上诉案件，经过审理，认为原判决、裁定认定事实错误或者适用法律错误的，以判决、裁定方式依法改判、撤销或者变更。其对于下级法院的人事、财务以及业务等方面的行政事项并不享有监督权，如上级法院并不享有批准下级法院受理起诉的权力。

二、国家监察机关上下级关系形成的原因

中国政法大学马怀德教授在介绍国家监察委员会的设立目的时说："实现国家监察的全面覆盖，就是要整合反腐败的资源和力量，改变原先'九龙治水'的局面。"[2]一方面，由于反腐败机构众多，使得反腐败工作易受干扰；另一方面，由于各个机关之间相互扯皮、推诿，也导致反腐败工作开展的低效。因此，为了改变原先我国惩治腐败工作中"九龙治水"的现象，此次《监察法》在国家监察机关内部确立起了领导与监督的纵向关系，以实现排除干扰、追求高效的反腐目标。

（一）外在原因

国家监察机关上下级之间监督与领导关系形成的外在原因是为确保监察委员会反腐败职权的独立行使。[3]在国家监察机关成立之前，我国的反腐败部门可谓五花八门，主要包括：在司法领域，检察机关有反贪污贿赂部门、反渎职侵权部门、预防职务犯罪部门，公安机关有经济侦查部门等；在政府机构中，有审计部门、监察部门以及预防腐败部门；在党的组织体系内，有

---

〔1〕 万毅、班保申、周国军：《现代领导科学与艺术》，黑龙江教育出版社2013年版，第160～161页。

〔2〕 "监察委员会的设立有何特殊意义？"，载 http://news.eastday.com/c/20170104/u1a12589282.html，访问日期：2019年7月25日。

〔3〕 庞华萍："监察权独立行使的五个保障"，载《安徽警官职业学院学报》2018年第1期。

纪检委、巡视组。除此之外，在各国家机关、事业单位、人民团体、国有企业中也设有各自的纪检组长或是纪检书记。反腐败部门众多所导致的一个重大的弊端就是惩治腐败工作易受外界各种因素的干扰，因为许多反腐败部门的人、财、物并不是完全独立的，因此其在行使反腐败职能的时候，容易受到其他部门的掣肘。如我国的检察机关，长期以来都是与行政区划对应设置，其人员主要由地方管理，经费由地方财政负担，因此其职权的行使往往受制于地方，即在办理反腐败案件时易受到地方部门的干扰。尽管十八届三中全会明确提出"建立省以下地方法院、检察院人财物省级统一管理体制"的改革，可以在一定程度上使地方检察机关在人事、财物等方面摆脱对同级行政机关的依赖，但是地方检察机关还要接受同级党委的领导，党委对地方检察机关人员的任命和调动仍有很大发言权，导致一些地方检察机关的反腐败工作很难独立公正的开展。"因此，此次监察体制改革在整合、重塑过去分散于政府、检察机关等机构的反腐败力量的基础之上，确立了国家监察机关上下级之间的监督与领导关系，即由上级监察机关主要掌握对下级监察机关的人事任免、经费划拨以及物资调配等的控制权，使其在人、财、物等方面与地方相对独立。"[1]同时，虽然根据党的十八届三中全会通过的《中共中央关于全面深化改革若干重大问题的决定》之精神，地方监察委员会查办职务违法犯罪案件，线索处置和案件查办在向上级纪委监委报告的同时要向同级党委报告[2]，但是同级党委对本级监察委员会仅起外部监督作用，其并不能够领导、干预监察机关履行职权。监察工作牵涉各方各面的利益，地方各级监察机关在履行职责的过程中，不可避免地会遇到来自其他机关、社会团体或者个人等的干涉。因此，规定由上级监察委员会监督与领导下级监察委员会的工作，可以有效地帮助下级监察委员会排除各种干扰，确保其依法行使职权。

（二）内在原因

国家监察机关上下级之间的监督与领导关系是由其承担的职责所决定的。根据《监察法》第11条之规定，监察机关所行使的是监督、调查以及处置权，应当对公职人员依法履职、秉公用权、廉洁从政从业以及道德操守的情

---

〔1〕 秦前红、石泽华："论监察权的独立行使及其外部衔接"，载《法治现代化研究》2017年第6期。

〔2〕 中共中央纪律检查委员会、中华人民共和国国家监察委员会法规室编写：《〈中华人民共和国监察法〉释义》，中国方正出版社2018年版，第11页。

况进行监督检查；对涉嫌贪污贿赂、滥用职权、玩忽职守、权力寻租、利益输送、徇私舞弊以及浪费国家资财等职务违法和职务犯罪的嫌疑人进行调查；对违法的公职人员依法作出政务处分决定；对履行职责不力、失职失责的领导人员问责；对涉嫌职务犯罪的，将调查结果移送人民检察院依法审查、提起公诉，向监察对象所在单位提出监察建议。以上这些职权的行使均要求上下级监察机关之间要协同一致，齐心协力，同时还要求上级监察机关能够统筹协调各项资源，从最大程度上保证监察工作依法高效完成。《孙子兵法·作战篇》讲道："故兵闻拙速，未睹巧之久也。"意思是说用兵打仗只听说过宁拙而求速胜，没有听过求巧而久拖的。反腐败工作有时候与用兵打仗是同样的，时机往往至关重要。这就要求我们的办案部门在追求办案质量的同时也要注重办案效率。在国家监察机关上下级之间实行监督与领导体制，可以通过"监察一体化"，促使监察工作高效完成。

三、国家监察机关上下级关系的内容

国家监察委员会是最高国家监察机关，负责全国的监察工作，其所属内设机构及地方各级监察委员会均要接受其监督，服从其领导。在监察法中确立这样的监督与领导关系，有利于确保"全国一盘棋"，保证全国监察机关集中统一领导、统一工作步调、统一依法履职。[1]地方各级监察委员会负责本行政区域内的监察工作，除了依法履行自身的监督、调查、处置职责外，还应对本行政区域内下级监察委员会的工作实行监督和业务领导。在监察法中确立这样的监督与领导关系，一方面有利于帮助地方各级监察委员会在实际工作中排除各项干扰，另一方面有利于加强上级对下级监察委员会履行监察职责的监督。[2]国家监察机关上下级监督与领导关系的具体内容包括指挥指导、监督管理、协调整合以及工作协助几个方面。

（一）指挥指导

指挥指导是指上级监察机关有权通过发布指示、批复、规范性文件等方式对下级监察机关的各项工作进行部署，如决定案件的管辖和指挥办案等。

---

〔1〕 中共中央纪律检查委员会、中华人民共和国国家监察委员会法规室编写：《〈中华人民共和国监察法〉释义》，中国方正出版社 2018 年版，第 83~86 页。

〔2〕 中共中央纪律检查委员会、中华人民共和国国家监察委员会法规室编写：《〈中华人民共和国监察法〉释义》，中国方正出版社 2018 年版，第 64~67 页。

《监察法》第 17 条第 1 款规定："上级监察机关可以将其所管辖的监察事项指定下级监察机关管辖，也可以将下级监察机关有管辖权的监察事项指定给其他监察机关管辖。"明确国家监察机关上下级之间的指挥指导关系具有重要意义：首先，由上级监察机关指挥指导下级监察机关的工作能够有效地规避同级其他国家机关、企事业单位、社会团体等对于下级监察工作的干预；其次，确立国家监察机关上下级之间的指挥指导关系能够保证上级监察机关统筹全局，把握监察工作的未来方向和方法选择。

（二）监督管理

监督管理是指上级监察机关以宪法、法律、工作准则等为依据，通过调查研究、指令作工作汇报等形式检查、监测下级监察机关履行职责的行为和落实有关指令的情况，对有违法或者偏离准则的倾向或者已经实施违法或者不当行为的机关给予提醒、指引，督促其纠正或撤销错误的行为，同时包含对未能及时避免以及下级监察机关未及时纠正的错误行为，由上级监察机关自行纠正或撤销的行为。如《监察法》第 49 条规定的以申诉复核的方式督促下级监察机关对错误行为进行纠正。"信任不能代替监督，监督无禁区，任何权力都要受到监督。"国家监察机关的业务具有较强的专业性，上级监察机关能够更为清楚地了解监察工作的模式，因此构建起国家监察机关上下级之间的内部监督机制，能够最大程度实现对于监察权力监督的专业性和有效性。

（三）协调整合

协调整合是指上级监察机关有权协调下级监察机关之间在工作上的矛盾，并可以优化人、财、物配置，使监察体系高效运转。具体包含两个方面的内容：一是上级监察机关有权协调各个下级监察机关之间的矛盾，如《监察法》第 16 条第 3 款规定："监察机关之间对监察事项的管辖有争议的，由其共同的上级监察机关确定。"二是上级监察机关能够整合所辖各级监察机关的资源，并根据监察工作需要对这些资源进行合理的分配。现今，职务犯罪呈现出复杂化、跨区域化、智能化等趋势，使得国家监察机关在开展工作时能否整合各项资源、合理处理各种纠纷显得至关重要。首先，上级监察机关的地位使得其天然地享有对于资源和信息更大程度的支配权和主动性，因此由上级监察机关协调整合下级监察机关的工作，能够最大限度地实现资源的优化配置，从而提高工作效率。其次，确立国家监察机关上下级之间的协调整合关系，有利于增强监察体系的凝聚力，从而提升上级监察机关指挥指导职能的有效性。

（四）工作协助

工作协助是指下级监察机关在行使职权的过程中，遇有涉及办案程序、法律政策等方面且确属重大疑难问题时，可以通过请示、移交等方式寻求上级监察机关的帮助；上级监察机关经审查认为确属疑难复杂问题的，应当及时办理或者将处理意见答复下级监察机关。如《监察法》第 17 条第 2 款规定："监察机关认为所管辖的监察事项重大、复杂，需要由上级监察机关管辖的，可以报请上级监察机关管辖。"上级监察机关基于其级别和地位而具有相较于下级监察机关更为有力的人财物支持和信息资源，因此对于下级监察机关自身难以完成的工作，由上级监察机关予以工作协助应是监察权运行机制必不可少的内容。然而，尽管上下级国家监察机关之间是领导与监督的关系，但是通过法律规定可以发现，其仍然存在各自的管辖范围和工作内容。因此，上级监察机关在为下级监察机关提供工作协助时应当遵循一定的边界，不得肆意地代替、影响或者干预下级监察机关履行其监督、调查、处置等职责。

第五章

国家监察法律关系

　　国家监察委员会设立后，我国由原先的人大与"一府两院"的国家机关格局变为人大与"一府一委两院"的国家机关格局，县级以上地方各级亦将全部形成人大及其常委会下的"一府一委两院"的体制。监察委员会作为一个新成立的国家机关，与政府、法院、检察院平级，是权力运行重要的组成部分。[1]探究国家监察委员会与人大及"一府两院"之间的法律关系具有重要的意义。

第一节　国家监察机关与国家权力机关之关系

　　我国是人民民主专政的社会主义国家，一切权力来自人民，人民代表大会制度是我国的根本政治制度。在过去，我国长期以来形成了以人大监督为核心的国家监督体系，人大是国家权力机关和监督机关，人民法院是司法审判机关，检察权派生了职务犯罪侦查、起诉权，行政权派生出行政监察、行政复议监督和审计监督。

　　监察委员会尚未成立时，我国监督体系较为分散，有学者将其称为"三驾马车"模式：以党纪委为主导、检察院为保障、政府监察机关为补充，三轨并行、相对独立，分工运作、协作配合。[2]这样的模式资源分散、党纪断层，存在诸多弊端。而在新的模式下，将"三驾马车"转变为监察委员会

---

　　[1]　冉富强、耿鹏飞："未来国家监察委员会的功能定位刍议"，载《河南教育学院学报（哲学社会科学版）》2017年第6期。

　　[2]　秦前红："困境、改革与出路：从'三驾马车'到国家监察——我国监察体系的宪制思考"，载《中国法律评论》2017年第1期。

"一马当先"，可以解决过去面临的诸多困境。[1]将监督权力进行有效整合以及对权力结构的调整离不开作为最高权力机关的全国人大的作用，具体表现在以下几个方面。

一、全国人大的修宪权、立法权为监察委员会提供法律基础

全国人大拥有修宪权、立法权，给国家监察委员会的存在提供了宪法和法律依据。国家监察委员会的设立实质在于国家监督权的重新配置，在这种监督权的重新分配中，作为根本法的宪法便需要出场以发挥其功能，进而实现对改革进程与结果的指引和规范，才能为机构的整合与权力的再配置创造相应的宪法空间与制度可能。"我国人民代表大会制度的主要内容是人大的产生、组织、职权等方面的制度，以及人大与其他国家机关互相关系的制度。"[2]建立在民主集中制之上的全国人大拥有修宪权，可以依照法定程序对《宪法》进行修改，在《宪法》中对国家监察委员会作出相关规定，并且制定通过了《监察法》，修改了《人民检察院组织法》《国务院组织法》《地方各级人民代表大会和地方各级人民政府组织法》《刑事诉讼法》等与国家监察委员会相关的法律，重新整合分散在诸多机构中的反腐败监督权，将其提升为一种新的权力类型——国家监察权，并使其成为与行政权、审判权和检察权平行的独立的宪法性权力，这是国家监察委员会得以成立，并且和其他"一府两院"平行的根本基础。

二、各级监察委员会由各级人大产生

我国国家机构的构成实行民主集中制原则，作为国家机关组织原则的民主集中制，其内容之一即体现在国家权力机关和其他国家机关的关系上，遵循其他国家机关由民主选举的国家权力机关产生，对其负责，受其监督的原则。[3]表现在监察委与人大的关系上就是国家监察委由人大产生。

由人大产生主要是指相关人员的任免。依照《宪法》以及《监察法》中的有关规定，国家监察委员会由全国人民代表大会产生，国家监察委员会由

---

〔1〕 秦前红："困境、改革与出路：从'三驾马车'到国家监察——我国监察体系的宪制思考"，载《中国法律评论》2017年第1期。

〔2〕 蔡定剑：《中国人民代表大会制度》，法律出版社2003年版，第25页。

〔3〕 蔡定剑：《宪法精解》，法律出版社2006年版，第171~172页。

主任、副主任若干人、委员若干人组成，主任由全国人民代表大会选举，副主任、委员由国家监察委员会主任提请全国人民代表大会常务委员会任免。而地方各级监察委也均由同级人大产生，主任由本级人民代表大会选举，副主任、委员由监察委员会主任提请本级人民代表大会常务委员会任免。在人大对监察委员会相关人员的任免问题上有着上下同构性，全国人大与地方人大对各个同级监察委员会以相近的方式进行人员任免。

"这种产生与被产生的关系使得人大对监察委拥有抽象的领导权。同时，为确保监察委员会得以独立行使监察权，又需要使监察机关尽可能少地受到地方因素和行政权力的干扰，这便要求监察机关的领导应当是垂直式的。"[1]《监察法》第 10 条规定："国家监察委员会领导地方各级监察委员会的工作，上级监察委员会领导下级监察委员会的工作。"因此，地方各级监察委员会便面临着"双重领导"，即既要接受产生它的同级人大领导，也要接受上一级监察委员会的垂直领导。[2]

三、各级人大对同级监察委员会的监督

各级监察委员会向产生它的人大负责，接受人大的监督。依照《宪法》规定，各级监察委员会应当接受本级人民代表大会及其常务委员会的监督。各级人大对本级监察委员会的监督方式主要表现在：各级人民代表大会常务委员会听取和审议本级监察委员会的专项工作报告，组织执法检查。县级以上各级人民代表大会及其常务委员会举行会议时，人民代表大会代表或者常务委员会组成人员可以依照法律规定的程序就监察工作中的有关问题提出询问或者质询。

我国早在 2006 年就通过了专门的《各级人民代表大会常务委员会监督法》，以具体规范人大常委会对各级机关的监督，其中第 5 条规定："各级人民代表大会常务委员会对本级人民政府、人民法院和人民检察院的工作实施监督，促进依法行政、公正司法。"这部法律颁布较早，并没有涉及人大对监察委员会工作的监督。但按照《宪法》和《监察法》的规定，监察委员会仍

---

[1]　秦前红："监察体制改革的逻辑与方法"，载《环球法律评论》2017 年第 2 期。

[2]　曹亘平："对监察委的监督制约严密而有效——多把'连环锁'确保监察权良性运行"，载《人民论坛》2018 年第 1 期。

要接受同级人大的监督，在监督的方法上可以依照《各级人民代表大会常务委员会监督法》。

同时，依照《宪法》规定，全国人大的职权包括"监督宪法的实施"，全国人大常委会有权解释《宪法》，并且可以撤销国务院和地方各级人大作出的违反宪法的决定和命令。这引申出一个问题，全国人大常委会可不可以撤销监察委员会作出的违反宪法的命令呢？从《宪法》条文的字面意思看，全国人大常委会只能撤销国务院和地方人大违反宪法的命令、决定，并没有涉及监察委员会以及检察院、法院。但是从理论上看，不只是政府，监察委员会和法院、检察院作出的决定都存在违反宪法的可能，需要人大对其进行监督，人大应该可以撤销它们作出的违反宪法的决定、命令。《宪法》没有将其写入，可能是出于一定的现实考量。

目前，我国的合宪审查机制还存在一些不足，而监察委员会的监察活动、法院和检察院的司法活动都需要保持独立性，没有建立健全的合宪性审查机制，全国人大常委会如果撤销它们作出的决定，在实践中或许会影响监察活动与司法活动的独立性。但这并不意味着监察委员会的活动可以游离于宪法之外。实践中，如果监察委员会作出的决定违反了《宪法》规定，则很可能也违反了其他下位法，同样可以不用合宪审查而通过其他方式进行监督规范。同时，我国也正在建立健全合宪性审查机制，党的十九大报告明确指出："加强宪法实施和监督，推进合宪性审查工作，维护宪法权威。"这是首次在党的全国代表大会报告中引入"合宪性审查"的概念。"随着合宪性审查机制的逐步建立，在坚持人民代表大会制度基础上，通过设置合宪性审查的专门机构，由机构提出建议，最后通过人大监督的方式纠正违宪行为，这样比较有利于建立符合中国国情的合宪性审查制度。"[1]这是一个动态发展的过程，随着依法治国、依宪治国的全面推进，随着合宪性审查的落实，人大对监察委员会制定的监察法规等进行合宪性审查的路径将越来越畅通。

"监察委员会由人大产生，就必然要对人大及其常委会负责，并接受其监督，监督的内涵应该是丰富的，形式应该是多样的。"[2]但是人大及其常委会限于会期制度，在监督方面仍存在着一定的困难。同时，出于实践中的种种

---

〔1〕 "十九大首提'合宪性审查'，释放了什么信号"，载《重庆日报》2017年11月7日。

〔2〕 李兵："人大如何对监委实施有效监督"，载《中国纪检监察》2018年第6期。

因素，人大对监察委员会的监督还属于一个薄弱环节。这是客观存在的问题，需要加强人大的监督。

目前，各级人大相继建立起来的"规范性文件备案审查"制度，将"监察规范性文件"纳入备案审查之范围，有望强化各级人大对监察权力行使的监督机能。

四、监察委员会能否监督人大代表

《监察法》第1条中指出："为了深化国家监察体制改革，加强对所有行使公权力的公职人员的监督，实现国家监察全面覆盖……"所谓的"监察全覆盖"也即监察委员会的监察对象应该是所有行使公权力的公职人员。各级人大代表代表人民的利益和意志执行代表职务并行使国家权力，意味着代表的行为也属于公职行为。但目前，法律规定的监察委员会的监察范围没有明确是否包括人大代表。

《监察法》第15条规定的监察范围中包含六类人，其中第1项为"人民代表大会及其常务委员会机关"的公务员，而人大代表不一定是公务员。第6款"其他依法履行公职的人员"类似于兜底条款，没有明确"人大代表"究竟是否属于监察的范围。探究监察委员会能否监察人大代表，需要明确人大代表是否属于"依法履行公职的人员"。

理论界通常认为，监察委员会不可以监督人大代表。"以民意为基础的人民代表大会和人大代表是作出政治判断、政治决策的立法机构和人员，其行使的权力是基于选举和信任的民主性、政治性权力。"[1]"代议机构的自律与自治是代议政治的基本原则，国会议事自治之目的在于确保国会行使职权的自主性与独立性，使免于受其他国家机关之干预。"[2]在人民代表大会制度之下，各级人大非但具有代议机构之属性，其更有作为权力机关之优越地位。[3]对于各级人大及其常委会立法、监督、决定、任免等职权行为，监察委员会应当是不可以进行监督的。

人大代表代表的是人民的意志，不纳入监察委员会的监察对象范围是为

---

〔1〕 刘小妹："人大制度下的国家监督体制与监察机制"，载《政法论坛》2018年第3期。

〔2〕 许宗力：《法与国家权力》，月旦出版有限公司1993年版，第308页。

〔3〕 秦前红："监察体制改革的逻辑与方法"，载《环球法律评论》2017年第2期。

了防止监察委员会权力过大，通过对人大的监察实现对选民意志的监察。但是，作为个人，人大代表也可能担任其他公职，可能在其他职务中出现职务违法犯罪问题。此时，不能将其也解释成人民的意志。人大代表的身份不是职务违法、职务犯罪的挡箭牌，在其他职务中出现职务违法犯罪时，监察委员会可以进行管辖。在实践中，可以参考中纪委、国家监委发布的《公职人员政务处分暂行规定》，其中第 11 条第 3 项规定监察机关可以给予违法违规的公职人员政务处分，"对各级人大代表、政协委员给予政务处分，应当向其所在的人大常委会或者政协常委会通报"。这说明，在实践中，监察委员会可以依法监察公职人员，就算该公职人员是人大代表，也可以监察。

但是，也有许多人大代表除了"人大代表"这个身份外，不担任其他公职，对于这类人大代表能不能按照监察对象中的第六类"依法履行公职的人员"进行监察，还存在一定的疑问。学界倾向于认为，"从法治主义的观点出发，监察权的'全面覆盖'应以不损害其他机关的职权的独立行使作为基本要求"。[1]监察委员会只能监察担任其他公职身份的人大代表。

讨论监察委员会对人大的作用时，不能因为监察委员会监察的对象可能拥有人大代表的身份，就认为监察委员会能够监察人大，从而对人大的其他活动实施制约。如果监察委员会可以通过对人大代表的监察而干预人大的其他活动，就将破坏民主集中制原则。

第二节　国家监察机关与国家法律监督机关之关系

人民检察院是法律监督机关，与监察委员会衔接紧密。监察委员会实施对职务违法犯罪的侦查，而任何犯罪都需要经过司法程序，故检察院作为司法机关，与监察委直接衔接，关系密切。

"从权力关系的角度，检察权与监察权同为执行性权力。在横向权力关系上，我国宪法中的'国家权力'可以分解为'意思性权力'和'执行性权力'两大板块。"[2]其中，意思性权力以立法权、重大事项决定权以及人事

〔1〕　江国华、何盼盼："中国特色监察法治体系论纲"，载《新疆师范大学学报（哲学社会科学版）》2018 年第 5 期。

〔2〕　杨伦华、徐汉明："关于推进检察监督法治化现代化的思考——以国家监察体制改革为背景"，载《社会治理法治前沿年刊》2017 年。

任免权为基本内核，执行性权力则以监察权、检察权、审判权、行政权为基本构成要素。意思性权力即国家意思的形成和意思表达两方面的权力，由最高权力机关与国家元首共享。执行性权力是实现国家意思的权力。以立法权为核心的国家意思权更多的是一种抽象性权力，而以监察权、行政权和司法权为内核的执行权则更多的是一种具体性权力。监察委员会与检察院、法院以及政府之间的关系属于执行权内部的关系。

监察委员会与检察院之间存在许多配合，在监诉衔接方面有诸多关系，另有章节专门介绍，此处不予讨论。

一、监察机关与检察机关相互独立

其独立性主要表现在以下几个层面：首先，国家监察委员会与最高人民检察院均由全国人大产生，并对全国人大及其常委会负责，这意味着，在全国人大之下，两者的宪法地位平等；其次，《宪法》第127条规定，监察委员会依照法律规定独立行使监察权，不受行政机关、社会团体和个人的干涉；最后，《宪法》第136条规定，人民检察院依照法律规定独立行使检察权，不受行政机关、社会团体和个人的干涉。

这些规定代表二者的职能都有固定的边界，应独立行使。但独立不等于孤立静止，在各自职能内他们是独立的，在其权力界限之外，各自的职能也需有必要的衔接。

二、职务犯罪侦察职能的转隶

从渊源看，监察委员会的部分职能由原先的检察院转隶而来。过去，"我国反腐败刑事司法的制度的一大难题在于'同体监督'：检察机关集职务犯罪预防、侦查、起诉和监督多权于一身"。[1] 从整体维度看，侦查监督部门内设于检察院。从部门维度看，侦查监督部门难以独立运作："其一，侦查监督部门审查范围狭窄，侦查监督部门仅审查逮捕一种强制处分；对于其他强制侦查行为如搜查、扣押、监听等，都是由侦查部门报请检察长决定，侦查监督部门连形式上的审查也不存在。其二，即便是审查逮捕过程中附带进行的监

---

[1] 秦前红："困境、改革与出路：从'三驾马车'到国家监察——我国监察体系的宪制思考"，载《中国法律评论》2017年第1期。

督，其保障人权的功能也是极其乏力的。其三，多服务于侦查职能，代表效率价值的侦查职能常凌驾于代表人权保障的监督职能之上。"〔1〕。

将检察机关职务犯罪预防、侦查权和监督权分离是应有之举，其中，检察院的职务犯罪侦查权转隶给监察委员会，监察委员会又整合了其他部分的职权，形成了新的监察机关。

在新修订的《刑事诉讼法》中，对于监察机关移送的案件，检察院依法审查后认为需要补充核实的，可以退回监察机关补充调查，也可以自行补充侦查。其实，检察院一直以来都有补充侦查权，在过去，对于公安机关侦查的案件，检察院同样可以补充侦查。但长久以来，补充侦查的权力一直处在尚未激活的状态。因为检察院自行侦查需要占用审查起诉的时间，在此期间内完成审查与自行补充侦查存在很大难度。而且，检察院提起公诉时，如果认为侦察有缺陷，还可以选择"存疑不起诉"来兜底，检察院很少有充分的理由去选择自行补充侦查。

而在职务犯罪侦查被转隶给监察委员会的情况下，检察院对职务犯罪仍然保留的补充侦查权就显得尤为重要。"我国检察机关之权威，一般多认为源于对职务犯罪的侦查权，而非没有实际强制力的检察建议和纠正违法通知书等。"〔2〕实践中，检察院的检察建议之所以能生效，很大程度上是因为其他部门惧怕检察院的职务犯罪补充侦查。如果不给检察院保留对职务犯罪的补充侦查权，检察院的权威就会大打折扣，检察院进行其他活动的效果也会有所减弱，不利于检察院正常履行职能。因此，在转隶之后由监察委员会负责职务犯罪调查的情况下，检察院仍然有必要保留补充侦查权。

三、检察机关对监察机关的制约

第一，检察院除了在监诉衔接中可以制约监察委员会外，还可以通过司法解释的方式间接影响监察委员会。最高人民检察院有权对检察工作中具体应用法律的问题作出司法解释，司法解释虽然不是严格意义上的法律，但具有法律的效力。司法解释不能介入监察权，但是可以间接对监察委员会产生

---

〔1〕 刘计划："侦查监督制度的中国模式及其改革"，载《中国法学》2014 年第 1 期。

〔2〕 朱赞先："试论国家监察委员会的调查职能及其制约——以职务犯罪侦查权为视角"，载《山东青年政治学院学报》2018 年第 1 期。

影响。例如，最高人民检察院对于起诉的标准作出了细化的司法解释，规定具体得到什么样的证据才能达到起诉的标准。那么，监察机关在调查职务犯罪时，所收集的证据就需要按照这个标准来进行，否则便不满足起诉的条件。但最高人民检察院的司法解释并非拟制性解释，不能凭空创造法律条文，而是对已有的法律的具体应用问题作出解释，虽然能够间接发挥对监察机关的影响力，但由于只能基于已有的法律，所以能起到的作用有限。

第二，对于检察院内部涉及职务违法犯罪的公职人员，检察院和监察委员会都可以进行政务处分。依照规定，对于公职人员同一违法行为进行政务处分时，监察机关已经给予政务处分的，任免机关、单位不再给予处分；任免机关、单位已经给予政务处分的，监察机关不再给予处分。因此，在对二者均可处分的人员进行处分时，监察委员会与检察院谁先处分就以谁的政务处分为准。二者作出的政务处分可能是不同的，这在一定程度上也体现二者之间的互相制约。

四、监察机关对检察机关的制约

监察委员会可以监察检察院的公职人员。《监察法》第15条中规定监察委员会所能监察的六类人中，第一类就包含"人民检察院的公务员"，监察委员会可以依法对其进行监察，必要时可以派出监察机构、监察专员。方式包括以下几种：其一，对检察院的公职人员进行廉政教育，对其依法履职、秉公用权、廉洁从政从业以及道德操守情况进行监督检查；其二，对检察院公职人员可能存在的涉嫌贪污贿赂、滥用职权、玩忽职守、权力寻租、利益输送、徇私舞弊以及浪费国家资财等职务违法和职务犯罪进行调查；其三，对违法的检察院公职人员依法作出政务处分决定，对履行职责不力、失职失责的领导人员进行问责，对涉嫌职务犯罪的，依法进行刑事诉讼以及向检察院提出监察建议。

依据中纪委、国家监委发布的《公职人员政务处分暂行规定》，监察委员会可依法进行警告、记过、记大过、降级、撤职、开除等政务处分决定。其中，对于由各级人大决定任命的检察院公职人员，监察委员会对其进行撤职、开除处分的，应该先由人大及其常委会依法罢免、撤销或免去其职务，而后监察委员会才能对其作出处分决定。

监察委对于检察官的监督，会不会间接干预检察权独立行使呢？依照

《监察法》的规定，监察委员会只能监督检察官的职务犯罪，而不能影响其对案件的独立判断。然而，在实践中往往难以作出严格的区分，监察委员会的监察可能引发连锁反应。监察委员会对检察官进行调查，无需真的查出职务违法犯罪问题，调查本身就足够对被查的检察官造成不好的影响。

在监察体制试点改革的过程中，三个试点地区的检察机关办理监察机关移送案件时，审查批捕、审查起诉平均用时仅 2.7 天、22.4 天，远少于法律规定的 14 天、45 天。三个试点地区检察机关共受理监委移送案件 219 件 281 人，仅 2 件 3 人退回监察委员会补充调查，并在达到审查起诉标准后再次移送。[1]这在一定程度上说明，对于监察委员会移送的案件，检察院会高度重视并很快审查完毕且几乎都会起诉。在这过程中需要注意的是，检察院不能因为是监察委员会移送的案子，就放松审查标准。

"如果监察机关对于检察机关的监督力度超出了合理的范围，就会使司法机关在正常的案件审理过程中面临巨大的现实压力，在实质上破坏三个机关之间分工合作、互相制约、互相监督的关系。"[2]这需要我们警惕监察机关的监督力度，尽可能使监察委的检查力度保持在合理范围。绝对的权力将导致绝对腐败，监察委员会作为监督机关，自身也需要被监督、被制衡。这并不是检察机关所能单独做到的，需要人大和其他机关乃至全社会的共同制约，使权力在合理的范围内规范运行。

第三节　国家监察机关与国家审判机关之关系

中华人民共和国人民法院是国家的审判机关，在司法程序上，审判机关并不直接与监察机关衔接，其配合主要以检察院为中间媒介，在职务犯罪的侦查、起诉、审判过程中间接进行配合。从法律关系上看，二者互相独立又互相制约。

---

〔1〕 "积极探索实践 形成宝贵经验国家监察体制改革试点取得实效——国家监察体制改革试点工作综述"，载 http://www.ccdi.gov.cn/toutiao/201711/t20171105_126202.html，访问日期：2019 年 7 月 25 日。

〔2〕 江国华、何盼盼："中国特色监察法治体系论纲"，载《新疆师范大学学报（哲学社会科学版）》2018 年第 5 期。

一、监察机关与审判机关相互独立

监察机关的独立性主要表现在以下几个层面：第一，国家监察委员会与最高人民法院均由全国人大产生，并对全国人大及其常委会负责，这意味着，在全国人大之下，二者的宪法地位平等；第二，《宪法》第 127 条规定，监察委员会依照法律规定独立行使监察权，不受行政机关、社会团体和个人的干涉；第三，《宪法》第 131 条规定，人民法院依照法律规定独立行使审判权，不受行政机关、社会团体和个人的干涉。

但是，权力界限的独立并不代表二者之间没有相互作用。监察机关与检察机关、审判机关在工作上存在前后衔接的关系，监察机关调查完毕的案件都需要移送检察机关审查起诉后才能进入到正式的司法裁判程序，由人民法院依据国家法律对监察对象作出最终的公正裁决。

二、审判环节对监察机关的制约

尽管监察委员会本身有处置权，但对于监察委员会所调查的职务犯罪行为，也要经过司法程序才能宣判罪名成立。法院可以通过行使最终审判权的方式对监察机关的行为予以认可或反对。[1]

《中共中央关于全面推进依法治国若干重大问题的决定》提出：要推进以审判为中心的诉讼制度改革。"这一重大决策符合诉讼规律、司法规律和法治规律。"[2]以审判为中心的实质是在刑事诉讼的全过程实行以司法审判标准为中心，核心是统一刑事诉讼证明标准。这就要求监察委员会所调查的内容、收集的证据应该符合刑事诉讼的证明标准。监察委员会的调查模式比起其他调查有所不同，可以使用前所未有的留置措施，而在过去，法院并不会接到监察委员会收集证据的案件。在监察委员会成立后，法院将会接收到以新的机构、新的方法收集的职务犯罪的证据。此时，实践中对于证据的考量标准仍然要依照刑事诉讼法的严格规定，不能因为是监察委移交的案件，在证明标准上就区别对待。

人民法院应当依法以严格的证据标准对待每一起案件，这要求法院在审

---

〔1〕　江国华："国家监察体制改革的逻辑与取向"，载《学术论坛》2017 年第 3 期。
〔2〕　沈德咏："论以审判为中心的诉讼制度改革"，载《中国法学》2015 年第 3 期。

判中坚持排除非法证据和恪守疑罪从无的原则。只要非法证据不被认可，那么监察委员会就没有收集非法证据的动力，从而对监察委员会的调查取证行为进行规范。如果法院对监察委员会移交案件的证据标准放宽，那就是从源头上败坏了法治。

三、审判机关的司法救济

"有权利必有救济"是公民权利救济的基本要求。[1]早在英国1703年的"阿什比诉怀特案"中，首席大法官就宣称："如果原告拥有一项权利，他就必然要有维护和保持该权利的方法，如果他在行使权利时遭到侵害则必须要有救济……对权利的需求和对救济的需求是相互的……一个人得到救济，也就得到了权利；失去救济，也就失去了权利。"[2]

法院的司法救济对于制约监察委员会的滥用职权起着重要作用。"许多国家的监察专员没有处置权，监察专员的建议一般都能被对方接受，如果有关机关拒绝接受，监察专员还可以申请法院进行裁决。"[3]在此类国家，监察专员与法院配合较为紧密。而我国的监察委员会拥有处置权，可以直接作出处置。既然有处置权，就有可能存在错误的处置。另外，监察委员会的留置日期可以折抵刑期，留置一日折抵管制二日，折抵拘役、有期徒刑一日。这说明，留置和管制、拘役、有期徒刑在惩罚性上有相似之处，都是对于人身自由权利的限制。如果在调查中发现被留置的公职人员没有职务违法犯罪行为，或者经司法程序后被判无罪，则针对公民遭受的留置，也应依法给予国家赔偿。

《国家赔偿法》规定，赔偿义务机关在规定期限内未作出是否赔偿的决定，赔偿请求人可以自期限届满之日起三个月内，向人民法院提起诉讼。赔偿请求人对赔偿的方式、项目、数额有异议的，或者赔偿义务机关作出不予赔偿决定的，赔偿请求人可以自赔偿义务机关作出赔偿或者不予赔偿决定之日起三个月内，向人民法院提起诉讼。此时，"人民法院在一定程度上可以起到制约监察委的作用，间接限制监察委滥用留置权。如果留置权被滥用，而

---

〔1〕 江国华："无诉讼即无法治——论宪法诉讼乃法治之精义"，载《法学论坛》2002年第4期。

〔2〕 胡建淼主编：《外国宪法案例及评述》（下册），北京大学出版社2004年版，第501~502页。

〔3〕 沈跃东：《宪法上的监察专员研究》，法律出版社2014年版，第167~183页。

相对人又未获赔偿或赔偿方式、项目数额有问题的，人民法院受理此类案件，严重时可以追究相关人员的刑事责任"。[1]监察委员会作为国家机关，也需要依法办事，如果在采取措施方面犯了错误，必要时就需要法院的介入，尽量避免监察委员会的职权被滥用。

四、最高人民法院的司法解释可影响监察委员会

与最高人民检察院类似，最高人民法院也可以通过司法解释的方式间接影响监察委员会。监察委员会对职务犯罪的调查最终仍需移交到法院，经过法院的审判。最高人民法院对审判工作中具体应用法律问题作出的司法解释可以对监察权的行使构成羁束。如果最高人民法院颁布的司法解释和最高人民检察院颁布的司法解释有原则性冲突，需报请全国人民代表大会常务委员会解释和决定。[2]

五、监察机关对审判机关的制约

监察委员会可以监察法院公职人员的职务违法犯罪行为。《监察法》第15条规定监察委员会所能监察的六类人中，第一类就包含人民法院的公务员。

根据《政务处分法》之规定监察委员会可以从以下方面影响法院：其一，对法院的公职人员进行廉政教育，对其依法履职、秉公用权、廉洁从政从业以及道德操守情况进行监督检查；其二，对法院公职人员可能存在的涉嫌贪污贿赂、滥用职权、玩忽职守、权力寻租、利益输送、徇私舞弊以及浪费国家资财等职务违法和职务犯罪进行调查；其三，对违法的法院公职人员依法作出政务处分决定，对履行职责不力、失职失责的领导人员进行问责，对涉嫌职务犯罪的，将调查结果移送人民检察院依法审查、提起公诉；其四，向法院提出监察建议。

依据《政务处分法》之规定，监察委员会可依法进行警告、记过、记大过、降级、撤职、开除等政务处分决定。其中，对于由各级人大决定任命的法院公职人员，监察委员会对其进行撤职、开除处分的，应该先由人大及其

---

[1] 童之伟："对监察委员会自身的监督制约何以强化"，载《法学评论》2017年第1期。

[2] 江国华："中国宪法中的权力秩序"，载《东方法学》2010年第4期。

常委会依法罢免、撤销或免去其职务，监察委员会才能对其作出处分决定。

同时，也要注意监察机关对于审判机关的监督力度是否超出了合理的范围，具体内容在上一部分监察委员会与检察院的关系中已经论述。要谨防监察委员会以职务犯罪调查的名义间接干涉司法，通过对法官的调查间接影响法官的判断。

第四节　国家监察机关与国家行政机关之关系

中华人民共和国国务院，即中央人民政府，是最高国家权力机关的执行机关，是最高国家行政机关。地方各级人民政府是地方各级国家权力机关的执行机关，是地方各级国家行政机关。监察体制改革前，国务院设有监察部门，主管全国的监察工作，监察机关是行政机关的一部分。《监察法》颁布后，监察与行政分离，这样的设置更加科学合理。监察机关与行政机关的关系主要有以下几个方面：

一、监察机关与行政机关相互独立

国家监察委员会与国务院均由全国人大产生，并对全国人大及其常委会负责。这意味着：在全国人大之下，二者的宪法地位平等。《宪法》明确规定了国务院与国家监察委员会的职权范围，这种职权范围的划分表明了二者之间的相互独立性。

《宪法》第 89 条规定了国务院的权力界限，这个界限既是国务院不可逾越的，同时也是包括监察委员会在内的其他任何机关不可僭越的。同时，《宪法》第 127 条第 1 款规定："监察委员会依照法律规定独立行使监察权，不受行政机关、社会团体和个人的干涉。"监察委员会独立行使监察权，这也是包括国务院在内的其他任何机关不可僭越的。二者在权力界限上的独立并非一开始就有的，而是经历了长时间的制度探索。[1] 在过去，我国的行政监察机关是隶属于政府的国家监察部、国家预防腐败总局、国家审计署及相应地方各级行政监察机构，依《行政监察法》（已失效）之规定对同级政府行使监

---

〔1〕　魏昌东："国家监察委员会改革方案之辨正：属性、职能与职责定位"，载《法学》2017 年第 3 期。

督职能。[1]但是，这种监察相当于政府自己监督自己，决策权、执行权、监督权合为一体，难以实现监察全覆盖。监察体制改革后，监察权的行使范围不再局限于以往的行政监察领域，而意图实现国家监察的全面覆盖。[2]监察体制改革将政府的监察部门并入监察委员会，将同体监督转变为异体监督，整合了分散的资源，更加科学合理。

二、国务院可以颁布行政法规影响监察委员会

国务院可以规定行政措施、制定行政法规，但由于监察委员会已经从行政机关中剥离出来，行政法规不能规制监察委员会。然而，实践中，行政法规却可以成为监察委员会调查职务犯罪时的依据。《监察法》第 11 条规定："监察委员会依照本法和有关法律规定履行监督、调查、处置职责……"，监察委员会的监督、调查、处置也需要于法有据，除了依据《监察法》，也依照"有关法律规定"，其中就包括国务院制定的行政法规。例如，监察委员会在对贪污贿赂、滥用职权、玩忽职守、权力寻租、利益输送、徇私舞弊以及浪费国家资财等职务违法和职务犯罪进行调查时，就需要依照国务院制定的行政法规。而在实践中，要清楚什么样的行为算滥用职权、浪费国家资产，就需要明确什么样的行为是正当利用职权，什么是正当使用国家资产，这都是行政法规中可能会涉及的内容。如果根据其他法律和行政法规规定，国家公职人员的行为完全符合规定，那么就不属于职务违法与职务犯罪行为。

当然，《立法法》规定：国务院制定的行政法规不能与宪法、法律相抵触。这里所说的与宪法和法律相抵触，"从狭义上解释，指立法超越宪法、法律设定的权限，或者其过程违反宪法规定的程序和形式，内容没有法律依据；而从广义上解释，则不仅包括以上情形，还包括行政法规与宪法和法律的精神相冲突"。[3]行政法规的效力次于法律而高于部门规章和地方法规，这意味着，行政法规也不能和《监察法》有所冲突，如果有冲突，应以法律为准，并不能借国务院制定的行政法规架空监察委员会。

---

[1]　秦前红："困境、改革与出路：从'三驾马车'到国家监察——我国监察体系的宪制思考"，载《中国法律评论》2017 年第 1 期。

[2]　江国华、何盼盼："中国特色监察法治体系论纲"，载《新疆师范大学学报（哲学社会科学版）》2018 年第 5 期。

[3]　江国华、周海源："论行政法规之审查基准"，载《南都学坛》2010 年第 5 期。

国务院制定的行政法规对于监察委员会来说，既是配合也是制约。配合体现在行政法规给监察委员会办案提供一定的依据，制约体现在如果公职人员所作所为符合行政法规以及其他法律的规定，则监察委员会无法认定其职务违法犯罪。

三、监察机关对行政机关的监督

监察机关监督行政机关的手段，同样可以概括为《监察法》中规定的"监督、调查、处置"。根据《监察法》第11条规定，监察委员会可以"（一）对公职人员开展廉政教育，对其依法履职、秉公用权、廉洁从政从业以及道德操守情况进行监督检查；（二）对涉嫌贪污贿赂、滥用职权、玩忽职守、权力寻租、利益输送、徇私舞弊以及浪费国家资财等职务违法和职务犯罪进行调查；（三）对违法的公职人员依法作出政务处分决定；对履行职责不力、失职失责的领导人员进行问责；对涉嫌职务犯罪的，将调查结果移送人民检察院依法审查、提起公诉；向监察对象所在单位提出监察建议"。

需要特别注意的是：监察委员会的处置权中包括给予"政务处分"的权力，在过去通常称作"政纪处分"，2018年1月，"政务处分"的表述首次出现在《查处违反中央八项规定精神问题每月通报》中。[1]以"政务处分"代替"政纪处分"，是国家监察体制改革试点的重要内容，这是由于在《监察法》颁布后，所有"政纪"均已成为国家立法，由《公务员法》《行政机关公务员处分条例》等法律法规加以规定。故用"政务处分"更加合理。[2]

《监察法》规定，对违法的公职人员依法作出政务处分决定，但对"法定程序"并未作出明确规定。政务处分的程序，目前可以参考中纪委、国家监委2018年4月16日印发的《公职人员政务处分暂行规定》，其中第2条规定："公职人员有违法违规行为应当承担法律责任的，在国家有关公职人员政务处分的法律出台前，监察机关可以根据被调查的公职人员的具体身份，依照相关法律、法规、国务院决定和规章对违法行为及其适用处分的规定，给予政务处分。"这意味着，在相关法律没有颁布前，《公职人员政务处分暂行规定》可作为对监察对象非职务违法行为立案的依据。

---

〔1〕 毛翔："'政务处分'首现中央纪委每月通报"，载《中国纪检监察报》2018年2月23日。
〔2〕 董芳："关于政纪处分的适用问题"，载《中国纪检监察》2014年第17期。

根据《政务处分法》，监察机关对违法的公职人员可以依法作出"警告、记过、记大过、降级、撤职、开除"等政务处分决定。对于公职人员中的中共党员严重违反党纪且涉嫌犯罪的，应当由党组织先作出党纪处分决定，并由监察机关依法给予政务处分后，再依法追究其刑事责任；对于非中共党员的公职人员涉嫌犯罪的，应当先由监察机关依法给予政务处分，再依法追究其刑事责任。也即，无论是不是中共党员，公职人员涉嫌犯罪的，都应先由监察机关给予政务处分后，再移交司法机关处理。[1]

因此，对于非人大及其常委会选举、任命的政府公职人员，监察机关可以在司法机关介入前，直接对其给予包括撤职、开除在内的政务处分；对于各级人民代表大会及其常务委员会选举或者决定任命的公职人员给予撤职、开除处分的，应当先由人民代表大会及其常务委员会依法罢免、撤销或者免去其职务，再由监察机关依法作出处分决定。

监察委员会在监督调查时拥有留置的权力，在处置时拥有政务处分的权力，而且依照《宪法》和《监察法》的有关规定，监察委员会独立地进行这一切活动。可以说这样的监督力度和处置力度都是非常大的。

要防止滥用权力，就必须以权力制约权力。"一切有权力的人都容易滥用权力，这是万古不易的一条经验。"[2]国家行政机关的权力很大，管理着我国的经济、教育、科学、文化、卫生、体育、民政、公安、司法行政、对外事务、国防事务、民族事务等方方面面的工作，行政机关的权力如果不能得到有效制约，则很容易被滥用。我们常常觉得在监察体制改革中，监察委员会的权力很大，这是基于监察机关要制约的对象，例如行政机关，其本身权力就很大，如果监察委员会没有行之有效的措施，没有强大的权力，就难以对如此庞大的行政权进行监督。虽然从法律关系上看，监察机关对行政机关有强有力的制约方式，行政机关没有那么多法律手段制约监察委员会，但行政机关管理着全国诸多事务，足够间接发挥影响。

拥有公权力的人或机构，其权力有大小之分，想要制约权力，就必须抬出更大的权力进行制约。依靠最大的权力去监督腐败，那正义和是非标准将

---

〔1〕　马春生："党纪政纪处分决定执行制度完善研究"，载《中国纪检监察报》2014年5月16日。

〔2〕　[法]孟德斯鸠：《论法的精神》（上册），张雁深译，商务印书馆1982年版，第159页。

直接沦为其意志的体现，最大的权力也会成为新一轮腐败的源头。[1]

我们虽然会说监察委员会拥有非常"大"的权力，但是，国家监察权、检察权、审判权、行政权没法比谁大谁小，在人大之下，它们都是平行的，不应该把人大和"一府一委两院"之间的法律关系看作谁大谁小的关系。"在民主集中制原则下，国家机关的权力来源于人大，人大的权力来源于人民。人民通过人大赋予国家机关权力，不是用来比大小的，而是在法律框架下互相独立行使各自的法定职能，又互相配合、互相制约，让权力平稳运行，为国家、为社会、为人民服务。"[2]

---

[1] [美] 约翰·罗尔斯：《正义论》，何怀宏等译，中国社会科学出版社 2001 年版。
[2] 韩大元："论国家监察体制改革中的若干宪法问题"，载《法学评论》2017 年第 3 期。

第六章

国家监察的正当程序

　　"正当程序原则是国家监察的基本原则之一，即监察权的运行应体现与适用正当法律程序的原理，在理论研究中，正当法律程序原理往往与法律的正当程序、程序正义等概念近似或发生替换。"[1]这一最早发轫于英国普通法中"自然正义"理念，在美国宪法第五和第十四修正案中明文规定且已深远影响世界各国法律制度的概念，在几个世纪的社会发展之中不断进化丰富，不仅其作用场域从司法裁判领域渗透扩张到行政及其他公权力领域，[2]其内涵也在原来单一的听证制度与"避免偏私""公平听证"两项基本内容的基础上逐渐增加了透明、公开、公众参与、及时有效等要素，在价值取向上，也在公民私产私益的保护之外被赋予了保障人权、规制公权力运行、维护一国法制统一、促进法治建设、维护宪法权威的重要意义。

　　国家监察权是我国监察体制改革中整合形成的新型国家权力，相较于以往多向、重叠的监督权力（党内纪检监督权力、行政监察权、检察系统职务犯罪侦查、反贪反渎权力），国家监察权被赋予了更加强力、高效、统一的性质。而这种国家权力与行政权力、司法权力等类型的国家权力一样，对于国家政治法律体制运行、公民权利保障等领域具有重大而深远的影响。故而在国家监察领域，司法、行政等领域都广泛存在并发挥重要作用的正当法律程序原理（法律的正当程序、正当程序、程序正义等）亦应该被适用与凸显。相较于司法、行政领域的正当法律程序原理，监察领域内的正当法律程序既应该在程序正义的价值追求下遵循基本的内容与原理，也应结合我国目前的

---

　　〔1〕　李龙、徐亚文："正当程序与宪法权威"，载《武汉大学学报（人文社会科学版）》2000 年第 5 期。

　　〔2〕　章剑生："从自然正义道正当法律程序——兼论我国行政程序立法中的'法律思想移植'"，载《法学论坛》2006 年第 5 期。

实际状况、监察体制改革与监察权构建、完善的目标与面向，具备自身独特的性质与内容。

第一节　正当法律程序原理及其在监察领域中的适用

一、正当法律程序概念辨析

（一）正当法律程序的含义及发展

英国著名法学家、原英国上诉法院院长丹宁勋爵（Alfred Thompson Denning）在其名著《法律的正当程序》中指出："我所说的正当程序不是指枯燥的诉讼条例，它在这里和国会第一次使用这个词时所指的意思倒极其相似。它出现在 1354 年爱德华三世第 28 号法令第三章中：未经正当法律程序答辩，不得剥夺任何财产和身份拥有者的土地或住所，不得逮捕或监禁任何人，不得剥夺任何人的继承权和生命。"[1]丹宁勋爵指出的正当程序和麦迪逊提出美国宪法修正案时所说非常相似，即未经正当法律程序，不得剥夺任何人的生命、自由或财产。也指法律为了保持日常司法工作的纯洁性而认可的各种方法：促使审判和调查公正地进行、逮捕和搜查适当地采用、法律救济顺利地取得以及消除不必要的延误等。

"正当法律程序概念的形成与发展经历了多个世纪，其间亦存在适用领域从司法裁判到行政等公权力领域的渗透移植、同时其内容与精神也不断地丰富与进化。"[2]"各国成文法律的文本亦结合自身时代与社会文化背景，作出了各有特色与偏向的规定。"[3]故而我们虽然可以看到如美国宪法修正案等经典表达，但却并不能确定这一概念的确切规定与权威阐发。

在英国，"自然正义"原则的最初精神体现于 1215 年《自由大宪章》，其词源正式见于 1354 年爱德华三世《自由令》第三章的"正当程序"（主要停

---

〔1〕　姜明安："正当法律程序：扼制腐败的屏障"，载《中国法学》2008 年第 3 期。转引自［英］丹宁：《法律的正当程序》，李克强等译，群众出版社 1984 年版，第 1 页。

〔2〕　刘东亮："什么是正当法律程序"，载《中国法学》2010 年第 4 期。"正当法律程序是一个具有高度灵活性的概念，与某些法律规则不同，正当法律程序并非具有固定的内涵，它和时间、地点、场合等因素有关，此外，正当法律程序还是一项不断进化的概念，过去的原则将在未来的经验下重新受到评判。"

〔3〕　王名扬：《美国行政法》，中国法制出版社 1995 年版，第 408 页。

留在司法裁判领域），主要可以表述为：任何人不能作为自己案件的法官（即排除偏见，拉丁文：Nemo judex in re sua，英文：No man a judge in his own cause），且人们的辩护必须公平地听取（英美法系的术语听证，英文：hearing）。亦可表述为其三项核心要素：排除偏见、听取意见和说明理由，更直接地表现为告知及说明理由、听取辩护理由与公职人员利害关系回避等内容。[1] 而在美国宪法关于"正当程序"的经典表述中，1791 年美国《宪法》第五修正案规定："非经大陪审团提出公诉，人民不受死罪或不名誉罪的宣告……受同一犯罪处罚的，不得令其受两次生命或身体上的危险。在任何刑事案件中不得强迫任何人自证其罪，未经正当法律程序，不得剥夺任何人的生命、自由或财产；凡私有财产，非有公正补偿，不得征为公用。"1868 年，美国宪法第十四修正案规定："……各州不得制定或施行剥夺合众国公民特权与特免的法律，也不得未经正当法律程序，剥夺任何人的生命、自由或财产。并在其辖境内，不得否认任何人享有法律上的同等保护。"

无论是英国的"自然正义"原则还是美国宪法修正案的"正当程序"条款，其含义与表述主要是针对司法裁判领域。随着英国行政权力增长、行政司法化发展与美国 19 世纪末工业社会的发展、第二次世界大战后限制战时紧急行政权等趋势渐强，正当法律程序开始由裁判渗透到行政等公权力领域，不再仅限于以标志性的"听证"程序来保障公民被损害的权益，更多的正当程序被用以限制公权力的运行，此概念在行政领域丰富了行政公开、公众参与等内容。

故而，若摆脱司法裁判与行政法领域的话语模式，正当法律程序原理可以更概括地表述为：公权力机关（及其工作人员）应基于法律规定或相关法理，通过合理正当（亦有可能是法定程序）的程序行使公权力，利益被剥夺的当事人亦有权通过相关程序提出辩护主张，以实现对公民权利的保障。其在监察领域的适用则可以理解为：国家监察机关（及其工作人员）应基于相关法律规定，通过合理、合法、正当的程序行使国家监察权，被监察对象在被采取相关措施及自身权益被剥夺的情况下，有权通过相关程序主张抗辩。

（二）正当法律程序与法定程序概念辨析

有学者认为："正当程序和法定程序在适用范围上具有互补性，正当程序

---

〔1〕　刘东亮："什么是正当法律程序"，载《中国法学》2010 年第 4 期。

主要适用于没有法律程序明确规定（即法定程序）的情形，如果成文法没有作出详细规定或者根本没有关于行政程序的规定时，行政机关不能因此认为自己不受任何程序的限制，而应遵守正当法律程序。这意味着，当没有法律程序的明确规定，甚至根本没有任何法律的规定时，程序的正当性就成为行政行为'合法'的根基。"〔1〕笔者认为，合法程序在应然层面亦属于正当程序的范畴，理想状况（或者并非最坏状况，类似推定合宪等理论）下，合法概念的集合是从属于正当合理概念的集合的。在立法未出现重大错误或严重违反公共利益、侵害公民权益的情况下，国家机关（监察机关）遵循法律条文规定的程序行使公权力，也应当认为是正当法律程序原理的体现。从发展源流来看，自然正义、正当程序等源流于程序先于权利的英国。在普通法传统里，法定程序是通过不同的令状确定不同诉讼程序以对确认权利进行保护，正当程序并非法定程序（制度、令状）的补充，而是从一开始就在通过"法定"程序发挥重要作用，成文确定的程序（法定程序）也是正当程序的一种实现方式。

在监察领域及其他国家权力领域中，应从更广义的角度理解"正当法律程序"，而不应将之与法律明文规定、法定程序相对立。其一，通过立法将正当合理的程序合法化并在行使权力过程中加以遵循。〔2〕其二，在国家权力运行过程中，当出现立法空缺时，遵循正当法律程序原理和价值理念，以合理、正当、必要的程序行使国家权力（并将此过程反馈于立法工作），从而实现国家（监察）权力的良性运行，促进公民权利的保障，推进全面依法治国战略，都应当是正当法律程序的应用与体现。〔3〕

二、监察领域适用正当法律程序的必要性

国家监察权与行政权力、司法权力等类型的国家权力一样，对于国家政治法律制度运行、公民权利保障等领域具有重大而深远的影响。故而在国家监察领域，司法、行政等领域都广泛存在并发挥重要作用的正当法律程序原理（法律的正当程序、正当程序、程序正义等）亦应该被适用与凸显。

---

〔1〕 刘东亮："什么是正当法律程序"，载《中国法学》2010年第4期。

〔2〕 王成栋："'正当法律程序'适用的基本问题"，载《法治论丛（上海政法学院学报）》2008年第6期。

〔3〕 王锡锌："正当法律程序与'最低限度的公正'——基于行政程序角度之考察"，载《法学评论》2002年第2期。

权力，尤其是垄断的权力总是有被滥用的倾向，绝对的权力导致绝对的腐败。国家监察体制改革将原纪检监督权、行政监察权、检察监督权（职务犯罪调查、反贪反渎权）整合为国家监察权，将党和国家原先分散、重复、效用不佳的监督力量统一起来。这种国家权力较之以往的监督权力甚至部分其他类型的国家权力都更为广泛、强势、独立，这也是监察权需要遵循正当法律程序原理的根本原因。这种强势主要体现在：

（一）在性质定位方面，监察机关专责监察，职能与地位独立

《监察法》第 3 条规定："各级监察委员会是行使国家监察职能的专责机关……"第 4 条第 1 款规定："监察委员会依照法律规定独立行使监察权，不受行政机关、社会团体和个人的干涉。"第 9 条规定，除去对各级国家权力机关——各级人民代表大会负责外，监察机关实行垂直管理，更为独立，便于职权行使。从组织机构层面来看，党的纪律检查委员会与监察委员会合署办公，这一设计也更有利于监察权的强势运行。

（二）在监察对象与监察事项方面，国家监察实现党、政工作人员的"全覆盖"

《监察法》第 3 条规定："各级监察委员会是行使国家监察职能的专责机关，依照本法对所有行使公权力的公职人员（以下称公职人员）进行监察……"第 15 条规定："监察机关对下列公职人员和有关人员进行监察：（一）中国共产党机关、人民代表大会及其常务委员会机关、人民政府、监察委员会、人民法院、人民检察院、中国人民政治协商会议各级委员会机关、民主党派机关和工商业联合会机关的公务员，以及参照《中华人民共和国公务员法》管理的人员；（二）法律、法规授权或者受国家机关依法委托管理公共事务的组织中从事公务的人员；（三）国有企业管理人员；（四）公办的教育、科研、文化、医疗卫生、体育等单位中从事管理的人员；（五）基层群众性自治组织中从事管理的人员；（六）其他依法履行公职的人员。"从第 3 条"……调查职务违法和职务犯罪，开展廉政建设和反腐败工作……"的规定中可以发现，这种设计使得所有行使公权力的人员和行为都被纳入了监察体系之中，这一覆盖对象范围与监察事项范围达到了以往国家层面监督权力甚至党内监督都未曾达到的高度。

（三）在监察权限方面，监察机关可采取的措施类型十分广泛

根据第十二届全国人民代表大会常务委员会第二十五次会议通过的《关

于在北京市、山西省、浙江省开展国家监察体制改革试点工作的决定》、第十二届全国人民代表大会常务委员会第三十次会议通过的《关于在全国各地推开国家监察体制改革试点工作的决定》的相关内容，"监察委员会按照管理权限，对本地区所有行使公权力的公职人员依法实施监察；履行监督、调查、处置职责，监督检查公职人员依法履职、秉公用权、廉洁从政以及道德操守情况；调查涉嫌贪污贿赂、滥用职权、玩忽职守、权力寻租、利益输送、徇私舞弊以及浪费国家资财等职务违法和职务犯罪行为并作出处置决定；对涉嫌职务犯罪的，移送检察机关依法提起公诉。为履行上述职权，监察委员会可以采取谈话、讯问、询问、查询、冻结、调取、查封、扣押、搜查、勘验检查、鉴定、留置等措施。"此规定通过众多颇为强有力的监察措施保障了监察机关广泛的监察职责。具体而言，监察领域适用正当法律程序的必要性在于：

1. 规范国家监察权的良性运行

"与其他国家权力一样，监察权的良性运行影响着国家治理水平与社会秩序稳定，其可以支配的资源及令相对人服从的力量深刻影响着公共安全与公民权益。"〔1〕其运行过程不仅仅对公民个人产生作用，亦有可能与其他国家权力发生冲突，若无正当程序保障与规范，监察权很有可能扰乱国家与社会的良性运行，破坏国家的根本制度与公共秩序。

2. 保障公民权利

规范公权力，尤其是强势的监察权力，可以实现保障公民权利、防止因为权力滥用而践踏人权的目的。上述监察权的性质、地位、权限以及措施无疑满足强力反腐的考虑，但由于监察力度与手段相当强势，极有可能会在运行过程中与公民人身、财产等权利产生强烈冲突，如留置措施与公民人身自由的冲突，查封、扣押、冻结措施与公民财产权的冲突等。故而，需要将可能与公民权利产生冲突且强势的监察权纳入法治轨道，通过程序正义保障监察权合法、合理、正当地运行，避免监察机关及其工作人员错误行使国家权力、不法侵害公民权利。

---

〔1〕 沈国琴："正当法律程序与警察行政权的行使"，载《中国人民公安大学学报（社会科学版）》2007年第3期。

3. 推进法治建设，维护宪法权威

稳步推进政治改革、完成国家政治法律制度变革，将整合的新型国家权力纳入法治轨道，与其他类型的国家权力一样纳入宪法法律构成的社会主义法律体系的调整范围，是全面深入推进"依法治国"，坚持中国特色社会主义法治道路的内在要求。"新型国家权力的良性运行，反映出国家治理体系有能力应对改革带来的秩序风险，正当法律程序原则规范强势国家权力面对公民个体、其他国家权力时不被滥用，程序正义保障的理性道德与正当性有利于巩固宪法信仰与宪法权威，促进我国的法治建设与法制统一。"

三、监察领域的正当法律程序原则

前文已述，英美国家的自然正义原则、"正当程序"语境下衍生的司法与行政领域的正当法律程序原理各自在类似的基本内容之上发展形成了独特的内容。

（一）司法正当程序原则

司法正当程序原则主要包括以下两个方面的内容：第一，司法中立原则。主要指公职人员应当排除内心偏见，公正地审视、听取与判断裁决，有利害关系的公职人员应当回避以确保司法公正。第二，司法参与原则。主要指当事人应被告知被剥夺权利（主要指败诉）的依据和理由，在司法过程中有程序足以保障当事人陈述抗辩，相关听证类的程序亦需要告知当事人参与。

（二）行政正当程序原则

行政正当程序原则可以概括为：第一，避免偏私原则。即中立性原则，要求行政主体排除利益干扰，在行政过程中以公平公正的立场决定行政行为或听取理由、意见，一般体现于职能分离及回避等制度。第二，行政参与原则。即利害关系人可以参与相关过程，表达意见、陈述理由。其核心制度集中于听证类的制度，这一点与司法正当程序较为相似，主要体现在获得通知、及时进行辩护权利等。第三，行政公开原则。主要要求行政主体公开行政权力运行的依据、过程、结果及其他信息，可以视为参与原则之前提。行政公开有利于保障利害关系人的权利，并实现对行政权力的监督。

（三）监察正当程序原则

至于国家监察权的运行范畴，正当法律程序原理的适用在法治背景的前提下，更应结合监察权的特点与国家监察的价值取向，兼顾公民权利保障与惩治权力腐败的改革目标。正当法律程序原理贯穿于监察权运行中的监督、调查、处置等程序，具体而言包括：第一，监察中立原则。主要要求监察机关排除偏私的立场，以公正的角度行使监察权。重点体现在证据调查收集与排除过程中，存在利害关系的工作人员或相关主体应当回避；不能因为达到立案标准而径行确信被监察对象存在违法违纪事实，坚决杜绝类似司法裁判中的"有罪推定"心态；依法排除以非法方法收集的证据，不得作为案件处置的依据；收集证据应形成可以印证完整逻辑且稳定的证据链；在自身监督过程中，严格开展本职工作，加强对监督、调查、处置程序的监督，杜绝利害关系、监察腐败等情况的发生。第二，人权保障原则。对比而言，人权保障的价值追求在监察领域的正当程序中更为凸显，主要原因在于监察权力之强势，其入侵公民权利领域的风险程度较高。在此原则之下，监察程序立法与实施过程中程序正当的追求重点在于：保证被监察对象的参与作用；保证其在调查、处置过程中的辩护权利（如律师会见与个人申辩、说明事由等）；在监督、调查、处置过程中及过程终结后尊重和保障被监察对象的人格尊严，如禁止在调查过程中侮辱打骂、无罪销案、向社会或主管单位通报、保守调查过程中获悉的个人隐私、及时解除技术调查等；保障被监察对象身体健康与精神正常，如严禁虐待、体罚或者变相体罚被调查人和涉案人员，保证休息与饮食，合理安排问询时间等；保障被监察对象的财产性权利，如对调查涉及的财产制作登记清单、退还、及时解冻、专门保管等。第三，监察公开原则。与司法和行政领域类似，监察公开原则亦是通过要求监察机关公开行使相关监察权的理由、依据以及相关监察过程与结果（法律规定不予公开的除外），达到监督、制约监察权的目的。通过监察公开原则，社会公众与利害关系人得以对监察权进行监督，被监察对象及相关人得以知悉相关信息（如监察依据与理由），从而保证参与的前提，进而有利于人权保障目标的实现。如立案决定应告知当事人与相关组织；调查搜查应在公开场合进行；保证相关人员的见证；处置决定及理由应告知当事人并告知相关的救济途径等。

第二节　监察监督程序

"监督是纪委监委的基本职责、第一职责，没有强有力的监督，审查调查和问责处置就没有基础。"[1]纪委、监察委合署办公，既执纪又执法，必须依据党章、党规、党纪管党治党，依据宪法法律管好所有行使公权力的公职人员。实现国家腐败治理现代化的关键在于监督能力而非惩治能力的现代化。监督的根本目的是发现问题、纠正偏差、抓早抓小、防微杜渐、惩前毖后、治病救人。监督的重点既包括《党内监督条例》中明确指出的：遵守党章党规、维护党中央集中统一领导、坚持民主集中制等八个方面，也包括《监察法》规定的依法履职、秉公用权、廉洁从政从业以及道德操守情况等方面的内容。"监督有力才能发现问题，发现问题就要严格审查调查，进而严肃问责处置。"[2]纪检监察机关必须重点强化监督职责，转变以办大案、要案论英雄的政绩观，创新监督理念思路和方式方法，在此基础上更加扎实地做好执纪问责、调查处置等各项工作，高质量完成党章和宪法赋予的职责。监督检查的方法包括列席或者召集会议、听取工作汇报、实施检查或者调阅、审查文件和资料等，内容是公职人员依法履职、秉公用权、廉洁从政从业以及道德操守情况。[3]监察机关在统合了原行政监察权和检察机关的部分法律监督权之后，既能够对所有行使公权力的公职人员进行监督，也可以对公权力活动和行使过程展开全面监督，实现包括"对人监督"和"对事监督"在内的广泛的监察和监督。[4]在监察机关握有如此广泛的监督权的背景下，监督程序的意义和价值更加凸显。根据《监察法》规定，监察委员会的监督程序主要分为监督线索处理程序、初步核实程序以及行使监督权收集证据的程序性规定。

一、监督线索处理程序

监督线索处理程序即监察委员会对于报案与举报的相关线索进行接受和处理，并按照《监察法》的相关规定以及各个部门之间的职能分工对相关线

---

〔1〕　本报评论员："把'三转'推向更高层次更高水平"，载《中国纪检监察报》2018 年 4 月 16 日。

〔2〕　钱小平："监察委员会监督职能激活及其制度构建——兼评《监察法》的中国特色"，载《华东政法大学学报》2018 年第 3 期。

〔3〕　中共中央纪律检查委员会、中华人民共和国国家监察委员会法规室编写：《〈中华人民共和国监察法〉释义》，中国方正出版社 2018 年版，第 96 页。

〔4〕　江国华、何盼盼："中国特色监察法治体系论纲"，载《新疆师范大学学报（哲学社会科学版）》2018 年第 5 期。

索对应的案件进行立案管辖的工作流程。

（一）对报案、举报的处理程序

1. 监察机关对报案、举报的接受及其处理

监察机关对举报、报案的接受是指各级监察机关对于单位、其他社会组织和个人的举报、报案及其相关材料进行接待和收留的活动。所谓报案是指任何单位、社会组织或者个人在发现违法犯罪事实之后，或者被害人对侵犯自己人身、财产权益的犯罪事实向监察机关报告之后，请求其进行调查并作出处置的行为。报案人有可能是偶然知悉犯罪事实的人，其进行报案并不必然知晓犯罪嫌疑人；报案人也可能就是受害者本身，其进行报案也未必知晓犯罪嫌疑人。所谓举报是指与监察案件无直接利害关系的知晓案件相关情况的单位或者个人向监察机关检举、揭发犯罪嫌疑人的犯罪事实或者犯罪线索的行为。

（1）问题线索的来源。"问题线索是监察机关启动监察程序，确定案件管辖和后续调查、处置的前提，没有问题线索或者没有发现问题线索，就不能启动监察程序，这是出于保护相关人员基本权利和节约监察资源、提高监察调查效率和质量的必然要求，有利于保障监察活动的合法性、有序性和稳定性。"[1]一般说来，问题线索的来源主要有以下几个方面：一是来自于相关人员的报案、举报。二是监察机关依照法律规定在履行职责过程中发现的有关线索和问题。三是除了国家监察机关以外的其他国家机关在履行职责过程中发现的移送给监察机关管辖的线索和案件，例如公安机关作为国家治安管理部门，其在与违法犯罪进行斗争的第一线和日常工作中发现的犯罪线索和事实；人民检察院在审查批捕、审查起诉过程中发现的犯罪事实与线索；人民法院在行使审判职能时发现的与案件无关的其他职务违法犯罪线索等。四是有关人员的控告。五是职务违法、犯罪嫌疑人的自首。六是来自社会舆论监督、媒体监督等方式发现的问题线索。

（2）报案与举报的区别。报案和举报都是监察机关获取问题线索的重要来源，但是二者略有不同。"报案仅仅是报告发生了职务违法犯罪，但并不知晓违法人、犯罪嫌疑人是谁，报案人既可以是被害人，也可以是除被害人以外

---

〔1〕 湖北省纪委监委案件监督管理室："问题线索如何规范管理高效处置"，载《中国纪检监察报》2018 年 5 月 2 日。

的其他人。当被害人仅仅向监察机关报告发生了职务违法犯罪行为时，就是报案。"〔1〕而举报是被害人及其法定代理人、近亲属以外的其他人为了维护国家利益、社会公共利益和其他公共利益而进行的活动，其不仅报告发生了职务违法犯罪行为，还报告职务违法犯罪嫌疑人是谁。简言之，举报与报案相比，其所提供的问题线索更为具体，直接指向了职务违法犯罪的相关嫌疑人。〔2〕

（3）监察机关对报案、举报的处理。第一，对于任何报案、举报，监察机关都应当接受而且必须接受，这不同于诉讼管辖中的立案审查制度。因为就监察程序而言，此时的报案和举报只是监察机关发现和查找、获取问题线索的一种途径，并没有正式进入监察立案程序，如果对每一次报案和举报进行审查，即使是形式审查，恐怕也会打击和挫伤报案人、举报人的积极性，不利于全面、有效地查处职务违法犯罪活动，保障国家利益和社会公共利益。第二，监察机关对于举报和报案应当按照有关规定进行处理。"对于那些属于本机关管辖的问题线索，监察机关应该严格按照法定程序开展调查工作，对于那些需要采取初步核实的问题线索，监察机关理应依法履行审批手续，成立核查组，进行调查处置。"〔3〕对于那些不属于本级监察机关管辖的线索，可以请求移送给上级监察机关或者下级监察机关处理。

2. 立案管辖

《监察法》第4条第2款规定：监察机关办理职务违法和职务犯罪案件，应当与司法机关互相配合、互相制约。该条规定内含了监察案件的管辖必须要坚持分工明确、合理的原则。合理确定管辖有利于各级监察机关和其他国家机关之间依法履行自己的职责、行使自己的职权，将属于自己管辖的案件或问题线索管起来、管好、处理好，既防止相互推诿和相互争抢，又充分发挥每个部门、每个单位在同职务违法犯罪做斗争中的作用和功效；也有利于有关主体向各级监察机关、公检法等各机关提出报案、举报和控告；更有利于案件或问题线索得到及时、正确的处理，减少或避免公共利益的损失。〔4〕

---

〔1〕　邓和军："报案、举报与控告"，载《贵州警官职业学院学报》2003年第3期。

〔2〕　江国华：《中国监察法学》，中国政法大学出版社2018年版，第187页。

〔3〕　中共中央纪律检查委员会、中华人民共和国国家监察委员会法规室编写：《〈中华人民共和国监察法〉释义》，中国方正出版社2018年版，第174页。

〔4〕　中共中央纪律检查委员会、中华人民共和国国家监察委员会法规室编写：《〈中华人民共和国监察法〉释义》，中国方正出版社2018年版，第71页。

监察立案管辖是指国家各级监察机关与公安机关、人民法院、人民检察院等其他国家机关在受理和查处相关职务违法、职务犯罪案件上的职能分工。管辖涉及各级监察机关内部分工和监察机关与其他国家有权机关的外部分工两个方面，而此处的立案管辖仅仅指代外部分工方面。

（二）线索处置工作的监督程序

1. 建立相互协调、相互制约的工作机制和协调内部职能分工

《监察法》第36条第1款规定："……建立问题线索处置、调查、审理各部门相互协调、相互制约的工作机制，"设立相应的工作部门履行线索管理、监督检查、督促办理、统计分析等管理协调职能。"这就要求各级监察机关内部要形成执纪监督、线索处理、审查调查、内部监督管理、案件督促、案件审理相互协调、相互制约的工作机制。"[1]具体而言：

（1）各级监察机关要建立健全机关内部建设，明确职能分工，细化履行职责方式并完善配套制度。各级监察机关要分门别类地设置报案与举报接受部门、问题线索分析处置部门、线索管理部门、监督检查和执纪监督部门、线索调查审查部门等单位，并且赋予其各自相应的职权。

（2）在领导体制上，探索统分结合的模式，实行既分工负责又集体决策的体制。实行"监督、审查、案管、审理"相对分离制度，各级纪委监委主要负责人员分别分管执纪监督、审查调查、案件监督管理和案件审理等工作，分工处理、分工负责。建立集体决策制度，关于监察过程中的重大问题必须经集体研究决定，出现集体内部意见不一致时必须经集体研究，经协商一致后按程序报批。

（3）在工作机制上，建立既相互协调又相互制约的机制。案件监督管理部门集中统一管理所有反映领导干部的问题线索，实行动态更新、汇总核对、全程监控，对执纪监督、审查调查工作进行综合协调和监督管理；执纪监督部门负责所联系地区和部门的日常监督，不负责具体案件查办；审查调查部门负责对违纪违法行为进行初步核实和审查调查，实行一次一授权，不固定联系某一地区或者部门，由案件监督管理部门统一调度；案件审理部门负责审核把关，对事实不清、证据不足的案件，退回审查调查部门补充证据或重

---

〔1〕 王珍、李光："他们这样开展执纪监督和审查调查"，载《中国纪检监察报》2018年1月17日。

新调查。[1]

（4）建立相互支持、协调衔接的工作机制。设立科学、合理、透明、高效的内部办案流程，严格依照程序办事，保障监督权的规范行使。案件监督管理部门负责对审查调查部门的线索处置、审查调查情况进行跟踪研判，在安全保障、陪护力量协调等方面支持审查调查部门的工作。审查调查部门要将工作进展、线索处置进度以及相关审查调查数据统计情况及时报送案件监督管理部门，便于汇总分析。案件审理部门要在制定取证指南、细化证据标准、发布典型案例等方面对审查调查部门的工作进行指导和支持。[2]

2. 内部监督程序

监察机关的监察活动不仅要受到来自外界的监督，如人大的监督、党的监督、人民的监督和社会监督等，还要受内部体制机制的监督，具体包括国家监察委员会对地方监察机关工作的监督、上级监察机关对下级监察机关的监督和各级监察机关对自身内部各工作部门的监督。[3]监察机关加强对调查、处置工作的监督管理，一是要建立内部监督制度；二是要健全工作运行制度；三是要完善干部管理制度，注重夯实基础，提升纪检监察干部综合素质；四是要创新监督方式，健全内部监督管理机制；五是要完善纪检监察工作人员违纪违法问题查处和情况通报制度。

（三）线索处置程序

1. 问题线索的处置、审批和分类管理

监察机关对于有关问题线索的举报、报案应当予以受理，要切实履行好受理和分流的职责。对那些不属于监察机关管辖的线索和情况应当予以转送，属于监察机关内部受理的，要做出详细分析研究：对于属于上级或者下级监察机关管辖的问题线索，可以报请上级移送或者直接移送给下级监察机关予以办理；属于检举控告类的问题线索或情况，经过筛选研判，以及机关内部领导批准之后转化为问题线索；对于属于批评类的问题或者情况，应对举报人反映的廉政建设和监察工作的意见进行梳理并向机关负责人做出报告；对

---

[1]　王立峰、潘博：“浅析中共纪检监察机关的内部监督机制”，载《长白学刊》2015 年第 6 期。

[2]　李红勃：“迈向监察委员会：权力监督中国模式的法治化转型”，载《法学评论》2017 年第 3 期。

[3]　田国垒：“始终在党的领导和监督下开展工作”，载《中国纪检监察报》2018 年 3 月 19 日。

于申诉类的问题线索或者情况，按照有关申诉复核的规定予以办理。尤其应注意的是，在对问题线索进行分类处置、审批和管理的过程中要做好相关保密工作。

2. 问题线索的定期汇总、通报

"从问题线索管理处置流程上看，有关问题线索有多种来源途径，由监察机关内部的纪检、信访管理部门进行归口管理、统一接受，之后通过整理将问题线索分类摘要移送到案件监督管理部门。"〔1〕同时，执纪监督部门、执纪审查部门、干部监督部门在履职过程中发现问题线索的，对那些不属于本部门受理的线索，经过本部门领导审批之后移送给案件监督管理部门。此外，巡视工作机构、其他国家机关发现的问题线索也将移交给案件监督管理部门。案件监督管理部门将定期对所有的问题线索进行汇总、核对、报告，提出分办意见之后移交承办部门予以办理处置。在案件办理和处置过程中，具体承办部门也将会定期汇总问题线索处置情况并加以归档，同时将相关的情况及时通报给案件监督管理部门。建立问题线索处置情况定期汇总、通报制度有利于理顺监察机关内部各部门之间的关系，使得对问题线索的处置工作得以顺利开展，提高监察效率。同时也要对问题线索的处置情况进行定期检查和抽查，提高监察案件质量。

二、初步核实程序

所谓初步核实，是指监察机关对需要调查处理的事项，在正式立案前采取一定的方式进行初步的了解与核实，以确认是否符合正式立案条件的活动。通过初步核实确认监察机关受理的有关监察对象违反职务相关法律法规行为的线索和材料是否符合立案条件，为立案与否提供依据。"可以说，初步核实是监察机关调查处理职务违法犯罪案件的启动程序，对整个调查处理职务违法犯罪案件工作来说都是十分必要的。"〔2〕

（一）初步核实的执行程序

根据《监察法》之规定，监察机关应按照下列程序对涉嫌违反《监察

---

〔1〕 中共中央纪律检查委员会、中华人民共和国国家监察委员会法规室编写：《〈中华人民共和国监察法〉释义》，中国方正出版社 2018 年版，第 176 页。

〔2〕 钱小平："监察委员会监督职能激活及其制度构建——兼评《监察法》的中国特色"，载《华东政法大学学报》2018 年第 3 期。

法》有关规定的问题线索作出初步核实处理：

（1）需要采取初步核实方式处置问题线索的，监察机关应当依法履行审批程序，成立核查组。问题线索是职务违法犯罪审查工作的重要基础，对其展开核查工作应当按照法定程序进行。由于每一种涉嫌职务违法犯罪的情况与特点都不同，初步核实的方式也不尽相同。因此，应针对每一种涉嫌职务违法犯罪的情况与特点采取对应的初步核实方式。实践中常用的方式有：书面核实；当面了解核实知情人和有关单位、人员的反映及检举人、控告人、自述人提供的有关情况；责成或者委托下级监察机关或有关部门了解核实有关情况等。监察机关成立核查组是为初步核实工作提供的组织准备。核查组是监察机关初步核实工作的执行人员，需要依法按照审批程序予以成立，核查组至少应当包含一名监察机关负责人。

（2）初步核实工作结束后，核查组应当撰写初核情况报告，提出处理建议。所谓撰写初核情况报告是指监察机关依法审批成立的核查组在完成初步核实工作后，针对核实所得出的问题线索，整理问题情形，撰写工作报告的活动。[1]核查组按照初步核查所掌握的实际情况，结合初核报告的内容，就所初步核实的单位与个人是否符合涉嫌职务违法犯罪的情形进行判断，列明被核查人的基本情况、反映的主要问题、办理依据及初核结果、存在疑点、处理建议，由核查组全体人员签名备查。承办部门应当综合分析初核情况，按照拟立案审查、予以了结、谈话提醒、暂存待查或者移送有关党组织处理等方式提出处置建议。初核情况报告报监察机关主要负责人审批，必要时向同级党委（党组）主要负责人报告。监察机关对违反职务法律、法规行为进行初步核实后，对初步核实的具体情况分别作出以下处理：其一，存在违反法律、法规事实，需要进一步调查的，予以立案。其二，不存在违反法律、法规事实或者存在违反法律、法规事实但情节轻微的，不予立案；对存在违反法律、法规事实但情节轻微的，可按照《监察法》第45条第1款之规定处罚。

（二）初步核实工作的成果处理

（1）承办部门应当提出分类处理意见。承办部门即接受监察机关委托处理初步核查工作的单位、组织，应当将问题线索进行分类处置，给出对拟立

---

〔1〕　中共中央纪律检查委员会、中华人民共和国国家监察委员会法规室编写：《〈中华人民共和国监察法〉释义》，中国方正出版社2018年版，第198页。

案、初核、谈话函询、暂存和了结情况下关于初步核查问题线索是否应当予以立案的意见。承办部门的分类处理意见必须要有文件材料的支撑，以证明处理意见的合法性与合理性。"承办部门是监察机关初步核实工作的临时办事机构，其得出的分类处理意见具有参考性，可以用于补充、完善监察部门的初核报告及处理建议，但不能单独作为初步核实的最终凭据。"〔1〕

（2）初核情况报告和分类处理意见报监察机关主要负责人审批。"监察机关的主要负责人指的是监察机关主持本单位全面工作，具有最高决策权并对本单位承担主要责任的单位主要领导。"〔2〕将初步核查过程中由监察机关及承办单位提出的初核情况报告和分类处理意见报监察机关主要负责人审批，旨在使监察机关主要负责人了解初步核实工作的具体情况，判断监察对象是否有可能存在职务违法犯罪的行为事实，增强立案工作的准确性、合法性、权威性。

监察机关负责人在审批时应当注意以下几点：其一，初步核实工作是否依法进行。要审查初核报告与分类处理意见，首先应当判断初步核实工作本身是否合法，是否有程序上的瑕疵，对于其中违法的行为应予以批评并追究责任。其二，重点核实相关证据材料，重视证据对问题线索的说明作用，不可仅凭经验和主观臆断来判断监察对象是否存在职务违法犯罪行为的可能性。其三，审批应当具有责任效力。审批意味着监察机关负责人应当对初核结果负责。其四，审批的结果应当在监察机关内部公开。审批结果除密级限制外，应当对核查组和所在的监察机关内部予以公示。被监察对象在初步核实工作过程中能够主动交代其职务违法犯罪行为或者监察机关尚未掌握的其他职务违法犯罪行为的问题线索的，可以从轻处分或免于追究其法律责任。

三、行使监督权收集证据的程序性规定

《监察法》中的"证据"是指以法律规定的形式表现出来的、能够证明监察机关所调查事项的真实情况的一切事实。证据具有客观性、关联性和合法性三个基本属性，它是监察机关调查工作的基础和核心。证据的种类包括

---

〔1〕 湖北省纪委监委案件监督管理室："问题线索如何规范管理高效处置"，载《中国纪检监察报》2018 年 5 月 2 日。

〔2〕 张振平："问题线索处置全程留痕"，载《中国纪检监察报》2018 年 2 月 12 日。

物证、书证、证人证言、被调查人供述和辩解、鉴定意见、勘验检查笔录、视听资料、电子数据等。

监察机关行使监督职权时有收集证据的权力，有权要求有关单位和个人履行配合取证的义务。监察机关依法向有关单位和个人了解情况，收集、调取证据，是查明事实、惩治腐败、保障被调查人合法权益的需要。《监察法》在第四章"监察权限"和第五章"监察程序"等章节中对监察机关了解情况以及收集、调取证据的具体程序和规范作了规定。有关单位和个人提供的财物、文件、电子信息以及其他有关材料应当真实反映与监察事项相关的内容、情节、线索等，不得伪造、更改、虚构。

监察机关及其工作人员对在监督过程中知悉的国家秘密、商业秘密、个人隐私负有保密义务。"国家秘密"是指关系国家安全和利益，依照法定程序确定，在一定时间内只限一定范围人员知悉的事项；"商业秘密"是指不为公众所知悉，能为权利人带来经济利益，具有实用性并经权利人采取保密措施的技术信息和经营信息；"个人隐私"是指个人生活中不愿公开或者不愿为他人知悉的秘密。《保密法》《刑法》《民法总则》《侵权责任法》等法律都对国家秘密、商业秘密、个人隐私的保护作了规定。监察机关及其工作人员对监督、调查过程中知悉的国家秘密、商业秘密、个人隐私，应当妥善保管，不得遗失、泄露。

任何单位和个人不得伪造、隐匿或者毁灭证据。伪造、隐匿或者毁灭证据既会对监察机关的监督、调查工作造成严重影响，造成被监督人、被调查人逃脱本应承担的法律责任或者造成冤假错案，又会对人民检察院的审查起诉、人民法院的审判等活动造成严重影响。"任何单位和个人"是指不论是监察机关及其工作人员，还是被监督人、被调查人、证人或者其他相关单位和个人，都不得伪造、隐匿或者毁灭证据。凡是有这种行为的，都必须追究其法律责任，构成犯罪的，依法追究其刑事责任。

需要注意的是，监察机关及其工作人员了解情况以及收集、调取证据必须客观全面，被监督人、被调查人有无职务违法犯罪、法律责任重或者轻的证据都要收集，不得有意遗漏。[1]

---

〔1〕　中共中央纪律检查委员会、中华人民共和国国家监察委员会法规室编写：《〈中华人民共和国监察法〉释义》，中国方正出版社2018年版，第124页。

第三节　监察调查程序

《监察法》作为我国国家监察体制改革里程碑式的重要标志，它的颁布与监察委员会的设立无疑对党和国家的政治生活与法律生活都产生了举足轻重的影响，更意味着我国在反腐败法治化进程中迈出了坚实的一步。《监察法》在我国的政治生活实践中创造性地设置了监察权这一新的国家权力。其中，第11条详细规定了"监察委员会依照本法和有关法律规定履行监督、调查、处置职责"的具体内容。"为新设立的'监察委'在法律上配备了三副锐利的'牙齿'，而在监督、调查、处置三项职权之中，又数调查权最为引人关注。"[1]首先，该法第11条第2项规定了："对涉嫌贪污贿赂、滥用职权、玩忽职守、权力寻租、利益输送、徇私舞弊以及浪费国家资财等职务违法和职务犯罪进行调查"，既糅合了党纪违纪调查权，又糅合了此前行政监察的政纪违纪调查权，甚至将此前由检察机关的职务犯罪侦查部门的职务犯罪侦查权也并入国家监察权范畴中，足见其适用范围之广。其次，《监察法》第四章"监察权限"中从第18条至第30条对这一调查权可以适用的调查措施作出了详细规定，总共包括讯问、询问、留置、搜查、调取、查封、扣押、勘验、检查等调查措施。对被调查人的隐私权、财产权甚至人身自由权利都有涉及，足见其权力触及之深。虽然，为了构建一套其职责为"对行使公权力的公职人员进行监察，调查职务违法和职务犯罪"的"全面覆盖国家机关及其公务员的国家监察体系"，赋予监察机关以这样集中的权力，对于国家反腐败法治化制度建设、加强党对反腐败工作的集中统一领导，具有重大而深远的意义；[2]但与更大的权力相对应的应当是对公民权利更大的保护。正如作为《刑事诉讼法》中的"帝王"原则——程序法定原则——对刑事侦查权的规制一样，《监察法》同样需要一套合理且详尽的正当程序对监察调查权进行规制。实现反腐败手段与措施的法治化只完成了反腐败法治化的一步，如果没有正当程序的规制，本用于反腐败的权力也可能走向腐败。

---

[1] 秦策："监察调查程序的法治化构建"，载《理论视野》2018年第2期。

[2] 陈卫东："职务犯罪监察调查程序若干问题研究"，载《政治与法律》2018年第1期。

一、监察机关调查权行使的逻辑与实质起点

程序法定原则对于国家监察机关调查权的规制应当在实质上覆盖监察调查的全过程，故找到调查权行使的逻辑与实质起点对我们理解调查权的程序规制具有重要意义。法律对于监察调查介入的时间点有其明确规定，《监察法》第 39 条规定了在立案后，研究确定调查方案并决定需要采取的调查措施。从《监察法》的规定来看，调查权行使的逻辑起点应该是在立案程序之后。理所应当的，对于监察调查权的程序规制也只能从立案程序之后的实质调查开始。但无论是在此前的纪律检查、行政监察或职务犯罪侦查的实践中，还是在监察委员会试点以来的监察实践环境中，监察调查权的实质介入起点应当是线索的处置与初步核实阶段。

《监察法》第 39 条第 1 款规定："经过初步核实，对监察对象涉嫌职务违法犯罪，需要追究法律责任的，监察机关应当按照规定的权限和程序办理立案手续。"不难看出线索处置与初步核实的一种可期待结果是对被监察人涉嫌职务违法犯罪而需要追究法律责任产生一种合理的怀疑，而这种合理的怀疑必然是基于在初步核查阶段就已经掌握的相关线索与证据之上的。相比之下，在立案之后的调查权形式上正式介入更多的可能是起到固定证据与"扩大战果"的作用。[1] 与此同时，在《监察法》"监察权限"一章中第 18 条第 1 款规定了 "监察机关行使监督、调查职权，有权依法向有关单位和个人了解情况，收集、调取证据。有关单位和个人应当如实提供"。以及第 19 条规定了 "对可能发生职务违法的监察对象，监察机关按照管理权限，可以直接或者委托有关机关、人员进行谈话或者要求说明情况"。这两条中并没有明确指出调查这一概念，也没有明确 "在调查过程中" 这一前提条件。结合第 20 条之后的条文以及其前后逻辑关系来看，第 18 条与第 19 条所规定的 "了解情况""收集、调取证据""谈话以及要求说明情况" 等措施并不属于监察机关在法律条款范围内的调查权所涵盖的范畴。但这种以获取相关信息为核心的初步核查活动从其本质而言已经具备了 "调查" 这一概念的基本内涵，实际上行使了一种 "隐性的调查权"。并且这种 "隐性的调查权" 在法定程序控制上只有第 38 条所规定的 "上报审批" 这一项。可以说这一 "隐性的调查权" 才

---

[1]　陈卫东："职务犯罪监察调查程序若干问题研究"，载《政治与法律》2018 年第 1 期。

是监察调查权行使与介入监察活动的实质性起点。但《监察法》对这种初步核查可以适用何种方式手段，在何种环境下进行，被核查对象范围是否可以随意扩大更改等都无明确规定，这也为之后的法定调查权行使埋下了一定的程序违法的隐患。在调查阶段，无法在正当程序之内完成的调查任务是否有可能通过在立案之前的这种隐性调查来完成；这种隐性调查是否会侵害相关人的基本权利，是否符合程序正当的要求都存在一定的风险。正如习近平总书记所指出的，"权大还是法大"是一个需要研究的"真命题"，"纵观人类政治文明史，权力是一把双刃剑，在法治轨道上行使可以造福人民，在法律之外行使则必然祸害国家和人民"。[1]不可否认的是，监察调查的程序起点在处置线索与初步核查的这一刻就已经开始了，其也应当受调查正当程序的规制，才符合正当程序的基本原则。在具体程序规制上，可以参照公安机关对"初查"与立案后的"侦查"所做的区别，即在初查期间，不允许对相关人采取人身强制措施和实行以限制个人基本权利为特征的强制性侦查行为。[2]通过类似规定，将这种"隐性的调查权"纳入法定正当程序的轨道之中。

二、监察机关行使法定调查权的基本措施与程序规制

根据《监察法》第四章"监察权限"的规定以及第 41 条的概括性规定，监察机关在立案程序之后，正式行使法定调查权的手段有讯问、询问、留置、搜查、查询、冻结财产、调取、查封、扣押、勘验检查、鉴定、技术调查、通缉、限制出境等。"职务犯罪侦查措施的基本目的是实现惩罚犯罪与保障人权的统一，直接目的是及时快速地实现侦查目的。"[3]为了对监察机关行使调查权作出程序规范使其符合程序正当原则以达到惩罚犯罪与保护人权的和谐统一，《监察法》既列举了监察机关可以适用的调查措施以及相对应的每种调查措施所需要遵循的程序规范，也对监察调查程序作出了原则性的规范，借此形成了既有普遍性条款又有特殊性条款的双重规范样式。

---

[1] 习近平："在省部级主要领导干部学习贯彻党的十八届四中全会精神全面推进依法治国专题研讨班上的讲话"，2015 年 2 月 2 日，载 http://www.xinhuanet.com//politics/2015-02/07/c_ 11142882 13.htm，访问日期：2019 年 7 月 24 日。

[2] 《公安机关办理刑事案件程序规定》第 171 条：对于在审查中发现案件事实或者线索不明的，必要时，经办案部门负责人批准，可以进行初查。初查过程中，公安机关可以依照有关法律和规定采取询问、查询、勘验、鉴定和调取证据材料等不限制调查对象人身、财产权利的措施。

[3] 王建明："职务犯罪侦查措施的结构、功能及适用原则"，载《中国法学》2007 年第 5 期。

（一）普遍性条款的正当程序要求

1. 调查措施、范围、内容法定原则

《监察法》第 39 条第 2 款规定："监察机关主要负责人依法批准立案后，应当主持召开专题会议，研究确定调查方案，决定需要采取的调查措施。"第 42 条第 1 款规定："调查人员应当严格执行调查方案，不得随意扩大调查范围、变更调查对象和事项。"这里的"法定"一方面指的是运用的调查措施必须于法有据，不能够使用法律没有明文规定的调查措施开展调查；另一方面也指调查内容由调查方案所决定，对于既已制定的调查方案与调查措施不能随意更改，更不能随意扩大调查范围。

2. 公开调查原则

鉴于职务违法甚至职务犯罪行为的高度复杂性、隐蔽性，这类违法犯罪活动在调查上十分困难，牵涉面广，涉及保密内容较多，在调查过程中确有需要保密的内容。但对于立案调查决定以及严重侵害被调查人基本权利的调查措施，应当对被调查人及其家属公开，对于调查决定也应对社会公开。

3. 保障人权原则

《监察法》第 40 条第 2 款规定："严禁以威胁、引诱、欺骗及其他非法方式收集证据，严禁侮辱、打骂、虐待、体罚或者变相体罚被调查人和涉案人员。"正如陈光中先生指出的："由于监察权属于公权力之列，因而在民主法治国家应当首先遵循惩治腐败与保障人权相平衡的原则。"[1]保障人权是现代法治的最基本要求，任何通过非法侵害被调查人权利而得来的证据都应当予以排除，并追究调查人滥用职权的责任。

4. 公正调查原则

公正的形式不一定催生公正的结果，但显失公正的程序一定无法得到公正的结果。《监察法》第 41 条明确规定："调查人员采取讯问、询问、留置、搜查、调取、查封、扣押、勘验检查等调查措施，均应当依照规定出示证件，出具书面通知，由二人以上进行，形成笔录、报告等书面材料，并由相关人员签名、盖章。调查人员进行讯问以及搜查、查封、扣押等重要取证工作，应当对全过程进行录音录像，留存备查。"依法出示证件是调查于法有据的象征，也是调查人员接受法律授权的象征；二人以上参与调查是任何调查活动

---

[1] 陈光中、邵俊："我国监察体制改革若干问题思考"，载《中国法学》2017 年第 4 期。

保持形式正义的基本要求；形成书面材料、签名盖章、录音录像等规定实质上保护了被调查人申诉、抗辩的权利，可以有效地防止办案人员随意歪曲、篡改办案经过与证据细节的可能，是实现公正的客观保障。

5. 公权力有限下放与逐级限缩原则

监察机关在设置上采取分地域分级设置的方式，在监察机关内部也有其职级划分。毫无疑问，不同级别的监察机关作出的调查决定以及同一监察机关之内不同部门、不同调查组、不同调查人员之间能够获得的调查权限是从上至下逐级限缩的。《监察法》在不同章节的不同条款对实施包括制定调查计划、采取技术调查措施、发布通缉、限制出境、采取留置措施等相对重大、严苛的调查措施时都规定了严格的向上报告与审批制度。其第42条第2款还规定："对调查过程中的重要事项，应当集体研究后按程序请示报告。"通过对公权力在层级上的划分，尽量限缩公权力滥用的空间。

6. 调查手段的时限与延长

正如当代刑法"禁止绝对不定期刑"的规定，任何减损公民权利的公权力都应该有其时间限度。无论是《刑法》还是《监察法》，绝对的不定期刑意味着绝对的恣意妄为的可能，这对人权保障而言都是巨大的灾难。[1]《监察法》中规定的调查措施既有涉及公民隐私权、财产权的内容，也有包括留置在内的明显限制公民人身自由权利的内容。《监察法》对这些权力的行使时限都作出了规定，通过适用时限来限制公权力的滥用风险以保障人权。例如，对于查询、冻结被调查人财产的权力以及调取、查封、扣押等措施，都规定了在查明与案件事实无关之后3日之内解除。对于严重限制公民隐私权的技术调查措施也规定了一次有效期3个月，经审批可以延长，延期每次不得超过3个月，但并未对其有效期的延长次数进行限制。对于留置的期限，第43条规定：留置时间不得超过3个月。在特殊情况下可以延长一次，延长时间不得超过3个月。

（二）特殊性条款的正当程序要求

《监察法》除了对涉及监察调查的程序作出了普遍性规定之外，还对每一种监察调查措施的适用规范与正当程序作出了一定规范。其中，比较显著的有具体适用条件的限制、具体被调查客体与对象的限制、参与调查人员与委

---

〔1〕 秦策："监察调查程序的法治化构建"，载《理论视野》2018年第2期。

托调查主体的限制以及调查措施决定权的限制，从而实现了普遍性规则与不同具体调查措施特殊性的有机结合。

1. 讯问被调查人与询问证人

根据《监察法》第 20 条之规定，在调查过程中，对涉嫌职务违法的被调查人，监察机关可以要求其就涉嫌违法行为作出陈述，必要时向被调查人出具书面通知。对涉嫌贪污贿赂、失职渎职等职务犯罪的被调查人，监察机关可以进行讯问，要求其如实供述所涉嫌犯罪的情况。在调查过程中，监察机关也可以询问证人等人员。无论是讯问被调查人或是询问证人都是不涉及限制公民基本权利的调查措施，《监察法》采取了与《行政监察法》（已失效）和《刑事诉讼法》相似的规定，都是为了收集被调查人、犯罪嫌疑人有无犯罪行为、犯罪行为轻重的证据，以达到"查明犯罪事实"之目的。也正是为了实现"通过调取证据查明违法犯罪问题是否存在"这一目的，因此，监察调查中的讯问与询问可以与以上刑事案件侦查中的讯问与询问做同义理解。但《监察法》在适用对象上还是作出了细致规定，比如：将涉嫌普通职务违法与涉嫌贪污贿赂、失职渎职等职务犯罪的被调查人作出了区分，分别采取要求其作出陈述与进行讯问的不同规定，体现了比例原则的要求，事实上也在腐败犯罪监察调查与普通职务违法调查之间形成一种合理的比例关系，符合适合性原则的要求。[1]

2. 搜查

根据《监察法》第 24 条之规定，监察机关可以对涉嫌职务犯罪的被调查人以及可能隐藏被调查人或者犯罪证据的人的身体、物品、住处和其他有关地方进行搜查；在搜查时，应当出示搜查证，并有被搜查人或者其家属等见证人在场。此条严格规定了适用搜查的前提条件，并对搜查时出示搜查证作出了规定。由于搜查证由公安机关或检察机关签发，引入了调查之外第三方的审查权力，这一方面有助于提升搜查的合理性；另一方面，出示搜查证是搜查工作的基础和法律依据，只有出示搜查证后的搜查行为才合法。[2]另外，根据性别还规定了搜查女性身体应当由女性工作人员进行的保护性条款。

---

〔1〕　秦策："监察调查程序的法治化构建"，载《理论视野》2018 年第 2 期。

〔2〕　李超峰、邢永杰："我国搜查制度的运行现状、问题及完善"，载《江西社会科学》2014 年第 2 期。

3. 查询、冻结财产

根据《监察法》第23条之规定，监察机关调查涉嫌贪污贿赂、失职渎职等严重职务违法或者职务犯罪时，根据工作需要，可以依照规定查询、冻结涉案单位和个人的存款、汇款、债券、股票、基金份额等财产。有关单位和个人应当配合。冻结的财产经查明与案件无关的，应当在查明后3日内解除冻结，予以退还。此条首先对适用对象作出了明确规定，即"涉嫌贪污贿赂、失职渎职等严重职务违法或职务犯罪"，其中"等"应当理解为与贪污贿赂、失职渎职性质相似，危害程度相当的违法行为。同时也规定了查明与案件无关后3日之内解除冻结，予以退还的时限。

4. 调取、查封、扣押

根据《监察法》第25条之规定，监察机关在调查过程中，可以调取、查封、扣押用以证明被调查人涉嫌违法犯罪的财物、文件和电子数据等信息。采取调取、查封、扣押措施，应当收集原物原件，会同持有人或者保管人、见证人，当面逐一拍照、登记、编号，开列清单，由在场人员当场核对、签名，并将清单副本交财物、文件的持有人或者保管人。对调取、查封、扣押的财物、文件，监察机关应当设立专用账户、专门场所，确定专门人员妥善保管，严格履行交接、调取手续，定期对账核实，不得毁损或者用于其他目的。对价值不明物品应当及时鉴定，专门封存保管。查封、扣押的财物、文件经查明与案件无关的，应当在查明后3日内解除查封、扣押，予以退还。对于适用调取、查封、扣押的被调查人，《监察法》并没有明确规定，这表明调取、查封、扣押可以适用于所有被立案调查的被调查人，但《监察法》却对参与人、操作流程、签字确认、副本留存、保管场所与条件作出了详细的规定，主要是因为被调取、查封、扣押的信息，最后往往会作为重要的裁判证据，对于固定证据环节而言，需要极其严密与细致的程序规范，因此参照《刑事诉讼法》予以详细规定也有利于非法证据排除以及法院的证据采信。

5. 勘验、检查、鉴定

根据《监察法》第26条和第27条之规定，监察机关在调查过程中，可以直接或者指派、聘请具有专门知识、资格的人员在调查人员主持下进行勘验检查。勘验检查情况应当制作笔录，由参加勘验检查的人员和见证人签名或者盖章。监察机关在调查过程中，对于案件中的专门性问题，可以指派、聘请有专门知识的人进行鉴定。《监察法》对于何种案件适用上述措施以及被调查人涉案严重程度并无明确规定，但对勘验、鉴定的被委托人资质作了相关规定，同时对证据的留存与签字确认作了规定。

6. 技术调查措施

根据《监察法》第 28 条之规定，监察机关调查涉嫌重大贪污贿赂等职务犯罪，根据需要，经过严格的批准手续，可以采取技术调查措施并按照规定交有关机关执行。批准决定应当明确采取技术调查措施的种类和适用对象，自签发之日起 3 个月以内有效。对于复杂、疑难案件，期限届满仍有必要继续采取技术调查措施的，经过批准，有效期可以延长，每次不得超过 3 个月。对于不需要继续采取技术调查措施的，应当及时解除。

7. 通缉与限制出境

根据《监察法》第 29 条和第 30 条之规定，依法应当留置的被调查人如果在逃，监察机关可以决定在本行政区域内通缉，由公安机关发布通缉令，追捕归案。监察机关为防止被调查人及相关人员逃匿境外，经省级以上监察机关批准，可以对被调查人及相关人员采取限制出境措施，由公安机关依法执行。适用通缉的前提是被调查人符合留置的条件并且在逃。对于通缉决定机关，应当理解为任何层级的监察委员会都具有决定通缉的权力；就限制出境而言，对被调查人的涉案严重程度并无明确要求，但限制出境作为一项相对限制公民人身自由的权力，《监察法》作出了必须由省级以上监察机关作出决定的规定。

8. 留置

《监察法》用"留置"取代"双规"与"两指"，"在反腐工作中限制人身自由的依据上实现了党规向国法的转化，在合法性层面上呈现了新的进步"。[1]被调查人涉嫌贪污贿赂、失职渎职等严重职务违法或者职务犯罪，监察机关已经掌握其部分违法犯罪事实及证据，仍有重要问题需要进一步调查，有下列情形之一的，经监察机关依法审批，可以将其留置在特定场所：第一，涉及案情重大、复杂的；第二，可能逃跑、自杀的；第三，可能串供或者伪造、隐匿、毁灭证据的；第四，可能有其他妨碍调查行为的。作为严重限制公民人身自由的调查措施，《监察法》对留置的正当程序作出了严格的规定。首先是被调查人必须是涉嫌贪污贿赂、失职渎职等严重职务违法或者职务犯

---

〔1〕　陈光中、邵俊："我国监察体制改革若干问题思考"，载《中国法学》2017 年第 4 期。

罪；其次还要满足上述四个条件之一；对于涉嫌行贿犯罪或共同职务犯罪的涉案人员所作出的前款规定，应当理解为也要满足上述四种条件之一。对是否采取留置的手段，监察法规定由监察机关领导人集体研究决定。另外，设区的市级以下监察机关采取留置措施，应当报上一级监察机关批准。省级监察机关采取留置措施，应当报国家监察委员会备案。在留置时长方面，作出了3个月最多加3个月的有限性规定，并规定省级以下监察机关决定延长时限的应报请上一级监察机关批准。

第四节　监察处置程序

制度设计在反腐败斗争中具有极其重要的作用，决定着在一套政治体系之内，腐败是如何得到事前预防、事中制止以及事后惩处的。诺斯认为，制度就是一个社会的游戏规则，更规范地说，它们是决定人们的相互关系的系列约束。制度是由非正式约束（价值观念、文化传统、风俗习惯等）和非正式的法规（宪法、成文法、合同等）组成的。[1]《监察法》旨在建立集中统一、权威高效的监察体制，由监察委员会集中统一行使反腐败国家监察职能，具体意涵有三：其一为权力的集中，其二为机构的统一，其三为党中央集中统一领导。[2]在监察体制改革的制度构建层面，监察机关的权力内容整合了行政监察、纪检监督与检察反腐三个方面的职能。"监察处置程序在实际运行中包含了政务处分的内容，也具有与纪律处分、刑事处罚两个方面衔接的内容。"[3]

进行监察体制改革之前，我国针对行政机关公务员进行政纪处分的主要法律法规依据有：《行政监察法》（已失效）、《行政监察法实施条例》（已失效）、《纪检监察机关查处的"七类案件"办理程序及其文书式样（试行）》《行政机关公务员处分条例》《公务员法》《国家公务员行为规范》等。监察体制改革对公职人员的监察制度进行了整合。目前，我国针对公职人员进行

---

〔1〕　[美]道格拉斯·C.诺斯：《经济史中的结构与变迁》，陈郁等译，上海三联书店、上海人民出版社1994年版，第3页。

〔2〕　江国华、彭超："国家监察立法的六个基本问题"，载《江汉论坛》2017年第2期。

〔3〕　马方、吴桐："逻辑与司法：监察程序中证据规则的解构与建构"，载《河北法学》2018年第9期。

监察处置的主要依据包括:《监察法》《政务处分法》《公务员法》以及 2018 年 5 月中央纪委、国家监委发布的《公职人员政务处分暂行规定》,所适用的规范性文件更加明晰,对于违法、违纪公职人员的处置更加完整和系统化。《监察法》第 45 条第 1 款根据公职人员的身份及涉嫌违纪、违法程度的不同规定了五种不同的处置结果,第 2 款则作出了撤销案件的规定。根据《监察法》第 45 条及其他规范性文件的规定,监察处置程序包括以下六种:

一、提醒谈话

《监察法》第 45 条第 1 款第 1 项规定的"谈话提醒、批评教育、责令检查,或者予以诫勉"是监察机关进行调查之后,针对有职务违法行为但情节较轻的公职人员的处置方式。谈话提醒制度作为监察处置方式中程度最轻的处置方式,对职务违纪、违法情节较轻的公职人员免予处分,代之以谈话类处置方式,指出该公职人员存在问题并明确整改事项。在这一处置方式的运用过程中,监察机关应当结合公职人员的一贯表现、职务违法行为性质和情节轻重,经综合判断后作出决定。[1]

在"提醒谈话"这一监察处置方式与党纪处分的关联方面,"提醒谈话"这一处置方式类似于党内监督执纪的"四种形态"中的第一项"经常开展批评和自我批评、约谈函询,让'红红脸、出出汗'成为常态",是六种处置方式中最轻的。有管辖权的监察机关可以直接作出该项处理,也可以委托公职人员所在单位、上级主管部门或者上述单位负责人代为作出。"在这一处置方式具体运用的过程中,监察机关应当坚持日常管理监督立足于早、着眼于小,对苗头性、倾向性问题或轻微违纪问题,及时与本人见面,认真开展约谈函询、谈话提醒、批评教育和诫勉谈话,切实让红脸出汗成为常态。"[2]

二、政务处分

政务处分的相关内容见于《监察法》第 45 条第 1 款第 2 项,《政务处分法》的出台使政务惩戒形成了体系化、规范化的制度,从内容到程序上对政

---

〔1〕 中共中央纪律检查委员会、中华人民共和国国家监察委员会法规室编写:《〈中华人民共和国监察法〉释义》,中国方正出版社 2018 年版。

〔2〕 张长虹:"如何实践监督执纪'四种形态'",载《中国纪检监察报》2017 年 2 月 15 日。

务处分制度进行了详尽的规定。主要涉及以下几个方面：

（一）政务处分与党纪处分、刑事处罚的关系

在纪委和监委合署办公之后，不同性质的处置方式该如何衔接和适用，是监察体制改革必须要解决的现实问题。[1]《政务处分法》第16条至第18条只规定了组织处分、处分和政务处分可以并存，并没有对不同性质处置方式的衔接和适用作具体规定。故有必要明确处置顺序和处置程度两个方面的问题。在处置顺序方面，针对公职人员中的党员，处置的顺序为：首先进行党纪处分，其次进行政务处分，最后进入到刑事司法程序。"把纪律和规矩挺在前面是全面从严治党的必然要求和反腐败的治本之策。"[2]这一规定与《中国共产党党内监督条例》第37条第2款"在纪律审查中发现党的领导干部严重违纪涉嫌违法犯罪的，应当先作出党纪处分决定，再移送行政机关、司法机关处理"的"纪挺法前"的精神保持一致。在处置程度方面，政务处分应当与党纪处分的轻重保持一致，受到撤销党内职务、留党察看处分的，如果担任公职，应当依法给予其撤职等政务处分。严重违犯党纪、严重触犯刑律的公职人员必须依法开除公职。这有助于解决我国监察处置程序中党纪处分与政务处分关系不够明确、通常只能按照惯例匹配政务处分与党纪处分程度的问题。

（二）政务处分程序

根据《政务处分法》的相关规定，监察机关经过调查、审理之后，决定给予公职人员政务处分或者免予处分的，应当按照"告知并听取陈述和申辩""履行审批手续并作出决定""印发决定""送达受处分人和单位""办理相关变更手续""存入档案"六个步骤进行。在政务处分程序履行过程中，以下几个问题应当予以重视。

1. 特殊手续的履行

政务处分决定的作出，除履行上述六项步骤之外，"基于被处分人身份的不同（包括各级人大代表与政协委员、经各级人民代表大会及其常务委员会、中国人民政治协商会议各级委员会全体会议及其常务委员会选举或者决定任命的公职人员，以及基层群众性自治组织中从事管理的人员这四类不同身份

---

〔1〕 江国华、何盼盼："国家监察纪法贯通保障机制研究"，载《中国高校社会科学》2019年第1期。

〔2〕 吴云："纪挺法前要深刻理解四个'不等式'"，载《中国纪检监察报》2015年10月9日。

的人），监察机关决定对其予以政务处分须履行不同的手续"。[1]

首先，针对经各级人民代表大会及其常务委员会以及中国人民政治协商会议各级委员会全体会议及其常务委员会选举或者决定任命的公职人员给予撤职、开除处分的，应当先由原选举或决定任命该公职人员的人民代表大会及其常务委员会依法罢免、撤销或者免去其职务，再由监察机关依法作出处分决定。其次，对各级人大代表、政协委员给予政务处分时，虽无须经过人大及其常委会或政协的许可，但基于人大代表及政协委员身份的特殊性，监察机关应当向其所在的人大常委会或者政协常委会通报。再次，监察机关对基层群众性自治组织中从事管理的人员给予责令辞职等处理的，应当由县级监察机关向其所在的基层群众性自治组织及上级管理单位（机构）提出建议，换言之，监察机关责令村主任辞职，应当由县级监察机关向其所在的群众性自治组织及其上级管理单位（机构）提出建议。

2. 关于时限的新规

根据《政务处分法》第 54 条之规定，受到降级以上政务处分的公职人员"办理职务、工资及其他有关待遇等相应变更手续"的时限为一个月，此前，《行政机关公务员处分条例》未对处分落实时限进行明确限制，仅《中国共产党纪律处分条例》第 42 条对党纪处分决定的执行和落实作出了规定。[2]但是《政务处分法》并未对时限问题作进一步规定，在理论上或许还应注意以下两方面问题：其一，给予开除以外政务处分的，应当在处分决定中写明处分期间，进一步明确政务处分的时限。其二，公职人员受到开除以外的政务处分，在受处分期间有悔改表现，并且没有再发生违法行为的，处分期满后自动解除。如此方可确保处分的解除无须履行特别程序，而在改革全面铺开前，《公务员法》《行政机关公务员处分条例》《事业单位工作人员处分暂行规定》等规范性文件规定开除之外的政纪处分有相应解除程序，对符合解除

---

〔1〕　朱福惠："国家监察法对公职人员纪律处分体制的重构"，载《行政法学研究》2018 年第 4 期。

〔2〕　《中国共产党纪律处分条例》第 41 条规定："党纪处分决定作出后，应当在一个月内向受处分党员所在党的基层组织中的全体党员及其本人宣布，是领导班子成员的还应当向所在党组织领导班子宣布，并按照干部管理权限和组织关系将处分决定材料归入受处分者档案；对于受到撤销党内职务以上（含撤销党内职务）处分的，还应当在一个月内办理职务、工资、工作及其他有关待遇等相应变更手续；涉及撤销或者调整其党外职务的，应当建议党外组织及时撤销或者调整其党外职务。特殊情况下，经作出或者批准作出处分决定的组织批准，可以适当延长办理期限。办理期限最长不得超过六个月。"

条件的，须在批准后方能够解除处分。"考虑到党纪政纪处分程序'双轨制'状况，以往政纪处分的解除程序相对繁琐但实体意义不大，而期满自然解除处分，不再另行设置解除处分程序的做法，有利于实现党纪政务处分的协调统一。"[1]

3. 政务处分的主体

政务处分权的行使主体为监察机关，基于现实中案件调查权行使的需要，上级监察机关可能指定原本不具有管辖权的下级监察机关行使案件的调查权，但此种情况下，作出政务处分的主体仍然应当是具有处分权的监察机关。公职人员的任免机关、单位可以依照《公务员法》等规定，对违法的公职人员给予处分，但此种处分的性质不同于监察机关所作的政务处分。不过监察机关所作政务处分与公职人员任免机关、单位所作处分虽属不同性质，但二者不能同时适用于同一违法行为，即公职人员不会因同一违法行为而受到两次处分。

三、问责

问责决定与问责建议是针对负有责任的领导人员不履行或者不正确履行职责进行的处置程序。问责决定与问责建议的主要区别在于，问责决定具有明确的法定效力，强制性强，而问责建议的强制性较弱。[2]2009 年 6 月，中共中央办公厅、国务院办公厅印发了《关于实行党政领导干部问责的暂行规定》，作为加强对领导干部的管理监督、增强其责任意识、规范其行为的文件，其第 12 条规定党政领导干部实行问责的基本程序包括"纪检监察机关针对检举、控告等方式发现的问题进行调查并提出问责建议"、"组织人事部门针对干部监督工作中发现的问题进行调查并提出问责建议"、"问责决定机关根据建议作出问责决定"、"组织人事部门办理相关适宜"四项内容。问责决定作出之前须听取被问责的党政领导干部的陈述和申辩。问责决定作出后，问责决定机关应当将《党政领导干部问责决定书》送达被问责的党政领导干部本人及其所在单位，组织人事部门须及时将被问责的党政领导干部的有关问责材料归入其个人档案，将执行情况报告问责决定机关并回复问责建议机

---

〔1〕 王臻："浅析政务处分和原政纪处分的解除"，载《中国纪检监察报》2018 年 2 月 14 日。

〔2〕 江国华：《中国监察法学》，中国政法大学出版社 2018 年版，第 221 页。

关，问责情况应当报上一级组织人事部门备案。

"尽管《关于实行党政领导干部问责的暂行规定》对党政干部的问责程序进行了一定程度的明确，但对于问责标准的明确程度方面仍然存在着一定的不足。"[1]总体而言，"中国的问责实践还处于一种运动式阶段，缺乏可操作的、明确的问责标准来定性和定量分析过错的客观原因和主观原因"。[2]关于党政干部问责的依据尚缺乏一部系统的法律，因而监察机关虽然依据《监察法》第45条之规定具有作出问责决定或提出问责建议的权力，但更为具体的问责标准如何界定、问责与党纪处分界限如何明确、党政干部在被问责后如何进行权利救济等程序仍然有待未来法律作出进一步规定。统一问责法的制定不仅有助于确保问责机制运行的规范化和常态化，更为重要的是，可以提高领导干部的责任意识和执政能力，真正实现"官向民"负责。除此之外，问责制度的构建也应当包括党政干部尽职免责制度的内容，对于切实依法尽职履行职责的党政干部，应当免予进行问责或减轻其所须承担的责任，如此方能充分调动党政干部履职的积极性。"善治思维下的权力运行应以权利本位思想为指导，建立权力向下负责机制，使权力与责任对等，及时回应公众的权利诉求。"[3]对问责方式进行科学规范，一方面使问责实现常态化，问责制度能够在实践中被精准把握及有效操作，另一方面，"尽量避免问责的随意性及问责机关自由裁量权力范围过大的问题，避免不当问责、运动式问责现象的产生，营造公平、公正的问责制度。"[4]

四、移送起诉

针对涉嫌职务犯罪的被监察对象，监察机关的处置方式为制作起诉意见书，连同案卷材料、证据一并移送人民检察院依法审查、提起公诉。这一处置方式涉及监察机关的调查工作与刑事诉讼程序的衔接问题，《监察法》与《刑事诉讼法》的衔接在学界引起了诸多关注。监察机关对于被移送起诉的监察对象处置流程为：监察机关对涉嫌职务犯罪的监察对象采用留置、讯问、

〔1〕　周叶中："论重大行政决策问责机制的构建"，载《广东社会科学》2015年第2期。
〔2〕　王仰文："中国式问责悖论的政治学解释"，载《求实》2014年第3期。
〔3〕　粘凌燕："善治思维下领导干部问责机制的理论逻辑与实践范式"，载《领导科学》2018年第10期。
〔4〕　肖俊奇："民评官：以横向问责强化纵向问责"，载《中国行政管理》2015年第1期。

技术调查等特别措施进行调查，调查结束之后，若发现该监察对象涉嫌职务犯罪，则将其提请检察机关提起公诉。检察机关认为犯罪事实清楚、证据确实充分，符合法定起诉条件的，依法提起公诉、提出量刑建议并出庭支持公诉；对于法院认定事实或适用法律错误、量刑畸轻畸重、符合法定抗诉条件的，由检察机关依法提出抗诉，以保障刑事司法程序及判决结果的公正性与合法性。

监察机关向检察机关移送起诉过程中，如何实现《监察法》所规定的留置措施与《刑事诉讼法》逮捕的衔接一直受到学界的关注。2018 年修正的《刑事诉讼法》第 170 条第 2 款对于留置程序与刑事司法程序的衔接作出了规定："对于监察机关移送起诉的已采取留置措施的案件，人民检察院应当对犯罪嫌疑人先行拘留，留置措施自动解除。人民检察院应当在拘留后的十日以内作出是否逮捕、取保候审或者监视居住的决定。"正如陈光中教授所言："留置向逮捕的转化依案件情节严重程度或证据材料完整性的不同，可能产生三类处理情形：检察院依法决定独立逮捕、依法转为取保候审或监视居住、依法决定不予逮捕（说明理由、退回补充调查）。"[1]"在留置与羁押场所交接的过程中，应当无间断留存影像资料，使得整个留置与羁押的交接过程透明，避免在交接过程中出现侵犯被留置人人身权利的情况，同时避免重要证据因来源不合法而被排除以及进行重复侦查等浪费侦查资源与司法资源的现象。"[2]

在证据制度方面，《监察法》第 33 条在证据种类、证据的要求和标准方面作出了相应的规定，但对于监察委员会将证据移送至检察机关的流程并无明文规定。在留置措施与刑事司法程序的衔接上，应当规定较为完善的证据移送制度。首先，应当确定移送相关证据材料的种类，可参考《行政执法机关移送涉嫌犯罪案件的规定》第 6 条对于移送证据材料内容的规定；其次，"应当对证据合法性审查主体作出明确规定，检察机关是提起刑事诉讼的机关，同时又是国家法律监督机关，其履行职务犯罪司法审查的职能，发挥制约公权、保障人权、规范调查、公正司法、维护法制统一、尊严、权威的'护法者'的价值功能，必须建立严密规范的司法审查运行机制，使司法审查

〔1〕 陈光中、邵俊："我国监察体制改革若干问题思考"，载《中国法学》2017 年第 4 期。
〔2〕 陈金来："法法衔接更顺畅更有效"，载《中国纪检监察报》2018 年 3 月 28 日。

实质化、程序化、规范化和制度化。"[1]检察机关具有对证据取得的合法性进行审查的职能,《刑事诉讼法》第 12 条对监察体制改革之后检察机关对证据完整性与合法性进行审查的职能进行了确定,并规定检察机关可视情况退回监察机关补充侦查或自行补充侦查,对于确认监察机关与检察机关在刑事诉讼程序中的工作衔接机制具有重要的意义,并能够优化职务犯罪调查过程中的证据制度,规范监察机关的取证行为。

五、监察建议

根据《监察法》第 11 条及第 45 条的规定,监察建议为监察处置的方式之一,具有如下几个特点:一是本质上是监察职能的体现;二是范围上具有特定性;三是适用上具有依附性;四是效果上具有强制性。"监察建议是监察建议权的有效载体,具有强制性和普遍的约束力。"[2]

监察建议的提出应当符合监察权的管辖,即监察机关和派驻或者派出的监察机构、监察专员可以对自己管辖范围内的监察事项向有关单位提出监察建议。监察建议书应当具有统一的格式和内容,在报请监察机关负责人审批后方可发出。派驻或者派出的监察机构、监察专员提出监察建议的,监察建议书应当报派驻或者派出它的监察委员会审批。在指定管辖的情形下,监察建议权的行使机关应当与政务处分权的行使主体保持一致,应当由原本具有监察建议权的监察机关提出。

六、撤销案件

《监察法》第 45 条第 2 款规定:"监察机关经调查,对没有证据证明被调查人存在违法犯罪行为的,应当撤销案件,并通知被调查人所在单位。"撤销案件是指监察机关对立案调查的案件,发现具有某种法定情形,或者经过调查否定了原来的立案根据,所采取的诉讼行为。[3]也就是说,"撤销案件"这一处置结果应当是基于监察机关的调查,认定被调查人不存在违法犯罪行为时方可作出,其并不意味着案件审查的中止。根据《行政监察法实施条例》

---

〔1〕 徐汉明、张乐:"监察委员会职务犯罪调查与刑事诉讼衔接之探讨———兼论法律监督权的性质",载《法学杂志》2018 年第 6 期。

〔2〕 高伟:"监察建议运用研究",载《中国纪检监察报》2018 年 5 月 23 日。

〔3〕 江国华:《中国监察法学》,中国政法大学出版社 2018 年版,第 225 页。

（已失效）第 34 条的规定，监察机关调查中止的原因为：主要涉案人员出境、失踪或者遇到严重自然灾害等不可抗力事件，由此致使调查工作无法进行，调查方得中止。换言之，在案件审查期间遇到无法继续进行审查的情况，而暂时停止对案件的审查才可称其为中止。[1]监察机关撤销案件为终局性的监察处置行为，是调查工作结束之后对被调查人不存在违法犯罪行为的认定，应当与调查中止相区别。

◆ 案例链接

万某能受贿案

案号：[2018] 黔 2323 刑初 35 号

案情简介：2013 年至 2017 年期间，被告人万某能利用担任望谟县国土资源局副局长的职务便利，为黄某、王某等十一人在承接工程项目、拨付工程款、办理采矿手续等方面提供帮助、谋取利益，多次收受和索要黄某、陈某、王某等十一人人民币共计 577 000 元。

本案被告人因涉嫌犯受贿罪于 2018 年 1 月 7 日被黔西南布依族苗族自治州监察委员会立案调查，同日被采取留置措施，2018 年 2 月 10 日被解除留置，经贵州省普安县人民检察院决定，2018 年 2 月 10 日被执行逮捕，后羁押于普安县看守所。

法院经审理认为，被告人万某能身为国家工作人员，本应恪尽职守、廉洁奉公，但却利用其担任望谟县国土资源局副局长的职务便利，非法收受他人财物，为他人谋取不正当利益，收受财物金额共计人民币 577 000 元，其行为已构成受贿罪，应依法惩处。贵州省普安县人民检察院指控万某能犯受贿罪的事实清楚，证据确实充分，指控罪名成立，本院予以确认。万某能归案后，如实交代了办案机关已掌握的受贿事实，还主动交代了办案机关未掌握的受贿事实，庭审中自愿认罪，具有坦白情节，依法可从轻处罚；案发后，万某能亲属及行贿人代为退交了全部违法所得，可酌情对万某能从轻处罚；万某能向陈某、黄某主动索要 120 000 元，具有索贿情节，依法应从重处罚。

---

[1] "案件审查的中止是否表示案件的撤销或结束"，载《中国纪检监察报》2017 年 1 月 25 日。

判决结果：被告人万某能犯受贿罪，判处有期徒刑 3 年 2 个月，并处罚金人民币 22 万元（限判决生效后 30 日内缴纳）。

本案是典型的行贿受贿犯罪，完全符合受贿罪的犯罪构成。值得注意的是，本案显示了《监察法》所规定的监察机关办案流程，在实践中已经开始流畅地运作。自监察体制改革以来，监察委接管了检察院自侦部门的职权，有权对职务犯罪进行调查，这实际上属于刑事司法活动的一部分。那么，监察委办案应当遵循怎样的流程，怎样与刑事诉讼活动中的其他机关对接呢？试点期间这一问题较为混乱，直到《监察法》颁行，对此作出了初步的厘清。本案体现了监察委、检察院、法院之间相互衔接的主要框架，即监察委调查（调查）——监察委调查结束，移送检察院审查起诉（检察院决定逮捕）——法院审判。《监察法》的上述规定，使监察委的地位得到明确，其办案流程也初步理顺，有利于监察委的调查过程融入我国整体的刑事诉讼制度。

第七章
国家监察权运行的衔接机制 [1]

深化国家监察体制改革，是深刻总结党的十八大以来党风廉政建设和反腐败斗争取得的成熟做法和有效经验的必然结果，是符合实际、遵循规律、水到渠成的。在改革正式启动以前，党中央已经作出了一系列指示和要求，提前谋划，充分准备，为积极稳妥开展这项重大工作打下了坚实基础。2015年1月，习近平总书记在十八届中央纪委五次全会上首次提出要求修改《行政监察法》。2016年1月，习近平总书记在十八届中央纪委六次全会上强调，"要坚持党对党风廉政建设和反腐败工作的统一领导，扩大监察范围，整合监察力量，健全国家监察组织架构，形成全面覆盖国家机关及其公务员的国家监察体系"，首次为改革指明了大方向。2016年10月，党的十八届六中全会提出，"各级党委应当支持和保证同级人大、政府、监察机关、司法机关等对国家机关及公职人员依法进行监督"，并在全会审议通过的《党内监督条例》中首次将监察机关明确为一个职能独立的国家机关，指明了监察机关的主要职能，可谓国家监察体制改革正式启动前的政治动员和前奏曲。

为贯彻落实党中央的决策部署，2016年12月25日，全国人大常委会作出《关于在北京市、山西省、浙江省开展国家监察体制改革试点工作的决定》，确保改革于法有据。在总结三省市改革试点工作经验的基础上，2017年10月，党的十九大决定将改革试点在全国推开，目的在于积极加快改革步伐，确保在十三届全国人大一次会议产生国家监察委员会、通过《监察法》后，全国各级监察机关能够迅速依法开展监察工作，推动全面从严治党向纵

---

　　〔1〕　本章系中国法学会"研究阐释党的十八届六中全会精神"重点专项课题"国家监察立法研究"（课题编号：CLS（2016）ZDZX12）最终研究成果的一个单元。我的学生张鑫作为课题组成员参与课题研究，并依据提纲主要负责该部分的写作任务。经课题组同意，其中主要观点纳入其硕士学位论文之中。收入本书时，作了较大幅度修改。

深发展。[1]为贯彻落实党的十九大决策部署，2017 年 10 月底，中共中央办公厅印发《关于在全国各地推开国家监察体制改革试点方案》。2017 年 11 月 4 日，全国人大常委会作出《关于在全国各地推开国家监察体制改革试点工作的决定》。根据中央要求，北京、山西、浙江三个试点省市以外的其他 28 个省、市、区于 2018 年 1 月迅速完成了省、市、县三级监察委员会的组建任务，有序开展国家监察工作，为国家监察委员会的产生和国家监察法的制定奠定了基础。

在总结全国试点工作经验基础上，2018 年 3 月 11 日，十三届全国人大一次会议审议通过《中华人民共和国宪法修正案》，正式确立监察委员会作为国家机构的宪法地位，形成了人大及其常委会之下"一府一委两院"的宪制结构。2018 年 3 月 18 日，十三届全国人大一次会议依据宪法选举杨晓渡为中华人民共和国国家监察委员会首任主任，标志着国家监察委员会的正式产生。2018 年 3 月 20 日，十三届全国人大一次会议审议通过《监察法》，为国家监察机关开展监察工作提供了法律依据。由此，中国特色国家监察体制已经形成。

需要明确的是，检验国家监察体制改革试点工作的最终效果，主要是看试点中通过实施组织和制度创新所确立的制度优势能否转化为监督效能，真正实现对公权力的全方位监督，引导国家公职人员依法履职、秉公用权、为民服务。为此，需要解决的一个主要问题就是：如何实现纪委监委机关内部各项职能的协调衔接以及与司法机关的协调衔接，实现国家监察工作各环节无缝衔接、全过程顺畅推进，真正取得监督效果。这也将是下文着重探讨的问题。

第一节　违纪监督与违法监督之衔接

从概念的外延上讲，"监督"一词有广义和狭义之分。广义的监督包括事前监督、事中监督和事后监督，其中事前监督主要指的是工作开展前的相关约束性制度、法律的制定和经常性学习；事中监督主要指的是工作进行期间

---

[1] 习近平：《决胜全面建成小康社会，夺取新时代中国特色社会主义伟大胜利——在中国共产党第十九次全国代表大会上的报告》，人民出版社 2017 年版，第 67~68 页。

的监督检查和督促办理，事后监督主要指的是对工作中的违纪违法行为进行调查核实和责任追究。有学者认为，从广义上讲，"国家监察机关的监督、调查、处置职能均属于广义的监督范畴"。[1]狭义的监督一般指的是事前和事中监督。这里探讨的问题主要取狭义监督之义。就党的纪律检查机关的监督、执纪、问责职能和国家监察机关的监督、调查、处置职能而言，这里主要探讨其监督职能。

一、违纪监督与违法监督的关系

强化自我监督，总体包括两个方面的重要工作：一是依规治党，坚持纪严于法、纪在法前，以党章党规为标尺，用严明的纪律管党治党；二是依法治国，根据宪法法律治国理政，主要是加强对公权力的监督，促进国家公职人员依法履职、秉公用权。总结起来，完善党和国家治理体系最根本、最重要的任务就是，用党章、党纪、党规和宪法、法律、法规加强对党员干部和国家公职人员行为的监督管理，特别是要加强违纪监督和违法监督，注重抓早抓小，达到防患于未然、除患在萌芽的目的，确保党和人民赋予的权力不被滥用、始终为人民谋福祉，最终实现党和国家的长治久安。因此，加强违纪监督和违法监督应该是开展党的纪律检查工作和国家监察工作的中心任务和重中之重。十八届中央纪委书记王岐山指出，"党风廉政建设和反腐败斗争是全面从严治党的重要方面，但绝不是全部，不能把全面从严治党等同于反腐败"，"'四种形态'都是为了惩前毖后、治病救人，必须改变要么是'好同志'、要么是'阶下囚'的状况，真正体现对党员的严格要求和关心爱护"。[2]这都说明党的纪律检查体制改革和国家监察体制改革，重点都是为了搞好监督这个前置环节，把监督工作做实做细，约束管理好党员干部和国家公职人员正确行使权力。违纪监督与违法监督一体两面，既具有高度的内在一致性，也具有一定的区别和分工。全面把握违纪监督与违法监督之间的关系对实现违纪监督与违法监督工作的衔接、做好党内监督工作和国家监察工作具有重要意义。

---

〔1〕 周佑勇："监察委员会权力配置的模式选择与边界"，载《政治与法律》2017年第11期。

〔2〕 王岐山："全面从严治党，严明党的纪律，把握运用监督执纪'四种形态'"，载 http://leaders. people. com. cn/n/2015/0927/c58278-27638972. html，访问日期：2019年7月24日。

（一）违纪监督与违法监督的联系

1. 监督主体一致

监察委员会与党的纪律检查机关合署办公后，合并设立内设机构，对口监督职能主要有两个部门：一个是党风政风监督部门，专门负责中央八项规定精神的贯彻落实、反对"四风"等作风领域的日常监督工作；另一个是执纪监督部门，专门负责联系固定地区和部门遵守、执行纪律与法律情况等纪法领域的日常监督工作，既开展违纪监督，又开展违法监督，确保监督主体一致，提高监督效率。

2. 监督管辖一致

确定管辖原则，是正确有效开展监督工作的前提和基础。根据《中国共产党纪律检查机关监督执纪工作规则》第6条的相关规定，党的监督执纪工作实行分级负责制，即中央纪委负责中央和省一级党组织、党员领导干部纪法领域的日常监督工作，地方各级纪检机关负责本级和下一级党组织、党员领导干部纪法领域的日常监督工作。而根据《监察法》第16条的相关规定，各级监察机关按照管理权限管辖本辖区内公职人员所涉监察事项。监察机关的管理权限即是按照分级负责制原则设置的。据此，违纪监督与违法监督的管辖权是一致的。

3. 监督方式一致

纪检机关和监察机关开展违纪监督与违法监督的方式总体上一致，具体可分为四类：其一是日常监督。主要以参加会议、约谈函询、听取汇报、查阅资料、提出党风廉政意见回复建议、建立和完善廉政档案、提出落实"两个责任"考核考评意见建议等方式开展监督。其二是专项监督。主要是根据同级党委的专项工作部署，针对重点领域开展专项检查、对存在的突出问题进行专项治理。其三是即时监督。主要是围绕上级交办事项、重大舆情、突发事件等开展监督。其四是协同监督。主要是指积极利用党委巡视巡察成果、职能部门的监督成果，针对存在的突出问题开展监督。

4. 线索处置方式一致

开展违纪监督和违法监督的共同起点是：做好问题线索的收集、处置和日常管理工作。处置问题线索的基本流程是：报纪委机关和监委机关领导人员集体研究后，确定问题线索处置意见并分流到相关部门（一般情况下为执纪监督部门）办理。关于违纪监督类问题线索的处置，根据《监督执纪工作规则》第16、22条的相关规定，承办部门经过综合分析，可以采取谈话函询、初步核实、暂存待查、予以了结四类方式进行处置，其中采取初步核实方式处置的，应当制定工作方案并成立核查组。关于违法监督类问题线索的处置，根据《监察法》第19、37、38条的相关规定，监察机关按照管理权限进行分类办理，其中对于苗头性、倾向性问题线索，可以直接或者委托有关机关、人员进行谈话或者要求说明情况，对于需要采取初步核实方式处置的问题线索，应当依法履行审批手续，成立核查组。总结起来，在违纪监督和违法监督实践过程中，对于有可查性、需要重点关注的问题线索，往往采取初步核实的方式（部分线索采取谈话函询方式）成立核查组予以核查处置。

（二）违纪监督与违法监督的区别

1. 监督依据不同

违纪监督属于党内监督工作，开展监督工作的依据主要是党章党规党纪，具体包括《中国共产党章程》《关于新形势下党内政治生活的若干准则》《中国共产党廉洁自律准则》《中国共产党纪律处分条例》（以下简称《纪律处分条例》）、《中国共产党党内监督条例》《中国共产党问责条例》《中国共产党巡视工作条例》《监督执纪工作规则》等主要党内法规。而违法监督则属于国家监察工作，开展监督工作的依据主要是宪法法律法规，具体包括《宪法》《监察法》《公务员法》《行政机关公务员处分条例》《关于党的机关、人大机关、政协机关、各民主党派和工商联机关公务员参照执行〈行政机关公务员处分条例〉的通知》《法官法》《检察官法》《事业单位工作人员处分暂行规定》《刑法》以及后续监察立法领域将要通过的一系列监察法律法规。

2. 监督对象不同

违纪监督的对象既包括党的组织，也包括党员干部个人。根据《党内监督条例》的相关规定，党内监督覆盖全体党组织和党员干部。根据《监察法》第15条的规定，监察机关的监察对象是国家公职人员和有关人员，具体包括各级国家机关、国有企事业单位从事公务的人员以及基层群众性自治组织中从事公共管理的人员等。当然，"国家监察工作并不是对国家机关和有关组织的违法情形放任不管，而是通过对公职人员的监督，也达到了对公权力组织监督的效果"。[1]

3. 监督内容不同

违纪监督的内容主要包括党的组织和党员遵守党章党规党纪的情况，党组织及党的领导干部落实"两个责任"的情况和党员履行党员义务和行使党员权利的情况等。而违法监督的内容主要包括国家公职人员和有关人员遵守宪法、法律法规的情况，依法履职、秉公用权、廉洁从政从业的情况，道德操守情况以及是否有效解决各级国家机关、国有企业事业单位中存在的贪污受贿、权力寻租、利益输送等腐败问题。

4. 核查措施不同

违纪监督在初步核实阶段的核查措施属于党内监督措施，根据《监督执纪工作规则》的相关规定，主要包括谈话、调阅资料、查核资产、勘验检查、技术调查、限制出境等。违法监督在初步核实阶段的核查措施属于国家监察措施，根据《监察法》的相关规定，主要包括谈话、询问证人等人员、查询相关财产、调取相关财物、文件和电子数据等信息、进行勘验检查、进行鉴定、采取技术调查措施、采取限制出境措施等。总体上讲，违纪监督和违法监督的核查措施在形式和内涵上是不同的，比如两类措施的文书格式明显不同，一类属于党内文书，限于党的组织范围内使用，一类属于国家法律文书，公开适用于所有组织和个人；再比如，查核资产与查询财产的内涵明显不同，查核资产在实践中往往限于查核个人向组织主动申报的资产情况，不适用于银行等组织，而查询财产则可以直接对外适用于银行、证券等金融机构。当然，二者从性质上讲均属于非限制人身财产权利的措施。

二、违纪监督与违法监督的衔接原则

在全面把握违纪监督与违法监督关系的基础上，必须进一步明确违纪监督与违法监督的衔接原则定位，从而确保工作衔接有的放矢、始终在正确的轨道上行进。做好违纪监督与违法监督的工作衔接，必须把握以下原则：

（一）突出政治定位原则

党的纪律检查工作和国家监察工作都是政治性很强的工作，作为中心任

---

[1] 马怀德："国家监察体制改革的重要意义和主要任务"，载《国家行政学院学报》2016 年第 6 期。

务和重中之重的违纪监督和违法监督也必须突出政治定位，自觉提高政治站位和政治觉悟，坚持以习近平新时代中国特色社会主义思想和基本方略为指导，增强"四个意识"，坚定"四个自信"，紧紧围绕新时代党的建设总要求，聚焦坚持党的领导，深入推进党风廉政建设和反腐败斗争，既做到党内监督全覆盖，又做到国家监察全覆盖，以此推进依规治党和依法治国、党内监督和国家监察有机统一，确保党和国家长治久安。

（二）精简效能原则

开展违纪监督和违法监督必须立足党的纪律检查机关和国家监察机关合署办公的实际情况，坚持精简高效、内涵发展。国家监察体制改革的本质是实施组织和制度创新，立足内涵发展，在坚持内设机构不增加、机关编制不增加、领导职数不增加的前提下，盘活反腐败力量存量，优化机构人员配置结构，实现改革效益的最大化。成立监察委员会，就是要配合党内监督全覆盖，做好国家公职人员监督全覆盖，在吸收转隶人员的基础上调整扩充并成立专门的执纪监督部门，统一发挥监督作用，实行一套人马、两项职能，既开展违纪监督，又开展违法监督，在有限监督力量的基础上，实现最大的监督效能。例如，就深圳市纪委监委内设机构的设置而言，充分运用相关单位转隶过来的机构数和编制数，调整组建了 6 个纪检监察室统一履行执纪监督职能，联系固定市辖区和相关单位，既负责开展违纪监督，又负责开展违法监督。

（三）纪严于法原则

党的十八届四中全会决定指出："党规党纪严于国家法律，党的各级组织和广大党员干部不仅要模范遵守国家法律，而且要按照党规党纪以更高标准严格要求自己。"党的十八大以来，党中央坚持纪法分开、纪在法前、纪严于法的原则，新修订了一批党内法规、制度，大刀阔斧地砍掉与法律重复的内容，突显党纪严于国法的鲜明特色。必须认识到，用法律惩治的只是极少数腐败分子，而大多数党员干部需要靠党纪来约束。必须把纪律挺在法律前面，大力开展违纪监督，注重抓早抓小，将监督关口前移。充分运用谈话函询等方式，使党员干部经常"红红脸、出出汗"，把不良倾向、不好的苗头消灭在萌芽状态。对于那些理想信念淡化、宗旨意识不强、顶风违纪违法人员，通过及时开展违法监督活动坚决予以纠正，从而彻底改变"要么是'好同志'、要么是'阶下囚'"的局面。

（四）问题线索归集原则

开展违纪监督与违法监督，全面收集和严格管理违纪违法问题线索是一项基础性工作，必须坚持归口管理、集中统一的原则。对内部而言，在线索收集渠道上，坚持信、访、网、电一体化，充分发挥新媒体的作用，不断拓宽问题线索收集渠道的覆盖面，建立健全以信访部门为主体、各部门充分发挥各自职能的线索收集机制。充分发挥案件监督管理部门统一管理问题线索的职能作用，切实强化问题线索的日常管理工作，各职能部门定期汇总线索处置情况，及时向案件监督管理部门通报。对本部门发现的问题线索，属于本部门受理范围的，送案件监督管理部门备案；不属于本部门受理范围的，经审批后移送案件监督管理部门分流至有权受理的部门承办。对外部而言，重视纪检监察机关与党政机关、司法机关在发现违纪违法问题线索方面的协调配合作用，建立党政机关、司法机关在监督、执法、审判过程中发现党员和监察对象存在违纪违法问题时的线索移送机制，及时将有关问题线索移送纪检监察机关处理。

三、违纪监督与违法监督的衔接机制

按照改革试点方案的部署，监察机关与纪检机关合署办公，有利于推动党内监督与国家监察有机统一，深入推进党风廉政建设和反腐败斗争。为了达到党内监督与国家监察有机统一的效果，必须建立健全纪检监察机关内部的纪法衔接工作机制，首要的是建立健全违纪监督与违法监督的衔接机制。

（一）监督对象之衔接

开展国家监察体制改革，实行纪检机关与监察机关合署办公，实质是强化党和国家的自我监督，进而从根本上解决党全面领导、长期执政所面临的受到权力腐蚀、脱离人民群众等严峻挑战，巩固党的执政基础。而强化党和国家自我监督，一个首要的、最直接的任务就是实现"两个全覆盖"：一是党内监督全覆盖，二是国家监察全覆盖。目前，我国80%的公务员、95%以上的领导干部都是共产党员，党内监督和国家监察在监督对象上具有高度内在一致性和高度互补性。这说明，在开展监督工作中，坚持纪法分开、纪在法前、纪严于法原则，通过完善监督对象衔接机制，完全可以实现"两个全覆盖"的目标。

1. 党组织违纪违法监督问题

中国共产党的构成单元有两个：一个是党员；另一个是党组织。加强对党员和党组织的监督管理，关系到党的前途命运和党的建设成败，也是党的优良传统。根据《纪律处分条例》第 6 条的相关规定，党组织和党员违反党章党规党纪和国家法律，必须受到追究。应当看到，重视加强对党组织的监督和管理是中国共产党区别于世界其他政党的鲜明特征。长期以来，党的组织总体上是好的，但也有一些党组织存在不同程度的问题，具体可以分为两类：一类是党组织涉嫌违纪问题；另一类是党组织既涉嫌违纪又涉嫌违法问题。对于党组织涉嫌违纪问题，党的纪律检查机关可以依据党章、党纪和既定程序直接予以监督处理。根据《纪律处分条例》第 8 条的规定，对严重违反党纪的党组织，可以对其改组或解散。而对于党组织既涉嫌违纪又涉嫌违法问题，特别是党组织涉嫌违法问题，长期以来都缺乏有效手段填补这一党内法规无法规范的空白区。监察委员会成立后，能够及时填补这一空白区。例如，地方党委滥用职权违法决策，致使公共财产、国家和人民利益遭受损失，过去承担查办职务犯罪职能的检察机关一直无法很好解决这个问题，主要是出于以下两个方面的原因：一是如果地方党委涉嫌犯罪，检察机关往往慑于地方党委领导核心的权威，无法有效发挥职能作用。二是如果地方党委仅涉嫌违法而没有达到犯罪的程度，则没有对应的职能部门予以监督管理。

定期梳理汇总涉及同级党委管理干部的检举控告情况，向本机关有关负责人报告；定期分析所辖地区、部门信访举报情况，编写分析报告，向上级信访举报部门和本机关有关负责人报告，必要时经批准可向同级党委有关负责人报告；根据党风廉政建设和反腐败工作重点以及信访举报反映的热点问题适时开展专题分析，服务重点工作的开展等。信访举报部门应当及时汇总有关信息，深入分析信访形势，及时反映受损害群众最关心、最直接、最现实的利益问题，为领导决策提供参考，这是准确把握信访情况和反腐败斗争形势的第一手参考资料，同时也对信访人员的素养提出了更高的要求。把反映同级党委管理干部问题的举报筛选出来，全面梳理汇总，通过一定载体定期向本机关有关负责人报告，使其能够及时全面掌握举报中的问题线索情况。

改革以后，新组建的监察委员会与党的纪律检查机关合署办公，成为党统一领导下的国家反腐败机构，在以上级监察委员会领导为主的双重领导体制下，承担职务违法和职务犯罪的监督调查职能，既有效承接了检察机关职务犯罪查办职能，又创设了职务违法监督全覆盖的新职能，通过监督处理党组织的组成人员，从而对党组织涉嫌违法问题进行有效监督处理，实现党组织违纪监督和违法监督的有序衔接。

2. 党员违纪违法监督问题

党的先锋队性质决定了党员必须是能够充分发挥先锋模范作用的先进分子。一直以来，党的绝大多数党员能够坚定理想信念，牢记党的宗旨，始终保持党的先进性和纯洁性。但也有少数党员经不起权力、金钱、美色等各种各样的诱惑，导致理想信念丧失、宗旨意识淡化，走上违法犯罪道路，最终跌入腐败的深渊。《中国共产党章程》第2条明确要求：除法定权益和职权外，党员不得谋求任何私利和特权。加强对党员的违纪违法监督，事关民心向背以及党的生死存亡，必须持之以恒，抓紧抓好。党员违纪违法问题具体可以分为三类：一是党员涉嫌违纪问题；二是不具有公职人员身份的党员既涉嫌违纪问题又涉嫌违法问题；三是具有公职人员身份的党员既涉嫌违纪问题又涉嫌违法问题。对于党员涉嫌违纪的问题，党的纪律检查机关可以依据党章党纪和既定程序直接予以监督处理。对于不具有公职人员身份的党员既涉嫌违纪问题又涉嫌违法问题的，其中，违纪问题由纪检机关监督处理；至于涉嫌的违法问题，则可以由公安等执法部门依法予以监督处理。对于具有公职人员身份的党员既涉嫌违纪问题又涉嫌违法问题的，其中的违纪问题和一般违法问题则由纪检机关和公安机关等执法部门分别监督处理；而国家监察机关则可以针对该党员的公职人员身份依法行使监察权，对其涉嫌的职务违法问题依法予以监督处理，从而实现对具有公职人员身份的党员违纪监督与违法监督的有序衔接。

（二）监督内容之衔接

监督内容实质上是开展违纪监督和违法监督的适用情形。《纪律处分条例》中列明的6项纪律对违纪监督的适用情形进行了全面规范。《监察法》等法律法规对违法监督的适用情形也进行了具体规范，可以归结为以下内容：对公职人员开展廉政教育，对其依法履职、秉公用权、廉洁从政从业以及道德操守情况进行监督检查。实际上，违纪监督与违法监督在监督内容上存在一定的交叉也有一定的差异，建立健全监督内容衔接机制很有必要。

1. 违纪违法情形的界限

党的纪律处分条例和国家相关法律法规对违纪监督的情形与违法监督的

情形进行了规定，从内容的性质上看，违纪监督情形与违法监督情形具有一定的相似性。例如，关于政治纪律方面，《纪律处分条例》第 57 条规定了一种情形：组织、参加旨在反对党的基本理论、路线、纲领、经验、要求或者重大方针政策的集会、游行、示威等活动；《公务员处分条例》第 18 条也规定了类似情形：组织或参加旨在反对国家的集会、游行、示威等活动。关于组织纪律方面，《纪律处分条例》第 70 条规定了一种情形：违反议事规则，由个人或者少数人决定重大问题；同时，《公务员处分条例》第 19 条也规定：个人或者少数人违规决定重大事项或改变重大决定。关于廉洁纪律方面，《纪律处分条例》第 85 条规定了一种情形：利用职权为他人谋利，与本人关系密切的人收受财物；而《公务员处分条例》第 23 条则列举规定贪污、索贿、受贿、行贿、介绍贿赂、挪用公款、巨额财产来源不明等情形。关于群众纪律方面，《纪律处分条例》第 112 条规定了一种情形：超标准、超范围向群众筹资筹劳、摊派费用；而《公务员处分条例》第 25 条则规定：违反规定向公民、法人或者其他组织摊派或者收取财物。关于工作纪律方面，《纪律处分条例》第 127 条规定了一种情形：违反有关规定干预和插手司法活动、执纪执法活动；而《公务员处分条例》第 25 条则规定：妨碍执行公务或者违反规定干预执行公务。关于生活纪律方面，《纪律处分条例》第 135 条规定了"与他人发生不正当性关系"的情形；而《公务员处分条例》第 29 条则规定了"包养情人"的情形。综合上述所列情形，尽管违纪监督情形与违法监督情形相似，但并不意味着完全相同，不能模糊二者的边界，更不能将二者相互混淆和代替。明确违纪监督情形和违法监督情形，必须坚持纪法分开、纪在法前、纪严于法的原则。针对同一情形，优先通过违纪监督方式进行评价认定和监督处理，对于既涉嫌存在违纪情形又涉嫌存在违法情形的，通过区分情节、对党纪法规进行文义解释等方法，确定两种情形的界限，做到该执纪的执纪、该执法的执法，把执法与执纪贯通起来，分工明确，紧凑衔接。

2. 生活纪律与道德操守的关系

《纪律处分条例》专门用一章的篇幅对党员违反生活纪律的情形进行了具体规定，包括三种情形：一是生活奢靡、贪图享乐、追求低级趣味，造成不良影响；二是与他人发生不正当性关系，造成不良影响；三是违背社会公序良俗，在公共场所有不当行为，造成不良影响。与之相呼应，《监察法》第 11 条也赋予了监察机关对行使公权力的公职人员道德操守情况进行监督检查的职能，有助于推进党内监督与国家监察的有机统一。然而，也有学者对《监察法》关于监察机关监督检查公职人员道德操守的规定提出了不同意见，认为"综合性的监察法应压缩监察机关监督检查道德操守的范围，将监督检查限于公德。至于私德，如果要加以检查，不妨留给党纪处理"。[1]因为，法律和道德需要相互作用、相得益彰，但不能因此而模糊二者的界限，特别是需要把握好法律对道德作用的度。有鉴于此，《监察法》可以赋予监察机关监督检查公职人员道德操守的职能，但必须把"道德操守"的范围限定为公德，而不宜干涉公职人员的私德领域，应该将私德交给党纪来规范。正如习近平总书记在主持中共中央政治局第三十七次集体学习会议上强调的："法律是成文的道德，道德是内心的法律。法律和道德都具有规范社会行为、调节社会关系、维护社会秩序的作用，在国家治理中都有其地位和功能。""法治和德治不可分离、不可偏废，国家治理需要法律和道德协同发力。"其为正确把握法律与道德的关系指明了大方向。笔者认为，法律与道德是一体两面，共同构建了人类社会生活的规范体系，二者的相互作用是全方位的，不应该在某些领域有所偏废。单就道德而言，区分公德与私德的标准是道德行为主体，但是一个道德行为个体做出的道德行为都具有公共性质，因为道德在本质上就是利他，道德行为必然会对外界产生影响。因此，需要明确的是，私德并不等于隐私，它是一个具有公共性质的概念，比如包养情人看似是个体行为，但往往会对家庭、社会造成不良影响。因而，笔者认为，《监察法》关于"道德操守"的规定是一个周延的道德范畴，既包含公德，也包含私德。这一点与相关法律法规的规定是一致的。例如，《公务员处分条例》第29条将"包养情人""严重违反社会公德的行为"都规定为处分情形。需要指出的是，关于生活纪律与道德操守的关系，应当在坚持纪法分开、纪严于法的原则上予以把握，做好工作衔接。例如，党内生活纪律对"与他人发生不正当性关系"进行规制，《公务员处分条例》则对"包养情人"进行了规制，前者情形是即时行为，后者情形则是长期行为，前者规定明显严于后者。

（三）监督程序之衔接

违纪监督与违法监督是开展党内监督和国家监察的首要环节和基础任务，也是一项程序性工作，具体包括问题线索的收集和发现、对问题线索开展初

---

〔1〕 童之伟："国家监察立法预案仍须着力完善"，载《政治与法律》2017年第10期。

步核实、提出处置建议等工作。关于问题线索的收集和发现，只需在坚持信访部门归口受理、案件监督管理部门统一管理的原则下，按照部门职能分工进行流水线式的推进即可。关于对问题线索进行初步核实，违纪监督的核查措施与违法监督的核查措施在内容和性质上存在一定的差异，需要做好运用衔接工作。关于提出处置建议，特别是经违纪监督提出的立案审查处置建议，在后续处理程序上存在法律衔接问题。

1. 核查措施的运用问题

纪检监察机关收集和发现问题线索后，对所反映问题发现存在比较具体、明显问题的，需要经过既定审批程序成立核查组并制定工作方案，开展初步核实工作。根据《监督执纪工作规则》第21、22条的相关规定，对问题比较具体或被反映人的说明存在明显问题的，可以进行初步核实，制定工作方案并成立核查组。根据《监察法》第38条的规定，监察机关采取初步核实方式处置问题线索的，应当依法成立核查组。在开展初步核实过程中，违纪监督和违法监督都有其特定的核查措施。根据《监督执纪工作规则》第23条的相关规定，违纪监督在初核过程中可以采取的核查措施包括：谈话、调阅资料、查核资产、勘验检查、技术调查、限制出境等。根据《监察法》相关条文规定，违法监督在初核过程中可以采取的核查措施包括：与监察对象进行谈话、询问相关人员、查询财产、调取、勘验检查、鉴定、技术调查、限制出境等。综合分析上述两类核查措施可以发现，二者在可以运用的措施种类的数量上是相当的，而且均属非限制人身财产权利的措施，但是在性质和内容上存在明显差异：其一，措施的性质不同。违纪监督采取的核查措施，属于党内法规确定的用于查明有关事实的手段，其效力限定在党内监督领域。而违法监督采取的核查措施，属于法律明确规定的用于查明有关事实的手段，其效力既适用于国家监察领域，也适用于党内监督领域，甚至根据需要可以及于刑事诉讼领域。[1] 其二，措施的内容不同。这一点可以具体到违纪监督中的查核资产措施与违法监督中的查询财产措施之间的差异上。对于查核资产措施，其适用范围比较有限，在实践中主要是通过采取查核个人有关事项报告中的财产内容和实地查核资产的方式实现的，无法直接对接银行、证券等金融机

---

[1] 《监察法》第33条第1款规定："监察机关依照本法规定收集的物证、书证、证人证言、被调查人供述和辩解、视听资料、电子数据等证据材料，在刑事诉讼中可以作为证据使用。"

构；而对于查询财产措施，作为一项法定调查措施，可以通过既定法律文书直接对接银行、证券等金融机构，查询涉案单位和个人的存款、汇款、债券、股票、基金份额等财产，并将查询结果固化为法定证据。基于以上分析，在工作实践中，需要根据对问题线索性质的预判选择来运用具体核查措施，对于问题具体但性质并不严重的，可以直接启动违纪监督领域的初步核实，运用相关核查措施查明有关问题，提出处置建议；对于问题具体且性质严重的，应当同时启动违纪监督领域与违法监督领域的初步核实，综合运用两类核查措施，既能够及时有效查明问题事实，也能够为后续进入法律程序奠定坚实的证据和事实基础。

2. 处置建议的协调问题

在违纪监督与违法监督阶段，初步核实工作结束后，必须形成一定的结论，具体程序是：先由核查组撰写初步核实情况报告，提出处理建议报承办部门集体研究，承办部门在集体研究过程中，应当综合分析初核情况，提出处置建议（《监察法》称为"处理意见"），再报纪检监察机关主要负责人审批。关于处置建议或处理意见的具体分类问题，党内法规和国家法律分别进行了不同规定。对于违纪监督中的初步核实，根据《监督执纪工作规则》第24条第2款的规定，承办部门在综合分析初核情况后，可以提出五类处置建议，具体包括：予以了结、暂存待查、谈话提醒、拟立案审查以及移送有关党组织处理。对于违法监督中的初步核实，根据《监察法》第39条的相关规定，监察机关对监察对象涉嫌职务违法犯罪，认为需要追究法律责任的，应当办理立案手续。由此可知，监察机关的承办部门在综合分析初核情况后，经过集体研究可以提出拟立案调查的处理意见，除此之外的处理意见具体分类，在《监察法》中并没有进行具体列举式的规定。例如《监察法》第38条仅仅规定：承办部门在初步核实工作结束后，应当提出分类处理意见，但并没有进一步具体列明处理意见的分类情况。在具体工作实践中，监察机关承办部门在初步核实后提出处理意见的分类一般参照《监督执纪工作规则》中的相关规定予以确定。例如，《深圳市纪委监委机关监督执纪监察工作规程（试行）》第4条就要求监察工作应当参照监督执纪的"四种形态"精神，做到抓早抓小、防微杜渐。这里需要重点关注的问题是：大多数情况下，在违纪监督阶段初步核实结束后，承办部门经研究提出拟立案审查处置建议的同时，需要以监察机关承办部门的名义提出拟立案调查的处理意见，实现违纪问题处理与违法问题处理的工作衔接。理由如下：首先，根据《监督执纪工作规则》第 25 条的规定，立案审查的标准是存在严重违纪问题需要追究党纪责任的，按照纪在法前、纪严于法的原则进行处理。如果党员干部存在违纪行为并达到严重的程度，往往也就意味着该行为已经达到了违法的程度。根据前文所述，违法监督领域的初步核实工作在之前也应当启动，在该党员干部涉嫌违法的前提下，依法应当以监察机关承办部门的名义提出拟立案调查的处理意见，做到真正实现纪法衔接。例如，某村支书被举报贪污扶贫款项 1 万元人民币，在涉嫌严重违反党的廉洁纪律的同时也明显涉嫌贪污犯罪，纪检监察机关经初步核实后应当同时提出拟立案审查和拟立案调查的处置建议。其次，纪检监察机关应当决定同时启动立案审查和调查，便于实现后续调查手段的综合运用等工作的有序衔接。

第二节　违纪审查与违法调查之衔接

对于党组织、党员干部和国家公职人员涉嫌的违纪或违法问题，党的纪律检查机关和国家监察机关需本着客观公正的原则收集有关证据，进而查明所涉问题的事实，为处理决定的最终作出提供事实依据。严格认真开展违纪审查和违法调查是办理涉嫌违纪违法案件、查明事实的中心环节和重要任务。

一、违纪审查与违法调查的关系

我国绝大多数公职人员都是党员的现实状况决定了党员违纪问题往往也牵涉公职人员违法犯罪的问题。按照我国的党政领导体制和国家监察体制改革任务，违纪审查针对的是党员和党组织的违纪问题，违法调查针对的是国家公职人员的职务违法犯罪问题。由此可知，违纪审查与违法调查之间既存在密切的联系，也具有各自特点的区别。因此，全面把握违纪审查与违法调查之间的关系对做好二者的衔接工作并充分发挥反腐败工作合力，具有极其重要的意义。

（一）违纪审查与违法调查的联系

1. 启动程序一致

审查调查工作是一项阶段性特征十分明显的工作。在前期，纪检监察机关需要做好监督这一前置工作，全面收集和发现问题线索并在此基础上开展大量的初步核实工作，做到部分违纪违法事实已经查证属实。而后，对全部违纪违法事实进行进一步的调查取证和认定核实的任务就需要转移到审查调查环节予以完成。相对于前期的监督和后期的处置而言，审查调查是一项中心任务。《中国共产党纪律检查机关案件检查工作条例》（以下简称《案件检查工作条例》）第1条前半段规定："检查中国共产党内违纪案件是中国共产党的纪律检查机关的一项重要工作，严肃党纪的中心环节。"从程序上讲，审批立案是党的纪律检查工作和国家监察工作从监督环节进入到审查调查环节的一项共同的前置程序。

2. 工作流程一致

审查调查工作是严肃党纪国法的工作，具有明显的政治性、保密性、程序性。一套严格的工作流程是客观公正、安全有效开展审查调查工作的重要保障。根据纪检机关与监察机关合署办公的工作实际，结合相关规定，违纪审查与违法调查的工作流程是一致的，都必须经过以下环节：一是按照规定权限和程序办理立案手续；二是集体研究确定审查调查方案和措施；三是依纪依法运用调查措施，收集和固定证据；四是审查调查的具体任务完成后，审查调查组集体讨论提出处理建议，形成审查调查报告，报送领导审批处理。

3. 总体任务一致

在纪检监察机关中，承担违纪审查和违法调查职能的工作部门是纪检监察室（个别地方称为执纪审查室）。例如：深圳市纪委监委具体设置了5个纪检监察室，具体负责开展违纪审查和违法调查，坚持"一次一授权"的原则，不固定联系某一地区或部门。在承担监督职能的执纪监督部门将问题线索移送立案审查调查后，纪检监察室必须立即就接收的问题线索开展审查调查，总体上需要完成三项任务：一是充分运用各项审查调查措施，全面收集和固定证据；二是对收集和固定的证据进行综合分析，对线索中所反映的问题从事实和证据上进行认定；三是结合实践并运用监督执纪"四种形态"的要求，依纪依法形成审查调查结论，提出具体处置建议。

（二）违纪审查与违法调查的区别

1. 依据不同

审查调查工作必须严格依纪依法开展，其开展工作的依据从种类上可以划分为程序依据和实体依据两种。从性质上讲，违纪审查属于党的纪律检查工作，违法调查属于国家监察工作。二者性质的不同决定了开展工作的依据也存在一定的差异。就程序依据而言，违纪审查主要依据的是《案件检查工作条例》《监督执纪工作规则》等；而违法调查主要依据的是《监察法》。就实体依据而言，违纪审查主要依据的是《中国共产党章程》《纪律处分条例》等；而违法调查主要依据的是《公务员法》《公务员处分条例》《事业单位工作人员处分暂行规定》《刑法》等。

2. 立案标准不同

从程序上讲，违纪审查和违法调查都必须办理立案手续后方能正式启动。然而，从立案的具体标准看，二者存在明显的差异。根据《监督执纪工作规则》第 25 条的规定，违纪审查的立案标准需要满足两个条件：一是从性质角度而言，审查对象存在严重违反六项纪律的行为；二是从情节角度而言，确实需要对审查对象给予党纪处分的。根据《监察法》第 39 条的规定，违法调查的立案标准也需要满足两个条件：一是监察对象在性质上存在职务违法犯罪行为；二是从情节上确实需要追究监察对象的法律责任。

3. 对象不同

基于工作性质的差异，违纪审查与违法调查的对象在内涵和外延上都存在一定的不同之处。违纪审查的对象分为两类：一类是党员；另一类是党组织。根据《案件检查工作条例》第 5 条的规定，对任何党员和党组织的违纪行为都必须进行检查。而违法调查的对象仅限于行使公权力的公职人员，包括国家机关、国有企事业单位公务员或从事公务的人员、在基层群众性自治组织中从事公共管理的人员等。

4. 内容不同

违纪审查的内容主要是根据《纪律处分条例》的规定，聚焦 6 项纪律所列明的具体情形，进行有针对性的审查核实。而违法调查的内容主要是相关法律法规规定的职务违法行为和职务犯罪行为。二者审查调查的内容有一定的交叉，但也存在明显的不同。例如，从外延上看，一些违反政治纪律的行为很可能涉嫌危害国家安全犯罪，这显然不属于监察机关违法调查的职能范围。

5. 措施不同

根据《监督执纪工作规则》的相关规定，纪检机关进行违纪审查可以采取的措施具体包括：谈话、查阅、复制、查询、暂扣、封存、冻结、技术调查、限制出境等 9 项。《案件检查工作条例》规定的"两规"措施、查核存款措施并未被纳入上述规则中。根据《监察法》的相关规定，监察机关进行违法调查可以采取以下 14 项措施：谈话、讯问、询问、查询、冻结、搜查、调取、查封、扣押、勘验检查、鉴定、技术调查、通缉、限制出境。二者的审查调查措施存在明显不同：一是调查措施的权限范围明显大于审查措施；二是留置、查询财产等调查措施取代了违纪审查中原有的"两规"措施、查核存款等审查措施。

6. 证据要求不同

作为审查调查工作的重要任务之一，收集和固定证据直接决定了线索所涉问题的事实认定和最终处理结果，必须做到高标准、严要求、规范化。基于纪检机关对违纪审查案件进行自查自审的工作实际，违纪审查收集和固定证据的标准在全面、客观的基础上，只需满足机关内部审理部门审理违纪案件的要求即可，与法律上特别是刑事诉讼领域的证据要求之间还存在一定的差距。而关于违法调查收集和固定证据的要求，根据《监察法》第 33 条的相关规定，监察机关在违法调查中收集和固定的证据具有三大特点：一是在刑事诉讼中可以作为证据使用；二是适应以审判为中心的诉讼改革，完全对接刑事审判证据标准；三是适用刑事案件非法证据排除规则。因此，违法调查收集证据的要求明显严于违纪审查的要求。

二、违纪审查与违法调查的衔接原则

对于党的纪律检查机关的监督、执纪、问责职能和国家监察机关的监督、调查、处置职能，审查调查工作都处于中心环节，起着承上启下的重要作用，直接决定了纪检监察工作质量，对党风廉政建设和反腐败斗争成效具有重大影响。因此，需要明确违纪审查与违法调查的衔接原则，指引审查调查工作向正确方向前进，这有利于推动实现违纪审查与违法调查衔接，不断提高违纪违法案件办理质量。

（一）法治优先原则

深化国家监察体制改革是党中央推进全面从严治党向纵深发展，引导反腐败工作向法治化方向深入发展的重要一环。在全面推进依法治国前提下，深入推进反腐败斗争，必须与时俱进成立反腐败国家机构，推进反腐败国家立法。深化国家监察体制改革、成立监察委员会、制定国家监察法的目的就是把反腐败工作纳入法治轨道。根据《监察法》第 5 条的相关规定，国家监察工作应当严格遵照宪法和法律，以事实为根据，以法律为准绳，做到在适用法律上一律平等。具体而言,《监察法》对监察机关的监督、调查、处置职能进行了全方位的规制,特别是专门用了两章的篇幅就监察调查工作的权限和程序进行了详细的规定,有助于引导监察机关工作人员"以法治思维和法治方式反腐败"。[1] 依法依程序运用调查措施,按照刑事诉讼标准收集和固定证据,既能提高反腐败工作水平,也能有效保障当事人的合法权益。在这一点上,党的纪律检查工作应当向国家监察工作看齐,违纪审查应当实现与违法调查法治化标准的对接,坚持以事实为根据,以党规党纪为准绳,用不断完备的党内法规体系推动违纪审查高水平发展。

(二)精简高效原则

监察体制改革通过整合反腐败力量,优化反腐败力量结构,把工作力量向监督执纪一线部门倾斜,集中行使执纪监督和审查调查职能。就审查调查职能而言,通过把检察机关的职务犯罪侦查职能、行政监察机关的行政调查职能整合到党的纪律检查机关的执纪审查职能中,精简了机构数量,壮大了审查调查力量,有利于提高审查调查工作效能。特别是在审查调查既涉嫌违纪问题又涉嫌违法问题的案件时,应当坚持集中统一、精简高效原则。在工作流程运作上,将违纪审查的工作流程与违法调查的工作流程合并为一套工作流程;在人员力量分配上,实行统一调配、集中安排,做到既有分工又有配合;在任务设置上,将审查违纪问题与调查违法问题统筹考虑;在审查调查措施运用上,做到交叉使用、取长补短;在证据收集和固定上,优先对标刑事诉讼审判标准,全面提高违纪审查和违法调查的质量和效率。

(三)独立行使职权原则

党的纪律检查工作和国家监察工作在性质上毕竟是不同的,尽管党的纪律检查机关和国家监察机关合署办公,但是不能模糊了二者性质上的差异,否则会对党风廉政建设和反腐败工作产生消极影响,最终在落实全面从严治党部署上南辕北辙、大打折扣。开展违纪审查和违法调查,实现二者的有效衔接,应当做到既求同又存异,明确二者的差异是实现工作有效衔接的出发点和落脚点。推动实现违纪审查与违法调查的工作衔接,必须重视二者在实体和程序上的不同特点,确保执纪审查和监察调查在职能上依纪依法独立行使。开展违纪审查和违法调查,必须看到二者在工作依据、立案标准、审查

---

〔1〕 龚堂华:"坚持以法治思维和法治方式反腐败",载《学习时报》2018 年 1 月 1 日。

调查对象、审查调查内容、审查调查措施、证据要求等方面的不同之处和特殊要求，在工作衔接过程中有针对性地开展各自的工作，达到不同的效果。

三、违纪审查与违法调查的衔接机制

基于我国公职人员大部分具备党员身份的实际情况，具备党员身份的公职人员违纪问题与违法问题交织的现象时有发生。做好违纪审查与违法调查的工作衔接，全面深入开展审查调查工作，及时查明案件所涉问题事实并作出恰当的处理决定，对有效惩治腐败分子、教育挽救党员干部、优化党内政治生态具有极其重要的意义。

（一）违纪审查与违法调查的立案衔接

立案是启动违纪审查与违法调查必经的前置环节，而按照职能分工的原则，办理具有党员身份的公职人员违纪违法案件必须办理立案审查和立案调查两项立案手续。因此，做好违纪审查与违法调查的立案衔接工作，有利于推动反腐败工作在程序上实现纪法畅通衔接，沿着法治轨道向前发展。

1. 党组织违纪违法的立案问题

一般情况下，对于党组织的违纪问题，主要是通过党内巡视巡察监督的形式发现的。根据《中国共产党巡视工作条例》第13、14条的相关规定，中央和省级巡视的对象包括对应级别党的组织和党员领导干部。根据《中国共产党巡视工作条例》第15条的相关规定，巡视组对党组织开展巡视的内容主要包括：党的组织执行党章和其他党内法规，遵守党的纪律，落实全面从严治党主体责任和监督责任等情况。对发现党组织存在严重违纪问题的，有权机关按照既定程序对其予以立案审查。根据《案件检查工作条例》第19条的规定，对党组织的立案审查实行提级管辖原则，主要有两种渠道：一是上一级纪检机关经同级党委批准立案；二是再上一级纪委征求同级党委意见后决定立案。立案后，经过违纪审查发现党组织的组成人员存在涉嫌违法问题的，应当由监察机关依法予以立案调查。需要注意的是，对公职人员立案调查的管辖原则与党组织违纪立案审查的管辖原则明显不一致。对党组织违纪的立案审查实行提级管辖原则，一般由上一级纪律检查机关立案审查。而对公职人员的立案调查管辖，根据《监察法》第16、17条的规定，具体可分为三类：一是属地管辖；二是提级管辖；三是指定管辖。对于党的纪律检查机关已经立案审查的党组织的组成人员涉嫌违法问题的，监察机关一般应当适用

提级管辖的原则予以立案调查。理由如下：一是由于党组织涉案人数多、涉案主体权力大，党组织涉嫌违纪违法案件往往比较重大、复杂，由上级监察机关直接立案调查，便于及时有效查明案情并作出处理。二是监察机关立案调查适用提级管辖原则能够与纪律检查机关的立案审查提级管辖原则紧密衔接，推动违纪审查与违法调查有机结合、顺畅推进。

2. 党员干部违纪违法的立案问题

这里讨论的党员干部违纪违法立案问题针对的是具有公职人员身份的党员。从立案管辖权上讲，违纪审查与违法调查基本上是一致的，一般情况下按照属地管辖原则进行分级管辖，在特殊情况下也适用提级管辖和指定管辖原则。然而，在现实当中，具有公职人员身份的党员干部违纪违法问题往往具有隐蔽性、案发后积极补救的特殊情节等情形，这就决定了纪检监察机关在立案审查与立案调查工作中需要针对不同情形采取不同的工作方式，确保立案审查与立案调查紧密衔接。总体上可以归结为两种模式：一是先立案审查后立案调查；二是同时立案审查调查。立案审查的标准是存在严重违纪情形且需要追究党纪责任，对党员的违纪情形至少应当给予党内警告以上处分，进一步可以划分为三种情形：一是需要给予党内警告和党内严重警告处分的，即对应"四种形态"中的第二种形态——需要给予党纪轻处分或组织处理的，从程度上讲一般不构成违法；二是需要给予撤销党内职务和留党察看处分的，即对应"四种形态"中的第三种形态——需要给予党纪重处分或重大职务调整的，一般来说同时构成违法；三是需要给予开除党籍处分的，即对应"四种形态"中的第四种形态——严重违纪涉嫌违法需要移送司法机关的，一般来说同时构成犯罪。关于第一种情形，往往适用先立案审查后立案调查模式，在立案后的进一步审查过程中发现有违法情形的，再由监察机关依法予以立案调查。关于第二种情形，往往适用同时立案审查调查模式，但在特殊情况下，考虑到涉案主体认错悔错态度好、没有主观故意、积极弥补损失等情形，本着惩前毖后、治病救人的原则，也存在对其先予立案审查，根据后续审查情况再行决定是否予以立案调查的情形。关于第三种情形，当然适用同时立案审查、调查模式，在工作实践中，此种情形相比之下属于审查、调查工作的多数情形。

（二）违纪审查与违法调查的措施衔接

违纪审查措施长期以来由《案件检查工作条例》具体规定。党的十八大以来，党的纪律检查工作进一步得到规范，《监督执纪工作规则》进一步明确了违纪审查可以采取的9项措施。《监察法》也明确了违法调查可以采取的15项措施。很明显，违法调查措施手段更加丰富，当然二者也存在一定的交叉，在具体实践中，应当重视综合运用审查调查措施，提高审查调查工作整体效率。这里主要探讨新创设的违法调查权在实现违纪审查与违法调查衔接中的作用。

1. 搜查措施的使用问题

搜查措施，从一般意义上讲，属于刑事诉讼领域的一种司法措施。行使搜查权的主体是具有侦查权的机关，如公安机关、检察机关等。根据《刑事诉讼法》第134条的规定，侦查人员可以对相关人员的身体、物品、住处和其他有关的地方进行搜查。可见，搜查措施对及时搜集有关罪证、有效侦破犯罪案件具有重要作用。国家监察体制改革以后，为了进一步加大反腐败工作力度、及时有效查明职务犯罪事实，通过整合检察机关转隶职能，《监察法》也赋予了监察机关搜查权。纪检监察机关在查办既涉嫌违纪问题又涉嫌职务违法犯罪问题时，充分有效地运用搜查措施能够在收集和固定用于证明违法犯罪事实证据的同时，及时查明违纪问题事实，显然能够在很大程度上提高违纪审查和违法调查效率。

2. 通缉措施的使用问题

通缉措施也属于刑事诉讼领域公安机关和检察机关使用的一种司法侦查措施，一般适用于应当逮捕的在逃犯罪嫌疑人。《监察法》也赋予了监察机关通缉权。根据《监察法》第29条的规定，依法应当留置的被调查人如果在逃，监察机关可以决定通缉，并由公安机关发布通缉令，追捕归案。在此基础上，各地也结合监察体制改革试点工作实际，适应"互联网+"的发展趋势，出台规定赋予监察机关网上追逃权。例如，《深圳市纪委监委机关监督执纪工作规程（试行）》第62条规定，对在逃的被审查调查人或者重要涉案人员，可以进行通缉或者网上追逃。这对于纪检监察机关查办违纪违法案件具有重要意义。在国家监察体制改革之前，党的纪律检查机关只能办理违纪案件，对于职务犯罪案件，需要移送检察机关审查决定是否立案侦查。[1]如果

---

〔1〕《中共中央纪律检查委员会、最高人民检察院、监察部关于纪检监察机关和检察机关在反腐败斗争中加强协作的通知》明确要求："纪检监察机关查处的违纪案件，经审查认为已触犯刑律，需要追究刑事责任的，应按照《刑事诉讼法》有关案件管辖的规定，及时将有关证据材料（或复印件）移送相应的检察机关。""对于纪检监察机关移送的案件，检察机关要积极受理，及时审查或进行必要的调查，作出是否立案的决定"。

纪检机关在查办违纪案件中发现被审查人可能逃跑，而很可能在把案件移送检察机关审查的立案过程中耽误通缉，错失网上追逃最佳时机，导致被审查人逃逸，从而给案件查办造成重大不利影响。纪检机关与监察机关合署办公后，纪检监察机关完全可以通过内部快速协调机制，及时以监察机关名义采取通缉措施，有效防止被审查调查人逃逸，确保审查调查工作顺利开展。

3. 留置取代"两规"措施

习近平总书记在党的十九大报告中指出："制定国家监察法，依法赋予监察委员会职责权限和调查手段，用留置取代'两规'措施。"[1]这将在很大程度上推动实现反腐败工作法治化、规范化。在此之前，党的纪律检查机关查办突破违纪案件，长期以来使用"两规"措施。"最早运用'两规'突破案件是 1983 年中央纪委在山西运城指导查办的一批违纪案件。"[2]1994 年制定的《案件检查工作条例》第 28 条正式对"两规"措施予以明确规定。然而，由于涉嫌长期非法限制他人人身自由，不利于保障人权，"两规"措施一直受到各种诟病。为推进党的纪律检查工作规范化，中央纪委制定了《监督执纪工作规则》，并没有将"两规"措施再次予以规定。这说明纪律检查机关在办理违纪案件过程中，将彻底摒弃"两规"措施，这对规范违纪审查具有重大标志性意义。对于"两规"措施取消后的空白地带，随着国家监察体制改革的推进，将由监察机关的留置措施予以替代，从而为审查谈话措施的运用提供前提条件和有效载体，便于及时突破违纪审查案件。

当然，留置并不是原原本本地替代"两规"措施。从适用标准上看，"两规"措施一般在发现党员或党组织有违纪事实时即可运用，而留置措施必须在已经掌握被调查人部分严重违法犯罪事实基础上才能运用。因此，留置在适用标准上要远高于"两规"措施，这样能够有效避免留置措施的滥用，有利于更好地规范违纪审查和违法调查。从适用程序上看，留置措施的适用程序较"两规"措施严格，而且更加重视保护被留置人员的合法权益，具体表现在以下三个方面：一是规范审批程序。地市级以下监察机关采取留置措施实行提级审批原则，由上一级监察机关批准；省级监察机关采取留置措施由

---

〔1〕 习近平：《决胜全面建成小康社会 夺取新时代中国特色社会主义伟大胜利——在中国共产党第十九次全国代表大会上的报告》，人民出版社 2017 年版，第 68 页。

〔2〕 王全宝："'两规'从严"，载《中国新闻周刊》2013 年第 34 期。

其自己决定，并报国家监察委员会备案。二是明确通知义务。对被调查人采取留置措施后，除可能毁灭伪造证据、干扰证人作证或串供等情形外，应当在 24 小时内通知被留置人员所在单位和家属。三是保障基本人权。应当保障被留置人员的饮食、休息和安全，为其提供医疗服务，不得对其逼供、诱供，或者侮辱、打骂、虐待、体罚或变相体罚。而对于"两规"措施的适用程序，《案件检查工作条例》等党内法规对上述内容的规范明显不足。

　　需要指出的是，在监察机关采取留置措施后，被调查人在留置期间是否有权委托辩护律师，存在较大争议。目前，《监察法》没有对这一问题作出明确规定。国家监察体制改革以后，监察委员会承接的原属检察机关的职务犯罪侦查职能就成为监察机关职务违法犯罪调查权的重要组成部分。根据《刑事诉讼法》第 33、37 条的相关规定，对于检察机关查办的职务犯罪案件，犯罪嫌疑人有权在侦查期间委托辩护律师，辩护律师有权依法会见犯罪嫌疑人。而全国人大常委会作出的决定并没有暂时停止适用上述规定。因此，对于监察机关调查的职务犯罪案件，被调查人在调查期间特别是在留置期间是否有权委托辩护律师，在法律上仍然有待进一步明确。一部分观点认为，法律应该赋予被调查人委托辩护律师的权利。理由主要有以下几点：一是监察委员会承接检察机关职务犯罪侦查职能的必然要求。有学者认为，"既然检察机关反腐职能转隶监察委员会，依附检察机关办理案件上的相关权利也应当随之一并移转到监察委员会的反腐案件上，不应仅仅转隶'职权'而将相应的'权利'予以抛弃，使赋予职权与保障权利之间的规范出现严重失衡"。[1]还有学者认为，"既然调查活动包含了侦查，并且在程序上与检察院的审查起诉阶段相衔接，那么公职人员接受调查时就应当允许辩护律师介入"。[2]二是符合人权保障国际通例。有学者认为，"公民在被限制人身自由以后，有权聘请律师提供法律帮助，这是人权保障的国际通例"。[3]《保护所有遭受任何形式拘留或监禁的人的原则》第 11 项提出："被拘留人应有权为自己辩护或依法由律师协助辩护。"三是相关国家或地区反腐败经验借鉴。例如我国"香港地

〔1〕　郭华："监察委员会与司法机关的衔接协调机制探索——兼论刑事诉讼法的修改"，载《贵州民族大学学报（哲学社会科学版）》2017 年第 2 期。

〔2〕　林子桢："陈光中：监察体制改革需启动系统修法工程"，载《财新》2017 年 1 月 17 日。

〔3〕　陈光中、邵俊："我国监察体制改革若干问题思考"，载《中国法学》2017 年第 4 期。

区的廉政公署也规定了被调查人在被扣留后有权聘请律师"。[1]四是保障刑事诉讼顺利进行的需要。从刑事诉讼进程上讲，如果被调查人在调查期间特别是留置期间不能委托辩护律师，那么在监察委员会调查的职务犯罪案件起诉到法院后，"可能会使强烈要求律师辩护的职务犯罪案件战线拉长，基于辩护策略的考虑，为了跳出职务犯罪侦查主体所在司法管辖区，法庭辩护的主战场将从一审延至二审乃至再审"。[2]对职务犯罪案件的法庭审理造成不利影响。当然，也有观点认为，律师在被调查人留置期间不宜介入调查程序。因为，目前只有《刑事诉讼法》对犯罪嫌疑人和刑事被告人委托辩护律师进行了规定，"当被留置的监察对象尚未被确定为刑事被告人时，律师介入缺乏法律依据。只有在监察调查终结，监察对象被确定为刑事犯罪嫌疑人移送检察机关起诉时，律师介入才有了正当性和合法性"。[3]总结起来，上述观点都有理论或实践上的依据，存在一定的道理。

笔者认为，在被调查人接受调查特别是留置期间，律师能否介入的问题，应当结合国家监察体制改革实际，分阶段进行具体分析。对于现阶段而言，律师不宜介入调查程序。一方面，在全面从严治党的大背景下，由于国家监察工作尚处在改革实践探索阶段，若现阶段允许律师介入调查程序，会在一定程度上阻碍国家监察工作的顺利开展，不符合夺取反腐败斗争压倒性胜利的现实需要。另一方面，目前《刑事诉讼法》虽然没有暂停适用律师介入检察机关侦查职务犯罪案件的相关规定，但是监察委员会从性质上讲不属于司法机关，其开展监察工作的依据主要是《宪法》和《监察法》，而不是《刑事诉讼法》，《监察法》并没有对律师介入职务犯罪调查程序作出规定，因此，律师介入调查程序明显缺乏法律依据。当然，从长远来看，后续的监察立法应当考虑赋予被调查人委托辩护律师的权利。根据《监察法》的规定，被留置人员留置一日可以折抵拘役、有期徒刑一日，这说明留置措施是一项明显限制人身自由的强制措施，与拘留、逮捕的效果相近。如果律师无法介入调查程序，那么被调查人的合法权益必然面临遭受公权力侵害的较大风险。实

---

〔1〕 陈光中、邵俊："我国监察体制改革若干问题思考"，载《中国法学》2017年第4期。

〔2〕 邓楚开："监察委员会对司法生态的可能影响"，载 http://www.houq-ilawyer.com/view682.htm，访问日期：2018年7月22日。

〔3〕 吴健雄："试点地区用留置取代两规措施的实践探索"，载《新疆师范大学学报（哲学社会科学版）》2018年第2期。

际上，《监察法》遵循宪法关于"尊重和保障人权"的立法精神，明确规定"保护当事人的合法权益"。因此，后续的监察立法应当赋予被调查人委托辩护律师的权利，可以参照《刑事诉讼法》关于律师介入检察机关查办职务犯罪案件的相关规定，结合国家监察工作实际，对律师介入调查程序作出明确规定，具体应当包括以下内容：介入的时间、程序、方式以及调查期间了解被调查人涉嫌的罪名和案件有关情况、申请变更调查措施、代理申诉控告、与被调查人会见和通信、为被调查人提供法律帮助等，从而为保护被调查人的合法权益提供法治保障。

（三）违纪审查与违法调查的证据衔接

从性质上讲，违纪审查与违法调查的证据显然是不同的，前者属于党内审查违纪案件的证据，后者属于国家监察机关调查职务违法犯罪案件的法定证据。然而，二者在证据种类上却具有相似性。根据《中共中央纪律检查委员会关于查处党员违纪案件中收集、鉴别、使用证据的具体规定》和《案件检查工作条例》的相关规定，违纪审查的证据种类包括物证、书证、证人证言、受侵害人的陈述、被审查人的陈述、视听资料、现场笔录、鉴定结论、勘验检查笔录等。[1]根据《监察法》的相关规定，违法调查的证据种类包括物证、书证、证人证言、被调查人供述和辩解、视听资料、电子数据、勘验检查笔录、鉴定意见等。两者证据种类的相似性有利于实现证据衔接和共享，提高审查调查工作效率。

1. 证据标准问题

证据的目的在于有效证明案件事实，而证据能否达到此目的则涉及证据的标准问题。关于违纪审查的证据标准，根据《中共中央纪律检查委员会关于查处党员违纪案件中收集、鉴别、使用证据的具体规定》第21条的规定，案件的证据与事实应当具有客观联系，并且形成一个完整的证明体系，在足以排除其他可能性前提下，才能作为定案依据。而关于违法调查的证据标准，根据《监察法》第33条的规定，监察机关收集、固定、审查、运用证据，应当与刑事审判的要求和标准一致，对以非法方法收集的证据应当予以排除。而《刑事诉讼法》第53条对刑事审判证据标准作了进一步的明确，要求做到

―――――――――

〔1〕　中央纪委案件审理室编著：《纪律审查证据收集与运用——以新修订的〈中国共产党纪律处分条例〉为视角》，中国方正出版社2018年版，第11页。

证据确实、充分，且均经法定程序查证属实。总结起来，二者在证据标准上都需要满足客观性、关联性、真实性，而违法调查的证据还需适用非法证据排除规则，充分体现其更加重视程序正义，有利于提高违法调查的法治化水平。因此，纪律检查机关与国家监察机关合署办公后，在证据标准上应当秉持"就高不就低"的原则，积极引导违纪审查收集证据主动对标违法调查的证据标准，推动审查调查工作法治化、规范化。

2. 证据转换问题

长期以来，党的纪律检查机关在办理违纪案件过程中收集的证据，特别是言词证据，能否在刑事诉讼领域直接使用，一直存在较大争议。"赞成者从证据证明力的角度出发，认为如果案件当事人或证人在诉讼阶段改变供词和证言，不用纪检监察阶段获得的言词证据，有些案件就难以证实，从而难以有效地打击这些犯罪现实。反对者从证据合法性的角度出发，认为纪检监察言词证据虽然有一定证明力，但因其取证主体不合法，所获得的言词证据只能作为司法机关获取证据的线索和参考材料。"[1]在实践当中，由于违纪审查案件的证据收集主体和程序与《刑事诉讼法》的规定不一致，纪检机关收集的证据特别是言词证据，往往需要经过检察机关立案侦查后进行重新收集，方能在刑事诉讼中使用。这样一来，既浪费了司法资源、降低了工作效率，又突显了违纪审查在法治化、规范化方面的不足之处。国家监察体制改革后，鉴于监察机关在违法调查中依法收集的证据可以在刑事诉讼中使用，纪检监察机关在办理违纪违法案件中，可以合并违纪审查程序和违法调查程序为一套程序，统一收集能够证明案件事实的所有证据，有效避免重复取证造成的公权力资源浪费。对于言词证据，可以实行一套工作程序、两套办案文书的模式，针对违纪问题和违法问题一并开展谈话，同时用两种不同的文书进行记录，便于后续证据运用和案卷材料的移送、归档，无需考虑重复取证带来的言词证据转换问题。关于实物证据，鉴于其稀缺性特征和证据间接证明力的作用，自然不用考虑证据转换问题。

---

〔1〕 龙宗智：《证据法的理念、制度与方法》，法律出版社 2008 年版，第 98 页。

第三节　监察处置与刑事司法之衔接

《监察法》赋予监察机关监督、调查、处置三项职权，其中，监察处置权特别是对职务犯罪案件的处置权，与检察机关、审判机关在程序和职能上具有密切的逻辑衔接关系。

一、监察处置及其与刑事司法的关系

（一）监察处置

处置权是监察机关的三项法定职能之一。从监察程序上讲，监察处置是针对监督、调查两项职责的具体行使情况而作出最终结论的一种终结性权能。《监察法》第45条规定了监察处置权的具体内容，主要包括以下六种情形：一是对职务违法情节较轻的公职人员，通过直接或者委托进行谈话提醒、批评教育、责令检查，或者予以诫勉；二是对违法的公职人员依法给予警告、记过、记大过、降级、撤职、开除等政务处分；三是对负有责任的领导人员，直接作出问责决定或提出问责建议；四是对涉嫌职务犯罪的，移送检察机关审查起诉；五是对监察对象所在单位存在的问题提出监察建议；六是对没有证据证明被调查人存在违法犯罪行为的，应当撤销案件。其中，第一项内容主要是针对监督职能行使的具体情况作出的处置结论，后面五项内容主要是针对公职人员涉嫌职务违法或职务犯罪的行为进行立案调查后，区分不同的违法调查情况所分别作出的处置结论。这里主要探讨的是监察处置的上述第四项内容，即国家监察机关针对公职人员涉嫌职务犯罪的情形。经立案进行违法调查后，决定将案件移送检察机关审查起诉，进而有必要具体探讨监察处置与刑事司法之间的工作衔接问题，确保监察处置权与刑事司法权的顺畅对接，从而从整体上提高反腐败工作效率和效能。

（二）监察处置与刑事司法

从工作程序上讲，监察处置与刑事司法之间存在时间上前后衔接的逻辑关系，二者之间既具有紧密的内在联系，也存在明显的不同之处。全面认识二者的联系和区别，有助于更好地把握二者之间的逻辑衔接关系。

1. 监察处置与刑事司法的联系

（1）权力性质具有一致性。监察处置权是针对监督、调查职责的具体履

行情况而作出处理结论的权力，就监察工作流程而言，监察处置权明显属于一种程序末尾的终结性权力。而对于刑事司法权，从司法机关性质上讲，具体包括刑事检察权和刑事审判权两类，其中刑事审判权是对刑事案件依法审理后作出有罪或无罪的最终裁判结论。《刑事诉讼法》第 12 条规定："未经人民法院依法判决，对任何人都不得确定有罪。"据此，刑事审判权明显也属于一种终结性权力。

（2）行使程序具有衔接性。国家监察机关对公职人员涉嫌职务犯罪行为依法立案进行违法调查后，对于没有证据证明其存在犯罪行为的，予以撤销案件；对于有证据证明其存在犯罪行为的，应当制作起诉意见书，移送检察机关审查起诉，检察机关认为构成起诉条件的，应当依法将案件移送人民法院审理并作出判决。有学者将上述程序总结为"监察委员会调查——检察院审查批捕、提起公诉——法院裁判"的"流水作业"式的线性程序。[1] 当然，这是就办理职务犯罪案件的横向工作程序而言。如果从监察机关的性质和定位来看，国家监察权涵盖了对包括公检法机关在内的所有公职人员的监督，进而使得国家监察机关从地位上更加超然于包括公检法机关在内的其他国家机关。有学者据此进一步将国家监察权与刑事司法权之间的关系总结提升为"四元立体制约"的刑事司法关系格局。[2]

2. 监察处置与刑事司法的区别

（1）权力主体性质不同。根据 2018 年修正的《宪法》，监察委员会是国家的监察机关，由人大产生，对人大负责并接受其监督。由此，国家机构的宪制结构也发生了明显变化，形成了人大及其常委会之下"一府一委两院"的模式。因而，从性质上讲，国家监察机关既不是行政机关，也不是司法机关，而是依法监督公职人员行使公权力情况的监督机关，是国家专门的反腐败机构，有学者将其总结为"执法监督机关"。[3] 而作为国家法律监督机关的人民检察院和作为国家审判机关的人民法院，从机关性质上讲，显然属于国家专门司法机关。

（2）法律依据不同。监察机关对涉嫌职务违法的公职人员，有权根据

〔1〕 江国华、彭超："国家监察立法的六个基本问题"，载《江汉论坛》2017 年第 2 期。

〔2〕 江国华："国家监察体制改革的逻辑与取向"，载《学术论坛》2017 年第 3 期。

〔3〕 马怀德："国家监察体制改革的重要意义和主要任务"，载《国家行政学院学报》2016 年第 6 期。

《监察法》《公务员法》《法官法》《检察官法》《公务员处分条例》《事业单位工作人员处分暂行规定》等法律法规的规定，依法作出政务处分决定；对涉嫌职务犯罪的公职人员，有权根据《监察法》的规定移送人民检察院依法审查、提起公诉。而在刑事司法领域，人民检察院和人民法院主要依据《刑事诉讼法》《刑法》等法律分别行使检察权和审判权。

（3）权力内容不同。监察处置权的权力内容主要包括三类：一是对职务违法情节较轻的公职人员，通过进行谈话提醒、批评教育、责令检查或予以诫勉，注重抓早抓小，起到"红脸出汗"的作用；二是对存在职务违法行为的公职人员，给予政务处分；三是对涉嫌职务犯罪的，移送检察机关审查起诉。而刑事检察权的权力内容具体包括：一般刑事犯罪立案侦查监督权、审查批捕权、公诉权、刑事执行监督权等。刑事审判权的权力内容主要是对人民检察院提起公诉的包括职务犯罪在内的所有刑事案件依法进行审理并作出裁判。

二、监察处置与刑事司法的衔接原则

2018年修正的《宪法》和《监察法》均规定，监察机关办理职务违法犯罪案件，应当与审判机关、检察机关、执法机关互相配合、互相制约。在具体的实践中，监察处置权与刑事司法权之间存在前后紧密衔接的逻辑关系。全面准确地把握二者之间的工作衔接原则，有利于实现监察处置权与刑事司法权顺畅对接、整体推进，确保二者始终沿着正确方向向前发展。

（一）权力分工原则

根据宪法规定，监察委员会、检察院、法院各自依法独立行使职权，不受行政机关、社会团体和个人的干涉。在独立行使职权的前提下，监察权、审判权、检察权之间存在着明确的分工和界限。理解权力分工原则，需要重点把握以下三点内容：第一，权力独立。监察委员会、检察院、法院三机关在宪法法律的规定范围内独立行使职权、依法办理案件。从外部环境来讲，三机关办理案件不允许任何行政机关、社会团体和个人说情干预、过问打听；从三机关之间的关系而言，监察权、检察权、审判权的行使应该做到相互尊重各自的独立性，互不干涉，禁止擅自扩权僭越。第二，各司其职。三机关如同"铁路警察"之间的关系，各管一段，权力界限明确。在办理职务犯罪案件过程中，监察委员会负责调查取证、查明案件事实以及决定是否移送审查起诉；检察机关负责对移送的案件进行审查，作出是否采取强制措施和提起公诉的决定；法院负责对提起公诉的案件依法审理并作出判决。第三，纵向排列。监察权、检察权、审判权之间的独立和分工，从权力运行结构上看，并不等同于三权横向并列式的分立，而是根据三项权力运行的前后衔接的内在逻辑关系，呈现出一种纵向排列式的"流水作业"权力格局。

（二）互相配合原则

《宪法》第127条明确规定了"互相配合"的原则。监察委员会、检察院、法院三机关互相配合是实现监察处置与刑事司法工作衔接的基础条件。理解互相配合原则，需要着重把握三个方面：一是平等协作。三机关之间的互相配合是建立在平等基础上的互相协作，不存在相互之间的隶属关系，监察委员会不能凭借其超然于法检等国家机关的地位而僭越、干涉检察权和审判权；检察院不能凭借其法律监督权对监察权、审判权肆意设障；法院也不能凭借审判权而枉法裁判案件。二是优化流程。监察委员会调查涉嫌职务犯罪案件结束后，应当明确移送案件的具体责任部门和工作程序；检察院应当明确接收案件的具体责任部门和工作程序，建立案件审查情况反馈机制；法院应当结合职务犯罪案件的审理工作特点，建立专门的工作机制，加大对腐败犯罪案件审理的力度。对于三机关在具体工作对接中出现的复杂疑难问题，可以建立三机关联席会议制度协商解决。三是质效兼顾。强化三机关之间的互相配合，一个直接的目的就是提高三机关办理职务犯罪案件的工作效率，但在强调效率的同时，三机关应当守住办理案件的法律底线，依照法定程序办理案件，避免发生冤假错案，进而提高反腐败工作的质量和效果。

（三）互相制约原则

互相制约原则是由《宪法》明确规定的。坚持互相制约原则，是确保公权力正确运行的必然要求。绝对的权力将会导致绝对的腐败，任何权力都必须受到监督和制约。理解互相制约原则，应当重点把握以下两点：其一，监督纠错。任何机关在行使公权力的过程中都不能确保总是符合法律的、正确的，赋予相关机关监督纠错权是确保公权力正确行使的有效途径。在办理职务犯罪案件中，对于监察委员会移送审查的案件，检察院依法独立进行审查，对符合起诉条件的，依法提起公诉；对不符合起诉条件的，有权退回补充调查或者不起诉。对于检察院起诉的案件，法院依法独立进行审理并根据查明的证据和事实，依法作出有罪或无罪、罪轻或罪重的判决。而监察委员会如果发现检察院或法院在办理案件过程中存在违法行使职权的情形，有权进行监督、调查和处置。其二，保障人权。《宪法》明确规定将"尊重和保障人权"作为宪法的基本价值取向。监察权、检察权、审判权的行使自然也应当服从这一价值取向。三机关之间构建互相制约关系的根本目的就是防止因公权力滥用而侵害当事人的合法权益。三机关之间的制约关系是双向的，"每一机关都对其他机关形成一定制约，同时它也成为其他机关制约的对象，进而确保每一个机关都能够正确适用法律，保护当事人的合法权益"。[1]

三、监察处置与检察权的衔接机制

检察机关自侦职能转隶以后，其内部侦查与起诉一体化模式正式走向终结，检察机关也恢复到国家法律监督机关的宪法定位。国家监察机关承接职务犯罪调查职能以后，与检察机关、审判机关在办理职务犯罪领域构成了新的刑事司法关系。其中，监察机关的监察处置权与检察机关的刑事检察权具有直接的、前后相接的紧密逻辑联系，有必要在移送案件、采取强制措施、审查起诉等方面实现二者之间的工作衔接。

（一）移送案件的衔接

监察机关对职务犯罪案件调查终结后，决定移送审查起诉的，应当制作起诉意见书，将案件材料、被调查人、涉案款物一并移送检察机关审查。

1. 检察机关提前介入问题

监察机关调查的职务犯罪案件需要移送起诉的，为了提高案件移送的效率和质量，一般应当提前书面通知检察机关，协商移送事宜。检察机关接到书面通知后需要及时派员提前介入，一方面尽快熟悉案情，另一方面就案件证据收集、法律适用、强制措施适用等问题提出初步审查指导意见，并就案件卷宗整理等形式方面的标准予以明确，避免案件正式移送后因某些方面的问题而被退回，影响案件办理工作的进程。如广东省及深圳市的相关规章制度均对检察机关提前介入作出了明确规定。《广东省检察机关与监察委员会办理职务犯罪案件衔接办法（试行）》第8条规定："监察委员会在调查案件中发现被调查人涉嫌职务犯罪的，可以邀请检察机关派员提前介入并了解案情。检察机关可以就证据标准、取证方向、补充调查、法律适用等问题与监察委员会进行讨论，提出建议或意见。"《关于深圳市监察机关与司法机关在查办

---

〔1〕 沈德咏主编：《中国特色社会主义司法制度论纲》，人民法院出版社2009年版，第228页。

职务违法犯罪案件中加强协作配合的意见》中进一步明确了检察机关提前介入的时限，该《意见》第 16 条规定："监察机关调查的职务犯罪案件需要移送起诉的，应当在正式移送 15 日前书面通知检察机关，协商移送事宜。""检察机关接到书面通知后，应当及时派员提前介入，对证据收集、法律适用以及是否需要采取强制措施进行审查。"

2. 案件移送交接问题

职务犯罪案件移送涉及监察机关与检察机关两个主体，二机关在具体交接过程中涉及的责任部门、移送内容、移送前处置等问题有必要进一步明确，便于案件移送交接工作的顺利进行。

（1）移送前处置。根据纪法分开、纪在法前、纪严于法的原则，被调查人凡是涉嫌职务犯罪问题的，一般也存在违纪行为和职务违法行为，原则上应当在案件移送审查起诉前，及时对被调查人作出党纪处分和政务处分，有效避免"先移后处""先法后纪"，甚至"带着党籍蹲监狱"等问题的出现。根据《深圳市纪委监委机关监督执纪监察工作规程（试行）》第 87 条的规定，对涉嫌职务犯罪的监察对象，原则上都要在移送审查起诉前给予党纪政务处分。

（2）移送案件的管辖。监察机关移送职务犯罪案件，原则上以地域管辖为主，在特殊情形下也需要商请检察机关指定管辖，主要包括以下四类情形：一是县级以上党委、政府、人大、政协四大班子成员；二是各级监察机关以及公、检、法、司、国安等执法司法部门领导人员；三是与前两类人员相关联的系列案、特定关系人案；四是上级监察机关组织、指挥查办的重大专案、系列案。

（3）案件交接的责任部门。职务犯罪案件移送工作头绪多、内容杂，进一步明确每个环节的责任部门，确保分工明确、责任到人，有利于案件移送工作有条不紊地进行。就监察机关而言，案件移送工作主要涉及案件材料、被调查人和涉案款物三个方面的内容，根据部门职能划分，案件材料的移送主要由案件审理部门负责，被调查人的移送主要由审查调查部门负责，涉案款物的移送主要由案件监督管理部门负责。就检察机关而言，移送案件的接收工作统一由检察机关案件监督管理部门负责并分流到具体的承办部门。

（4）移送案件的材料。审查调查部门在办理违纪违法案件过程中，往往对违纪问题和违法问题进行统一审查调查，但在审查调查结束后，需要分门别类地整理"两卷"，即违纪卷和违法卷，在案件移送审查起诉时，需要进一步将违法卷整理为"两卷"，即文书程序卷和证据卷，便于检察机关具体审查。就证据卷而言，入卷证据的范围应当涵盖违法监督和违法调查两个阶段收集的、能够证明被调查人存在职务犯罪行为的所有证据材料。这里的"证据材料"明显涵盖监察机关法定的所有监察活动范围，包括立案前的谈话材料。有学者认为："移送的言词证据范围以涉嫌犯罪，正式立案调查（一般采取留置措施）为界限。"[1]这一观点显然对《监察法》有关条文进行了缩小解释，不符合国家监察工作的实际。

（二）强制措施的衔接

监察机关移送职务犯罪案件，在移送案件材料的同时需要对被采取留置措施的被调查人进行移送，在此，需要考虑监察机关留置措施与检察机关强制措施之间的衔接问题。根据《监察法》第47条的规定，对监察机关移送的案件，检察机关依照《刑事诉讼法》对被调查人采取强制措施。但监察留置措施与刑事强制措施之间应如何衔接，《监察法》却并未给出具体的规则指引。对此，《刑事诉讼法》提出了"监察留置措施先行转为刑事拘留措施""刑事拘留之后如有必要再行采取其他刑事强制措施"的程序规则。[2]整体来看，这种程序规则旨在保证犯罪嫌疑人能够得到有效控制，同时兼顾监察机关和检察机关分别采行的强制措施之间的有序转换，从而为国家监察与刑事司法在强制措施上的衔接提供了最低限度的可操作性规范。但在实践中，监察留置措施与刑事拘留措施之间在时间上如何衔接，仍需要更为具体的规定。为此，可以考虑推广深圳市的做法，[3]引入"提前告知"程序，明确监察机关在留置措施届满15日前书面告知检察机关，从而为检察机关在留置期

---

〔1〕　陈光中、邵俊："我国监察体制改革若干问题思考"，载《中国法学》2017年第4期。

〔2〕　参见《刑事诉讼法》第170条第2款之规定。

〔3〕　《关于深圳市监察机关与司法机关在查办职务违法犯罪案件中加强协作配合的意见》第16条规定："对被调查人采取留置措施的，监察机关应当在留置期限届满15日前书面告知检察机关"，"检察机关应当在留置期限届满10日前告知监察机关是否采取强制措施"。二是检察机关决定采取具体强制措施。检察机关依法独立行使审查采取强制措施职权，针对留置的被调查人，结合案件具体情况，根据《刑事诉讼法》可以决定采取以下强制措施：第一，对可能判处徒刑以上刑罚的犯罪嫌疑人，符合逮捕条件的，应当采取逮捕措施；第二，对犯罪情节达不到逮捕条件的，可以采取保候审或监视居住强制措施；第三，检察机关结合案件具体情况，决定不予逮捕的，经与监察机关沟通后，在必要时可以退回补充调查。

限届满前是否决定采取刑事拘留措施预留充足时间；同时，检察机关应当在留置期限届满 10 日前告知监察机关是否采取刑事拘留措施，从而为监察机关是否决定解除留置措施预留时间。[1]

（三）审查起诉的衔接

对于监察机关移送的职务犯罪案件，检察机关应当对移送案件的事实和证据进行审查，并作出是否起诉的决定。在案件移送审查起诉的过程中，监察机关与检察机关应当就以下几个问题做好工作衔接：其一，非法证据排除问题。监察机关收集的证据依法可以在刑事诉讼中使用，同时也意味着必须适应以审判为中心的诉讼制度改革，与刑事审判关于证据的要求和标准相一致，自然适用非法证据排除规则。[2]检察机关在对监察机关调查终结案件进行审查的过程中，如果发现监察机关办案人员以非法方法收集证据材料的，应当依照《刑事诉讼法》和《关于办理刑事案件严格排除非法证据若干问题的规定》的相关规定予以排除。其二，退回补充调查问题。检察机关经审查认为存在犯罪事实不清、证据不足或者遗漏罪行、遗漏同案犯罪嫌疑人等情形，需要补充核实的，应当退回监察委员会补充调查，必要时也可以自行补充侦查。其三，是否作出起诉决定问题。检察机关经审查认为符合起诉条件的，应当作出起诉决定；如果认为存在《刑事诉讼法》第 15 条规定的不起诉情形或者犯罪情节轻微不需要判处刑罚的，抑或是退回补充调查两次后仍然认为事实不清、证据不足的，可以作出不起诉决定。监察机关认为不起诉决定有错误的，可以依法向上一级检察机关提请复议。其四，提请没收违法所得问题。对涉嫌职务犯罪的被调查人逃匿，经通缉一年后不能到案或者被调查人死亡的，监察机关有权向检察机关发出没收违法所得意见书，提请其依法向有管辖权的法院提出没收违法所得申请。

四、监察处置与审判权的衔接机制

监察机关的处置职能往往与检察机关的审查逮捕、审查起诉等职能具有直接的联系。从表面上看，监察机关似乎与审判机关不存在工作上的联系。然而，着眼于反腐败工作大局和查办职务犯罪工作全过程，监察机关与审判

---

〔1〕 江国华：“国家监察与刑事司法的衔接机制研究”，载《当代法学》2019 年第 2 期。
〔2〕 江国华：“国家监察与刑事司法的衔接机制研究”，载《当代法学》2019 年第 2 期。

机关在工作内容和职能上却又存在着直接或间接的联系。

（一）案件审理的衔接

对于检察机关移送的由监察机关调查的职务犯罪案件，审判机关在审理过程中应当严格遵守《刑事诉讼法》，积极支持配合国家监察体制改革并处理好以下问题：第一，非法证据排除问题。根据《监察法》的规定，监察机关在调查案件过程中依法取得的证据材料，可以在刑事诉讼中使用。而这些证据进入刑事审判领域后必须经过质证方能作为定案的依据。审判机关在审理过程中，应当依职权或者根据被告人及其辩护人的申请对监察机关所收集证据的合法性进行法庭调查，如果发现存在通过刑讯逼供、暴力、威胁等非法手段取得的证据，应当根据《刑事诉讼法》和《关于办理刑事案件严格排除非法证据若干问题的规定》的相关规定予以排除。特别是对于言词证据，法庭如果对证据收集的合法性有疑问的，可以依法通知监察机关相关讯问人员出庭作证，监察机关讯问人员应当出庭就言词证据收集的合法性作出说明，确保职务犯罪案件审理的程序正义。第二，补充调查问题。审判机关在审理监察机关调查的职务犯罪案件过程中，如果发现证据不够确实、充分，认为需要补充提供有关证据的，可以通知检察机关或监察机关进行补充调查。补充调查的程序参照《监察法》第47条的规定，应当在一个月内完成，且补充调查不得超过两次。监察机关补充调查完毕并经检察机关再次移送审判机关后，审判机关重新计算审理期限。对于二审不开庭审理的案件需要补充有关证据的，为了提高审判工作效率，可以由审判机关直接向监察机关补充调查提供。第三，违法所得处理问题。对于职务犯罪分子违法所得的一切财物，审判机关应当依法判决追缴或者责令退赔。特别是对监察机关提请检察机关提出的违法所得没收申请，审判机关应当依法审理并及时作出裁定。当然，对于查扣在案的涉案财物多于拟判决追缴或者责令退赔的数额的，审判机关应当在判决前向查办案件的监察机关通报，便于监察机关及时核实处理。第四，刑期折抵问题。鉴于留置措施具有限制人身自由的显著特征，根据《监察法》第44条的规定，对于被采取留置措施的被告人，审判机关在判处管制、拘役或有期徒刑的刑罚时，应当将留置的期限折抵刑期，其中留置一日折抵管制二日，折抵拘役、有期徒刑一日，从而实现职务犯罪量刑的实体正义。

（二）当事人权益救济的衔接

科学规范案件救济程序、保护当事人的权利救济权是尊重和保障人权的重要方面。国家监察体制改革从一开始就高度重视保护当事人的合法权益，强化对监察委员会自身的监督制约，把监察权关进制度的笼子，有效防止因监察权的滥用而侵害当事人的合法权益。《监察法》第 5 条在一审草案、二审草案的基础上专门增加了"保障当事人的合法权益"的内容，也充分说明了《监察法》坚持"尊重和保障人权"的立法精神。对于监察机关调查的职务犯罪案件，审判机关经审理后认为，监察机关调查收集的证据不足以认定被告人存在职务犯罪的事实，经过补充调查或者补充侦查后仍然不能够认定被告人有罪，进而作出无罪判决的，说明监察机关调查案件存在重大失实，监察人员可能涉嫌违法办案问题。因此，如何有效保障被告人合法权益的救济是一个需要高度重视和亟待解决的问题。有学者认为，在这种情况下，"应当允许被监察人或者当事人向法院起诉，采用司法审查的方式予以监督"。[1]这一观点具有一定道理，但仍显得不全面、不成熟。应当看到，办理职务犯罪案件是一个由监察机关、检察机关和审判机关等多个主体参与的完整过程，既涉及监察领域，又涉及刑事诉讼领域，因此，解决上述问题应当立足国家监察和刑事诉讼两个领域，结合《刑事诉讼法》和《监察法》的相关规定，按照法定程序进行全面考虑。首先，应当考虑监察机关提请抗诉问题。对于审判机关作出的刑事判决，在国家监察体制改革以前，检察机关可以根据《刑事诉讼法》和《人民检察院刑事诉讼规则》的相关规定，依照法定程序提出抗诉，由上一级审判机关对原审案件进行全面审查。而在国家监察体制改革以后，监察机关承接了检察机关原有的职务犯罪侦查职能，对职务犯罪案件依法进行调查，与检察机关、审判机关在办理职务犯罪领域构成了新的刑事司法关系。据此，监察机关应当一并承接检察机关就其职务犯罪自侦案件的提请抗诉权，如果认为审判机关作出的刑事判决存在错误的，有权提请监察机关依法向有管辖权的审判机关提出抗诉。受理抗诉的审判机关对原审判决进行全面审查后，如果认为原判决存在错误的，应当依法予以改判；如

〔1〕 郭华："监察委员会与司法机关的衔接协调机制探索——兼论刑事诉讼法的修改"，载《贵州民族大学学报（哲学社会科学版）》2017 年第 2 期；秦前红："监察体制改革的逻辑与方法"，载《环球法律评论》2017 年第 2 期。

果认为原判决正确的，予以维持。其次，进一步考虑被调查人合法权益的救济问题。在监察机关提请抗诉后，受理抗诉的审判机关经审查后维持原判决的，说明监察机关存在办理冤、错案的问题，监察人员也存在因违法办案而侵害被调查人合法权益的问题。鉴于监察机关在宪制结构上并不属于行政机关，因而，被调查人显然不能通过直接向法院提起行政诉讼的方式维护自身的合法权益。对于被调查人的权益救济，《监察法》对此作出了明确规定：一是被调查人根据该法第 67 条的规定有权申请国家赔偿，监察机关应当依法给予国家赔偿。二是监察机关可以根据该法第 61 条的规定，坚持权责一致、有权必有责、失责必追究的原则，依法严肃追究负有责任的领导人员和直接责任人员的责任，从而充分发挥警示威慑效应，确保国家监察权力始终在法治轨道上运行。

第八章

国家监察权力之监督原理、经验与机理

第一节　权力监督之原理

一、权力监督的意涵

"监督，是人类社会一个古老而长久的话题。当人类的先民走出野蛮与蒙昧，步入人类社会的最初阶段后，需要一种外部的力量约束、督促人们在集体劳动、共同消费的原始共产主义生活中遵守社会共同的习俗与规则，从而产生了行使社会公共事务管理权的机构与人民。"〔1〕在人类社会进入阶级社会后，"随着国家的出现和进一步巩固与统一，监督也被视为一种从国家权力中分离出来并反向约束、控制其他国家权力的权力"。〔2〕

权力意味着责任和义务，也表明一种便利和地位。权力具有强制性、自由裁量性和普遍约束性，产生权力负效应的可能性和现实性，这些特性决定了权力监督的必然。权力监督就是指对权力予以必要限制、约束、监察和督促，是对滥用权力的预防与矫正。权力应依法受到国家权力授权者——社会公众及其代理机构的监察督促，以使权力被滥用的危险降到最低限度，确保权力在法定的轨道中运行。

二、权力监督的必要性

（一）更好地实现人民主权

权力是法律授予的，任何权力的行使都应当受到法律的监督。无论是西

---

〔1〕 谢佑平、江涌："论权力及其制约"，载《东方法学》2010 年第 2 期。
〔2〕 吴永生："权力监督与国家治理能力现代化"，载《理论探索》2015 年第 2 期。

方国家的民主理论还是社会主义国家的人民主权理论均强调人民权利是国家权力的来源，人民通过选举等民主机制授予国家权力。

（二）巩固国家统治的调控手段

一定的国家权力结构及其运行机制对国家与社会的控制具有极为重要的意义。"从历史上来看，一切获得政权的统治阶级都十分重视利用监督手段，对掌握国家机器的人员进行最严格的控制，以保证统治阶级意志得以贯彻和执行。"[1]无论是封建制度下的"督察"与"进谏"，还是资本主义制度下的"议会监督"，都是及时发现和纠正权力运行中的疏漏所必不可少的。无产阶级革命取得政权后，同样要有强有力的监督制度来保证国家的社会主义性质。

（三）防止国家权力异化

对权力的追逐推动人类从自然状态进入政治社会，而国家及政治权力的出现，使得人类得以过上更富足的生活。然而，在具有促进人类获得更大福祉的能力的同时，权力又具有巨大危险性与破坏性。"不受监督或监督不足的权力，终究有可能异化，遭到滥用或误用，从而背离授权的本来目的。"[2]

三、权力监督的基本要求

（一）国家权力实行分工原则

在国家权力运行实践中，权力种类具有多样性，不同的权力应由不同的机关行使，否则绝对的权力将会导致绝对的专制与腐败。"国家权力分工，这是权力良性运行的基本条件，也是权力监督的前提。"[3]其一，每一种国家权力配置合理，并形成一种既相互分工又彼此连接的权力结构体系。各种权力的范围、运行程序和权力责任均有明确的法律规定。其二，任何一种权力必须具有抗衡其他权力非正常干扰的能力与机制，使其能相对独立地行使国家法律赋予的权能。做到每一种权力都有它自己的运行原则。

（二）监督机关权力实效原则

在众多社会权力中，权力运行的监督机关必不可少，特别是在公民不可

---

〔1〕　陈朋："重构政治生态：权力制约监督的一种新视角"，载《江苏行政学院学报》2016年第3期。

〔2〕　李辉、蔡林慧："权力监督机制的结构功能困境及其破解"，载《行政论坛》2013年第1期。

〔3〕　吴德星："论国家权力的分工与制约——现代制衡制度比较研究"，载《中央政法管理干部学院学报》1995年第1期。

能直接监督权力的情况下。首先，在法律上任何监督机关都必须具备相应的法律地位和权力。如果法律难以保证监督机关的权威和监督所必须的权力，那么监督机关就可能会因为自身权力的先天性不足而不可能实行完全、充分和全面的监督。因此，如果要监督和限制某种权力，应做到监督机关"必须具有更大的权力，至少也要与它要去限制的权力一样大"。[1]其次，监督机关必须实际享有其法定权力。如果法律上拥有监督权，实际运行中却因种种原因难以持续，那么就难以防患权力的滥用于未然。而监督机关实际权力的大小往往取决于该社会法制发育的状况。最后，监督机关的工作人员应当拥有依法监督所需要的条件。法律保障和支持正当、合法的监督权力的行使，并为他们的依法监督提供政治的、组织的，甚至人身方面的安全保证。

（三）选举制度的民主原则

一切权力的运行者都可以视为人民选举而产生的——不论直接选举抑或间接选举。因此，选举制度的完善程度决定着人民直接或间接监督权力能力的大小。人民通过选举进行权力委托，而权力的委托并不等于权力的丧失，人民有权关注自己的代表是否正确地行使权力。

（四）权力监督范围的广泛性

权力监督现代化的程度与该国家和地区整个政治体系的现代化程度相联系。"权力监督，无论是以公民权利、代议机构还是党政部门监督权力，这些都是现代民主政治和法治国家才完全具备的有效的权力制约手段。"[2]其有效性在于，不存在任何不受监督的权力，不存在任何不受监督的官员。在传统专制主义和人治国家中，监督机关主要是皇权用来约束下级官员的工具，"君权神授"思想和自上而下的授权排斥了来自民众的监督。"专制主义政治体制无法克服这种权力监督体制的内在缺陷，这是导致历朝历代无法走出兴亡周期的重要因素。"[3]

---

〔1〕 蔡道通："没有真正的监督就没有良性的权力"，载《淮阴师专学报》1993年第1期。

〔2〕 陈国权、周鲁耀："制约与监督：两种不同的权力逻辑"，载《浙江大学学报（人文社会科学版）》2013年第6期。

〔3〕 吴永生："公共领域视野中权力监督的逻辑、批判与规范"，载《行政论坛》2015年第2期。

第二节　域外反腐败权力监督机制之经验

一、体例类型

"世界各国和地区建立起来的反腐败模式各有不同，从监督权的主导方式看，以议会主导和司法主导居多，行政主导趋于减少，选择设立相对独立的反腐败机构的方式愈发常见。"[1]从监督权运行方式来看，主要分为多机构合作式反腐模式、集权式反腐模式、混合式反腐模式三种。无论监督机制如何设置，构建一个强有力的反腐机构成为绝大多数国家和地区共同的反腐败制度选择，往往通过权威的反腐败机构的统筹来促进反腐败工作的整体推进，以解决反腐败机制运转不灵与效力低下的问题。据此，各机构之间又形成了反腐败功能上的协同机制，如司法主导的多机构合作式等。

（一）监督权的主导方式

根据负有对公共腐败行为进行调查和起诉的机构职能的不同，监督权的主导方式主要体现为：议会主导、司法主导和行政主导。这三种主导方式并非在制度上绝然分立，议会主导的国家和地区同样强调司法权的能动发挥。在不同的主导方式下，越来越多的国家和地区选择在既有的法治框架下设立相对独立的监督机构。一方面，有的独立监督机构是在行政主导下经机构改革转型而来的。例如，韩国自1963年整合审计与监察职权、合并各自独立的审计院和监察委员会形成的监察院制度等。另一方面，"在国家权力机制中成立相对独立的权力监督系统，在立法、行政、司法等部门内设置或增添监督、监察的因素，成为二战后各国和地区建立反腐败制度的主要趋势，一些国家还以宪法上明确的独立权力性质定位为监察体制的有效运行提供保障"。[2]

（二）监督权的运行模式

根据监督权运行方式的集中程度，主要体现为如下三种模式：第一，多机构合作式反腐（multi-Agency Approach）。主要是指在反腐的过程中不存在

---

〔1〕 李秋芳、孙壮志主编：《反腐败体制机制国际比较研究》，中国社会科学出版社2015年版，第8~9页。

〔2〕 明金维、马世骏："贺国强与波兰最高监察院院长会谈"，载《人民日报》2011年7月8日。

特别的具有主导型地位的反腐机构，由传统司法机构与其他政府部门协同完成反腐败职能，反腐败工作对于上述各合作机构来说并非是唯一任务。主要以美国为代表。第二，集权式反腐败模式。近几十年来不少国家先后建立了所谓的集权式反腐机构，即由"一个独立、永久的政府机构在反腐方面发挥主导型作用"。甚至不少研究者都将新加坡成功的秘诀归功于其独立的反腐机构。[1]不过，与其说由独立部门行使反腐职责最为有效，不如说以新加坡为代表的亚洲国家较多都采用了这一模式。第三，混合型反腐模式。通常是在原有一整套反腐机构的基础之上另外设置相对集权的反腐机构，并实现前后两者的协调配合。

二、制度样本

19 世纪初，政治腐败现象开始在各国蔓延，从完全没有控制的腐败，到建立起比较严格和周密的腐败制约，世界各国和地区普遍经历了一个相当长的历史过程。腐败现象不是自行消失的，而是经过各种制度改革并付出巨大努力后才得以消减的。即使是诸如三权分立的国家——美国，在权力监督的机制改革上，在三权分立结构下出现了更为微妙的权力制衡机制，如独立检察官、委员会机构的设置，使得美国的权力监督机制呈现出多种监督机构既独立又协作，既有职能分离也有职能交叉的特征。

（一）司法主导模式：美国

"美国是典型的推行多机构协作式反腐模式的国家，以司法机关为反腐团队主力，同时联邦刑事与非刑事部门密切配合开展反腐败监督工作。"[2]

1. 多机构协作的权力监督机制

（1）联邦刑事调查和起诉部门。在美国联邦政府中，有 50 多个联邦执法机构具有执行公共腐败调查的职责。联邦调查局、司法部刑事局公共诚实处、美国检察官、独立检察官，以及各部门的监察长，都在揭发、调查和起诉联邦、州和地方的公共腐败方面发挥重要作用。特别是 20 世纪 60 年代后期，尼克松政府的司法部敦促美国检察官把资源投入到追查腐败的联邦、州和地

---

〔1〕 李立景："网络反腐：模式、问题与制度创新"，载《学术交流》2011 年第 5 期。

〔2〕 石庆环："立法与反腐：以美国联邦政府腐败治理为研究对象"，载《辽宁大学学报（哲学社会科学版）》2015 年第 2 期。

方官员上。代表性部门包括：①司法部刑事局公共诚实处（简称"公共诚实处"）。该部门成立于 1976 年，主要职责是监督"联邦机构在所有政府层次上对当选和任命官员的腐败行为作斗争的努力，并监督对选举舞弊罪的起诉和调查"。"尽管该处拥有较独立的调查权，可以在从监察长、公民、国会委员会、非政府组织、联邦调查局和司法部职业责任办公室接到指控后进行调查，也可以在报纸或媒体报道的基础上开始调查等，但在执行其职责时需要同司法部检察官进行密切配合，而检察官在决定调查案件方面具有很大的自行处置权。"[1]②美国检察官。作为司法部下属的官员，负责对违反法律的指控进行调查和起诉，到肯尼迪政府时期，司法部将其注意力从银行抢劫转向腐败犯罪等案件上。③独立检察官。国会因不满尼克松自行组织白宫党羽对"水门事件"进行调查，在 1978 年通过的《政府道德法》中增添了一项新的条款：设立独立检察官，以确保未来行政部门不能干涉对高级行政部门官员犯罪行为指控的调查。使独立检察官在调查腐败官员的事项上具备了与检察官和公共诚实处同等的权力。④联邦调查局。"水门事件"后，联邦调查局将公共腐败当作优先调查的对象，凡其收集的公共腐败的案件都会交给公共诚实处或检察官处理。到 20 世纪 80 年代，其调查从搜集证据扩大到复杂的政治计谋，如设置陷阱等来检验公共官员的诚实。

（2）非刑事公共诚实管理机构。这类部门主要包括：司法部律师办公室、政府道德办公室、监察长办公室和白宫法律顾问办公室。主要职责是审查联邦官员和雇员的财产情况，解释有关公共腐败的法律和行政部门的道德准则，确保联邦官员和雇员理解刑法和行政规章。"水门事件"后，公共诚实处联邦机构的数量不仅大大增加了，而且获得了前所未有的独立地位，成为许多反腐败问题争论的最后仲裁者。①司法部律师办公室（the Office of Legal Council）。其主要职责是为联邦政府官员提供关于联邦公共腐败和利益冲突的法律咨询。②政府道德办公室（the Office of Government Ethics）。该机构根据 1978 年国会通过的《政府道德法》建立，尽管规模小，但作用不容忽视。其主任经过参议院批准之后由总统任命，一届任期 5 年，可以连任。同时，该办公室在每个重要的政府部门都设有伦理监察员（Ethics Practitioners），他们是由

---

〔1〕　周琪："美国的反腐败机制"，载李秋芳、孙壮志主编：《反腐败体制机制国际比较研究》，中国社会科学出版社 2015 年版，第 497~500 页。

政府部门负责人正式任命的，在他们之下还雇用了上万名专职和兼职人员，通过制定并监督实施特定的政府伦理项目（Executive Branch Ethics Program），协同监督各行政部门的政府决策的履行情况，进行年度财务状况披露等。③监察长办公室（the Inspector General Offices）。该办公室根据1978年的《监察长法》设立，通过在联邦机构和部门中设立独立的监察长办公室来负责调查联邦项目中的浪费、欺诈和滥用职权现象，实行政府内部监督。[1]监察长是总统任命的非党派官员，其任命需要得到参议院的批准。为确保调查中监察长权力的有效行使，《监察长法》规定监察长不能被阻止执行审计、调查、提出报告或进行传唤，并且其在查看所有部门记录和档案时不受限制。此外，监察长每年向国会提交两次报告，报告同时交给部门领导，但他们不向部门领导汇报，部门领导也无权改变或编辑报告内容，更无权解雇监察长，只有总统在就解雇原因向国会做通报后才有权这样做。[2]当出现特别严重的官员腐败问题或公然违反道德准则行为时，监察长还有权向国会提交特别报告。[3]④白宫法律顾问办公室（the Office of White House Counsel）。该办公室于20世纪40年代初由富兰克林·罗斯福总统创建，其最初职责是起草立法、审查立法、撰写总统发言稿和审查对被判有罪的官员的豁免。从20世纪60年代初起，该办公室开始承担更多的责任，包括审查被总统提名者的背景，以防止出现利益冲突及其他担任高级职务资格的问题。《政府道德法》通过后，白宫法律顾问办公室开始与司法部的律师办公室和政府道德办公室进行密切合作，协调预防及解决官员腐败问题。[4]

2. 议会道德委员会监督制

"国会的反腐机制是美国反腐机制当中的重要组成部分，除了享有对行政部门在制定和执行政策方面的监督权外，也享有对议员自身以及行政部门腐

---

〔1〕 包括各部门的审计和调查活动（除了特殊的活动外，如执行国际条约和发放出口许可证）。

〔2〕 监察长提交给国会的报告必须详尽说明在前6个月期间所查清的部门中的主要问题，包括滥用职权、违反道德和工作缺陷的行为，同时提出纠正这些问题的措施建议。报告还必须汇报以前报告提出的措施建议是否得到执行，以及是否存在监察长在要求得到信息或支持时无理由地遭到拒绝的情况。

〔3〕 Steinberg, Sheldon S. and David T. Austern, *Government, Ethics and Managers, A Guide to Solving Ethical Dilemmas in the Public Sector*, Praeger Publishers, 1990, pp. 115~116.

〔4〕 周琪：“美国的反腐败机制”，载李秋芳、孙壮志主编：《反腐败体制机制国际比较研究》，中国社会科学出版社2015年版，第497~500页。

败行为的监督权。"〔1〕一方面，国会议员要受到司法部的调查和起诉，最后经由法院判决和惩处。另一方面，国会参众两院都设有道德委员会来管理有关议员、官员和工作人员道德的事务。例如，"众议院官员行为准则委员会"是众议院的道德委员会的正式名称，它具有调查众议院议员、官员和工作人员违反道德行为的权限。该委员会由 14 人组成，民主党和共和党各占 7 人。如果全院委员会通过决议命令道德委员会进行初步调查，或者一名众议员在法律审议中被证明有罪，被判一年以上的徒刑，委员会就可以对他进行调查。如果在委员会的投票表决中有 8 名以上的委员认为控告是适当的，委员会将任命一个由 4 名至 6 名委员会成员组成的小组委员会着手进行调查。这个小组委员会将对证据进行审查并决定是否立案，如果决定立案，委员会将建立一个由余下委员组成的惩罚委员会来举行听证会。

3. 联邦与州二元监督制

"美国各州反腐机制，最常见的是由检察官根据州刑法对涉嫌腐败者提起刑事检控，并由州法院进行裁判。然而各州的情况也不一样，有些州还会设立特殊反腐机构及相关措施来行使权力监督职能，较具代表性的是独立委员会。"〔2〕例如，2013 年，纽约州为了回应连续的腐败丑闻，颁布《莫兰法案》授权州长可以通过莫兰委员会（Moreland Commission）调查州政府的任何部门、机构、委员会的系统性的公共腐败，包括州政府在竞选过程中的腐败等。根据该法要求，莫兰委员会由纽约市长领导，所有纽约市公职人员都必须向该委员会进行财务披露。该委员会有权指示调查部门在法律规定范围及委员会权限下进行调查，调查结果必须以秘密形式呈送给该委员会，而委员会需制作并向市长呈报年度汇报。

4. 反腐败权力监督法律体系

美国联邦政府推行政府道德准则与法律并行不悖的权力监督制度，是较早以道德规则约束官员行为的国家之一。"特别是在二战后，美国进入和平建设和经济起飞时期，面临许多新型腐败问题，需要政府采取新的措施来加以限制。杜鲁门政府开始尝试制定行政部门道德准则，但直到 1961 年民主党的

---

〔1〕　冯莉："美国学者对腐败与文化关系的研究及对中国反腐的启示"，载《当代世界与社会主义》2017 年第 5 期。

〔2〕　J. H. B. E., *The Moreland Act by J. Ellsworth Missall*. New York: King's Crown Press, 1946, p. 146.

肯尼迪总统当政，'政府道德准则'才被真正建立起来。1961 年 5 月肯尼迪颁布第 10939 号行政令为政府官员的道德准则提出了道德指南，该行政令包括七项总则，构成了美国现代公共道德管理的基本要素。"〔1〕针对屡禁不止的贪腐行为，美国国会于 1962 年通过《联邦利益冲突和贿赂法》，该法规定了对前行政官员游说的限制，正式将道德准则写入法律，但是直到 1978 年 10 月 26 日，在尼克松总统因"水门事件"辞职 4 年多后，国会才通过《政府道德法》（the Ethics in Government Act）。该法不仅扩大了 1962 年《联邦利益冲突和贿赂法》中对"凯旋门"的限制性规定，将该规则扩大到立法和司法部门的高级工作人员，还通过陆续建立新的联邦公共机构来扩大对联邦官员的道德约束，比如将独立检察官条款扩大到国会议员等监督对象。〔2〕

（二）三管齐下的制衡模式：德国

德国议会调查委员会在行政层面对政府工作予以监督，并在发现腐败问题后，有权设立调查委员会进行取证。联邦司法部门则是德国的反腐败机构中心，负责审理腐败案件。

1. 议会调查委员会监督制

议会调查委员会是德国监督机制中较具特殊性的监督机制，与美国议会道德委员会所不同的是，它实际上相当于议会的临时委员会。根据《基本法》第 44 条规定，当联邦议院有 1/4 议员要求时才可以成立一届调查委员会。"调查委员会的主要职责是调查未公开的丑闻，特别是与腐败有关的丑闻。"〔3〕为区别于质询制度，调查委员会享有准司法权，可以依照刑事诉讼法律的规定，举行公开或秘密会议、传唤证人、收集必要的证据、要求其他机构提供咨询、就议员们对政府工作中存疑的问题展开调查或进行澄清。因此，联邦议员可以不依赖政府而直接通过调查委员会取得信息。为保证调查工作进展顺畅，法律特别规定，在取证期间，联邦议员通信、邮政和电信秘密的权利不受影响，法院和行政机关有义务协助调查。经过长期、周密的调查后，委员会须将调查结果汇总成报告，提交联邦议院。议院根据调查结果决定是否有必要

---

〔1〕 周琪："美国的反腐败机制"，载李秋芳、孙壮志主编：《反腐败体制机制国际比较研究》，中国社会科学出版社 2015 年版，第 494 页。

〔2〕 即从政府部门到私人部门或从私人部门到政府部门的职位变化，其中最重要的限制是对 GS-17 级以上的文官规定了一年的冷却期。

〔3〕 马进甫等编著：《德国廉政制度与文化研究》，中国法制出版社 2017 年版，第 77 页。

形成决议。一旦形成决议，该决议不受司法审查。法院对调查委员会所依据的事实予以自由评价和判断。换言之，调查委员会的工作实际上就是官员受贿案的取证，并在一定程度上影响法院裁判。所以，它经常会与联邦检察院共同调查和审理公职人员腐败案件，过程与上述调查相同，均是经过取证调查后以报告形式向联邦议院提交最终结果。议院根据报告展开讨论，最终由法院行使审理权。

但由于调查委员会是议会临时性内设机构，其功能发挥受到局限：其一，议会监督权绝大多数情况下是供反对党用于对抗政府的重要手段，而在发起成立的议员当中又会由执政党把持主席席位与多数位置，反对党最多只能以传讯证人和提出报告的形式发起政治攻击。其二，调查委员会的性质属于政治组合，成员中没有真正的法官，不能施以惩罚，较难使政府腐败行为受到真正的制裁。其三，联邦议院的有限监督权阻碍了它在更广泛的领域内对政府实行一般监督，它只有权进行《基本法》规定了的"抽样监督"。[1]

2. 司法部门惩戒制

"联邦政府原本专设有联邦惩戒公职人员法院，位于美因河畔的法兰克福，专门对联邦公职人员违法乱纪行为进行一审判决，它属于联邦司法部的管辖范围。"[2]2003 年 12 月 31 日后，该法院的业务转由联邦行政管理法院接管。目前在德国，公职人员惩戒案件由行政法院中设立的惩戒庭或惩戒院负责审理，并将原先惩戒公职人员法院一审、联邦行政法院的风纪法庭二审的诉讼制度改为三审制：各中大型城市中设立的行政法院中的惩戒庭负责一审，如想上诉，则要向各州高级行政法院设立的惩戒院提起诉讼。新增加的三审设在联邦行政法院中的惩戒院，但三审中不再审理具体案情，仅处理法律问题。由于惩戒庭审理的案件性质特殊，它的组成人员也与其他行政法庭不尽相同。每个惩戒法庭除了有 3 名本行政法庭的职业法官，还需安排 2 名终身任命的公务员作为"义务法官"。[3]他们的本职工作并非法官，义务法官仅为副职，按照德国行政诉讼法规定，与职业法官享有完全相同的案件审

---

〔1〕［德］汉斯·约格·阿尔布莱希特："德国贿赂犯罪的基本类型与反腐刑法的最新发展"，韩毅译，载《经济刑法》2017 年。

〔2〕韩毅："德国反腐刑法的国际化发展"，载《中国社会科学报》2017 年 6 月 28 日。

〔3〕［德］Matthias Goebel："德国法院在公务员惩戒救济制度中的角色"，载《法律适用》2014年第 5 期。

理权，任期 5 年，在此期间其原职工作不受影响。

3. 行政内部监督制

1998 年，德国内政部颁发规定，要求德国各级政府部门须设立一个专门的监督机构，成立反腐小组，选任防腐联系人。这个小组既对上级行政长官负责，也听命于检察院的反贪小组。作为上级领导与举报人之间的纽带，其职责分为预防和查处腐败两部分：首先，找出行政机关内部容易滋生腐败的环节，拟定相应的措施，改进反腐对策。其次，在发现腐败现象后，有义务立即向上级报告，临时执行查案权，封存工作用的计算机、工作档案及其他相关证据，并转交检察院进行下一步调查取证工作。内政部负责全德国防腐联系人间的协调与调度，每年举行例会，讨论是否有必要出台新的反腐规定。[1]

4. 州政府反腐自治制

作为联邦制国家，德国没有在中央政府设立统一的反腐败机构，而是将自主权下放给各州，由各州政府自行决定如何设立反腐部门。因此，德国 16 个联邦州反腐机构的形式、规模、运作机制也并不完全相同。有的州在政府机构内部建立内审或检察小组，对本部门产生腐败的可能性大小进行分析评估，预测可能发生的腐败问题并开展相应措施预防违法犯罪行为发生。有的州，如首都柏林设立了专门的反腐中心，由柏林市议会领导，设有专门的监察员；北威州则设有 4 个重点监察机构，并在警署设 2 个特殊岗位，隶属州司法部，专门打击腐败犯罪，另有反腐热线协助反腐；慕尼黑州立律师署拥有目前德国最大的反腐部门；而莱茵兰-普法尔茨州则没有设立重点监察机构。[2]

5. 反腐败权力监督法律体系

德国的廉政法律体系既有《基本法》，又包括德国刑法典、反腐败法、联邦政府关于在联邦行政机构防范腐败行为的条例等。其中，德国的反腐败法于 1997 年 8 月 13 日由联邦议会通过，这实际上不是一部独立的法律，而是一部修正案。作为一份指导性法律文件，该法案对多项涉及腐败罪行的法律做了修订或根据实际情况增加了内容，很多条款至今有效。德国曼海姆大学前

---

〔1〕 吴纪树："德国法治反腐的实践与启示"，载《领导科学》2015 年第 12 期。

〔2〕 马进甫等编著：《德国廉政制度与文化研究》，中国法制出版社 2017 年版，第 126~127 页。

法学院院长库伦教授（Prof. Dr. Lothar Kuhlen）认为，它"奠定了现行的德国贿赂型犯罪的基本结构"。[1]

（三）议会主导模式：英国

1. 议会监察专员署制度

英国议会于 1967 年通过《议会监察专员法》，成立议会监察专员署。"其组织形式是：监察专员由女王任命，并为终身制。"[2]尔后，由这个监察专员雇员成立监察专员署，直接向议会负责，经费由中央开支。主要职责包括两个方面：一方面，受理公民由于中央行政机关的不良行政而使其利益受到侵害的投诉；另一方面，监督政府机构及其工作人员，保证他们依法、合理地履行公务，防止其不当活动侵害公民的正当权益。1973 年和 1974 年又分别成立了国民保健监察专员署和地方政府监察专员署，分别负责对国民保健服务和地方政府的监察。这三个监察专员署均为独立机构，不受任何部门或组织干涉。此外，在议会主导下，议会与中央各部及有关机构相对应设有 34 个小型专门特别委员会，专门负责对各部部长及有关机构的监督。[3]

2. 反腐败权力监督法律体系

早在 1889 年英国就颁布了第一部反腐败法——《公共机构腐败行为法》，其后又于 1906 年和 1916 年两次颁布了《防止腐败法》。1973 年，英国议会正式通过《廉政法》规定建立政府官员财产和收入申报制度，有关人员必须定期填写收入申请，逾期不报者将被司法部起诉。申报单由廉政办公室负责审查，一旦发现有违法收入，便立即进行处理。此外，从二战结束到今天，在历年颁布的多项法令中都针对政府官员的腐败行为规定了特殊的法律条文，如《荣誉法》《防止腐败法》《官员保密法》《官员条例》等都规定：如有贪污受贿、滥用政府基金以及其他严重损害官员形象的行为，即予开除并取消其领取退休金的资格。

---

〔1〕［德］库伦："德国反腐败刑法的当前问题"，中国人民大学刑事法律科学研究中心第 83 期名家刑法讲座文稿。

〔2〕张倩："英国监察专员的类型、功能及启示"，载《政法论丛》2017 年第 4 期。

〔3〕扶松茂："从瑞典、英国议会行政监察看中国的行政监察专员制度的创制"，载《云南行政学院学报》2002 年第 6 期。

（四）独立监察官模式：丹麦

1. 监察官制度

"监察官制度确立于 1955 年，旨在保证民众免受政府部门的不公正待遇。监察官由议会选举产生，在议会的支持下工作，只对议会负责，且独立行使职权时，议会不得干涉。"[1]由于监察官的特有权力加上丹麦强大的监察传统，一般情况下政府都会遵循监察官的建议作出响应。因此，"监察官制度是一个让政府纠错的强力工具，很好地起到了监督政府行政、保证社会公正的作用"。[2]监察官的主要职责是听取公民对政府部门工作成绩或过失的意见，调查公务员是否存在贪污腐败，处理公务员的过失行为或舞弊事件等。具体包括：①接受公民投诉并展开调查；②从媒体等其他渠道获取信息，对认为需要调查的事项展开调查；③定期实地考察监狱、儿童收留所、精神疾病医院等弱势群体集中的机构，以确保他们的基本人权。任何人只要对政府行政或官员个人行为有质疑都可以直接向监察官投诉，可以从丹麦的任何地方乘 4 个小时火车到达哥本哈根直接与监察官接触，也可以通过写信或电话与监察官联系。监察官每年会收到 5000 件左右的投诉并及时给政府或个人以可行性的处理建议。在丹麦，任何人都可以直接同监察官接触，哪怕是执行某个决定的程序不正确，公众都可以向监察官投诉。这项监察官制度的主要职能就是以非司法手段纠正违法不当的行政行为，从而保证公职人员依法行政。

2. 反腐败权力监督法律体系

丹麦的法律制度根基建立在 1849 年 6 月 5 日颁布的第一部宪法之上，该宪法实现了对权力的分割，促成了独立司法机构的建立，并对立法和行政进行监督。此外，监察官的职位无论高低，在道德上都要求其绝对效忠国王，忠诚地执行国王的命令。王室工作者或者公务员要想得到职位就必须亲自向国王宣誓忠诚，并承诺按照国王的法律和规定履行职责。

---

〔1〕 张文："探索自上而下与自下而上相结合的反腐模式——丹麦工业联合会反腐行动对中国的启示"，载《学习与探索》2016 年第 4 期。

〔2〕 赵红军、杜其航、胡敏："丹麦反腐败制度体系、政策和行为准则对中国的启示"，载《学习与探索》2016 年第 12 期。

（五）混合型监督机构模式：印度尼西亚

1. 根除腐败委员会

1995 年透明国际首次公布清廉指数报告时，印度尼西亚在该排名中垫底。[1] 2002 年，印度尼西亚宣布成立根除腐败委员会（Corruption Eradication Commission），其法律基础是印度尼西亚《2002 年第 30 号法令（law No. 30/2002）》，该委员会旨在彻底根除政府中的腐败。作为混合型权力监督模式，该委员会的设立在很大程度上借鉴了新加坡的经验。在集权式反腐机构的基础上，吸收以美国为代表的协同式模式。与前者不同的地方在于：第一，根除腐败委员会并没有垄断印度尼西亚处置腐败问题的所有职权。在反腐中更多发挥着旗帜作用，大多时候与传统反腐机构一道进行廉政建设工作，针对基层政府的反腐工作仍由原反腐机构负责。因而，该委员会的权限仅是有选择地调查、检控极少数涉及重要国家官员、具有较高公众知名度且涉案金额较高的典型案件。第二，根除腐败委员会在独立提起腐败案件检控程序方面权力更大，在成立之初的五年里，其所处置的 86 个腐败案件的定罪率达到100%。[2]对此，根除腐败委员会首届主席艾瑞（Erry）特别强调委员会遏制腐败的能力是有限的，唯有通过与其他反腐败部门的协作并最大限度唤醒印度尼西亚民众反腐意识，根除腐败委员会才能获得源源不断的力量。自 2005 年起，印度尼西亚在透明国际公布的清廉指数中首次从末尾 10% 走出，并在随后的十余年间迅速从谷底攀升至中间位置，得分呈现较稳定的进步趋势。[3]

2. 反腐败权力监督法律体系

反腐败法律制度建设在印度尼西亚各届政府的努力下不断得到完善和加强，"从 1999 年以来，相继制定了《1999 年第 31 号法令》《2001 年第 20 号法令》和《2002 年第 30 号法令》三部反腐败领域的重要立法，填补了印度尼西亚只有警方和检察官有权执行反腐败工作的空白"。[4]

---

〔1〕　New Zealand Best, Indonesia Worse in World Poll of International Corruption，1995 年国际腐败认知指数报告。

〔2〕　Norimitsu Onishi, Corruption Fighters Rouse Resistance in Indonesia.

〔3〕　王有粮等：《中外廉政文化研究》，四川大学出版社 2017 年版，第 218～225 页。

〔4〕　武政文、张友国："民主改革以来印度尼西亚的反腐败工作"，载《东南亚纵横》2005 年第 8 期。

三、地域经验

自第二次世界大战后，世界各国和地区逐步建立起一套反腐败机制。一方面，国家与地区间不断推行那些能够修缮国家权力制衡漏洞的法律改革；另一方面，在推行改革的同时也采取了很多确保弊政最小化的法律和监督举措，诸如监督部门应独立、监督部门也应受到权力监督、施行多重监督等。

（一）在法制轨道上保证权力监督顺畅运作

以立法奠定肃贪倡廉运作的法治基础，将反贪纳入法治范围运作是各国和地区建立反腐败权力监督机制的前提。一方面，初创期的监督机构权力相对脆弱，需要法律的行使巩固其权力。特别是在全面反腐败运动的风暴口，法律更成为坚决保护权力监督制度的有效手段之一。另一方面，使权力监督机制始终处于严密、完善的法律调控之下，能确保权力监督在法治轨道上历经高层易人和时代更迭仍有效运作。[1]主要经验体现为：其一，形成了一套日趋完备的法律体系。大致涵括三类立法：①针对反腐败的专门法。如：英国的反贿赂法、意大利的反腐败法、俄罗斯的反腐败法、越南的反腐败法、新加坡的预防腐败法、法国的预防腐败和经济生活与公共程序透明法等。②道德法则。如美国的"政府道德准则"和《政府道德法》。③刑法关于严格责任犯罪的法律制度。其二，立法过程经历多次废除、修改与完善。立法并非一蹴而就，需要随着社会发展和肃贪倡廉实际需要及时修改，不断完善反腐败法例，对权力监督机制适时予以法律调整。其三，对贪污犯罪的量刑幅度逐步提高，并对公职贿赂罪增加了从重处理情节。例如在德国，腐败行为主要依据德国刑法典中的贿赂罪来进行规制。但德国议会于1997年8月13日通过的《反腐败法》修正了刑法、法院法、公务权利法、联邦公务员法、联邦惩戒条例、国防纪律法等法律中有关腐败的规定，对贿赂罪的量刑幅度进行了提高。其四，从强力灭贪到逐步注重保障人权、防止错案。其五，"廉政契约"发挥着辅助法律的重要作用。如在德国，公务员在其任职期间，每年需要与其所在单位签订"廉政合约"，承诺廉洁奉公，属于契约层面。

---

〔1〕 陈永革："论香港廉政公署制度的特色及其对内地廉政法治的启示"，载《清华法学》2003年第2期。

（二）权力监督机构居于相对独立的法律地位

从理论及域外国家、地区的实践经验来看，构建权威并且相对独立的反腐败权力监督机制成为 20 世纪后半叶各个国家和地区加强反腐力量的共同路径选择。"解决反腐败机制运转不灵的有效方式之一，即为建立统一和权威的反腐败工作机制，并由此机构对分散的反腐败资源与力量进行整合，共同作用在反腐败事业的一线之中。"〔1〕即使是欧美国家也在既有的权力制衡架构下设置或增添了监督的特殊机构。机构、成员、权力、经济的相对独立，将权力监督机构与既有的立法、行政、司法权力网断结，将权力监督专员与公职人员脱钩，将经费开支与行政财政分离，使整个监督体系能有效避免来自权力、人事、经济等方面的干扰，这是保障其洁身廉洁及强力肃贪倡廉的一项创新性举措。〔2〕其独立性主要体现在三个方面：第一，机构独立。组成了一个独立的法律单位。第二，成员独立。监督机构一般不隶属任何政府部门，只对高层负责，不受任何其他人指示和管辖，有些甚至直接向国家最高首长负责，是最高首长的代表。但行政长官一般无法就个案问题向监督专员下发指令。这也意味着，监督专员与公务员体系剥离而自成独立系统。第三，权力独立。通常为确保反腐败机构有效执行法定职责而赋予其较大的法定权力。主要涉及：调查权、扣留和批准保释的权力、逮捕及合理使用武力执行逮捕的权力、搜查及检取证物的权力、扣留旅行证件以及限制财产处置的权力、处理在调查过程中发现的非贪污罪行的权力、解雇监督职员的权力、起诉权等。第四，经济独立。一方面，经济开支独立，监督机构的经费拥有一个独立开支总目，从政府每年的预算中拨出。另一方面，监督专员享有不同于政府机构成员的独立津贴和基金优遇。

（三）内外监督机制的并驾齐驱

为防治权力监督机关滥行权力，保证工作运转的公开度以及公信力，在自我监督之外还有一整套对权力监督机关的外部监督机制。其一，自我监督。①依据权力监督条例授权，无须向社会公布理由而只以监督工作需要为准解聘其已委任的监督职员。②专设"内部监察组织"，由专责人员负责内部纠察

---

〔1〕　江国华："国家监察体制改革的逻辑与取向"，载《学术论坛》2017 年第 3 期。

〔2〕　雷磊、刘雪利："国家监察机关的设置模式：基于'独立性'的比较研究"，载《北京行政学院学报》2017 年第 6 期。

及监察工作，整个权力监督机构的人员均在监视范围之内，而非限于执行处人员。③发布道德专业守则，实现监督职员自觉自律。其二，外部监督。权力监督工作不能仅有议会监督，监督的广泛性要从政府监督到"大众监督"，即从新闻媒介、利益集团、政党委员会和专家调查委员会等的监督与调查等方面进行监督。主要方式有：立法会监督、最高首长亲自监督、行政会议监督、专业委员会或法律顾问机构监督、司法监督、市民监督、新闻监督等。[1]

（四）监督机制的因地制宜与适时变通

权力监督机制的模式及其制度体例不因政党体制、政治架构与薪酬保障的不同而划分优劣，更不能以西方自由主义民主体制为标榜打造反腐败的神话。

1. 政党体制

无论是位于北欧的丹麦还是处在亚洲的新加坡，其反腐败经验证明多党选举、三权分立并不是制约腐败的唯一良方。例如，丹麦是社会民主党长期一党执政的国家，又是君主立宪制，已经不能用议会、政府、司法等三权来概括其政治体制和监督机制。然而，在1995年以来"透明国际"历次公布的《全球腐败指数报告》中，丹麦曾经多次荣登榜首，成为全球"最清廉的国家"。

2. 政治架构

尽管印度尼西亚在近年移植了西方模式的政治架构，但在反腐败权力监督方面并没有直接采用西方模式，而是兼容混合、渐进式地改善传统反腐败部门。同时，建立全新机构反腐而非直接在原反腐机构上动刀整顿，也更能保证在反腐的同时不致政府效能的过度下降，但须密集地颁布重要反腐法律。

3. 高薪养廉

不少国家和地区并没有采用高薪养廉的办法来保证廉政公署工作人员的廉政状况。[2]

---

〔1〕 周国辉："公众监督的缺陷分析及其对策"，载《唯实》2001年第5期。
〔2〕 韩锐、李景平、张记国："国内外关于'高薪养廉'问题研究述评"，载《人力资源管理》2011年第8期。

第三节　国家监察机关接受监督之机理

"监督权也是一种权力，不受监督的监督权同样会产生腐败。"[1]强大权力应与有效监督机制紧密结合，在保证监察委员会有充足权力完成肃贪倡廉重任的同时，严密有效防治其滥用权力损害法治与人权。

一、监督的必要性

（一）反腐败综合治理机制的形成

单一公权力的反腐并不可靠，建立一个综合治理的体制实有必要。因此，即便是监督机构自身也应纳入国家反腐败综合治理体系当中，建立一个在国家监督机制的指引下，通过媒体、审计部门和司法部门乃至个人或社会团体的监督有效遏制腐败发生的社会机制。德国透明国际组织认为："政党、司法或警察是在某些国家中最腐败的国家机构。"[2]

（二）社会转型中的监管失序

社会结构转型、经济快速增长的阶段往往是腐败高发期。特别是当权力监督制度建设没有及时适应体制转轨的要求时，更易导致监管制度上的漏洞。

二、监督的基本原则

（一）有利于国家监督权独立行使原则

国家权力监督机关行使职权不受非法干涉，制约与监督主体要尊重和支持权力监督机关依法独立行使职权，促使监督机关能够使其更加规范、合法地独立行使职权。国家监督机关是独立于立法、行政及司法的专门机关，不应以监督之名任意干涉其法定职权。

（二）外部监督与内部监督相结合原则

"发挥内外监督的最大作用，形成合理、系统的监督机制。在外部监督方

---

〔1〕　韩志明："监督权的内在贫困及其理论建构"，载《中共福建省委党校学报》2009年第8期。

〔2〕　马进甫等编著：《德国廉政制度与文化研究》，中国法制出版社2017年版，第69页。

面，要自觉接受执政党、议会、行政机关、司法机关对其工作的监督。"〔1〕在内部监督方面，国家权力监督机关负有"加强领导监督执纪工作""自身建设"主体责任。《监督执纪工作规则》第6条规定"党的纪律检查机关和国家监察机关是党和国家自我监督的专责机关"，中央、地方、基层各级纪检监察机关皆应对其所主持开展的监督执纪工作负责，这就要求国家权力监督机关首先加强自身内部监督机制的规范化与科学化，切实扎紧制度的笼子。广泛接受来自党内、社会、群众的监督，建设忠诚、干净、担当的高素质干部队伍，严防"灯下黑"，树立"真标杆"。

（三）依法监督原则

监督主体应当依照国家法律的规定对监督机关的监督权进行依法监督，避免监督的人为性、随意性和无效性。

---

〔1〕 刘战成："'内部监督'与'外部监督'双管齐下——广州采取'四化'举措强化纪检监察干部监督"，载《中国纪检监察报》2015年9月26日。

第九章

国家监察权力运行之监督体系

任何权力都有专断的风险，监察委员会作为依法开展国家监察的专责机关，其履行监察职能的过程也是行使公权力的过程。尤其是《监察法》颁布实施后，监察委员会的监督范围扩大了、权限丰富了，国家监察权可能拥有从调查、处置、移送起诉等全方位的监督权力。因此对监察机关自身的要求必须严之又严、慎之又慎，对于这个权力的监督也要进行更为复杂的制度设计。[1] 防止监察权滥用既是这项新的国家权力正常行使的需要，也是国家监察权拥有持久公信力的保证。

第一节　党的领导与监督机制

坚持和加强党对反腐败工作的领导和监督。《监察法》第2条规定："坚持中国共产党对国家监察工作的领导，……"监察委员会作为反腐败工作机构，同党的纪律检查机关合署办公，实行一套工作机制、两个机关名称，履行纪检、监察两项职能，对党中央或地方党委全面负责。在合署办公体制下，第一位的监督是党委监督。各级党委对监察委员会的监督是最有效的监督。党政军民学，东西南北中，党是领导一切的。"党的领导本身就包含教育、管理和监督，纪委监委在党委领导下开展工作，党委要加强对纪委监委的管理和监督。"[2]

一、党对监察工作的领导

党的全面领导是顺利推进国家监察体制改革的根本政治保证。国家监察

---

〔1〕 中共中央纪律检查委员会、中华人民共和国国家监察委员会法规室编写：《〈中华人民共和国监察法〉释义》，中国方正出版社2018年版，第181页。

〔2〕 马怀德："扎紧全面从严治党的制度笼子"，参见中央纪委网站推出的"廉洁文化公开课"2017年第11期。

体制改革是深化党和国家机构改革的重中之重，改革必须坚持正确的方向。《监察法》第2条明确规定：坚持中国共产党对国家监察工作的领导，以马克思列宁主义、毛泽东思想、邓小平理论、"三个代表"重要思想、科学发展观、习近平新时代中国特色社会主义思想为指导，构建集中统一、权威高效的中国特色国家监察体制。

（一）党对监察工作具有绝对领导权

深化国家监察体制改革的重要目的就是加强党对反腐败工作的统一领导。党管干部不仅管干部的培养、提拔、使用，还要对干部进行教育、管理、监督，对违纪违法的干部作出处理。成立监察委员会作为专门的反腐败工作机构，与党的纪律检查机关合署办公，对所有行使公权力的党员干部、公职人员进行监督，对违纪的进行查处，对涉嫌违法犯罪的进行调查处置，这是坚持党管干部原则、加强党的领导的重要体现，是完善坚持党的全面领导体制机制的重要举措。党的十八大以来，正是在党的坚强领导下，反腐败斗争才得以形成压倒性态势并巩固发展。《监察法》把党对反腐败工作的集中统一领导机制固定下来，着力强化不敢腐的震慑，扎牢不能腐的笼子，增强不想腐的自觉，为夺取反腐败斗争压倒性胜利提供坚强法治保证。[1]

（二）党对监察工作的领导是全过程的领导

在反腐败斗争实践中，党的领导是贯穿始终的全过程领导。在纪法贯通、法法衔接等方方面面都体现了党的集中统一领导。特别是在法法衔接上，需要监察委员会与司法机关等各部门密切配合，需要通过党委反腐败协调小组来统一思想和行动，协调公安机关、检察机关、审判机关，做到既协调有序、配合有方，又各负其责、互相制约，确保纪检监察工作的正确政治方向，实现政治效果、纪法效果、社会效果的统一。[2]

（三）党对纪委监委的领导包含着严格的监督

为了从组织形式和职能定位上实现党对党内监督和国家监察工作的集中统一领导，一个很重要的制度安排就是在党中央、同级党委和上级纪检监察委员会领导下实行纪委监委合署办公，履行纪检、监察两项职能的体制，构

---

〔1〕 中共中央纪律检查委员会、中华人民共和国国家监察委员会法规室编写：《〈中华人民共和国监察法〉释义》，中国方正出版社2018年版，第58页。

〔2〕 吴建雄："监察委到底如何运行"，载《中国党政干部论坛》2017年第3期。

建起纪律管全党、法律管公职人员相结合的全覆盖监督体系。党委书记定期主持研判问题线索、分析反腐败形势以及听取重大案件情况报告，对初核、立案、采取留置措施、作出处置决定等审核把关，确保党对监察工作关键环节、重大问题的监督。

二、党对监察委员会进行党内监督机制

古人云："外疾之害，轻于秋毫，人知避之；内疾之害，重于泰山，而莫之避。"习近平总书记在十八届中纪委六次全会上指出，要"确保党内监督落到实处，见到实效"，进一步彰显了"打铁还需自身硬"的气魄，对强化党内监督也提出了更高更严的要求。实现对监察委员会的权力监督关键在党内。

2017 年 1 月，中国共产党第十八届中央纪律检查委员会第七次全体会议在北京召开，会议审议通过了《中国共产党纪律检查机关监督执纪工作规则（试行）》。该规则主动强化自我约束，为规范监督执纪权力，打造忠诚干净担当的纪检监察干部队伍发挥了重要作用。

（一）监督纪委监察委遵守党的章程和其他党内法规，维护中央权威，贯彻执行党的路线、方针、政策和上级党组织决议、决定及工作部署的情况

维护党规党纪是党内监督的目的，旨在保证党组织和党员在正常秩序下工作和活动。纪委监察委一些党员和领导干部之所以犯错误，有的甚至走上犯罪道路，一个重要的原因就是他们无视党章和党内法规的约束，我行我素，置党纪于不顾。因此，党内监督必须把遵守党章和党内法规作为监督的首要内容。对各级党组织和广大党员遵守党章和其他党内法规的情况进行监督，这是监督工作最基本的要求。维护中央权威，贯彻执行党的路线方针政策和上级党组织决议、决定及工作部署是遵守党章和其他党内法规的应有之义，两者本质上是一致的，都是维护党的政治纪律的必然要求，以保证纪委监察委党员领导干部在政治上与党中央保持一致。[1]

（二）监督纪委监察委遵守宪法、法律，坚持依法执政的情况

宪法和法律是党领导人民制定的，是党的主张和人民意志相统一的体现。

---

〔1〕 罗华滨、刘志大编著：《中国特色社会主义监督体制》，中国方正出版社 2012 年版，第 122 页。

加强对依法执政情况的监督，就要促进党的各级组织和广大党员牢固树立正确的权力观，增强宪法观念和法律意识，使党的组织和党员的活动都在宪法和法律允许的范围内进行。从近年的实际情况看，一些纪委监察委党员领导干部法制观念不强，有的不懂法、不知法，有的不守法、知法犯法，最终走上了违法犯罪道路，使党和国家利益遭受损失。因此，必须把遵守宪法、法律作为党内监督的重要内容，通过监督，保证党员干部遵纪守法、自觉依法办事，提高纪委监察委依法行使监察权的自觉性和能力。

（三）监督纪委监察委贯彻执行民主集中制的情况

民主集中制是马克思主义政党的根本制度，我们党从成立开始就把民主集中制作为党的根本组织原则和根本组织制度。"它根据党的性质和使命的要求，规范了党内生活的基本准则，是党赖以成立和发展的最根本的制度保证。"[1]对民主集中制的贯彻情况进行监督，就是要促进各级党组织和领导干部高度重视党内民主建设，坚持民主基础上的集中和集中指导下的民主相结合的制度，坚持并健全集体领导和个人分工负责相结合的制度，不断提高执行民主集中制的水平。要把对发展党内民主和维护党的团结统一的监督结合起来，努力造就纪委监察委既有集中又有民主、既有纪律又有自由、既有统一意志又有个人心情舒畅生动活泼的局面。

（四）保障党员权利的情况

党的战斗力和活力来自每个党员的积极性和创造性的充分发挥，而这与党员正常行使自己的民主权利密切相关。党章和《中国共产党党员权利保障条例》对党员在民主参与、民主选举、民主决策、民主监督等方面作出了明确规定。加强对保障党员权利的监督，首先，要认真贯彻党章和其他党内法规，加强以党章为核心的党员权利教育，增强全体党员权利意识；其次，要强化和完善党务公开、民主议事、党内选举、领导干部双重民主生活会和民主评议党员干部制度，保证党员的知情权、参与权、决策权、选举和被选举权以及监督权等基本权利得到落实，使党内民主得到充分发扬，以增强党员的事业心和责任感，增强党的凝聚力和战斗力。[2]保障党员权利是党委的重

---

〔1〕 杨光斌、乔哲青："论作为'中国模式'的民主集中制政体"，载《政治学研究》2015年第6期。

〔2〕 张大能："党员权利保障的历史沿革及其现实启示"，载《西南民族大学学报（人文社科版）》2009年第4期。

要职责，要建立健全保障党纪委监察委中党员权利的责任机制，党组织在保护党员权利方面失职要受到责任追究。要坚决同剥夺和侵害纪委监察委中党员权利的行为作斗争，使尊重和保护纪委监察委党员的各项权利得到落实，保障纪委监察委中党员在党内的主体地位。

（五）监督纪委监察委在干部选拔任用工作中执行党和国家有关规定的情况

干部选拔任用工作是建设高素质干部队伍的核心问题，事关党的事业的兴衰成败，对于提高党的领导水平和执政水平，推进改革开放和社会主义现代化建设，保证国家的长治久安，具有极其重要的意义。加强对纪委监察委干部选拔任用工作的监督更是涉及纪委监察委干部工作的方方面面。加强对纪委监察委干部选拔任用工作监督，要着重监督检查在干部选拔任用工作中，是否认真贯彻实施了有关党内法规和国家的有关规定，是否坚持了党要管党、从严治党的方针，是否坚持了"任人唯贤，德才兼备"和以德为先的干部选拔原则，坚持公道正派、符合规定程序，真正做到坚持规定的原则不动摇、坚持干部标准不走样、坚持规定的程序不变通，以好的作风选人，选作风好的人。[1]要加强对纪委监察委干部选拔任用工作的经常检查，加大对违反《中国共产党党政领导干部选拔任用工作条例》行为的查处力度，坚决纠正违反《中国共产党党内监督条例》的行为，做到不管涉及什么人，都要严肃批评、限期改正并追究相关人员的责任。

（六）监督纪委监察委廉洁自律和抓党风廉政建设的情况

廉洁自律是纪委监察委党员干部应具备的基本条件之一。它要求纪委监察委党员干部特别是纪委监察委党员领导干部在改造世界观的过程中通过学习、教育和锻炼，逐渐把党性原则、廉政规定、道德情操内化为自己的心理素质，并用以指导自己的行为。领导干部廉洁自律是作为人民公仆的重要标志。"加强对纪委监察委领导干部廉洁自律的监督，在具体内容上要突出重点，把握关键环节，着重监督检查态度是否端正，执行规定是否自觉，自律是否真实。"[2]纪委监察委党风廉政建设和反腐败斗争是关系党的前途和命运的工作。因此，作为一名领导干部不仅要做到廉洁自律，还必须主动抓好党风廉政建设工作。要通过监督使各级党组织把党风廉政建设放到更加突出的

〔1〕 邬思源：《中国执政党监督体系的传承与创新》，学林出版社 2008 年版，第 58 页。

〔2〕 邓频声等：《中国特色社会主义权力监督体系研究》，时事出版社 2011 年版，第 19 页。

位置，认真贯彻"标本兼治、综合治理、惩防并举、注重预防"的反腐倡廉战略方针，全面推进教育、制度、监督、改革、纠风、惩治工作，努力构建惩治和预防腐败体系。切实规范干部从政行为，查处违纪违法案件，纠正不正之风，落实党风廉政责任制，推动纪委监察委党风廉政建设和反腐败斗争的深入发展，取得人民群众满意的成效。例如，根据《监督执纪工作规则》规定，审查组应当设立临时党支部，加强对审查组成员的教育监督，做到没有"上下班"，没有"八小时之外"，开展政策理论学习，做好思想政治工作，及时发现问题并进行批评纠正，发挥战斗堡垒作用等。

第二节　人大的监督机制

人民代表大会制度是我国的根本政治制度，全国人民代表大会是最高国家权力机关，地方各级人民代表大会是地方各级国家权力机关。《监察法》规定："监察委员会由人大产生，对其负责，受其监督"；"人大对本级监察委员会主任有罢免权。"监察法根据监察机关工作的特殊性和人大监督的实效性，规定监察委员会接受本级人大及其常委会的监督；各级人大常委会听取和审议本级监察机关的专项工作报告，组织执法检查；监察委员会应当就监察工作中的有关问题，接受人大代表或者常委会组成人员提出的询问或者质询。《监察法》关于人大监督监察委员会的这些规定，能够实现人大对监察委员会的有效监督。[1]各级监察委员会成立后，将自觉维护宪法权威、严格依法行使职权，对同级人大及其常委会负责并接受其监督。北京市、山西省、浙江省在试点实践中就接受人大监督作出了有益探索。浙江省监察委员会专门向省人大常委会党组通报了开展试点以来的工作情况；北京市监察委员会向市人大常委会报告了全市改革试点工作情况。人民代表大会及其常务委员会对于监察委员会监督的主要内容就是这些监察委员会依法履行职责的情况。其内容可具体分为两个方面：一是法律监督，即对监察委员会实施宪法和法律的情况进行监督；二是工作监督，即对监察委员会的工作是否符合宪法和法律，是否正确执行党和国家的路线、方针、政策，是否符合最大多数人民的最大利益以及监察委员会组成人员是否尽职尽责进行监督。

---

〔1〕　熊丝语："监察委员会的权力制约与监督机制研究"，载《社会治理法治前沿年刊》2017年。

一、人大监督的主体

人大监督的主体是指谁来行使人大监督权，即监督的承担者，它是由我国的宪法和法律所规定的。根据法律规定，各级人大监督权只能由人民代表大会及其常委会行使，而不能由其他任何组织或个人行使。一般地说，人大及其常委会也不能将自己的监督权委托或转让给其他组织或个人行使。人大委员长会议、人大代表、人大各专门委员会等虽然负有监督之责，但它们不能构成人大的监督主体，也不能作出具有法律效力的监督决定和采取有效的强制性处理措施。

"人民代表大会及其常务委员会以会议形式实施集体监督，是我国人大作为国家权力机关监督的一个十分重要的特点。"[1]宪法和法律决定了人大监督主体的不可替代性，也决定了人民代表大会主席团和常务主席、人大常委会委员长和委员长会议、人大常委会主任和主任会议都不能代替人民代表大会及其常务委员会行使职权。按照法律规定，主席团会议一般只能解决会议程序方面的问题；委员长会议和主任会议只能处理日常工作事务。

二、人大监督的性质、职权与地位

"各级人大及其常务委员会的监督，作为国家权力机关实施的监督，在国家监督体系中处于最高层次、至尊地位。其职权和地位反映了人民的意志和要求，体现了人民主权的本质要求。"[2]实行人民代表大会制度的监督还有以下特点：

（一）各级人大及其常委会的监督职权由宪法和法律赋予，具有强制性

《宪法》第3条第3款规定："国家行政机关、监察机关、审判机关、检察机关都由人民代表大会产生，对它负责，受它监督。"具体来说，全国人大及其常委会的监督对象是国务院、国家监察委员会、最高人民法院、最高人民检察院、国家主席和副主席、中央军事委员会以及这些机关中由人大及其常委会选举产生和决定任命的成员。在地方，地方各级人大及其常委会监督

---

〔1〕　汤维建："论人大监督司法的价值及其重点转向"，载《政治与法律》2013年第5期。

〔2〕　何深思："人大监督刚性的天然缺失与有效植入"，载《中国特色社会主义研究》2013年第1期。

本级人民政府、监察委员会、人民法院和人民检察院以及这些机关中由人大及其常委会选举产生和决定任命的成员。

《宪法》第 62 条和第 67 条对全国人大及其常委会的职权作了明确规定。例如，全国人民代表大会有权修改《宪法》和监督宪法的实施，改变或者撤销全国人大常委会不适当的决定。全国人大常委会有权监督宪法的实施；在全国人民代表大会闭会期间审查和批准国民经济和社会发展计划、国家预算在执行过程中所必须作的部分调整方案；监督国务院、国家监察委员会、中央军事委员会、最高人民法院和最高人民检察院的工作；撤销国务院制定的同宪法、法律相抵触的行政法规、决定和命令；撤销省、自治区、直辖市国家权力机关制定的同宪法、法律和行政法规相抵触的地方性法规和决议。

《宪法》第 99 条第 1 款规定："地方各级人民代表大会在本行政区域内，保证宪法、法律、行政法规的遵守和执行"。《宪法》第 104 条规定：县级以上的地方各级人大常委会"监督本级人民政府、监察委员会、人民法院和人民检察院的工作；撤销本级人民政府的不适当的决定和命令；撤销下一级人民代表大会的不适当的决议"。《地方各级人民代表大会和地方各级人民政府组织法》第 8 条和第 39 条关于县级以上的地方各级人大和常委会行使的职权中，对于监督权也作了明确具体的规定。这些规定都说明人大及其常委会有权作出强制性的决定。

（二）人大及其常委会是体现人民意志的国家政权组织形式，具有至尊性

我国宪法和法律体现人民的意志，赋予各级人民代表大会及其常委会对"一府一委两院"实施监督的权利是人民主权原则的内在要求。按照《宪法》的规定，从国体来说，国家的一切权力属于人民；从政体来说，人民代表大会是我国的政权组织形式。我国国体和政体的本质特征就是人民是国家的主人。[1]因此，作为国家权力机关的人大及其常委会有至高无上的地位和权力，它对国家行政机关、审判机关和检察机关实施的监督是代表人民行使的监督，是人民当家作主、行使管理国家事务的重要体现。

（三）各级人大及其常委会依法行使监督权，具有权威性

从法律地位看，根据《宪法》的规定，全国人民代表大会是最高国家权

---

[1] 陈端洪："政治法的平衡结构——卢梭《社会契约论》中人民主权的建构原理"，载《政法论坛》2006 年第 5 期。

力机关，地方各级人民代表大会是地方各级国家权力机关。因此，作为国家权力机关的监督，是代表国家和人民进行的具有法律效力的监督。各级人大及其常委会的监督在国家监督体系中位于最高层次；从监督所依据的法律看，各级人大及其常委会的监督依据是宪法和有关法律的规定，这就决定了它的监督具有不容置疑的法律效力；从行使的过程看，监督的权限、范围、形式，都是宪法和法律规定的，而且各级人大及其常委会的监督都是单向行使的监督，被监督对象"一府一委两院"只有接受各级人大及其常委会监督的义务，而没有反向制约的权力，更突显了监督的权威性。

人民代表大会及其常委会对于监察委员会的监督，主要有下列几种方式：

1. 听取和审议本级监察委员会的专项工作报告

《监察法》第53条第2款确定了人民代表大会听取和审议本级监察委员会的专项工作报告。同时，《各级人民代表大会常务委员会监督法》（以下简称《监督法》）第8条至第14条对人大常委会听取专题工作报告的选择、确定的途径、程序、听取和审议专题工作报告的实施以及人大常委会组成人员审议意见的处理都作出了较详细的规定。听取、审议监察委员会的工作报告和专题汇报是人大对它产生的国家机关进行总体监督的基本形式之一，但人大与常委会听取监察委员会的报告是有区别的。人大一般每年召开一次会议，因此听取的报告内容比较全面宏观。而在人大闭会期间，按照宪法及有关法律规定，由人大常委会对监察委员会工作实施经常性监督。因此，《监督法》第8条规定："各级人民代表大会常务委员会每年选择若干关系改革发展稳定大局和群众切身利益、社会普遍关注的重大问题，有计划地安排听取和审议本级人民政府、人民法院和人民检察院的专项工作报告。"很明显，"人大常委会听取的专项报告是由监督工作的阶段性实际需要决定的，更具专题性、针对性和及时性，能发挥事前、事中的监督作用"[1]具体而言，各级人大常委会可以选择若干关系改革发展稳定大局和群众切身利益、社会普遍关注的重大问题，有计划地安排听取和审议本级监察委员会的专项工作报告，监察委员会也可以向本级人大常委会主动报告专项工作。人大常委会组成人员对专项工作报告的审议意见交由本级监察委员会研究处理。监察委员会应当将

---

[1] 何深思："人大监督刚性的天然缺失与有效植入"，载《中国特色社会主义研究》2013年第1期。

研究处理情况由其办事机构送交本级人大有关专门委员会或者常委会有关工作机关征求意见后向本级人大常委会提出书面报告。本级人大常委会认为确有必要时，可以对专项工作报告作出决议，监察委员会应当在决议规定的期限内将执行决议的情况向本级人大常委会报告。

2. 对于监察委员会实施法律法规的情况进行监督

"各级人大常委会根据工作需要，可以选择若干关系改革发展稳定大局和群众切身利益、社会普遍关注的重大问题，有计划地对涉及监察工作的有关法律、法规实施情况组织执法检查。"[1]执法检查结束后，执法检查组应当及时提出执法检查报告，提请人大常委会审议。执法检查报告应包括对所检查法律法规实施情况的评价、执法问题的提出以及对执法工作和法律法规的完善建议。人大常委会组成人员对执法检查报告的审议意见连同执法检查报告一并交由本级监察委员会研究处理。监察委员会应当将研究处理情况交由其办事机构送交本级人大有关专门委员会或者常委会有关工作机构征求意见后，向本级人大常委会提出报告。

3. 就监察工作中的有关问题提出询问或者质询

询问和质询是宪法、法律赋予各级人大常委会组成人员的一项重要权力，也是人大常委会行使监督权的一种重要形式。在《监察法》中，"询问"是指各级人大常委会组成人员在审议讨论议案和有关报告时，就议案、报告中不清楚、不理解的事项向有关机关提出问题并要求答复的活动。询问这一制度的建立具有重要意义。其一，对于各级人大常委会组成人员而言，询问有助于全面了解监察委员会的有关工作情况，从而为正确审议议案或者报告奠定基础；其二，对于被询问的国家机关而言，询问是促使有关机关工作人员勤政、廉政的手段；其三，对于相关的议案和报告而言，询问使之更加清楚明了，使审议过程更加完整，从而提高议案和报告的质量。具体而言，县级以上各级人民代表大会及其常务委员会举行会议时，人民代表大会及其常务委员会组成人员，可以依照法律规定的程序就监察工作中的有关问题提出询问或质询。询问是指各级人大常委会会议审议议案和有关报告时，本级监察委员会应当派有关负责人员到会，听取意见并回答询问。质询是指一定数量的县级以上人大常委会组成人员经过联名，可以向本级人大常委会书面提出对

---

〔1〕 王洋："加强和改进人大监督研究综述"，载《当代社科视野》2011 年第 2 期。

本级监察委员会的质询案，由委员长会议或者主任会议决定交由受质询的监察委员会答复，受质询的监察委员会负责人可以到会口头答复，也可以签署意见书面答复。

4. 对于监察工作的特定问题进行调查

《监督法》第 39 条至第 43 条对特定问题调查的范围作出了界定，规定了组织特定问题调查委员会的相关要求，明确了调查中涉及机关、团体、企业事业组织及公民的责任，同时对调查和调查报告的处理也作出了相应的规定。各级人大常委会就某个重大事件开展"特别调查"是宪法和法律赋予的一项重要职权，也是人大常委会的一种监督方式。《监督法》第 39 条明确规定了"特别调查"的范围，即"各级人民代表大会常务委员会对属于其职权范围内的事项，需要作出决议、决定，但有关重大事实不清的，可以组织关于特定问题的调查委员会"。[1]这条规定有两个重点：一是该特定问题属于各级人大常委会职权范围内的事项；二是该特定问题的重大事实，人大常委会尚不清楚，从而影响决议、决定的正确作出。至于什么是"重大事实"，《监督法》没有规定，应该由人大常委会作出判断。根据一些地方人大及其常委会积累的经验，特定问题一般涉及四类问题：①本辖区内发生的违反宪法、法律法规和上级或者本级人民代表大会及其常务委员会决议、决定的重大事件；②本辖区内的国家机关工作人员的重大违法、渎职、失职事件；③本辖区内有重大影响的冤案、假案、错案，以及公民和法人的重大控告、申诉案件；④对本辖区具有重大影响的突发事件等。特定问题调查相对于其他监督方式来说，监督方式灵活性大、适应性广、针对性强、监督效果明显。对各级人大而言，各级人大常委会通过成立特定问题调查委员会这一具体、刚性的监督方式，提出具体建议和意见，可以把责任落实到具体单位、个人，避免权力机关监督只是经验教训的总结，改变人大监督软弱的状况。就监察工作而言，组织特定问题调查委员会能迅速、有效地解决那些在监察工作中的重大问题和一些久拖不决的疑难问题，有利于监察委员会依法行使监察权。

5. 通过撤职案的审议和决定监督监察机关

《监督法》第 44 条至第 46 条对人大常委会撤职案的适用对象、撤职案的

---

　　〔1〕《监督法》第 39 条："各级人民代表大会常务委员会对属于其职权范围内的事项，需要作出决议、决定，但有关重大事实不清的，可以组织关于特定问题的调查委员会。"

提出、被撤职人员的权利以及撤职案审查和决定的程序都作了规定。地方人大常委会可以通过行使法定的撤职权进而监督监察机关。"撤职是对有违法违纪或者失职、渎职行为的监察机关工作人员，在其任期届满或正常卸任之前依法撤销其所任职务的一种行为。"[1]撤职权是地方人大常委会监督监察机关的重要权力。这种监督形式有着重要的意义：其一，增加了地方人大常委会监督监察机关的力度。撤职权的行使相对于询问、质询、特定问题调查而言，监督力度更强，所带来的直接影响更大。但是撤职权是一项不经常使用的权力，它同人大常委会行使的其他监督手段共同使用，这样可以多方面、多层次加强各级人大常委会对监察机关的监督。其二，加强人民代表大会制度功能。宪法赋予了人民代表大会在开会期间可以行使罢免权，监督由它产生的监察机关，但各级人民代表大会开会时间都较短，一年之中大部分时间处于闭会状态，这样就使得各级人大常委会在闭会期间加强对监察机关的监督显得尤为重要。《监督法》赋予地方人大常委会撤职权，不仅加强了人大闭会期间对"一府一委两院"的监督，而且使人民代表大会制度更加完善、功能更加健全。其三，督促监察机关更好地依法行使职权。撤职是对监察机关工作人员行使职权活动的否定，是直接影响职权是否继续行使的重要手段。这种严厉的监督手段会起到警诫作用，督促监察机关及其工作人员依法行使职权，珍惜人民赋予的权力，用其来为人民谋福祉，也有利于建设社会主义法治国家。

6. 监察委员会受到人民代表大会及其常务委员会的监督，也是对于监察
   委员会的一种保护和肯定

出于监察领域"受谁监督、对谁负责"的立场，监察委员会是直接受到人大监督、直接向人大汇报工作，对人大负责的机构。并且，根据 2018 年宪法修正案的规定，国家监察委员会是全国人民代表大会下的一级国家机构，与国务院属于同一级别，这就给了国家监察委员会依法行使职权不受外来力量尤其是行政系统干预的底气。

第三节　司法机关的监督机制

《监察法》第 4 条第 2 款规定，"监察机关办理职务违法和职务犯罪案件，

---

〔1〕 董芳："公务员受撤职处分执行问题分析"，载《中国监察》2014 年第 7 期。

应当与审判机关、检察机关、执法部门互相配合，互相制约"，形成监察委员会调查、检察院起诉、法院审判的工作机制。这也体现了司法机关对监察委员会的监督。国家监察机关在立案、采取强制措施、查封、扣押、冻结涉案物品、财产等过程中接受司法监督是十分必要的，将调查的案件移送给检察机关起诉及审判机关进行裁判时，检察机关、审判机关各是一道监督程序，起到确保案件达到审查起诉、法院裁判标准的作用。

一、司法监督的含义

司法监督是依法治国的重要环节，是中国特色社会主义监督体制的重要组成部分。在英美国家中，司法监督制度已成为最受英美社会和个人依赖的重要监督形式。为维护社会主义国家法制、维护社会的公平正义、保持国家和社会的稳定与和谐，我国逐步建立了比较完善的社会主义司法监督体系和制度，以《刑事诉讼法》《行政诉讼法》《法官法》《检察官法》等重要国家法律为骨干，其他法律或规章制度相配套的司法监督法制体系基本建成，涵盖了刑事案件侦查、立案、批准逮捕、审判及处罚执行等司法活动中的各个程序和环节。为维护社会的公平正义，监督公正司法和有效保障人权提供了法律保证和法律支持，使我国司法监督在国家政治和社会生活中发挥重要作用。

"司法监督是指为了保证国家权力的正确行使，维护公民、法人的合法权利，国家司法机关对国家执法机关行使国家权力的执法活动以及对国家公职人员的违法行为，依法进行监督并通过司法活动对违法犯罪行为予以纠正或给予处罚的一种司法活动。"[1]在这里必须明确司法监督与法律监督的区别。司法监督是司法机关（人民法院、人民检察院）依法实施的监督。在我国，法律监督专指人民检察院所进行的监督，而人民检察院是我国司法机关之一。因此，人民检察院所实施的法律监督是司法监督之一，即司法监督包括法律监督，二者是大概念与小概念之间的关系。司法监督总的目的是保证国家权力的正确行使。其中，直接目的是通过司法机关对国家权力行使活动进行监督，以达到纠正违法、保证国家权力正确行使、保障人权，保护公民、法人

---

〔1〕 柯葛壮、张震："《监督法》实施与人大司法监督的改进"，载《法治论丛（上海政法学院学报）》2007 年第 5 期。

的合法权利的目的。

二、司法监督的主体与意义

司法监督的主体是指依法有权进行司法监督的国家司法机关。从世界范围看，由于各国的国家体制不同，各国的司法机关的范围也不一致。"一般来说，大多数国家都将法院确定为国家司法机关，因而其司法监督专指法院所进行的监督，又称为司法审查。"[1]在我国，司法机关包括人民法院和人民检察院，因而我国司法监督的主体是人民法院和人民检察院。也就是说，除人民法院和人民检察院外，其他机关或单位都不能成为司法监督的主体，其所实施的监督也不能称为司法监督。根据我国《人民法院组织法》第 12 条规定，我国的人民法院包括地方各级人民法院、军事法院等专门人民法院和最高人民法院。其中，地方各级人民法院分为：基层人民法院、中级人民法院、高级人民法院。专门人民法院除军事法院外，还包括海事法院、森林法院等其他专门法院。根据我国《人民检察院组织法》第 12 条规定，我国的人民检察院包括最高人民检察院、地方各级人民检察院和军事检察院等专门人民检察院。其中，地方各级人民检察院分为：省、自治区、直辖市人民检察院；省、自治区、直辖市人民检察院分院，自治州和省辖市人民检察院；县、市、自治县和市辖区人民检察院。专门人民检察院除军事检察院外，还包括森林检察院、农垦检察院等专门检察院。

在现代社会，司法监督具有重要意义。第一，司法监督有利于及时打击犯罪。司法机关在进行司法监督过程中，发现公职人员有违法犯罪时，要及时进行立案侦查，追究其刑事责任，因而司法监督有利于及时打击犯罪。第二，司法监督有利于保障人权。因为司法监督包括对国家执法机关的执法活动进行监督，如果发现国家执法机关的执法活动有违法行为的，及时予以纠正，从而防止权力的滥用导致侵犯公民、法人的合法权利，起到保护人权的作用。第三，司法监督有利于实现依法治国。依法治国的关键在于依法治官，而司法监督的主要内容就是监督公职人员的执法活动，即对"官员"进行监督，因而司法监督对于实现依法治国具有重要的促进作用。第四，司法监督有利于实现公平正义。司法机关正确进行司法监督可以促进国家执法机关正

---

〔1〕 缪蒂生："关于司法监督机制改革的若干思考"，载《江苏社会科学》2003 年第 1 期。

确执法，保证国家公职人员正确履行责任，从而可以在全社会实现公平正义。[1]

三、司法监督的方式和特点

司法监督的方式是指国家司法机关进行司法监督时，依法应当或可以采取的手段或者方法。在我国，司法机关包括人民法院和人民检察院，因而司法监督的方式包括人民法院的司法监督方式和人民检察院的司法监督方式。其中，人民法院的司法监督方式就是我国法律规定人民法院依法行使审判权的各种手段和方法，例如，人民法院的开庭审判、依法作出判决、死刑复核、审判监督等；人民检察院的司法监督方式就是我国法律规定的人民检察院进行法律监督的各种手段和方法，如人民检察院审查批准逮捕、审查起诉、提出抗诉、提出违法纠正意见、提出违法纠正通知书等。[2]

要正确理解司法监督的方式，应当明确以下几点：其一，司法监督的方式必须是法律明确规定的。根据"权力无规定则禁止"的原则，国家司法机关要行使权力，对其他国家执法机关或公职人员进行司法监督，就必须要有法律的明确授权，否则就是法律所禁止的，司法机关就不得行使。因此，司法机关行使司法监督权也必须采取法律明确规定的手段或者方法，否则，就不能行使。其二，司法监督的方式必须依照法律规定的条件和程序行使。我国法律在规定司法机关行使各项司法职权对其他国家执法机关或公职人员进行司法监督时，都规定了相应的条件和诉讼程序，因而要保证国家司法权的正确行使，有效发挥司法监督的作用，司法机关必须依照法律规定的条件和程序运用各种司法监督方式。

司法监督的特点是指司法监督与其他监督相比所具有的特殊性。根据以上论述，我们不难看出司法监督与其他监督相比具有以下三大特点：一是监督主体的特定性。即司法监督的监督主体是特定的国家司法机关，在我国，包括人民法院和人民检察院，其他任何机关、团体或个人都不能成为司法监督的主体，都无权进行司法监督。二是监督对象的广泛性。司法监督的监督

---

〔1〕　吴伟达："我国宏观调控司法监督的困境与出路"，载《宏观经济研究》2015年第4期。

〔2〕　马家福、季美君："检察院内部监督制约机制框架设计"，载《国家检察官学院学报》2003年第6期。

对象是十分广泛的，既包括所有的国家执法机关，也包括所有的国家公职人员，对它们的执法活动是否存在违法犯罪行为，司法机关都有权进行司法监督。三是监督方式的法定性。即司法机关进行监督的方式不仅是法律明确规定的，而且司法机关采取某种司法监督的方式时也必须依照法律规定的条件和诉讼程序进行，司法机关进行监督时不得采取法律没有规定的手段或者方法。

四、司法机关对监察机关监督的具体制度

（一）检察机关的审查批捕监督

"审查批捕监督是指人民检察院对监察机关提请批准逮捕犯罪嫌疑人是否符合法律规定的条件，依法进行的审查监督。审查批捕监督的内容包括报送的材料是否齐备；是否符合逮捕的法定条件；是否有其他需要逮捕的犯罪嫌疑人。"[1]

根据我国法律规定，人民检察院对审查批捕监督的方式主要有以下两种：一是对未提请批准逮捕的犯罪嫌疑人依法批准逮捕。即人民检察院经过审查后，对于监察机关未提请批准逮捕的犯罪嫌疑人，认为符合法定逮捕条件的，依法决定批准逮捕。二是对提请批准逮捕的犯罪嫌疑人依法不批准逮捕。即人民检察院经过审查后，认为监察机关提请批准逮捕的犯罪嫌疑人不符合法定逮捕条件的，依法决定不批准逮捕。

（二）检察机关对于监察机关调查活动的监督

调查活动监督是指人民检察院对监察机关的调查活动是否合法所实行的法律监督。监督的内容包括两个方面：一是监督监察机关的专门调查活动是否合法，即人民检察院对监察机关为发现和收集证据、查明案件事实所进行的专门调查活动以及国家监察机关采取立案、查封、扣押、冻结涉案物品、财产等过程是否符合法律规定所进行的监督。二是监督监察机关采取的强制措施是否合法，即人民检察院对监察机关为保障专门调查活动的顺利进行所采取的强制性手段和方法是否合法所进行的监督。

监督的方式包括：口头通知纠正。即人民检察院发现监察机关侦查活动

---

〔1〕 罗华滨、刘志大编著：《中国特色社会主义监督体制》，中国方正出版社 2012 年版，第 193 页。

中存在情节较轻的违法行为时，可以通过口头的方式要求监察人员予以纠正违法行为。书面通知纠正。即人民检察院发现监察机关侦查活动中存在情节较严重的违法行为时，以特定的书面形式要求监察机关予以纠正。

（三）审判机关通过审判活动进行监督

审判机关通过审判活动对监察委员会进行制约。"对于监察委员会办理、人民检察院提起公诉的刑事案件，审判机关要坚持直接言辞原则，逐步扩大应当出庭作证的证人、鉴定人、侦查人员范围，落实出庭作证保护和补助机制，切实提高出庭作证率。"[1]"确保诉讼证据出示在法庭、案件事实查明在法庭、控辩意见发表在法庭、裁判结果形成在法庭，推进庭审实质化。"[2]审判机关对于被告人无罪或者证据不足不能认定被告人有罪的情况应当作出无罪判决，这是人民法院以审判权对监察机关起诉权行使的制约。

第四节 内部监督机制

《监察法》的一大亮点在于：在与党的纪律检查机关监督执纪工作规则相衔接的基础上，将实践中行之有效的自我监督的做法上升为法律规范，规定了加强监察机关及其工作人员自身监督的一系列制度。

一、上级纪委监察委监督

《监察法》第10条确立了"国家监察委员会领导地方各级监察委员会的工作，上级监察委员会领导下级监察委员会的工作"的领导体制。监察机关领导体制主要包括两点内涵：其一，国家监察委员会领导地方各级监察委员会的工作。领导的本义是率领并引导。领导本身包含着教育、管理和监督。国家监察委员会在全国监察体系中处于最高地位，主管全国的监察工作，率领并引导所属各内设机构及地方各级监察委员会的工作，一切监察机关都必须服从它的领导。"在《监察法》中确立这样的监察机关领导关系，能够保证'全国一盘棋'，保证全国监察机关集中统一领导、统一工作步调、统一依法

---

〔1〕 汪海燕："论刑事庭审实质化"，载《中国社会科学》2015年第2期。
〔2〕 龙宗智："庭审实质化的路径和方法"，载《法学研究》2015年第5期。

履职"。[1]其二，上级监察委员会领导下级监察委员会的工作。地方各级监察委员会负责本行政区域内的监察工作，除了依法履行自身的监督、调查、处置职责外，还应对本行政区域内下级监察委员会的工作实行监督和业务领导。

此外，按照党的十八届三中全会通过的《中共中央关于全面深化改革若干重大问题的决定》精神，地方监察委员会在查办职务违法犯罪案件时应以上级监察委员会领导为主，线索处置和案件查办在向同级党委报告的同时必须向上级纪委监委报告。在《监察法》中确立这样的监察机关上下级领导关系，有利于地方各级监察委员会在实际工作中减少或排除各种干扰、依法行使职权。监察工作牵涉各方面的利益，地方各级监察委员会在查办案件或办理其他监察事项过程中，可能会遇到来自某些方面的阻力和地方保护主义的干扰。因此，规定上级监察委员会领导下级监察委员会的工作，一方面有利于当下级监察委员会遇到阻力时，上级监察委员会可以支持其依法行使职权，帮助其排除各种干扰；另一方面更有利于加强对下级监察委员会履行监察职责情况的监督，上级监察委员会可以通过检查工作、受理复核申请等方式，对发现的问题予以纠正，监督下级监察委员会严格公正办事、依法履职。

二、规范监察委员会监督程序

构建监察委员会监督过程的程序监督。《监察法》专设一章，从审批权限、操作规范、调查时限和请示报告等方面对监督、调查、处置工作程序作出了严格规定。例如，调查人员采取调查措施时应当依照规定出示证件，出具书面通知，由二人以上进行，形成笔录、报告等书面材料并由相关人员签名、盖章；明确严禁以威胁、引诱、欺骗及其他非法方式收集证据；严禁侮辱、打骂、虐待、体罚或者变相体罚被调查人；要求调查人员进行讯问以及搜查、查封、扣押等重要取证工作，应当对全过程进行录音录像，留存备查等。

突出强调监察委员会监督程序中的相互制约协调机制，主要有以下几方面要求：一是问题线索处置、调查、审理各部门要各司其职，由监察机关领导班子成员分管。二是探索流程再造，由信访部门归口受理公职人员涉嫌违法犯罪的信访举报，统一接收下一级监察机关和派驻机构报送的信访举报，

---

〔1〕 段博今："国家监察体制改革与监察权力制约"，载《社会治理法治前沿年刊》2017年。

分类摘要后移送案件监督管理部门。三是案件监督管理部门对问题线索实行集中管理、动态更新、定期汇总核对、全程监控，按程序移送承办部门并进行综合协调和监督管理。[1]四是案件审理部门成立由 2 人以上组成的审理组，全面审理审查调查部门移送的案卷材料，在集体审议的基础上，提出审理意见，确保案件事实清楚、证据确凿、定性准确、处理恰当、程序合法、手续完备；对主要事实不清、证据不足或者需要补充完善证据的，退回调查部门重新调查或补证。通过建立这样的工作机制，强化案件监督管理部门、审理部门的制约作用，改变以往监督调查部门既负责线索管理、又负责执纪审查的局面，形成部门之间制约制衡的体制机制。

三、规范监察人员监察行为

设立专门的内部监督机构。《监察法》第 55 条规定："监察机关通过设立内部专门的监督机构等方式，加强对监察人员执行职务和遵守法律情况的监督，建设忠诚、干净、担当的监察队伍。"监察委员会应当通过在机关内部设立一个专门监督机构，加强对监察机关及其工作人员的内部监督。内部监督相较于外部监督具有常态化、专门性等特征。内部监督机构具有"专门性"是指该机构专门负责内部监督而不负责其他对外监察事务，不受其他事务的影响和干预，独立行使对内监督权。该机构应由监察机关内部人员组成，监督对象是监察委员会内部全体工作人员。"由于内部监督的对象是本单位同事，各种关系、人情错综复杂，极易影响到监督工作的进行，而且监察机关长期进行监察工作，掌握了大量职务犯罪的案件和经验，本身就具有一定的侦查和反侦查能力，因此，必须抽调业务能力强、技术水平高的人员开展内部监督工作。"[2]由于监察委员会与党的纪律检查委员会合署办公，二者之间虽然在名义上都是独立的公法主体，但二者在党中央的领导下进行分工与协调。因此，监察委员会内部有关运行规范和纪律规范可以与纪律检查委员会监督执纪工作规则相衔接，从而严格规范权力的使用。

规定监察人员违法的法律责任。除此以外，《监察法》规定：对于监察人

---

〔1〕　鲁纪干："如何加强纪检监察系统内部监督管理"，载《中国纪检监察报》2016 年 6 月 10 日。

〔2〕　李媛："强化监察人员保密意识对提升廉政监察水平的特殊意义"，载《中国公共安全（学术版）》2011 年第 3 期。

员打听案情、过问案件、说情干预的，应当及时报告和登记备案。对监察人员的回避、脱密期管理、监察人员辞职、退休后从业限制等进行严格规定，并建立对监察机关及其工作人员不当行为的申诉和责任追究制度。《监察法》在赋予监察机关及工作人员履行调查职责所必需的权力的同时也对监察机关行使权力作了更加严格的规范，强化了对监察机关执法行为的规范和监督。《监察法》第八章规定，监察机关及其工作人员有违反规定发生办案安全事故或者发生安全事故后隐瞒不报、报告失实、处置不当等 9 种行为之一的，对负有责任的领导人员和直接责任人员依法给予处理；构成犯罪的，依法追究刑事责任。《监察法》还规定："监察机关及其工作人员行使职权，侵犯公民、法人和其他组织的合法权益，造成损害的，依法给予国家赔偿。"

第五节　社会监督机制

社会监督是基于宪法和法律赋予公民的权利而产生的，虽然这类监督不具有国家权力的性质，但实践证明社会监督是遏制违法行为的有效途径，是不可忽视的监督力量。"民主的意义在于广泛分配权力和权利，以权利制约权力。"[1]社会监督的基础在于民主，社会监督是发扬民主的重要标志。"加强社会监督有利于保持党和政府与广大人民群众的联系，促进党和国家的公职人员全心全意为人民服务，防止由'社会公仆'变成'社会主人'。"[2]

一、社会监督的内涵

社会监督主要由公民监督、社会组织监督和社会舆论监督三个部分组成。公民监督即群众监督，主要是公民利用宪法和法律赋予公民的权利和手段而进行的监督；社会组织监督，是公民依法组织的社会团体在以不同形式参与经济、政治、文化和社会活动过程中，为了维护各自所代表的那部分群众的利益，对党和国家制定的政策、法律，对国家机关及其工作人员执行法律和政策的情况，以及违背、侵犯群众权益的行为进行检举的监督活动；社会舆论就是针对特定的现实客体，一定范围内的人群基于一定的需要和利益，通

---

〔1〕　郭道晖：《法的时代精神》，湖南人民出版社 1997 年版，第 479 页。
〔2〕　徐永平："充分发挥社会监督的反腐败功能"，载《理论研究》2012 年第 2 期。

过言语或非言语形式公开表达的态度、意见、要求、情绪，通过一定的传播途径进行交流、碰撞、感染、整合而成的，具有强烈意向的表层集合意识，是某个群体整体知觉和共同意志的外化。[1]但社会舆论有感性和理性之分。其中，新闻舆论是相对理性的，它是新闻工作者针对实际，通过采访、调查研究并进行理性思考后，利用报纸、刊物、广播、电视、网络等传媒对党务、政务活动和党政机关工作人员包括各级领导人员实施的民主监督。

社会监督对国家事务和一切涉及公共利益的事务，以及对国家机关及其工作人员的行为进行评价、提出意见、建议和批评，揭露违纪违法行为，总的目的在于促进权力行使沿着正确的方向运行，为人民服务。社会组织监督和舆论监督实质上是公民监督的两种不同表现形式和渠道，或者说是人民群众利用或通过社团和大众传媒形式开展的监督。[2]

二、社会监督的特点

社会监督是自下而上的监督，其深度和广度反映着社会主义民主的水平。虽然社会监督不具有严格的法律形式、规范的法律程序、强制性的法律后果，但社会监督与其他监督相比，其影响力和作用不可低估，而且活动方式等有其自身的特点。

（一）监督的广泛性

在现代社会中，特别是社会主义国家，监督的基本原则是人民监督，社会监督的主客体和监督所触及的范围都非常广泛。从社会监督的主体来说，按照我国的《宪法》规定，国家公民、合法的社会团体、社会组织和新闻舆论机关都有监督权。因此，社会监督主体呈大众化、多元化特点。从社会监督的范围看，它可以涉及国家经济、政治、文化、社会生活的各个方面、各个领域，包括党政部门及其一切机关和单位的工作；从监督的客体看，它针对的是整个国家机关，包括立法、行政、司法机关及其工作人员的活动，其中包括一切错误、失当、违法、犯罪的行为。而且监督主客体在一定时间和条件下是互换的，此时的监督主体彼时可能成为监督客体。

---

〔1〕 吴海红："反腐倡廉建设中的社会监督机制研究"，载《中共福建省委党校学报》2012 年第 2 期。

〔2〕 彭昕："加强社会监督是遏制腐败的有效途径"，载《党政干部学刊》2011 年第 3 期。

（二）监督的敏锐性

党和国家实行的方针、政策和制定的法律法规直接涉及人民群众的切身利益和根本利益。人民群众是政策、法律法规的直接承受者，不论对是国家机关和工作人员实行正确政策、法律法规的受益，还是对实行错误政策、法律法规的受害，人民群众的感受都最为直接，因此反应也最为敏感、最为深刻。另外，党和国家机关及其工作人员都生活在社会之中，不管做好事、坏事都要与群众打交道，他们工作、思想、生活作风的好坏，群众看在眼里、记在心上，优劣自然一清二楚，正所谓"群众的眼睛是雪亮的"。因此，"以人民群众为主体的社会监督，客观的条件促成了其天然的敏锐性，所进行的监督没有任何外力的强制"。[1]社会监督在许多时候是单个进行的，但随着时间的积聚、媒体的放大，一旦形成合力，监督的威力是巨大无比的。社会监督的作用，特别是在人民当家作主的社会主义国家，在很大程度上会引起党和国家专门监督机关的关注和重视，从而加强带有强制性监督手段的实施，产生法律上的监督效果。

（三）监督的自发性和分散性

社会监督与其他监督形式相比，具有自发性和分散性的特点。社会监督中的公民监督和舆论监督（除新闻监督外）自发性、分散性表现得更为明显。一个国家，人民群众既是国家政权的基础，也是民主监督力量的源泉。"但人民群众是由不同阶层的人组成的，由于经济条件、文化程度、社会背景、生存状况、宗教信仰等社会存在的差异，他们对国家大政方针的了解、看法和对政府的要求往往也是有差别的，因此社会监督主体的出发点和要求有时是完全不同的。"[2]这种社会存在有时感性多于理性，决定了社会监督的自发性和分散性。社会监督的某些自发性、分散性可以充分表达不同层次的个人意愿，让党和政府全面了解实际情况，但许多时候其监督的形式和要求也不一定符合社会的全局、整体要求以及长远利益。这就需要党和政府对社会监督进行有力的组织和引导，使之成为中国特色社会主义事业建设和发展的推动力。

---

〔1〕 吴海红："反腐倡廉建设中的社会监督机制研究"，载《中共福建省委党校学报》2012年第2期。

〔2〕 肖群忠："传统性善论与社会监督机制的缺失"，载《河北学刊》2009年第1期。

三、加强社会监督是人民政权的本质要求

人民群众的支持、拥护和监督是人民政权的基础，是我党执政并长期执政的力量源泉。历史已经证明，党在革命和建设道路上的艰难险阻必须依靠人民群众来克服和战胜；党在革命和建设中的难题和阻碍必须依靠广泛集中民智去克服；同样，为保证国家的权力为人民谋利益并沿着正确的方向运行，也必须依靠人民群众的监督。

"开展社会监督是广泛发扬社会主义民主，坚持我们党和政府的性质、根本宗旨的本质要求。"[1]《宪法》《中国共产党党章》开宗明义，对人民政权和党的性质以及根本宗旨作出了明确的规定，指出了人民政权与旧社会剥削阶级政权、共产党与非无产阶级政党的本质区别。列宁曾经深刻地指出："旧政权是少数人的专政。它只有靠警察的狡猾手段，只有靠排斥和排挤人民群众于政权之外，不让他们监督政权，才能维持下去。旧政权一贯不信任群众，害怕光明，它是靠欺骗来维持的。"中国共产党则公开申明，除了人民的根本利益之外，没有自己的特殊利益，欢迎人民群众的监督。我国《宪法》第27条规定："一切国家机关和国家工作人员必须依靠人民的支持，经常保持同人民的密切联系，倾听人民的意见和建议，接受人民的监督，努力为人民服务。"因此，所有国家机关党员干部，尤其是领导干部和所有国家工作人员，都应该与一切旧政权即剥削阶级政权的官吏相反，应当做到真心实意地执政为民，接受社会监督，对人民负责，为人民服务。

四、社会监督的具体制度

各级监察委员会来自人民、植根人民、服务人民，必须坚持群众路线，依靠群众，依法接受人民群众的监督。《监察法》第54条规定："监察机关应当依法公开监察工作信息，接受民主监督、社会监督、舆论监督。"对监察机关及其工作人员违反法律法规不依法履职和侵害被调查人合法权益等行为，人民群众可以依法通过检举控告、申诉等方式进行监督。

（一）依法公开监察工作信息

监察机关在其工作过程中会获取各种信息，为保障中华人民共和国公民

---

〔1〕　周叶中、蔡武进："新时期我国社会主义民主政治建设的新思考——现行《宪法》实施30年来我国社会主义民主政治建设的回顾与展望"，载《法学杂志》2012年第7期。

的知情权，监察机关应当依法公开监察工作信息。同时，监察机关依法公布监察工作信息也符合监察工作的需要，有利于提高监察机关工作的透明度，让权力在阳光下运行。因此，各级监察委员会应进一步建立健全监察工作信息公开机制，主动公开工作流程，及时发布工作进程。需要注意的是，监察机关公开监察工作信息应当依法进行，对于法律法规明确规定应当保密的内容要予以保密。

（二）接受民主、人民群众以及舆论的监督

1. 接受民主监督

民主监督主要是指人民政协或者各民主党派等主体对监察机关及其工作人员的工作进行的监督。人民政协民主监督的方式主要有：政协全体会议、常委会议、主席会议向党委和政府提供建议案；各专门委员会提出建议或者有关报告；以委员视察、委员报告、委员举报、大会发言、反映社情民意或其他方式提出批评和建议；参加有关部门组织的调查和检查活动；政协委员应邀担任政府部门和司法机关特约监督人员等。"民主监督形式多样，但其作为一种监督方式并没有强制约束力，这就导致其在具体监督过程中软弱无力，常常无法达到预想的监督效果。"〔1〕监察委员会应当尊重人民政协的职责，自觉接受政协等监督主体的民主监督。

2. 接受人民群众监督

社会监督是指国家机关之外的社会组织和公民对监察机关及其工作人员的工作进行的不具有直接法律效力的监督。"社会监督是一种'下对上'的、群众式的监督，它的主体是国家机关之外的公民和社会组织，在权力关系上属于被领导的地位，但同样有着监督职能。"〔2〕社会监督是一种不可或缺的监督形式，它首先是作为一种上下间的沟通渠道出现的。古语有云："防民之口，甚于防川，川壅而溃，伤人必多，民亦如之。"意思就是说：如果不允许人民说话，将会有比洪水决堤更为严重的灾祸。社会监督的内容就包括了让广大人民群众向监察机关反映自己的各种意见，批评监察机关作出的危害人民利益的行为。通过下情上传，广开言路，掌握公权力的监察机关才能真正

---

〔1〕 徐永平："充分发挥社会监督的反腐败功能"，载《理论研究》2012 年第 2 期。

〔2〕 张丽青："健全人民群众监督机制是防止腐败的根本途径"，载《郑州大学学报（哲学社会科学版）》2004 年第 3 期。

把握人民所想，为人民谋福祉。

3. 接受舆论监督

舆论监督是一种古老的监督方式，中国自古以来就有"风闻""非议"之说。[1]舆论监督是指社会各界通过广播、影视、报刊、杂志等大众传播媒介发表自己的意见和看法，形成舆论，从而对监察机关及其工作人员的工作进行监督。人民群众可以通过新闻媒体等手段充分发挥舆论监督的作用，对监察委员会的工作以及公开的信息、文件等内容进行监督。监察委员会也应当自觉接受舆论监督，正确看待新闻媒体对监察工作的报道，对于一些报道中的批评要做到"有则改之、无则加勉"。"舆论监督与社会监督在强制力上有相似性，约束力都较低，但是舆论监督是一种精神性的、有道德强制性的监督方式。"[2]

民主监督、社会监督和舆论监督三者的共同之处在于：三者都是对监察委员会的外部监督，是借由外部力量来对监察委员会的内部公职人员及其公务行为进行监督的方式。外部监督对于监察机关来说是不可或缺的，它能够突破监察委员会自身的利益，从而进行有效监督。

---

〔1〕　王梅芳、赵高辉："新媒体生态下的舆论监督"，载《南京社会科学》2011年第5期。

〔2〕　罗华滨、刘志大编著：《中国特色社会主义监督体制》，中国方正出版社2012年版，第253页。

第十章

国家监察权力运行配套机制

《诗经》有云："监观四方"，郑玄笺曰："监察天下之众国。"监察一词在中国古代已有之，为中国政制之专门概念。在不同的监察体制下，监察权力运行的范围和地位也并不一致。[1]中国古代的监察制度是为中央集权的封建专制主义制度服务的，从先秦时期的"吏啬夫为检束群吏之官，人啬夫为检束百姓之官"[2]到秦汉时期的御史大夫的"内承本朝之风化，外佐丞相统理天下"[3]，既有监察之职又掌行政之权。再到隋唐时期的御史中丞"自皇太子以下，无所不纠"，最后到明清时期的"御史台进拟《宪纲》四十条，上览之亲加删定，诏刊行颁给"。[4]随着封建君主专政的不断加强，中国封建社会的监察体系也在不断地发展和完备。而早在睡虎地秦墓竹简《秦律十八种·传食律》中就发现有关于御史部属出差伙食标准的规定，这说明当时对监察权力的运行已有了相应的配套机制。[5]

探讨国家监察权力运行配套机制，首先要明确的是机制的意涵。机制（Mechanism）最早源自于希腊文，指的是机器的构造和原理，即机器由哪些部分组成，如何工作以及为什么要这么工作。引申至社会学当中，机制可释义为"在正视事物各个部分的存在的前提下，协调各个部分之间关系以更好

---

〔1〕 朱福惠："国家监察体制之宪法史观察——兼论监察委员会制度的时代特征"，载《武汉大学学报（哲学社会科学版）》2017年第3期。

〔2〕 杨伯峻编著：《春秋左传注》，中华书局1981年版。

〔3〕 唐海歌："承袭与变异：中国古代监察制度述论"，载《重庆科技学院学报（社会科学版）》2009年第7期。

〔4〕 《明实录·太祖实录》卷六（洪武四年正月亥），上海书店1982年版。

〔5〕 《秦律十八种·传食律》简载："御史卒人使者，食粺米半斗，酱驷（四）分升一，采（菜）羹，给之韭葱。其有爵者，自官士大夫以上，爵食之。使者之从者，食·（粝）米半斗；仆，少半斗。"睡虎地秦墓竹简整理小组编：《睡虎地秦墓竹简·秦律十八种》，文物出版社1990年版，第179~180页。

地发挥作用的具体运行方式"。[1]要建立机制，一要靠制度，二要靠体制。所谓制度，广义上指的是国家和地方性的法律法规以及任何机构组织内部的规章制度；而所谓体制，主要是指组织职能和岗位权责的调整与配置。

《监察法》的颁布是国家从法律层面对监察权力运行进行规范的保障，而要确保监察权力在实践中能够顺利运行，还需要从文化机理、人才选拔和经费保障等方面建立一系列的配套机制。

第一节　监察权力运行的文化机理

正确的文化引导可以让人们按照合乎社会道德评价的标准自觉规范自身行为。因此，建立起正确的监察权力运行的文化机理，一方面可方便监察人更好地开展工作，另一方面也能够使得监察文化深入人心，塑造好的监察氛围。在我国，监察文化自古有之，并深刻地影响着我国监察制度与法律制度的运行。要适应新形势下的反腐倡廉需要，应当发挥监察文化的优越性，适应监察文化主体素质的需求，从监察人的实际出发，立足当下，建立起监察权力运行的文化机理具有历史必然性。将监察权力运行的文化机理从精神文化、行为文化、激励文化、环境文化四方面进行有计划、有步骤地建设，形成具有时代特色的监察文化。

一、监察文化机理

文化是制度之母，没有文化的支撑，许多制度无法制定，而监察文化是监察权力运行的社会基础。监察文化，从广义上来讲是指在长期的实践中由监察人形成和发展的群体意识，以及在这种意识驱动下所创造的一切成果；狭义上的监察文化是指监察人在实践中培育形成并共同遵守的价值观念、行为方式、团队精神和制度规范的总称。

（一）中国古代监察文化机理

作为世界文明古国之一，在中国千年的政治演变发展史当中，形成了一套较为完备的官吏监察制度。而中国的监察法律文化积淀之深与监察立法内

---

[1] 安宝航、葛武滇、熊安邦："从博弈论的角度谈学历教育与任职培训对接机制"，载《教书育人（高教论坛）》2015年第24期。

容之丰富，都体现了中华民族的创造力。它是封建官僚政治制度的重要组成部分，上下五千年的历史证明，中国古代监察制度随着中国古代整体法制的进步而趋于稳定发展，同时又进一步加深了中国本土文化的鲜明特色，凸显了中华法系的特殊价值。"中国古代监察虽然是建立在封建专制主义中央集权基础之上，并为以皇帝为代表的地主阶级专政服务，但它也具有纠察百官、保证吏治清明等积极作用，对封建王朝兴衰更替产生过重大影响。"[1]其是适合中国国情的历史性创造，其所积累的依法治吏、约束权力、严格监察官吏的任职条件与违法制裁、制定专门的监察法及保证实施等经验，都具有现实借鉴意义。

中国古代监察法制确立于秦汉时期。汉代公孙弘言："陛下有先圣之位而无先圣之名，有先圣之名而无先圣之吏，是以势同而治异。先世之吏正，故其民笃；今世之吏邪，故其民薄。政弊而不行，令倦而不听。夫使邪吏行弊政，用倦令治薄民，民不可得而化，此治之所以异也。"[2]在公孙弘看来，"吏正"可以让老百姓忠诚于统治，而"吏邪"则让百姓刻薄，如果任用贪邪的官吏去推行弊政，用令人憎恶的法令去治理粗鄙的百姓，那么百姓不可能被教化，从而国家危矣。王符道："是故民之所以不乱者，上有吏；吏之所以无奸者，官有法；法之所以顺行者，国有君也；君之所以位尊者，身有义也。义者，君之政也，法者，君之命也。人君思正以出令，而贵贱贤愚莫得违也。……君诚能授法而时贷之，布令而必行之，则群臣百吏莫敢不悉心从己令矣。己令无违，则法禁必行矣。故政令必行，宪禁必从，而国不治者，未尝有也。"[3]

到了隋唐时期，监察体制已较为独立。御史台官制完备，专司监察，同时还有独具特色的言谏制度。如王夫之所言："谏官职在谏矣；谏者，谏君者也，征声逐色、奖谀斥忠、好利喜功，狭小人，耽逸豫，一有其几，而必犯颜以诤；大臣不道，误国妨贤，导主贼民，而君偏任之，则直纠之而无隐。"[4]

〔1〕 唐海歌："承袭与变异：中国古代监察制度述论"，载《重庆科技学院学报（社会科学版）》2009年第7期。

〔2〕 （汉）班固撰：《汉书》卷五十八（公孙弘传），中华书局1962年版。

〔3〕 （汉）王符著，（清）汪继培笺、彭铎校正：《潜夫论笺校正·卷五·衰制》，中华书局1985年版。

〔4〕 （清）王夫之著，舒士彦点校：《读通鉴论·唐太宗》，中华书局1975年版。

在监察文化机理上，倾向于亦德亦法。隋二世而亡后，唐朝的统治者吸取前朝教训，感慨道："天子者……无道则人弃而不用，诚可畏也。"[1]因而广开言路，虚己纳谏；御史执宪，纲纪是司；监察独立，分权制衡。其监察文化可从《监察六法》中窥得一二，其内容是："其一，察官人善恶；其二，察户口流散，籍帐隐没，赋役不均；其三，察农桑不勤，仓库减耗；其四，察妖猾盗贼，不事生业，为私蠹害；其五，察德行孝悌，茂才异等，藏器晦迹，应时用者；其六，察黠吏豪宗兼并纵暴，贫弱冤苦不能自申者。"[2]

宋元明清时期是封建中央集权向高度皇权专制转轨的重要时期。在加强中央集权的背景下，这一时期统治者均十分重视监察官对维护国家纲纪的作用。北宋名臣包拯指出："且国家置御史府者，盖防臣僚不法，时政失宜，朝廷用之为纪纲，人君委之如耳目。"[3]明代统治者则以"重耳目之寄，严纪纲之任"。[4]对监察官作出要求，而且明朝的监察法是在总结宋元监察法的基础上完成的，相较于前朝的单行法规以及简单的监察内容而言，明代的监察法更加细致严密、规模宏大、系统井然、法条细密、奖惩分明。可以说，"没有明朝的监察法，就不会有清朝监察法典《钦定台规》的出现"。[5]

（二）外国监察文化机理

国外学者在研究监察权力运行时，注重分析腐败与文化的关系，提出了一些从文化角度制约腐败现象的思路。密歇根理工大学人类学家卡罗尔·麦乐伦南（Carol Mac Lennan）认为："美国腐败的核心是通过阶级的划分和文化中'不平等'的标志来获取利益。这也暗示了，在美国的早期政治文化中，存在着极度紧张的市场与民主价值观之间关系。"[6]人类文化学家弗朗兹·博厄斯（Franz Boas）认为："任何一种文化都有不同于其他文化的独特之处，都有其存在的价值和尊严。因而，不同民族文化之间没有普遍的绝对的衡量

---

〔1〕《贞观政要·君道》。

〔2〕（宋）欧阳修、宋祁撰：《新唐书·卷四十八·百官志三》，中华书局 1975 年版。

〔3〕（明）黄淮、杨士奇等编著：《历代名臣奏议·卷二百二·听言》，学生书局 1964 年版。

〔4〕（清）龙文彬撰：《明会要·卷三十三·职官五·都察院》，中华书局 1956 年版。

〔5〕张晋藩："中国古代监察思想、制度与法律论纲——历史经验的总结"，载《环球法律评论》2017 年第 2 期。

〔6〕Carol Mac Lennan, "Corruption in Corporate America: Enron-Before and After", in Dieter Haller and Cris Shore（eds.）, *Corruption: Anthropological Perspectives*, London & Ann Arbor: Pluto Press, 2005.

标准，一切评价标准都是相对的。"〔1〕这一文化相对主义经常被用于解释腐败行为，类似于"送礼物是人情往来，属于文化的一部分，不应该被视为贿赂或腐败"。对此，外国也有相关学者提出相应解决方案，南加利福尼亚大学教授杰拉尔德·E. 凯敦（Gerald E. Caiden）认为："通过政治意志、民主精神、抵消力量、法律和合理的行政规则、个人的诚实和正派以及有效地执行公共道德，腐败能够被限制在可接受的范围内。"〔2〕早在 1978 年，美国国会就制定并颁行了《政府行为道德法》，以此加强对政府官员的约束，并于 1989 年修订为《道德改革法》。1992 年联邦政府颁布了《行政部门雇员道德行为准则》，在礼品、利益冲突、职权行使、兼职、职外活动等多方面作了详细规定，集中体现了从政的道德要求和行为规范。

除了从文化理论方面研究监察权力应如何更有效地运行，从公权力主体方面打造监察文化机理，国外一些国家还注重培养社会大众的廉政文化氛围，从社会层面营造监察文化氛围。〔3〕将廉政教育早期化、社会化，从小开始抓廉政教育，培养知法守法敬法的精神，使良好的道德规范有从量变到质变的积累，营造出一种良好的社会廉政氛围。例如：北欧国家长期以来致力于提高公民道德水准和营造良好的社会风气，通过高薪养廉和福利社会等方式从制度上最大程度地杜绝腐败，同时在文化上宣扬只有劳动所得的财富才是合理的，并将这种理念深深植根于人们的心中。因此，人们认为以旁门左道的方式来满足个人私欲的行为是极为不齿的。在芬兰，学校从初中开始就开设了社会学的课程，在高中阶段学生已经开始接触系统的法律知识。因此，在正式步入社会前，芬兰的年轻人就已掌握了基本的法律知识，遵纪守法这一理念随着多年的教育早已根植于他们心中。并且，具有法律知识是各级政府部门录用工作人员的首要条件，所有进入政府部门工作的官员，一律要宣誓守法。政府官员必须做到在任何时候都清楚什么能做，什么不能做，并准

---

〔1〕 ［美］弗朗兹·博厄斯：《人类学与现代生活》，刘莎等译，华夏出版社 1999 年版。

〔2〕 Gerald E. Caiden, *Corruption and Governance*, in GeraldE. Caode, O. P. Dwivedi, and Joseph Jabbr, (eds.), WhereCorruption Live, Bloomfield, Connecticut: Kumarian Press Inc., 2001. 转引自周琪："西方学者对腐败的理论研究"，载《美国研究》2005 年第 4 期。

〔3〕 叶青、王小光："域外监察制度发展评述"，载《法律科学（西北政法大学学报）》2017 年第 6 期。

确地把握社交和腐败的界线。[1]"公务员可以接受一杯热啤酒和一个冷三明治，但如果喝上葡萄酒那就危险了。"上至总统高官出行，下至普通公务员出差，都要执行政府以法规形式制定的全国统一招待标准，每顿饭一律一菜一汤一饭，除此之外加菜或烟酒的费用通过电脑网络方式接受主管部门和媒体的核查和监督。[2]

"新加坡政府在20世纪70年代末发起了自上而下的'文化再生运动'，推动以儒家文化为核心的东方价值观。"[3]1991年新加坡政府正式发表了《共同价值观白皮书》，确立了新加坡国民"国家至上，社会为先；家庭为根，社会为本；关怀扶持，同舟共济；求同存异，协商共识；种族和谐，宗教宽容"的五大价值观，并提出"忠孝仁爱礼义廉耻"八德作为新加坡人的具体行为准则。其中，廉耻就是廉洁奉公，反对各种形式的腐败。此外，新加坡还制定了一套较为完善的《中央公积金制度》（CPF），为公务员提供甚为丰厚的退休金。这一制度规定，所有参加社会工作的人员，包括政府公务员、企业职员、一般工人等，每月个人出资加政府出资存入个人公积金账户，工龄愈长公积金愈多。若任内没有出现贪污受贿或其他渎职违法行为，退休后就可提取这份公积金。据统计，高级公务员司局级到岁退休时，公积金总额大约有80万新元~90万新元，相当于人民币400万元~500万元。因此，"新加坡公务员是个非常令人羡慕的职业，始终居于社会高收入阶层。高福利伴随着的是高要求，一生衣食无忧的前提是一生勤政廉洁"。[4]

二、监察精神文化

监察精神文化是监察干部和社会大众在实践中总结提炼的价值体系以及反腐倡廉监督文化的总和。"从清廉国家的实践中不难看出，监察精神文化建设对于公权力的异化有着重要的防范作用，它是监察权力运行的载体，在惩

---

〔1〕　于晋芳、罗小丽："借鉴国外反腐倡廉的有益做法　构建具有中国特色的廉政文化"，载《先锋队》2013年第27期。

〔2〕　任建明主编：《反腐败制度与创新》，中国方正出版社2012年版。

〔3〕　刘宸："中国和新加坡反腐制度的比较研究——以权力结构为视角"，载《安徽行政学院学报》2014年第4期。

〔4〕　于文轩、吴进进："反腐败政策的奇迹：新加坡经验及对中国的启示"，载《公共行政评论》2014年第5期。

治和预防腐败体系的过程，监察精神文化具有极其重要的价值。"〔1〕

监察权力运行必须遵循一定的伦理规范。监察干部在用权时要受到公共伦理的约束，这种约束除了法律上的约束外，还包括基于文化机理的自我约束。人的行为动机、目的和选择都会受到主体的思想道德状况的直接影响和制约。廉洁自律是监察干部所必须具备的品格。监察干部带头做出表率和垂范，可以起到良好的榜样作用和标杆作用。

教育、引导和提炼监察精神文化。在新常态的关键时期，监察干部难免会遇到各种各样的诱惑，承受公共权力异化的能力也将变得比较脆弱。弘扬监察精神文化，一方面，从监察干部自身入手，通过理念灌输、廉政警句、人生格言等外在形式积极影响和正向引导监察人员的精神追求；通过参观、考察革命圣地和爱国主义教育基地等活动，教育监察人员增强角色意识、责任意识、使命意识和宗旨意识；利用读书会、宣讲会、交流会、研讨会、知识竞赛、有奖征文竞赛、作风整顿等形式多样的活动，紧密联系思想、工作实际，加强理想信念、职能职责、纪律作风教育；通过多种形式的教育引导监察人员，自觉拒腐防变，抵御"糖衣炮弹"，培育和弘扬监察职业精神，形成全系统共同认同的价值观念和精神追求。另一方面，从社会氛围上加强监察精神文化建设，固本培元。首先，提倡社会主义核心价值理念，通过文化宣传教育使人们认识到腐败将带来的后果；其次，从小向孩子们灌输"俭以养德，廉以立身""富贵不能淫，贫贱不能移，威武不能屈"的廉洁思想，培养"君子爱财，取之有道"的是非观念；再次，宣传廉洁的典型案例，倡导淡泊名利，使廉洁自律成为公务人员人格的重要组成部分；最后，提高国民的反腐倡廉意识，从源头上防止腐败。一般意义上的监察精神文化的主体总局限在监察干部上，但随着经济的不断发展，人们发现在一些非公共部门，包括企业等私营部门、学校、医院甚至慈善机构等非营利组织内部也存在着腐败的现象。因此，要提高国民大众对腐败问题的认识，积极参与政治生活，减少如所谓的"人情往来"等腐朽习俗而产生的腐败。

实践、培育和升华监察精神文化。立足本职，面向全局，广泛深入开展实践活动，让监察干部在反腐败斗争的一线经受锻炼和考验，监察干部要树立和培养"一切围绕发展，一切为了发展，一切服务发展"的意识，形成

---

〔1〕 赵雪雁："推进纪检监察文化建设的思考"，载《发展》2011 年第 10 期。

"不想贪，以贪为耻，以廉为荣"的思想观念，以实践活动为载体，用实践来统一思想、统率行动并进行有意识的引导，把服务政治、经济、文化、社会建设和人民群众的具体实践过程变为培育和升华监察精神的过程。

监察精神文化的性质决定了其建设是不可能一蹴而就的，其成效也无法立竿见影，但这并不意味着精神文化建设是不必要的。相反，通过几代人的努力，廉洁观念深深植根于人们心目中，"以廉洁为荣，以贪腐为耻"，那么贪污腐败滋生的土壤将会渐渐贫瘠，无论是监察干部还是其他官员的自我道德约束机制均会逐步变得坚不可摧。

三、监察行为文化

监察行为文化指的是监察干部和社会公众要以学习为切入点和着力点，引导认知、调整行为。监察干部要主动学习，以先进的理念武装头脑，自觉拒绝"腐败暗示"，扼杀"腐败认同"。古罗马哲学家奥古斯丁认识到："其实灵魂并不完全愿意，所以发出的命令也不是完全的命令。命令的尺度完全符合愿意的尺度，不执行的尺度也遵照不愿意的尺度，因为意志下令，才有意愿，这意愿并非另外一物，即是意志本身。于此可见，灵魂不是以它的全心全意发出命令，才会令出不行。如果全心全意发出命令，则即无此命令，意愿亦已存在。"[1]按照奥古斯丁的观点，当腐败动机产生后，还要经过从欲望暗示到欲望认同的过程，而加强监察行为文化，就是要通过学习阻断这一过程，从而防止腐败。

在监察行为文化中，学习是行为文化建设的重要载体和抓手，以学习为"起搏器"和撬动素质提高的"杠杆"，大力抓好学习，影响和调整监察干部的行为。例如，一些公职人员在即将退休时容易有懈怠感，产生过时心理。简单地说，就是指权力如果不及时行使就会过时作废。2014年中国社会科学院发布的《法治蓝皮书》曾经披露的官场"59岁现象"就是过时作废心理的典型写照。有人将"59岁现象"称为"最后捞一把现象"，通常反映的是领导干部在即将退休之际，往往增大了贪污受贿的力度。根据中纪委和原监察部公布的案件数据，被查处公职人员年龄最大的64岁，最小的39岁。其中，

---

〔1〕〔古罗马〕奥古斯丁：《忏悔录》，周士良译，商务印书馆1963年版。

51 岁~60 岁年龄段人数最多，占总人数的 53.7%，"59 岁现象"十分明显。[1]要防止这种现象，可以推进学习教育制度化、教育主题特色化、培训手段多样化，全力打造学习型监察机关和队伍；明确学习内容、学习主题、中心讲解人以及学习形式；坚持学习与工作、学习与个人长远发展相结合的原则，根据每个个体的特点，有计划、有步骤、有针对性地组织学习；引导公众向实践学习，在实践中学习实践。结合实践需要，抓好开放式培训，制定培训计划；在学习中教育引导，用先进文化净化灵魂、升华人格、陶冶情操、提升境界，从而校正行为，养成人们的良好行为范式，时刻维护良好形象；同时从内外两个方面推进干部间交流，引导换位思考，使干部在不同岗位经受锻炼，多角度调整行为。[2]

监察行动文化在某种意义上为反腐败教育提供了制度范本、制度意识、制度观念等资源，通过传授给人们反腐败的知识，诸如什么是腐败、腐败行为有哪些特征和表现、腐败行为的本质是什么、腐败所产生的危害有哪些、腐败的后果有多严重等内容，提高人们对腐败的认知水平和程度，从而拒绝参与腐败并自觉抵制腐败、检举监督腐败行为。将监察行为文化在全社会范围内予以完善推行，通过理论学习引导、社会实践体验等方式，将监察行动文化总结提炼，通过制度的方式固定下来形成规范，从而为监察权力运行提供全方位的指导。

四、监察激励文化

监察激励是指监察机构通过特定的方法与管理体系，将监察干部对组织及工作的承诺最大化的过程。"监察激励文化是在组织系统中，激励主体系统运用多种激励手段并使之规范化和相对固定化，而与激励客体相互作用、相互制约的结构、方式、关系及演变规律的一种文化。"[3]

培育监察激励文化的原因在于：要让监察干部能劳有所得，预防"文饰

〔1〕 唐忠宝、徐玉生："论新时代廉政组织与廉政文化协同反腐及其机理"，载《河南社会科学》2018 年第 3 期。

〔2〕 中共延安市纪委、延安市监察委主办"延安清风"网站文章："对纪检监察文化建设的实践与思考"，载 http://www.yaqf.gov.cn/thread-12375-1.html，访问日期：2018 年 5 月 2 日。

〔3〕 李梦云："政治文化架构下的社会主义廉政文化建设"，载《马克思主义研究》2012 年第 3 期。

作用"。"文饰作用，又指合理化作用，是一种常见的心理防御机制，指用一种自我能接受、超我能宽恕的理由来代替自己行为的真实动机或理由。"[1]从根本上看，腐败无疑是一种恶的行为，但社会上却时常有一种声音试图为腐败行为开脱。有人认为腐败是经济增长的润滑剂，有人认为腐败会减少社会摩擦，也有一些人尝试用功过相抵来为腐败分子求情。无论出于哪种考虑，都是合理化心理在贪腐行为上的现实表现。毋庸讳言，这种心理机制为贪腐行为的发生提供了心理上的支撑。

建立监察激励文化，鼓励监察干部争先创优。第一，以目标激励。用抓经济工作的理念抓非经济工作，在监察工作中全面推行目标化管理和重点工作矩阵制管理，着力构建科学、简便、易行的考核评价体系，发挥目标管理的导向激励作用和综合调节作用，推进团队运行规范化、制度化。第二，以待遇激励。把工作情况特别是目标考核结果与政治经济待遇紧密挂钩，在提拔重用、岗位选择、外出考察学习、评先评优、表彰奖励等方面体现差别性。坚持"在干中识人、凭实绩用人"的导向，开展"学先进、比先进、赶先进"活动，多措施鼓励创先争优，形成"想干事、能干事、干成事有发展，不想干事、不能干事、干不成事受惩罚"的氛围。第三，以感情激励。加强统筹、沟通、协调，建立通报制度，分三个层面展开，对各级监察组织分别实行周报、月报、季报制度，随时掌握动态，加强沟通协调。建立常态性谈话制度，坚持层层谈、重点谈、定期谈相结合，广泛、及时、深入交心谈心，在谈话沟通中解决问题。

五、监察环境文化

监察环境文化是指由于监察权力运行需要一个良好的反腐氛围，从而形成的区别于正式制度的对人们行为的一种非正式约束规则。"在人类行为的约束体系中，非正式制度具有十分重要的地位。即使在最发达的经济体系中，正式规则也只是决定行为选择的总体约束中的一小部分，人们行为选择的大部分行为空间是由非正式制度来约束的。"[2]监察环境文化就属于非正式约束

---

〔1〕　郭振亚："'合理化作用'析"，载《检察风云》2005 年第 18 期。

〔2〕　[美] 道格拉斯·C. 诺斯：《制度、制度变迁与经济绩效》，刘守英译，上海三联书店 1994年版。

的一种。

传统的中国社会属于典型的"熟人社会",久而久之便发展出了现在的"圈子文化"。"虚拟世界的微信朋友圈,现实生活中的老乡圈、朋友圈、同学圈等,如果圈子只是人和人之间用来联络感情,互相扶持、消除隔阂那自然无可厚非,但是有一些不法之徒就利用圈子文化,从中寻找利益均沾的腐败共同体,利用圈子拉帮结派、唯利是图。"[1]可以说"圈子文化"在某种程度上来说是我国传统文化的糟粕,是宗派主义,是应当被抛弃的。"圈子文化"的存在与营造为民、务实、清廉的氛围背道而驰,可谓有百害而无一利。在一些地方,会"走关系""走后门"成了一种处事灵活的代名词,在一些地方甚至对腐败从文化上进行支持,使之变成一种社会风气或者社会现象,人们对此见怪不怪,浑然不觉这其中有何不妥,这就为腐败的滋生提供了一种大环境。例如某市曾经发生的破坏选举案,整个市人大代表基本全军覆没,足以见得腐败在当地官场横行,甚至使清廉的干部反而受到排挤,成了"不会看眼色"的那个异类。[2]

腐败问题之所以严峻,就在于它背后在一定程度上有着文化的支撑,手中掌握权力的官员的思想意识,稍有懈怠就容易跌入腐败的漩涡。因此,大力推进监察环境文化建设,就是要以一种科学的、正确的文化代替一种落后的、错误的文化。反腐败绝非仅仅是一场政治斗争,更是一场文化斗争。在我国香港地区,监察环境文化已延伸到了社会的每一个角落,政府采取多种形式向公民宣传倡廉保廉,让人们感受到廉洁自律的社会氛围,从而在整个社会形成"不想去贪、不敢去贪"的廉洁局面。同时,"廉政公署还专门针对年轻一代开展反腐败教育,通过已有的社会教育体系去塑造学生的态度和习惯,从长远上壮大廉洁者的队伍,营造一个普遍谴责腐败的社会大环境,以增加腐败分子的心理成本和社会不认同感"。[3]当正确的监察环境文化融入民众的生活方式、行为习惯、思维方式,形成人们的一种文化自觉时,腐败的生存空间就将急剧被压缩,破坏反腐败的外在生态环境,最终净化社会整体氛围,这将成为从根本上防治腐败的一剂良药。

---

〔1〕 黄义英、秦馨:"廉政、廉政文化和廉政文化建设的理论内涵",载《前沿》2010 年第 9 期。

〔2〕 朱玲玲:"反腐新态势下廉政文化建设重要性再思考",载《法制与社会》2017 年 16 期。

〔3〕 任建明主编:《反腐败制度与创新》,中国方正出版社 2012 年版。

第二节　监察权力运行的人才机制

监察权力运行的人才机制是指由监察机关相关部门具体负责实施的，对监察机关内部及下级机关所有工作人员的招录、培训、调配、考核、任免、晋职晋级、工资福利、思想政治、宣传教育等事务进行管理、处置的机制。监察权力运行的人才机制的建立，对进一步确保监察权力在实践中发挥作用具有重要的理论价值和现实意义。

在我国古代，监察官是治官之官，是各种监察立法的执行者。因此，在制定各种监察立法的同时，也制定了适用于监察官的管理法例，使治法与治人相结合，借以提高执掌监察活动的主体的素质，保证监察职能的正确发挥。由于监察官所系甚重，所以历代对监察官的选拔均采用铨选的方式。[1]如在唐朝以身、言、书、判为监察官的选拔标准；到了明清时期，"余选数次，必身、言、书、判皆备，始授台谏"，[2]并且"不许用曾犯奸贪罪名之人"为监察官。[3]要成为一名监察官，需德行显著、学识优长且老成练达。对于年轻资历浅的，"必先试以小差，果能称职，方准实授"。[4]当然，监察官的选任虽重老成练达，但并不以年深而循资选任。由此可见，我国古代监察权力运行的人才机制有着一套完整的体系。时至今日，随着《监察法》的颁布，建立起一套确保权力顺畅运行的人才机制同样也是不可或缺的。

《监察法》实现了国家监察全面覆盖，构建国家、省、市、县四级监察体系。从梳理的时间线来看，监察体制的改革推进速度快、范围广，但也因此带来了一个问题，即相应的人才机制仍未建立。作为一个"年轻"的机关部门，目前监察机关的人才基本是从法院、检察院或纪检委员会选拔而来的。从长远看，在更大范围内选拔监察机关需要的复合性、实战性人才，建立行之有效的人才机制，是确保监察权力运行的重要配套机制。

---

〔1〕　张晋藩主编：《中国古代监察法制史》，江苏人民出版 2007 年版。

〔2〕　（明）张瀚：《松窗梦语·卷八·铨部记》，中华书局 1997 年版。

〔3〕　《大明会典·卷二〇九·都察院·风宪总例》。

〔4〕　《明会要·卷三十三·职官五》。

一、建立监察权力运行的人才机制的必要性

当前我国进入新时代，处于重要的发展机遇期，监察机构要以新常态的思维应对反腐败斗争中的新机遇和新挑战。国家监察体制改革是以习近平总书记为核心的党中央作出的重大决策部署，是事关全局的重大政治体制改革，是推进国家治理体系和治理能力现代化的重大举措。[1]在《监察法》颁布之前，我国的监察更多体现在纪检监察上，对于监察权力运行的人才管理主要依靠被监督对象自觉接受监督约束和提高自身思想认识来进行。监督效率不高，方式也较为单一，针对监察干部的履职范围和管理职责，没有明确的监督管理体制提供依据，导致监督主体模糊、责任不明晰，缺乏具有监督管理专业知识的人才支撑。因此，建立相配套的人才选拔机制是监察权力运行的题中之义。

（一）新常态反腐形势对监察干部的要求

自党的十八大以来，党和国家以壮士断腕的决心严打腐败，审查省军级以上党员干部及其他中管干部 440 人，其中十八届中央委员、候补委员 43 人，中央纪委委员 9 人。纪律处分厅局级干部 8900 余人，处分县处级干部 6.3 万人，处分基层党员干部 27.8 万人。同时积极开展"猎狐"行动，努力推进反腐败国际追逃追赃。五年来，追回外逃人员 3453 名。此外，党和国家还发布红色通缉令，到目前为止，"百名红通人员"已经有 48 人落网。在 2017 年"全球清廉指数"排名中，中国比上年排名略有提升，在 180 个国家和地区当中排名第 77 位。这些数据充分表明党和政府在反腐方面已经取得了阶段性进展。但从中也可以看出，我国反腐形势依然严峻，这也就意味着未来监察干部的工作仍然任重道远。

从我国目前的反腐模式来看，反腐工作很大程度上依靠高层的推动和群众的意愿来进行。这种依靠领导意志（纪委主导）的反腐模式的确能够快速聚拢反腐资源，通过"抓典型""重打击"等方式发挥最大震慑作用，从而取得较为可观的反腐绩效[2]。但是在这种模式下，高层意志具有随意性与不稳定性的特点，而群众或社会舆论对生活中违法违纪现象，通常选择进行投诉

---

[1] 陈光中、邵俊："我国监察体制改革若干问题思考"，载《中国法学》2017 年第 4 期。
[2] 倪明胜："新常态下反腐倡廉建设的四重逻辑转换"，载《中国党政干部论坛》2016 年第 7 期。

或信访举报，核实追查问题往往只能在问题出现之后进行，甚至出现了问题才追责，从而造成不良的社会影响。[1]在新形势下，监察人才不能仅仅被动追责，而应该主动避免反腐工作陷入波浪式运动的窠臼。因此，建立监察人才机制是十分必要的。

（二）深化监察体制改革的需要

习近平总书记在十八届中央纪委二次全会上讲话指出："党风廉政建设和反腐败斗争是一项长期的、复杂的、艰巨的任务，不可能毕其功于一役。"当前，我国党风廉政建设和反腐败斗争总体态势为："成效明显和问题突出并存，防治力度加大和腐败现象易发多发并存，群众对反腐败期望值不断上升和腐败现象短期内难以根治并存；形势依然严峻，任务依然艰巨。"[2]监察体制改革是全面深化改革的重要组成部分，同时也是纪律检查体制的重要组成部分。作为反腐的第一线，监察权力运行的人才机制的建立和完善直接关系到监察机构改革的成败，同时，其也是开展监察体制改革的重要制度保障。监察体制改革的成败，最关键的部分就在于人，人的能力和基础是确保不出问题的根本。"监察干部其本身也是普通人，也有正常的精神物质需求和欲望，并非无欲无求，而监察干部工作的特殊性使他们将面临更加严峻的利益诱惑。"[3]在实践中，大部分的监察干部能够严格要求自己，牢记自己的初心和使命，决不跨过那条"红线"。但是，并非所有的监察干部都能扛得住形形色色的诱惑，一些监察干部最终倒在了"糖衣炮弹"的轰炸下。此外，由于监察工作的特殊性，监察干部需要面对巨大的工作压力、承载一些负面的信息，而自身的工作内容又不方便透露，因此他们缺乏有效的发泄压力的渠道，这就进一步提高了监察干部违法违纪的道德风险。

建立起监察权力运行的人才机制，除了能从源头上提升监察干部的专业能力和职业素养，还能完善和充实相应的工作调节机制，有效提升监察干部的业务工作能力，提高其面对压力时的心理承受能力，增强职业自豪感，确

---

〔1〕　胡杨："论中国特色反腐模式转型的内在逻辑与发展路径"，载《马克思主义与现实》2010年第4期。

〔2〕　中共中央纪律检查委员会、中共中央文献研究室编：《习近平关于党风廉政建设和反腐败斗争论述摘编》，中央文献出版社、中国方正出版社2015年版。

〔3〕　高丽、管小敏："略论加强纪检监察干部队伍自身建设"，载《福建教育学院学报》2010年第2期。

保建立一支忠诚、干净、有担当的执纪铁军，筑牢拒腐防变的思想防线，履行党和国家赋予的职责使命。

二、现行监察人才机制存在的问题

随着社会经济的发展，当前的反腐形势发生了较大的变化。"老虎苍蝇一起打"，政府"法无授权不可为"的理念越来越深入人心，《监察法》的颁布更是从立法上体现了政府反腐的决心。法治化进程的加快也使得反腐工作任务日益繁重，因此对监察人员的专业素养提出了更高的要求。

（一）监察人才机制的人员编制问题

《监察法》第8条规定，各级监察委员会由本级人民代表大会产生，接受人大及其常务委员会和上一级监察委员会监督并对其负责。其中，本级人民代表大会选举产生监察委员会主任，而监察委员会副主任和委员则由监察委员会主任提名，再交由本级人民代表大会常务委员会决定任免。由于监察工作需要较高的专业能力与职业素养，在之前进行试点改革时，北京、山西和浙江等试点省（市）的监察委员会主任由同级纪委书记兼任，副主任和委员也多由同级纪委领导兼任。在检察机关转隶人员中，反贪局长和反渎局长属于检察院党组成员的，转隶同级监察委员会担任监察委员会委员；转隶普通干部的安排情况，一般是按照原先工作职能安排到监察委员会内部相应的办案或综合部门工作；对检察机关所内设局的中层正副职的安排，在试点工作中并未提出增加人员编制的方法，所以在未来，监察委员会的普通转隶干部的编制问题，仍然是一个巨大的难题。[1]

监察体制改革，需要打造的是一支政治坚定、纪律严明、作风过硬、执法公正、打击精确、预防有效的国家反腐败队伍，而从目前的各级监察机关人员来看，人才的编制还存在问题。[2]各级监察委员会所需的技术人员、警用人员是依靠自行招募还是由其他监察机构人员兼职？在监察权力运行中，这些部门和人员都是必不可少的，如果采用兼职的模式，那么这些兼职人员就需要"双肩挑"，难免增大工作强度。在精力有限的前提下，"双肩挑"是否会导致两头落空从而与初衷南辕北辙，这是需要考虑的。此外，这部分兼

---

〔1〕 毕鸿昌："建立健全我国监察委员会制度的思考"，载《桂海论丛》2017年第5期。
〔2〕 江国华："国家监察体制改革的逻辑与取向"，载《学术论坛》2017年第3期。

职人员的薪资待遇问题也是需要考量的。而如果采用自行招募的方式，招募是以全国统考的方式吸收人才还是从现有纪检监察机构、检察机关、法院遴选优秀人才，目前还没有相关的制度明确规定。

（二）监察人才机制的人员配备问题

2017年监察体制试点改革时，北京市、山西省和浙江省都针对监察官制度进行了探索和改革。通过实践调研，从职责、任免、任职回避、等级、考核、培训、奖励、惩戒、工资保险福利、辞职辞退、退休、申诉控告、考评委员会等方面初步明确了监察人员任职条件、素质标准和执法保障。但从目前各地成立监察委员会的情况来看，在人员配备上依然存在着一些问题。第一，年龄结构不合理。目前各地的监察委员会干部队伍均存在年龄断层，以"60后""70后"为主，"80后""90后"占比不高，年轻干部少，不利于培养监察后备干部，难以实现监察干部年轻化的要求。第二，男女比例不合理。从各地监察委员会组成来看，以男性为主，女性占比相对较少。第三，文化结构不合理。作为专业的监察人才，日常工作要求具备法律、金融、财会、计算机、审计等专业知识，而从目前各地监察委员会的人才配置来看，具备财会、审计方面专业知识的人员配比较少。

（三）监察人才机制的监督问题

腐败是权力的不良运作结出的恶果，腐败的程度则与权力受监督的情况紧密相关。因此，监察权力的运行就显得至关重要。"法律、机构和战略作为评价一个国家反腐倡廉体制的三个重要指标，三者相互联系，紧密合作。其中，机构作为履行职能的主要载体，对法律执行、战略实施发挥着重要的组织保障作用。"[1]从经济学的角度来看，涉及"腐败的预期成本"这一问题。理论上说，这一成本"等于被抓住之后受到的处罚与预期的被抓住的可能性的乘积"。[2]对于腐败的零容忍必然很重要，但如果出现腐败没有去抓，或是因为太多而"抓不过来"，或是官官相护，有人举报也没有去抓，甚至举报的人反倒会受到惩罚，那么搞腐败"被抓到的可能性"等于0或接近于0。"被抓住的可能性"在理论上是一个"概率"，它不仅取决于你监督了多少、抓了

---

[1] 过勇："完善中国反腐体制与机制的几点建议"，载《经济社会体制比较》2010年第4期。

[2] 倪星："理性经济人视角下的官员腐败研究"，载《广州大学学报（社会科学版）》2009年第6期。

多少，还取决于在一定条件下有多少"要被监督"，这是一种理论概率，即"受监督的人数"除以"有条件犯罪需要被监督的人数"而得出的一个比率。简而言之，反腐败成效如何除了靠"严打"，"被监督"也很重要。这就引申出一个问题：监督其他人的监察人员本身如何被监督？

内部监督问题，本质上就是监察机制内部的自我监督，从监督的主客体来看，均为监察机制内的成员。在实践中就有可能出现这样的情况：作为监督主体的监察机构干部，在工作中实际由被监督主体（如监察机构的领导干部）领导。这就造成了对领导干部监督难的问题。监察人员在监督过程中就容易产生畏难情绪、面临实际困难。此外，内部监督机构日常工作安排由被监督监察机关主要负责人确定，年度工作完成情况由纪检监察机关人事管理部门统一进行考核，人、财、物供应保障依靠被监督客体相关职能部门提供，在这样的背景下，真正的监督管理就难以实现。

三、推进建立监察人才机制

作为阻碍社会发展的一大公害，腐败问题历来为国家所重视，也直接关系到国家的长治久安。一个国家的进步史从某种意义上来说就是一部反腐反贪史，一部治官治吏史。中国古代各阶段都建立了中央监察机构，到了清王朝，除了监察立法《钦定台规》本身，相关配套法律法规也趋于完善。其中，《钦定吏部则例》即相当于清朝监察人才机制的实施细则。其具体包括六个方面的内容：①世爵，有功臣封爵、世爵袭替、世爵犯罪、绿营世职等目；②封典，有请封品秩、封存赠妻室、丁忧官给封等目；③恩荫，有成荫次序、荫生考试、荫生录用等目；④难荫，有难荫录用、殁于王事赠衔等目；⑤土官，有土官承袭、土官降罚、土官请封等目；⑥书吏，有充被书吏、书吏调缺等目。我国古代监察体制源远流长，为今天的监察机制的完善提供了许多宝贵的经验，也对今天的监察人才机制具有深刻的现实借鉴意义。正如吴克教授所言："这是一个独一无二的中国机构，是政治传统上很重要的部分。有如中国认为值得保存的其他许多事物，它历代相传，绵延不绝。它被认为重要和不容忽视，对西方政治可能有所贡献。"[1]

---

〔1〕 彭勃、龚飞主编：《中国监察制度史》，中国政法大学出版社 1989 年版。

（一）监察人员选拔和考核制度化

"人力资源管理理论认为，实现人力资源的精干、高效，发挥人力资源的最大价值是合理管理人力资源的意义，科学地制定选任监察人才的标准和规范是建立精干高效队伍的基础。"[1]监察干部肩负的职责重大，其素质高低也直接关系到监察权力的运行，无论是选拔还是考核均应依据严格的制度，侧重考察监察干部的综合素质。西方国家反腐的成功经验印证了专业人才在反腐领域可以发挥积极作用这一命题。以我国香港地区的廉政公署为例，作为一个"专业、强权、不受骚扰、独立运作"的机构，其之所以能很好地发挥其有效打击和遏制腐败的功能，在很大程度上要归功于其拥有一支训练有素的专业调查队伍，同时有电脑专家、会计师、律师、公共教育专业人士等专家提供支持。[2]因此，在选拔人员时，要将干部的专业知识、政治素质和能力水平作为选拔的重要参考条件。在选拔时，除吸收纪委、检察院等转隶干部之外，还可以考虑通过聘用制的模式吸引体制外的专业人才和专业机构，让其在反腐工作中发挥特长。通过这种方式，一方面，可以保证监察机制的内部稳定，使其快速投入到反腐工作中，培养团队默契；另一方面，外部人才的引入，也是对内部监察干部的监督和激励。此外，聘用制本身具有灵活性和可控性的特点，监察人员可以在工作中对外部人才的专业素养进行评估考察，对于专业技能不过硬的人员及时予以解聘，对于专业人才而言，这也是一种有效制约，同时，这样也可以避免机构陷入组织膨胀的恶性循环。

改革专业人才的考核制度。作为专业技术人才评价和管理的基本制度，职称制度在激励专业技术人才职业发展、加强专业技术人才队伍建设上起到了积极的引导作用。应以创新评价方式为切入点，树立品德、能力、业绩导向，纠正"唯学历、唯资历、唯论文"倾向。让职称评定少些"花瓶"，多点"干货"，更加紧密地和真才实学匹配，全方位反映出人才能力、品行、业绩的真实状况。同时，进一步提高监察干部的任职条件，从国家立法层面更加严格规范监察干部的选任程序，统一监察干部选任标准，优化监察干部的

---

〔1〕 高艳："人力资源管理理论研究综述"，载《西北大学学报（哲学社会科学版）》2005年第2期。

〔2〕 李永洪、王瑞娟："反腐倡廉要重视发挥专业人才的积极作用"，载《理论探索》2012年第1期。

年龄结构、性别结构和知识技能结构等。[1]

加强对监察干部的素质培训。重视培训的理念，在加强业务训练的同时，也要让监察干部参与到其他领域的学习或为监察干部的进修学习提供必要条件，如：及时告知相关培训信息、鼓励参加学习等，尤其是基层的监察干部。[2]进一步拓宽监察干部的知识面，不局限于自身专业领域，全面提升监察干部的理论素养、道德素质、业务能力和知识水平。要进一步提高培训的规范程度和培训效果，有计划、分层次、有针对性、有系统性地组织开展培训，通过举办培训班等形式，对监察理论、监察宣传教育、办案技巧、案件线索管理、整理疏导等知识进行系统的培训，并在培训结束后进行考核，考核结果作为晋升的重要参考依据。

（二）建立交流渠道，增强队伍活力

《监察法》的颁布，确定了监察机关对同级人大及其常委会、上一级监察机关负责，具有相对独立性，这在很大程度上保证了监察队伍的活力。在《监察法》颁布之前，政府机构内部的（行政）监察机关缺乏独立性，因而在工作中面临许多问题，所发挥的作用存在局限性，而监察权力运行要想完完全全发挥自己的职能就必然要更具独立性。《联合国反腐败公约》规定："反腐败机构应有必要的独立性，能免受任何不当影响，有效履行职能。"独立性、权威性和高效性既是反腐败工作追求的基本目标，也是反腐败专门机构建设的根本要求，直接关系到反腐败工作的力度和效果。我国香港地区的廉政公署"之所以能保持独立性，关键在于人事管辖和任免上，从各级职员到廉政专员都不隶属于公务员系统，从而不受公务员叙用委员会及政府铨叙科管辖"。[3]

然而，我国目前建立的监察机关共分四级，在乡镇地区没有建立起监察委员会，因而构建乡镇地区内外部监督问题的交流渠道很有必要。根据《监察法》第12条的规定，未来会在乡镇地区派驻监察派出机构，在乡镇培养一批后备的监察干部将有利于交流渠道的建立。在县级层面，组织和人事部门要进一步规范公务人员调动、借调、跟班学习等管理制度，并强化对制度执

---

〔1〕 徐桂林："新时期地方纪检监察干部队伍建设研究"，湖南师范大学2005年博士学位论文。

〔2〕 钱广礼："滕州'裂变式'培训提升纪检监察干部素质"，载《中国纪检监察报》2010年7月29日。

〔3〕 刘曼容：《港英政府政治制度论（1841~1985）》，社会科学文献出版社2001年版。

行情况的监督检查，进一步加强乡镇干部队伍建设，同时采取措施，吸引优秀的年轻公务员到乡镇工作，优化乡镇干部队伍结构，保障乡镇干部队伍的稳定性，为乡镇监察后备干部培养创造条件。例如：为乡镇岗位的监察干部提供补贴，稳定基层干部队伍。[1]

（三）完善监察人才机制的监督体系

主要是指履行内部监督管理权的主责机关加强自身能力建设，特别是对于涉及纪检监察干部相关业务领域内的法律法规及执纪办案规章流程的学习。同时，"不断深化现行监察干部监督规则条例的学习，以学促效，提升监督实践使用能力，要做到监督有依据，谈话有准备，量纪要准确。"[2]首先，对于行使监督权，要端正思想态度，避免出现"老好人"思想，要时刻牢记严格的监督管理制度对于监察干部队伍自身发展的重要作用，其目的是保护监察干部，维护监察干部队伍形象。对于顶风违纪、以案谋私、徇私舞弊的行为绝不姑息，加以严惩。其次，要加强对纪检监察干部日常办案流程和相关工作规章制度的学习。监督的前提在于对纪检监察业务工作的了解和掌握，只有了解被监督对象的工作职责和工作流程，才能更好地行使监督权。最后，作为内部监督管理主体，监督管理人员自身也要时刻提醒自己同样是被监督的对象。监督者要有着更高的思想觉悟，只有时刻绷紧一根弦，本着对事不对人的思想，以纪律规矩为纲，以事实为依据，以监督具体工作为载体，严肃行使监督权，才能真正地提升干部内部监督管理能力，使监督管理人员履行好监督工作职责。[3]

第三节　监察权力运行的经济机制

监察权力的顺利运行，在很大程度上取决于监察机构的经济机制。经济机制是社会经济的各个组成部分的相互制约关系和为保证经济运转所采取的管理经济的具体形式所共同构成的总体。这一总体的形成，一方面受制于经

---

〔1〕　师长青："建设一支党和人民完全依赖的队伍——改革开放以来纪检监察干部队伍建设综述"，载《中国监察》2008年第24期。

〔2〕　付建萍："浅谈新形势下纪检监察干部队伍建设存在的问题及对策"，载《经济师》2018年第2期。

〔3〕　赵鹏辉："新形势下纪检监察干部队伍建设再思考"，载《法制与社会》2014年第16期。

济规律的客观要求，另一方面受到生产者主体的能动作用的影响。社会经济制度的内在构造和生物生理构造有类似之处。马克思主义把作为整体的社会经济看作一个完整的社会机构或经济机构，将其比喻为一个有机体。"经济机制是一个经济机体的组织结构、制度结构、管理方式、操作规则及其职能与作用相互联系、相互作用，以实现机体自我控制、自我平衡的系统。"[1]当经济机体的运行偶然出现偏误时，它能及时地反映出这种偏误，并自动加以校正，重新回到相对稳定的经常性状态中来。监察权力运行的经济机制，具体包括财产申报公开制度、政府采购制度以及公共财政预算制度等。

毋庸置疑，充足的资金是监察工作顺利开展的物质基础，监察经费的短缺则会影响到监察机关的运行。因此，监察权力运行的经济机制对于监察机构最大限度地发挥作用意义重大。根据全球清廉指数排行可以了解到，清廉指数排行较高的国家（地区）均对监察机关进行了大量的财政投入和提供了充足的物资资源。因此，保障监察权力运行的经济体制亦可以提高监察工作的效能。

一、财产申报公开制度

国家层面对于领导干部的财产申报公开制度的探索从未停止过。目前我国的财产申报制度基本框架已经确立，申报范围相对狭窄，基本限定于不动产、有价证券和境外投资等；申报的对象也主要针对县处级及以上干部，覆盖范围有限；核查力度虽然在逐年加大，但总体力度仍有待加强。而监察机构的财产申报公开，在某种意义上是监察机制的内部监督，同时让监察机关在履行其职能时有据可依。例如在新加坡，每个公务员在任职之初，必须详细申报个人财产，包括其担保人或家庭成员的投资及其利息情况；若财产在任职后有所变动，应自动填写变动财产申报清单，并注明变动原因；每年7月1日，各政府部门的职员必须填报个人财产申报表，申报财产如果说不清来源，特别是当有关部门对此进行调查时，不能给以满意的答复，这部分财产就会被推定为贪污所得。

"公职人员财产申报制度素来被誉为'阳光法案'（Sunshine Law），世界

---

〔1〕 李巍巍、施祖麟："经济机制设计理论评介"，载《数量经济技术经济研究》1993年第9期。

上许多国家和地区对实行该制度的必要性和重要性已达成共识，联合国对该理念也大力提倡。"[1]《联合国反腐败公约》一方面明确要求建立财产申报制度作为反腐败的重要一环，另一方面也重申要建立专门的公职人员财产申报制度。该公约第二章第8条第5款规定："各缔约国均应……要求公职人员特别就可能与其职能发生利益冲突的职务外的活动、任职、投资、资产以及贵重馈赠或者重大利益向有关机关申报。"

纵观世界上建立了公职人员财产申报制度的国家，其目的或出于打击公职人员利用公权力影响获得非法财产，或出于防止出现利益冲突，或者二者兼而有之。而在我国实行财产申报公开制度二十多年的实践中，其目的并不明确。我国多部确立财产申报制度的文件均表明进行申报是为了加强对领导干部的管理、监督以及促进廉洁从政。这种模糊的目的使得我国财产申报定位一直不明确，管理也相对混乱。更为重要的一点是，财产申报与公开并未实现建立公众对公权力机关的信心与信任的目的。[2]以美国为例，美国最初确立财产申报公开制度是为了防止美国总统选举过程中出现腐败问题，在取得了一定成效后，美国开始对其进行推广，时至今日，财产申报制度在预防公职人员腐败方面取得了重大成效。在美国，公职人员属于道德素养较高的人群，但即便如此，单纯依靠自我约束来防腐防变显然是不太现实的。因此，财产申报和公开制度就理应发挥它的功效了，美国政府用法律的形式对于这一制度作出具体规定。《政府道德法》规定："达到申报条件的公职人员如果不按时提交个人的财产申报材料或者是虚假地提供了个人财产申报材料，司法长官可以对该公职人员提起民事方面的诉讼，法院有权因其违反财产申报规定的具体情形对该公职人员处以一万美元以下的罚款；如果涉及触犯刑法，该公职人员还有可能被判处一定期限的有期徒刑或者罚金。"面对这样的严刑峻罚，腐败的犯罪成本大大增加，令许多公职人员望而生畏。一旦触犯底线，之前的财产申报数据将置于监察机构和社会大众的双重监督下，从而迫使公职人员加强自我约束。

"目前，我国由于没有相关财产申报与公开制度出台，现有的规定仍然停留在党内法规层面，并未上升到法律层面，而党内法规的约束不同于正式的

---

〔1〕　唐云、唐辉："完善公职人员财产申报制度的路径研究"，载《知与行》2017年第8期。

〔2〕　任建明主编：《反腐败制度与创新》，中国方正出版社2012年版。

法律所确立的规则，虽然党内法规也具有一定的约束作用但是却属于一种软约束，处于非正式规则向正式规则的过渡阶段，而且这种约束形式对我国当前的腐败现象越来越显示出无能为力的状态。"〔1〕"行政法规肯定不能规范省委书记、市委书记，党内规范和纪律又不能约束民主党派和无党派人士，所以必须由全国人大立法。"〔2〕因此，要确保监察权力运行落到实处，财产申报和公开制度必须以法律的形式予以规定才能确保其稳定性和权威性。事实上，早在 20 世纪 80 年代末就有全国人大代表曾向全国人大正式提出过法律议案，希望我国能够制定专门的《财产申报法》；甚至到了 1994 年，全国人大常务委员会已经将《财产申报法》列进了当年的年度立法规划；全国人大代表韩德云从 2006 年至 2012 年连续 7 年在"两会"上提出"建议公务员财产申报立法"的议案，可见对财产申报及公开制度立法的呼声之高。〔3〕但是由于各种原因，迄今为止我国的公职人员财产申报依然处于无休止的争论当中。当然，国外的财产申报制度建设也大都经历了漫长而艰难的过程。美国从 20 世纪上半叶就开始对政治候选人探索性地试行财产申报制度，但直到 1978 年才开始实行官员财产申报制度，试验运行达半个世纪之久。"英国则早在 1883 年就通过《净化选举防止腐败法》，依据该法规定，如果官员个人财产与其正常收入之间存在差距，就必须作出解释和说明。"〔4〕"但直到 1974 年下议院通过的《行为规范》才对议员的利益登记制度作了明确规定，期间跨度达近百年。"〔5〕因此，我国的相关法律制定也必然要经历一段时间的考量，以期我国将来完善后的公职人员财产申报法律制度更具稳定性、权威性，以便在未来的实施过程中有法可依、有章可循。

二、政府采购制度

政府采购也叫公共采购，是以政府为主体，为满足社会公共需要运用公共资金，按照国家法律、法规及相关政策规定的程序和方式采购工程、货物

〔1〕 刘志勇：《中国官员财产申报制度研究》，中国社会科学院出版社 2013 年版。

〔2〕 覃旭："'官员财产申报制度'求法之路"，载《财经》2008 年第 6 期。

〔3〕 赵青："人大代表韩德云七年死磕官员财产申报公开"，载《中国青年报》2012 年 3 月 9 日。

〔4〕 徐华娟："英国财产申报制度的最初设立"，载《学习时报》2013 年 6 月 24 日。

〔5〕 张磊："英国利益登记与声明制度"，载中国社会科学院"政治发展比较研究"课题组编著：《国外公职人员财产申报与公示制度》，中国社会科学出版社 2013 年版。

和服务的行为。长期以来，政府采购领域一直是腐败的多发地带。新西兰学者波普曾评价到："一说到政府内部的腐败，大多数人会立刻想到围绕供货和服务合同——即术语中的采购（procurement）——而产生的行贿受贿行为……很少有活动比公共部门的采购可以造成更强烈的腐败动机或制造更多的腐败机会。"〔1〕无论是监察权力机关本身还是其他国家权力机关，政府采购都是获取物资的必要通道之一，因此，完善政府采购制度对监察权力运行有百利而无一害。

政府采购腐败所造成的后果，通常是采购者获得的商品和服务价值低于所支付的价格，继而造成公共财产的损失。没有从合同中收获等价的价值就意味着公共资源的浪费。我国在河北省、上海市、深圳市进行政府采购试点后，于 1999 年颁布了《政府采购暂行条例》，全面铺开政府采购工作，之后于 2003 年 1 月 1 日正式实施《政府采购法》（2014 年修正）。鉴于经济发展和社会进步带来的新情况，国务院于 2015 年 1 月 30 日发布了《政府采购法实施条例》（2015 年 3 月 1 日施行），完善和健全政府采购制度，并增强其制度的可操作性。〔2〕政府采购实施以来，成绩虽不可忽视，但也暴露了一些问题。

1. 政府采购制度还有待完善

一个健全的政府采购项目包括采购人的业务委托、采购方式审批、信息发布、采购人落实需求、编写招标文件、抽取专家、评标办法制定、招标投标、专家评审、履约验收、资金支付、项目验收等环节。这些环节环环相扣，若有一环出现问题就容易滋生腐败。例如："在采购形式上，政府采购分为集中采购和分散采购两种形式。"集中采购必须委托集中采购机构进行采购或者部门集中采购，可操作空间不大；但分散采购可采取自行采购或者委托采购代理机构代理采购等方式，此采购形式本意是为方便采购需求量少、价值低的物品，满足采购及时性和多样性的需求以及减少供应成本，但若是监管不严却可能增加采购人的可操作空间。如：故意将本应列入集中采购目录的货物截留，换成自行采购的分散采购形式。

---

〔1〕　[新西兰] 吉瑞米·波普：《制约腐败——建构国家廉政体系》，清华大学公共管理学院廉政研究室译，中国方正出版社 2003 年版。

〔2〕　罗凤梅："政府采购廉政风险点及防范对策"，载《法制与经济》2017 年第 9 期。

2. 政府采购信息易出现不对等

在采购方式上，《政府采购法》第26条规定了公开招标、邀请招标、竞争性谈判、单一来源、询价等五种采购方式，其中公开招标方式最能充分体现公开、透明、平等竞争的原则，因而成为政府采购的主要方式。[1]但《政府采购法》同时也授予因特殊情况需要采用招标以外的采购方式的权力，政府采购监督管理部门可以在上述五种方式之外批准其他采购方式。而这一审批权容易被不法分子利用，进行暗箱操作，让供应商获得中标机会，以各种理由（比如时间紧急，工程任务重、专业性很强等）把原本应该公开招标的项目作不公开处理。"有的甚至在已经选取采购方式后，仍被中途变更。采购方式的随意变通将产生廉政风险，滋生腐败。"[2]

为了避免在政府采购环节中出现腐败问题，同时也为了确保其中运行的监察权力本身不监守自盗，必须加强对其的监管。以北欧国家为例，一些国家解除了政府对企业的行政管制，减少了对经济的干预，让资源充分地市场化、私有化。这样一来，就从源头上断绝了钱权交易的可能性。同时，政府对于办公用品、市政建设、公共服务等，都实行集中采购、招标投标的制度。而就我国的监察部门而言，要对政府采购方式、采购程序、采购预算以及采购合同的执行情况进行监督，审查有无违规操作的现象，并对采购标书进行合法性、合理性审查；监察部门要对集中采购的采购价、节约资金效果、采购项目质量以及有无违法违纪行为等事项进行考核，并定期如实公布考核结果。

---

〔1〕《政府采购法》第26条："政府采购采用以下方式：（一）公开招标；（二）邀请招标；（三）竞争性谈判；（四）单一来源采购；（五）询价；（六）国务院政府采购监督管理部门认定的其他采购方式。公开招标应作为政府采购的主要采购方式。"

〔2〕宋河发、张思重："自主创新政府采购政策系统构建与发展研究"，载《科学学研究》2014年第11期。

第十一章
监察行为的司法审查[1]

　　权利的充分保障需要权力监督与司法救济的双轮驱动。当前，就我国监察体制改革背景下公职人员的权利保障而言，针对监察权的权力监督机制以及针对职务犯罪涉案人员的司法救济机制已经初步形成，而有关职务违法涉案人员的司法救济制度则尚付阙如，亟需建构。"相关理论障碍和实践障碍的消解说明，针对职务违法涉案人员的司法救济制度不仅必要，而且可行。"[2]而至于该项制度之应然面向，我国宜以现行行政诉讼制度为蓝本，通过在人民法院设立专门审判庭，并调适受理条件、受案范围、法律适用以及案件管辖等诉讼规则来统合谋设。

　　随着 2018 年《宪法修正案》以及《监察法》的通过，我国的国家监察体制改革有了《宪法》和成文法依据。而"尊重和保障人权是法治的精髓与真谛所在，也是法治现代性的根本体现"。[3]在赋予监察委员会"位高权重"之地位的同时，如何监督监察权并保障受监督对象的人权，也成为理论研究者和制度设计者关注的重点。[4]对此，《监察法》为针对监察机关的权力机关监督、内部监督和社会舆论监督以及职务犯罪涉案人员权利的保护提供了司法保障。其中，该法第 53 条是关于权力机关监督的规定，即"各级监察委员会应当接受本级人民代表大会及其常务委员会的监督"。第 9、49、55、60条对监察机关的内部监督作了规定，即地方各级监察委员会要对上一级监察委员会负责，并接受其监督；监察机关通过设立内部专门的监督机构等方式，

---

〔1〕　本章的核心观点发表在《学术论坛》2020 年第 2 期。

〔2〕　姚莉、秦文峰："国家监察体制改革语境下的若干刑诉法问题应和"，载《求索》2018 年第
4 期。

〔3〕　张文显："习近平法治思想研究（下）——习近平全面依法治国的核心观点"，载《法制与
社会发展》2016 年第 4 期。

〔4〕　马怀德："国家监察体制改革的重要意义和主要任务"，载《国家行政学院学报》2016 年第 6 期。

加强对监察人员执行职务和遵守法律情况的监督；监察对象在法定情形下可以向特定的监察机关申请复审、复核以及申诉、复查。第 54 条是关于社会舆论监督的规定，即"监察机关应当依法公开监察工作信息，接受民主监督、社会监督、舆论监督"。第 4 条和第 45 条对职务犯罪涉案人员权利的司法保障作了规定，即监察机关办理职务犯罪案件，应当与审判机关、检察机关互相配合，互相制约；对涉嫌职务犯罪的，监察机关应移送人民检察院依法审查、提起公诉。然而，从权利救济效果最大化的视角观之，这样的顶层设计是尚需完善的，其突出问题存在于职务违法监察行为的监督方面：过于偏重权力监督（包括权力机关监督、监察机关的内部监督以及社会舆论监督）在制约监察权以及保障监察对象人权方面的作用，而未能充分认识到权利救济机制，特别是司法救济的个案监督及人权保障功能。其具体表现有二：其一，制度设计侧重权力机关监督与内部监督而弱化司法救济。监察委员会对职务犯罪和职务违法都享有监察权，但按照《监察法》的制度安排，只有针对职务犯罪的监察行为有接受司法救济的可能性，针对职务违法的监察行为则被排除在司法救济的场域之外——职务违法监察行为的权利受损者只能通过权力机关监督和内部监督寻求保护，而不能诉诸司法机关。其二，制度设计偏重宏观监督而偏轻个案监督。人大及其常委会、上一级监察委员会以及社会舆论的地位与作用方式，决定了来自三者的监督主要是一种宏观上、总体上的监督，而非个案监督。但在实践中，个案监督的监督效果往往更好，也更能实现权利保障的价值诉求。鉴于此，有必要在对比评价权力监督和权利救济这两种权利保障进路的基础上，分别就职务违法监察行为的司法救济的必要性、可行性以及制度框架展开论述。

第一节　权利保障的两种不同进路

"世上一切法权是经由斗争而获得的，每一项既存的法律规则（Rechtssatz）必定只是从对抗它的人手中夺取的。每一项权利，无论是民族的还是个人的，都以坚持不懈地准备去自我主张为前提。"[1]由此可见，公民权利形成和存续的整个过程都是与权利冲突、权利侵犯这些活动相伴相生的。侵犯公民权利

---

〔1〕〔德〕耶林：《为权利而斗争》，郑永流译，商务印书馆 2016 年版，第 2 页。

的活动既可能源自其他私权利主体，也可能源自公权力主体。当侵权方是公权力主体时，如何避免权利侵犯活动的发生，实现权利的事前保障，或者恢复已经受到侵犯的权利，实现权利的事后救济，一直以来都是现代法治国家建设的题中之义和应然追求。纵观各国法治实践，就保障公民权利免受公权力主体侵犯的路径而言，大致分为两种：一则，通过权力监督保障公民权利；二则，通过权利救济保障公民权利。在权利保障的效果上，两种路径各有优劣，二者只能互相补强，而不能互相替代。

一、通过权力监督保障权利

权力监督是保障公民权利的重要一环。通过权力监督实现权利保障有其独特形式，也有其特定效果。我们不能只重视其对于公权力的制约效果而忽视其对于公民权利的保障效果；也不能将其权利保障的效果无限放大，进而以其取代其他形式的权利保障机制。

（一）通过权力监督保障权利之法理

公权力是必要的恶。在大政府时代，一旦制度的"笼子"没有扎紧，其即有可能沦为侵害权利的最大的恶。正如孟德斯鸠所言："一切有权力的人都容易滥用权力，这是亘古不易的一条经验……有权力的人们使用权力一直到遇有界限的地方才休止……要防止滥用权力，就必须以权力制约权力。"[1]由此，对权力进行监督制约不仅是现代各国宪法的基本原则，也是保障公民权利行之有效的做法。为了对权力进行监督制约，除了用权力制约权力外，比较通行的做法还有如下几种：第一，在法律上对权力的界限进行明晰，使其在安全的范围内运行；第二，将权力置于社会舆论监督之下，用阳光这味最强的"防腐剂"防止公权力腐败变质；第三，用权利制约权力，即把权力分散为权利，使权力最大限度地权利化。[2]

（二）通过权力监督保障权利之形式

作为一项重要的宪法原则，权力监督原则同样已为我国《宪法》所明确。根据《宪法》第 3、41、77、110、125、127、132、137、140 条之规定，我国宪制中通过权力监督保障权利的形式有四：第一，人民监督或公民监督，

---

〔1〕 ［法］孟德斯鸠：《论法的精神》（上册），张雁深译，商务印书馆 1982 年版，第 154 页。
〔2〕 张文显：《权利与人权》，法律出版社 2011 年版，第 86~87 页。

即人民享有的对人民代表大会、国家机关及其工作人员的监督权；第二，权力机关监督，即人民代表大会享有的对行政机关、审判机关等其他国家机关的监督权；第三，监察、司法、公安等机关之间的监督，即监察机关办理职务违法和职务犯罪案件时与审判机关、检察机关、执法部门的互相配合、互相制约，以及法院、检察院和公安机关办理刑事案件时的分工负责、互相配合、互相制约；第四，内部监督，即行政机关、监察机关、司法机关等国家机关在本系统内所实行的监督和制约。

（三）通过权力监督保障权利之特质

权力监督原则的法律地位决定了通过这一形式所实现的权利保障具有其独特性：其一，权利保障的附带性。权力监督所追求的首要目标是让公权机关依法行使权力，权利保障之效果只是在这一过程中附带产生的；其二，权利保障的整体性。权力监督关照的主要是权力行使及权利保障的总体状况，一般不对个案进行监督保护；其三，权利保障的事前性。通过权力监督实现的权力良性运转可以降低权利被侵害的风险，进而达到权利事前保障的效果。而至于权利的事后救济，权力监督则往往力有不逮。

二、通过权利救济保障权利

"权利救济是保障公民权利的另外一种机制。通过权利救济实现的权利保障具有直接性、个案性、事后性等特点。"[1]这些特点决定了其在权利保障上的作用不可替代。

（一）通过权利救济保障权利之法理

作为对已经受到损害的权利的一种补救，权利救济制度对于公民权利的保障效果最为直接也最为有效。正如学者翁岳生所言："依据有权利，即有救济（Ubi ius ibi remedium）之法理，凡权利受侵害时，应有法律救济方法，乃为权利之本质。"[2]除却对于权利受侵害者的权利恢复作用，权利救济制度还属于国家尊重和保障人权的制度化方式，具有重要的宪制意义。

（二）通过权利救济保障权利之形式

从世界各国和地区的法治实践来看，针对公权力所生之侵害而设计的权

---

〔1〕 解志勇、闫映全："反向行政诉讼：全域性控权与实质性解决争议的新思路"，载《比较法研究》2018 年第 3 期。

〔2〕 转引自陈清秀：《行政诉讼法》，元照出版公司 2012 年版，第 4 页。

利救济机制是多样的。其中最具代表性的包括诉讼、声明异议、申诉、控告、检举、行政复议、请愿等多种途径。纪检监察信访举报工作，也被称为信访举报，是反腐倡廉的基础性工作，是纪检监察机关的第一道门槛，是联系群众的桥梁和纽带，必将为反腐败斗争提供有力保障。纪检监察信访举报是指纪检监察机关通过接收群众书信、电子邮件、传真、电话以及接待来访等方式和渠道，对监察对象违法违纪行为的检举控告及其申诉进行受理，并按照相关职能和规定的程序对信访举报进行处理解决的工作。在这一过程中，纪检监察机关通过受理信访举报来启动整个工作程序。就我国而言，已为宪法、法律所确认的权利救济机制主要是诉讼、申诉、控告、检举、行政复议几项。[1]纵观前述我国权利救济机制，其大致可分为如下两类：第一，司法救济。即通过刑事诉讼和行政诉讼制度实现的权利救济；第二，非司法救济。即通过行政申诉、行政复议、行政信访以及其他申诉、控告、检举制度实现的权利救济。

（三）通过权利救济保障权利之特质

通过权利救济保障权利之特质表现有三：其一，权利保障的直接性。保障权利是权利救济制度的首要目的，其针对受损害权利的恢复效果更加直接和有效；其二，权利保障的个案性。权利救济程序多是在权利受侵害方申请时才得以启动的，其程序运行解决的就是申请主体权利保障的个案问题；其三，权利保障的事后性。权利救济属于事后的权利保障制度，一般只有在权利已经受到侵害之后，才会启动权利救济程序。

三、两种权利保障进路的交互作用

权力监督与权利救济都有其存在的内在理据、多样的实践形式以及独特的制度特质。在权利保障功能的发挥上，二者既各有侧重，又相互交叉。只有统合两者关系，采取互相补强而非互斥的制度建构立场，才能实现权利保障的最优化。

（一）两种权利保障进路的功能各有侧重

权力监督和权利救济在权利保障上所呈现出来的不同特点决定了二者的功能是各有侧重的。其中，权力监督型权利保障模式重在监督公权力运行，

---

〔1〕 姜明安：“行政诉讼功能和作用的再审视”，载《求是学刊》2011 年第 1 期。

防止公共利益遭受侵害，其对公民权利的保障只是一种附带的结果。因此，其更偏重公民权利的总体保障、间接保障以及事前保障。"而权利救济型权利保障模式的制度设置目的就在于恢复受损抑之权利，实现公民权利的个案救济。"[1]因此，其更侧重公民权利的个体保障、直接保障和事后保障。功能的侧重性说明两者的权利保障功能不是无边界的，相反，两者都有其功能发挥的最优场域。试图让两者互相替代的制度设计只能取得事倍功半之效果。

（二）两种权利保障进路的功能存在交叉

权力监督型权利保障模式和权利救济型权利保障模式在功能发挥上虽各有侧重，但亦存在相互交叉之场域。比如，在对公权力进行监督的过程中，如果发现有侵犯公民权利之现象，就会引发权利救济的效果。再比如，在对公民权利进行救济时，如果发现有公权力滥用之现象，也会引发权力的个案监督效果。在此，值得注意的是，两者功能交叉的存在形式是不同的，其中通过权利救济保障权利时，一定能引发权力监督之效果；反之，通过权力监督保障权利时，则不一定会有权利救济效果的发生。[2]此外，在承认两者功能的交叉性时，必须注意两者功能的侧重性才是第一位的。[3]

（三）两种权利保障进路的功能互契互济

权力监督型权利保障模式和权利救济型权利保障模式在功能发挥上的侧重性和交叉性决定了唯有把两者结合起来，才能取得权利保障的最佳效果。具体而言，唯有两者结合使用，才能实现权利的事前保障和事后保障全程覆盖，权利的整体保障和个案保障互相补充，权利的直接保障和间接保障协同运作，从而在权利保障的广度、深度和强度上消除盲区、弥补空白、不留死角。

---

〔1〕 乔亚南："政府职能转移：承接组织权利救济及行政契约争议解决"，载《苏州大学学报（哲学社会科学版）》2018年第2期。

〔2〕 姜明安："行政诉讼功能和作用的再审视"，载《求是学刊》2011年第1期。

〔3〕 对此，我国行政诉讼制度就是最好的注解。根据《行政诉讼法》第1条之规定，我国行政诉讼制度具有纠纷调解、权利救济以及权力监督这三重功能。有学者认为，这三个功能不可等量齐观，其中，纠纷调解是行政诉讼的首要功能，监督公权是行政诉讼的重要功能，而权利救济则是行政诉讼最基本的功能。姜明安："行政诉讼功能和作用的再审视"，载《求是学刊》2011年第1期。也有学者指出，监督功能并不是行政诉讼的本质功能，监督功能只是建立在本质功能基础之上的一种目的功能。行政诉讼的本质功能是解决纠纷和保护合法权益。彭涛："论行政诉讼的功能"，载《法律科学（西北政法大学学报）》2010年第4期。

第二节　针对职务违法监察行为的司法救济何以必须

如上所述，权利保障的实现途径有二，且二者功能各有侧重，互相交叉、互为补充。只有统合好二者关系方能实现权利保障的最佳效果。而对于监察体制改革下监察对象的权利保障而言，构设权利救济机制是否必须、权利救济诸种机制中何者效果最优以及该种机制功能发挥的最佳场域等问题，仍需分步论证。

一、监察委员会位高权重之定位与权利救济机制构设之必要

位高权重是监察委员会的显著特征。这样的制度定位既为其监督职能的履行奠定了基础，也使其极有可能侵犯公职人员的合法权利。为此，谋设相关的权利救济制度以保障公职人员的合法权益就成为必须。

（一）监察委员会之位高

根据《监察法》"国家监察委员会由全国人民代表大会产生""地方各级监察委员会由本级人民代表大会产生"之规定，监察委员会将取得与一府两院同等的法律地位和政治地位，我国的国家权力结构也将因此由"四权分隶"发展成为"五权分隶"。[1]加之根据党的十九届三中全会通过的《中共中央关于深化党和国家机构改革的决定》有关"组建国家、省、市、县监察委员会，同党的纪律检查机关合署办公"的规定以及在试点工作中，由纪委书记兼任监察委员会主任之实践，监察委员会在我国权力架构中的实际地位很可能将高于本级法院和检察院。[2]比如，有地方在试点中明确要求法院在对监察委员会所办案件进行非法证据排除时，要谨慎处理，并向监察委员会汇报。[3]

（二）监察委员会之权重

根据《监察法》的顶层制度设计，监察委员会将统一行使人民政府的监察部门、预防腐败部门及人民检察院查处贪污贿赂、失职渎职以及预防职务

---

〔1〕　江国华："国家监察体制改革的逻辑与取向"，载《学术论坛》2017年第3期。

〔2〕　童之伟："对监察委员会自身的监督制约何以强化"，载《法学评论》2017年第1期。

〔3〕　"山西运城中院：监察委所办案件非法证据的排除要谨慎、要报告"，载 http://www.thepaper.cn/baidu.jsp? contid＝1742416，访问日期：2017年9月20日。

犯罪等部门的相关职能；监察委员会对本地区所有行使公权力的公职人员依法实施监察，履行监督、调查、处置三项职责，可采取谈话、讯问乃至技术调查、通缉等措施。据此，监察委员会将获得集党纪监督、行政监督及法律监督于一体的综合性、混合性的权力。[1]在诸项权力中，监察委员会的处置权最应受到关注。基于该权力，监察委员会可根据涉案人员违法犯罪情况作出政务处分决定、进行问责、移送人民检察院提起公诉以及提出监察建议。尤其是基于政务处分决定权，监察委员会可以直接对有职务违法行为的公职人员课以警告、降级、开除公职等政务处分。如果该公职人员同时属于中共党员，则与监察委员会合署办公的纪委有权对其课以警告、撤职、开除党籍等党纪处分。[2]与这种做法不同的是，在实行类似制度的国家和地区，监察机构的处置权是受限的，或者是不具备的。比如：国外的议会行政监察专员往往没有直接处罚或处分的权力。[3]

（三）构设权利救济型权利保障机制之必要

正如英国阿克顿勋爵所言："权力导致腐败，绝对权力导致绝对腐败。"如果缺少强有力的监督制约机制，位高权重的监察委员会也将出现权力滥用的风险。遑论人类的理性是有限的，即使监察委员会不存在权力滥用之情形，因客观条件所限，也有侵害权利之可能。可见，被监察者的权利是处于高度危险之中的。而要防止监察委员会权力之滥用，保障被监察者的合法权益，就必须综合运用前文所述的通过权力监督保障权利以及通过权利救济保障权利这两种方式。鉴于当前针对监察委员会的权力监督机制已经确立而相关权利救济制度尚未健全之现状，构设科学完备的权利救济制度就成为理论之必然和实践之所需。借助权利救济制度，不仅可以恢复已为监察委员会侵害之权利、弥补权力监督型权利保障制度的缺漏，还可以发挥其对于监察委员会的个案监督效果，拓展和补强权力机关监督及内部监督的监督广度和监督深度。

---

〔1〕 韩大元："论国家监察体制改革中的若干宪法问题"，载《法学评论》2017年第3期。

〔2〕 如试点地区山西晋城的纪委监察委就曾对该市交通运输局原党组书记、局长李某山作出了开除党籍、开除公职处分。晋城市纪委："晋城市交通运输局原党组书记、局长李玉山被'双开'"，载 http://www.sxdi.gov.cn/gzdt/jlsc/2017082213392.html，访问日期：2017年9月20日。

〔3〕 李景平、赵亮、于一丁："中外行政监察制度比较及其启示"，载《西安交通大学学报（社会科学版）》2008年第4期；Lucinda Maer, Michael Everett. The Parliamentary Ombudsman: role and proposals for reformR. Commons Briefing Papers, CBP-7496, 16March 2016.

二、司法救济何以优于非司法救济

权利救济制度包含的制度类型非常广泛，既有司法救济，又有非司法救济。不同救济制度的内在特质不同，功能发挥的最佳场域也有所差异。因此，在明晰了权利救济制度之于权力监督以及权利保障之必要性的基础上，需要我们进一步厘定的是，对于监察对象的权利保障而言，究竟何种权利救济制度是最优的。笔者认为，司法救济要优于非司法救济，我国应构建以司法救济为主体的监察对象权利救济制度体系。其具体理由如下：

（一）司法的价值定位和自身特质决定了其优秀的权利救济者角色

就司法的价值定位而言，公平正义是司法的核心追求。这一价值定位决定了司法将是权利保障最为重要的一环。因为"权利"其实就是"正义"。[1]"公正是司法的灵魂和生命，而所谓公正司法，就是让受到侵害的权利一定会得到保护和救济。"[2]就司法的自身特质而言，司法之治的本质即法治。[3]相较于其他权利救济方式，通过司法进行的权利救济在审理依据、运行程序、裁判结果等方面都更能体现法治之精神，更加符合法治思维和法治方式之要求。而法治思维和法治方式的核心就是人权思维和人权保护。

（二）司法救济可以产生更好的权力监督效果

制约公权力是现代司法的重要功能。具体到监察委员会的权力制约问题，"与其他权利救济形式的监督效果相比，通过司法救济实现的个案监督更加有效和有力"。[4]其内在机理有三：第一，主体地位的独立性。司法救济的处理主体是独立于行政机关以及监察委员会的人民法院和人民检察院。而非司法救济的处理主体多为行政机关和监察委员会自身。主体地位的独立性决定了司法救济的监督更加有力。第二，适用规则的规范性。以法律为依据，以事实为准绳是法院裁判案件的基本原则。而行政机关和监察委员会主持下的权利救济除了适用法律外，还要适用大量的内部自定规则。适用规则的规范性决定了司法救济的监督更加公允。第三，监督结果的公开性。司法公开也是

---

〔1〕　李念祖：《司法者的宪法（二）》，元照出版公司2013年版，第1页。

〔2〕　张文显：《司法的实践理性》，法律出版社2016年版，第3页。

〔3〕　江国华：《常识与理性：走向实践主义的司法哲学》，生活·读书·新知三联书店2017年版，第153~154页。

〔4〕　龙宗智："监察与司法协调衔接的法规范分析"，载《政治与法律》2018年第1期。

法院裁判案件的基本原则，亦即非因法定例外情形，司法救济的过程和结果都是向社会公开的。而非司法救济多为内部处理，影响范围有限。监督结果的公开性决定了司法救济的监督更加有效。

（三）非司法救济的功能发挥受到限制

《公务员法》第 90 条以及《行政监察法》（已失效）第 38、40 条针对公职人员的人事处理决定确立了二级申诉制。在二级申诉制外，《公务员法》第 93 条还赋予了公职人员向行政监察机关提出控告的权利。据此，在监察体制改革之前，为寻求权利救济，公职人员可以向相关机关提出申诉、申请复审、复核及提起控告。虽然根据《监察法》第 49 条之规定，"监察对象对监察机关作出的涉及本人的处理决定不服的，可以……向作出决定的监察机关申请复审，……监察对象对复审决定仍不服的，可以……向上一级监察机关申请复核"；同时根据该法第 60 条之规定，被调查人及其近亲属对于监察机关及其工作人员的特定行为，可以向作出该行为的监察机关申诉，申诉人对处理决定不服的，可以向上一级监察机关申请复查。但是，与《公务员法》规定的"公务员可不经人事处理决定作出机关复核，直接向上一级机关提出申诉"的规定相比，《监察法》所规定的复审、复核以及申诉、复查程序都是必须先经由原监察机关处理，对处理结果不服的，才可以向上一级机关提出处理申请。程序权利影响实体权利——这种程序选择机制上的限制亦将让监察对象的实体权利有被限缩之虞。除此之外，行政监察停摆后，《公务员法》所规定的公职人员控告权的行使方式等问题亦未在改革中获得明确。[1] 在此情势下，充分发挥司法救济制度之功能，弥补因非司法救济制度的缺位或者功能受限而出现的监察对象权利保护的空白，就显得尤为迫切。

三、职务违法监察行为不能成为司法救济之盲区

根据《监察法》之规定，监察委员会对涉嫌职务犯罪的监察对象，要移送检察机关依法审查、提起公诉。而依据《宪法》第 127 条以及《监察法》第 4 条所蕴含的"监察机关办理职务违法和职务犯罪案件，应当与审判机关、检察机关执法部门互相配合，互相制约"之法理，以及依据《刑事诉讼法》

---

[1] 徐法寅："机构合并和平台协调——监察体制改革中监督力量的整合路径"，载《河南社会科学》2018 年第 7 期。

有关被告人和犯罪嫌疑人权利保护之规定，当监察对象涉嫌职务犯罪并被移送给司法机关处理后，即将激活相关司法救济制度。由此，下文所要论证的是仍处于司法救济盲区的职务违法监察行为司法救济的必要性问题。

（一）职务违法监察行为也有侵害公民基本权利之危险

传统观点认为，"职务犯罪涉案人员因要受到刑罚制裁，被课以拘役、管制、徒刑乃至死刑等刑罚措施，所以在整个刑事诉讼中都应强调对其进行人权保障"。[1]而职务违法涉案人员因仅被课以警告、记过、记大过、降级、撤职、开除等处分，不会对其基本权利造成危害，所以通过司法救济保障其权利的必要性较小。事实上，"根据现代法治观念，任何合法权益都是值得保障的，而无论其大小"。[2]况且，根据《监察法》之规定，监察委员会既可对职务违法涉案人员的财产和人身自由采取强制措施，也可以对职务违法涉案人员直接作出降级、撤职、开除公职等处分。与普通公民不同，一旦对公职人员作出了严厉的处分决定，就可能意味着对其职业生涯宣告了"死刑"。换言之，职务违法监察行为及其相关决定会因涉及人身权、财产权等权益而对职务违法涉案人员作为公民所享有的必不可少的基础权利造成侵害。为此，应将职务违法涉案人员与职务犯罪涉案人员的权利保障放到同等位置看待，并以相同或者相近的力度予以保护。亦即，对职务违法涉案人员与职务犯罪涉案人员的人权的司法保障都是不可或缺的。

（二）职务违法监察行为涉及的监察对象更广，影响更巨

职务违法的门槛远低于职务犯罪，而且两者属于包含与被包含的关系，因此现实中职务违法的人数远远超过职务犯罪的人数。比如根据山西省纪委监委的一份评估报告，2017年4月至6月，山西省市、县两级监委共立案2898件，处分2638人，移送司法机关50人。[3]可见，虽然职务犯罪涉案人员被课以的刑罚更加严厉，但从所影响对象的数量以及影响范围来看，职务违法监察行为的覆盖面和打击面明显要大得多。相应的，因职务违法监察行

---

〔1〕　白冬："论刑事诉讼人权保障目标模式要素之理性"，载《贵州民族大学学报（哲学社会科学版）》2017年第6期。

〔2〕　李乐霞、解超："社会主义法治：意蕴、困境及出路"，载《克拉玛依学刊》2017年第6期。

〔3〕　山西省纪委监委："山西：对市县监察体制改革试点工作进行评估"，载 http://www.ccdi.gov.cn/yw/ 201708/t20170825_ 105370. html，访问日期：2017年9月21日。

为而可能遭受权利侵害的对象也将更多。从这一点来看，针对职务违法监察行为的司法救济同样是必不可少的。

第三节　障碍消解：针对职务违法监察行为的司法救济何以可行

从应然层面来看，构建职务违法监察行为的司法救济制度是强化被监察者权利保障的必然要求。而为了让司法救济制度从应然走向实然，还需对该制度的可行性作出论证。根据《公务员法》第 90、93 条之规定，公务员对于奖惩、任免等涉及本人权利义务的人事处理决定不服的，只能通过申诉和控告的方式予以救济，而不能求助于司法救济。制度初创时，之所以作出这样的限制，是因为司法救济的运行存在理论和实践两个层面的障碍。[1]随着国家法治的进步以及监察体制改革的推进，笔者认为无论是理论上的障碍还是实践上的障碍都已被消解，针对职务违法涉案人员司法救济的制度基础也因之确立。

一、理论障碍及其消解

就理论障碍而言，我国公务员的人事处理决定之所以被排除在司法救济受案范围之外，主要是受"内部行政行为"理论的影响。[2]根据"内部行政行为"理论，公务员与行政机关之间所形成的是公法上的勤务关系，属于一种特别权力关系。基于这种特别权力关系，公务员不服行政机关的命令时，不得以行政诉讼或司法审查等为救济手段。然而随着法治进步，"内部行政行为"理论的根基正在被逐渐消解。其原因有如下两点：

---

〔1〕　关于为何《行政诉讼法》第 13 条第 3 项将行政机关对行政机关工作人员的奖惩、任免等决定排除在受案范围之外，立法者和学者都给出了解释。其中立法者的解释是：这样的制度设计是为了保障行政机关得以有效地行使职权。王汉斌：《关于〈中华人民共和国行政诉讼法（草案）〉的说明》1989 年 3 月 28 日第七届全国人民代表大会第二次会议；学者们给出的解释有二：一是我国的行政诉讼还处于起步阶段，经验不足，不具备相关条件。二是前述行为属于行政机关的内部行政行为，属于机关自身建设问题。姜明安主编：《行政法与行政诉讼法》，北京大学出版社、高等教育出版社 2015 年版，第 423~424 页。

〔2〕　胡建淼："'特别权力关系'理论与中国的行政立法——以《行政诉讼法》《国家公务员法》为例"，载《中国法学》2005 年第 5 期。

（一）作为"内部行政行为"理论之渊源的"特别权力关系"理论的衰落

"特别权力关系"理论滥觞于 19 世纪的德国，后影响范围扩至日本等国家和地区。德国学者波尔·拉贝德（Paul Laband）建立了该理论的雏形，后由德国另一位学者奥托·迈耶（Otto Mayer）将其发展成为完整的理论体系。根据这些学者的论述，所谓特别权力关系，系基于特别的法律原因，为达成公法上的特定目的，于必要范围内，一方取得概括的支配他方的权能，他方对之负有服从之义务的一种特别权利义务关系。[1]特别权力关系强调当事人关系的不平等性：一则，排除法律保留原则，权力主体可以根据内部规则限制相对人的权利；二则，相对人义务的不确定性；三则，权力主体对相对人的惩戒权；四则，特别权力关系不适用权利保护原则，排除司法救济手段之适用。[2]二战后，随着法治思想进步以及"司法国"理论的兴起，"特别权力关系"理论受到德国学者乌勒（C. H. Ule）提出的"基础关系"与"管理关系"的理论以及德国联邦宪法法院确立的"重要性理论"的挑战。经过后续这些理论的修正，"特别权力关系"理论在德国的适用范围大为缩减，行政组织的公务员由此获得了提起司法救济的权利。不止于德国，在日本，该理论的命运也大致相同。在此背景下，我国也应顺应国际潮流，及时检讨"特别权力关系"理论之不足，将司法救济引入公职人员的权利保障之中。

（二）监察处分不是内部行政行为

所谓内部行政行为是指行政主体基于隶属关系对其系统内部的组织、人员和财物所作出的一种内部管理行为。[3]公职人员与行政机关的一体性是内部行政行为质的规定。正因为这种一体性，公职人员与行政机关之间公法上的勤务关系才得以形成，也才有适用"内部行政行为"理论的基础。而随着国家监察体制改革的推进，以往由行政机关内部的行政监察部门实施的"同体监督"，演变成由监察委员会实施的"异体监督"。[4]此时，监察委员会作出的监察行为因为缺少这种一体性而无法再适用"内部行政行为"理论。事实上，与监察委员会和行政机关公务员的关系类似，国有企业的管理人员、公办事业单位的管理人员等其他监察对象和监察委员会也无隶属关系。因此，

---

〔1〕 陈清秀：《行政诉讼法》，元照出版公司 2012 年版，第 141 页。

〔2〕 陈敏：《行政法总论》，三民书局 1998 年版，第 186~187 页。

〔3〕 江国华编著：《中国行政法（总论）》，武汉大学出版社 2012 年版，第 190 页。

〔4〕 李永忠："监察体制改革与国家治理现代化"，载《中国经济报告》2018 年第 5 期。

其也将同样无法适用"内部行政行为"理论。而"内部行政行为"理论是排除司法救济之适用的理论基础。[1]一旦监察委员会与监察对象之间缺少这一理论的支持，则限制司法救济适用的理由也将不再成立。

二、实践障碍及其消解

就实践障碍而言，通说认为，我国公务员的人事处理决定之所以被排除在司法救济受案范围之外，主要是因为在行政诉讼制度刚刚起步时，法院经验不足，无法应付行政机关内部较为专业的人事管理问题。除此之外，笔者认为司法机关与监察委员会的权力秩序以及党内执纪与国法处分的复杂关系也是阻碍该制度构建的重要原因。对于这三个实践障碍的消解问题，笔者分述如下：

（一）诉讼经验的累积促进办案能力的提升

司法改革的推进，使得法院具备了审理职务违法监察行为案件的能力。当初，"将公务员人事处理决定排除在行政诉讼受案范围之外的一个实践考量是，刚刚起步的行政诉讼制度经验仍然不足，难以应对行政机关内部较为专业的人事处理问题"。[2]此时让司法权盲目地介入，不仅不能帮忙，还有可能会给行政机关添乱，影响行政机关权力的有效行使。而时至今日，我国的行政诉讼制度已经运行了29年，期间我国司法机关积累了丰富的办案经验。随着办案队伍的成熟，经验的提升，制定《行政诉讼法》时被排除在受案范围之外的一些行为也已置于司法审查之下。比如2014年在对《行政诉讼法》进行修改时，就将以往被排除在外的行政合同行为纳入了受案范围，甚至行政机关制定的规范性文件也可通过附带审查的方式接受司法审查。此外，除了因实践经验积累而获得的办案能力的提升外，当前正在推行的司法改革所带来的司法理念的转变以及司法能力的跃升也为法院审查人事行政处理决定提供了可能。在这一背景下，通过司法手段尤其是诉讼方式来解决社会纠纷已成为最主要、也最有效的手段和方法。

---

〔1〕 卢政峰："内部行政程序及其法治化建构研究"，载《辽宁大学学报（哲学社会科学版）》2018年第3期。

〔2〕 丁国民、吴菁敏："论内部行政行为的可诉性——以人事性质内部行政行为为视角"，载《东北农业大学学报（社会科学版）》2018年第1期。

（二）监察委员会在权力架构中的强势地位不是阻却司法救济的理由

如前文所述，由于监察委员会与同级纪律检查委员会合署办公，监察委员会主任由同级纪委书记兼任，具有位高权重的显著特征。因此，在现实的权力秩序中，监察委员会的地位可能会略高于同级司法机关。这就引发一个非常现实的悖论——既然监察委员会的现实地位高于司法机关，且对包括司法机关工作人员在内的所有公职人员行使监督权，那么司法机关对于监察委员会职务违法监察行为的监督审查权是否还有存在的基础？笔者认为，即使存在权力秩序上的现实难题，司法机关依然可以有效地审查监察委员会作出的职务违法监察行为。理由有四：其一，基于我国的宪制架构，构设职务违法监察行为的司法救济制度具有宪制上的可行性。根据《宪法》及《监察法》之规定，监察委员会与司法机关同由本级人民代表大会产生，都向本级人民代表大会及其常务委员会负责，并接受其监督。由此，在国家权力架构上，监察委员会与司法机关属于平等关系。虽然监察委员会对包括司法机关组成人员在内的所有行使公权力的公职人员实施监察，但根据《监察法》第3条和第15条之规定，这是一种对人员的监察而非对机关的监察。[1]而根据我国人民代表大会制度的基本逻辑，在所有国家机关中，权力机关不受其他国家机关监督。监察委员会不属于权力机关，不能排斥来自司法机关对于其行为的监督，其对司法机关又无监督权，不存在"儿子"管"老子"的悖论。因此，司法机关通过个案裁判对监察委员会的行为进行监督并不违背我国的人民代表大会制度，也不存在宪法障碍；其二，依据监察法互相配合、互相制约之原则，构设职务违法监察行为的司法救济制度拥有制度空间。《宪法》第127条和《监察法》第4条都规定，"监察机关办理职务违法和职务犯罪案件，应当与审判机关、检察机关、执法部门互相配合，互相制约"。这就意味着，《宪法》和《监察法》为司法机关审查监察机关的职务违法监察行为留下了制度空间，通过后续配套立法的方式，即可激活该项原则；其三，

---

[1] 《中华人民共和国监察法（草案）》向社会公布后，很多人对于监察委员会的监督对象是否包括其他国家机关产生了疑问。因为如果其既包括行使公权力的公职人员，又包括其他国家机关，那么就会产生这样的疑问：监察委员会由人民代表大会产生，对人大负责并接受监督，为何又能将人大机关纳入监察范围？甚至有人觉得，这不是"儿子"管"老子"吗？对此，《中国纪检监察报》发文指出，之所以出现如此疑问，原因是人们没有理解监察法中所明确的监察范围和对象。监察委员会的监察对象是"人"而不是"机关"。"监察的是'人'而不是'机关'"，载《中国纪检监察报》2017年11月13日。

类比司法机关对于职务犯罪监察活动的审查裁判，构设职务违法监察行为的司法救济制度具备现实基础。调查职务违法和职务犯罪并作出处置是监察委员会的核心职责。根据《监察法》第45条之规定，对涉嫌职务犯罪的，监察机关应依法移送检察院审查、提起公诉。而依据《刑事诉讼法》有关被告人和犯罪嫌疑人权利保护之规定，当监察对象涉嫌职务犯罪并被移送给司法机关处理后，即激活相关司法救济制度。由此可见，对于职务犯罪监察行为而言，并没有因为监察机关在现实权力秩序中的强势地位而阻碍相关司法救济制度的确立。与此同理，对于是否应该确立针对职务违法监察行为的司法救济这一问题的判断，亦不能将现实中的权力关系作为依据；其四，可借鉴行政诉讼制度的发展历史，构设职务违法监察行为的司法救济制度。我国行政诉讼制度确立之初，因为行政机关法治观念比较薄弱，以及一直以来行政机关相较法院的强势地位，行政机关及其工作人员对于行政诉讼制度多持一种否定的态度。有的官员认为："我们办的案子，还要法院认可，这是全国人大吃了饭没事干想出来的。"[1]由此可见，行政诉讼制度确立之初同样面临着"弱者"监督"强者"的诘难。而从该制度的运行效果来看，虽然仍面临着司法地方化等这样那样的问题，但不可否认的是，该制度在监督行政机关依法行政、保护相对人合法权益等方面发挥了重要作用。而且，随着司法改革的推进，这一作用将越来越大。为此，以行政诉讼制度的发展历程为参考样本，我们亦不能得出针对监察委员会职务违法监察行为的司法救济制度会因监察委员会的强势地位而无法确立的结论。综上所述，虽然在当前构设针对职务违法监察行为的司法救济制度会面临着权力架构上的障碍，但法律规范和制度实践告诉我们，这些障碍并未完全消解司法救济制度得以存在的基础。如果后续配套改革和立法能够及时跟进，拟构建的司法救济制度将前景可期，大有可为。

（三）党内执纪与国法处分关系的协调化

随着党内法规制度的发展，党纪与国法的关系更加协调，法院在审查国法处分时，其裁判结果与党纪评价严重抵触的情况将鲜有发生。党内法规和国家法律是作为中共党员的公职人员的双重约束，一旦其有滥用公权力之行为，则既会受到党内纪律之处分，又要受到国家法律之制裁。既然属于两套

---

〔1〕 江必新、梁凤云：《行政诉讼法理论与实务》，北京大学出版社2009年版，第107页。

规范体系，党内法规与国家法律之间存在冲突就属于正常现象。这种冲突既有可能是因为党内法规严于国家法律、广于国家法律的内在属性所致，也有可能是因为极个别党内法规本身就是与国家法律相违背的。[1]而随着十八届四中全会将党内法规体系与法律规范体系共同纳入中国特色社会主义法治体系，"注重党内法规同国家法律的衔接和协调"命题的提出，[2]党内法规违反国家法之处得到有效修正。比如2015年修订发布的《中国共产党纪律处分条例》即在如下两个方面提高了自身与国家法律的协调程度：一则，在效力范围上，"党纪新条例"将其适用范围限定在党内，删除了旧条例中有关"国家工作人员"的规定，对宪法和法律的效力边界予以尊重；二则，在义务设定上，"党纪新条例"对党员的要求虽然严格，但未违反宪法和法律的基本原则。[3]由此，虽然党纪仍然严于并宽于国法，但总体上，两者对于党员行为的评价是一致的。司法机关在对监察委员会作出的国法处分进行审查时，就不用再担心因为国法和党纪本身相抵触而出现的评价相左的问题——对同一主体的两种评价标准如果严重相左，法院在审查基于国法作出的处分时，就有可能出现法院的裁判结果与党纪相抵触的情况。虽然法院裁判案件不依据党纪，但若是因为法院的裁判而让党纪与国法相冲突的地方凸显出来，这将是制度设计者不愿见到的结果。

第四节　制度选择：针对职务违法监察行为司法救济之应然面向

任何司法救济都需要依靠特定的诉讼制度，经由特定的审判机构，适用特定的诉讼规则来实现。就职务违法监察行为的司法救济而言，同样面临着诉讼制度的适用、审判机构的选择以及诉讼规则的确立这三个问题。只有将上述这些问题解决好，才能避免出现司法机关在提供权利保障上的不敢为、不能为和不愿为等问题。

---

〔1〕　李天昊："党内法规与国家法的冲突与协调"，载《岭南学刊》2017年第2期。
〔2〕　秦前红、苏绍龙："论党内法规与国家法律的协调衔接"，载《人民论坛》2016年第10期。
〔3〕　周叶中："论'党纪新条例'的法技术与法属性"，载《武汉大学学报（人文科学版）》2016年第1期。

一、适用何种诉讼制度

我国当前有行政诉讼、民事诉讼以及刑事诉讼三大诉讼制度，不同的诉讼制度具有不同的功能，适用于不同的案件类型。在型构职务违法监察行为的司法救济制度时，我们是在三大诉讼制度之外创设一种全新的制度模式，还是三者抉选其一，将是面临的首要问题。

（一）是否需要创设专门的监察诉讼

所谓专门的监察诉讼，是指在民事、刑事、行政三大诉讼制度之外，针对监察纠纷之解决而建构的一种全新的诉讼制度。考虑是否需要创设专门的监察诉讼，需要分析现有的诉讼制度能否胜任监察纠纷之解决。在行政诉讼制度建立之前，行政纠纷都是通过民事诉讼制度解决的。[1]后来随着人们认识的加深，发现行政案件有其特殊性，现有的诉讼制度不足以应付，遂在民事、刑事诉讼制度之外，创设了行政诉讼这种全新的"民告官"制度。当前我国的民事、刑事、行政三大诉讼分别对应了"民告民""官告民"以及"民告官"三种诉讼两造形式。而监察纠纷与这三种权利纠纷相比，并不具有迥然不同的异质性，该种纠纷之解决也未对诉讼机制和诉讼程序制度提出全新的法律需求。[2]根据奥卡姆剃刀定律，如无必要，勿增实体。任何制度创设都是需要成本的。如果现有的三大诉讼制度可以容纳监察纠纷之解决，我们就没必要画蛇添足，耗费制度资源去创设新的诉讼制度。

（二）三大诉讼如何抉选

既然无需构建全新的诉讼制度，那么确定现有的民事、刑事以及行政三大诉讼何者更适合解决职务监察纠纷，就显得尤为必要。虽然当前存在通过民事诉讼解决公务员人事争议的制度，如根据《公务员法》第100条之规定，聘任制公务员与所在机关之间因履行聘任合同发生争议的，可以先向人事争议仲裁委员会申请仲裁。当事人对仲裁裁决不服的，可以向人民法院提起诉

---

[1] 1982年实施的《民事诉讼法（试行）》第3条第2款规定："法律规定由人民法院审理的行政案件，适用本法规定。"据此规定，人民法院的民事审判庭开始受理行政案件。马怀德主编：《行政诉讼法学》，北京大学出版社2012年版，第22页。

[2] 此处分析借用了学者关于我国是否需要建构专门环境诉讼的论证。蔡学恩："专门环境诉讼的内涵界定与机制构想"，载《法学评论》2015年第3期。

讼。[1]但此种人事争议以聘任合同的存在为基础，而且争议所涉事项也是关于合同的履行问题，而非人事处分。因此，民事诉讼这种解决平等主体之间权利纠纷的诉讼制度并不适合因职务违法监察行为所生之争议。而至于行政诉讼与刑事诉讼何者更优，笔者同意姜明安教授等学者的观点，认为行政诉讼是更佳选择。具体理由如下：第一，行为性质的行政性。虽然监察委员会独立于行政机关，但其所行使的监察权仍属于一种实质意义上的行政权，[2]其采取的留置、查封、冻结、扣押、搜查等措施，以及作出的处分决定，具有广义行政行为的性质。[3]而不服行政行为之诉，理应属于行政诉讼；第二，诉讼两造的不对等性及诉讼角色的恒定性。职务违法监察纠纷的诉讼两造分别是监察委员会和被监察的公职人员，一方是"官"，一方为"民"，地位上具有明显的不对等性，且被告只能是作出职务违法监察行为的监察委员会。监察对象因不服监察行为所提之诉符合行政诉讼法"民告官"之结构。这显著不同于民事诉讼的"民告民"结构，以及刑事诉讼的"官告民"结构。

二、选择何种审判机构

审判机构是实现定纷止争、权利保护以及个案监督之诉讼目的的关键主体。为此，在梳理境外相关经验的基础上，为我国职务违法监察行为之司法救济确立合适的审判机构设置模式就显得甚为必要。

（一）境外的几种模式

境外在公职人员人事纠纷审判机构的选择上，主要有以下几种模式：①专门审判法院模式。采取此模式的有德国。根据《德意志联邦共和国基本法》第96条第4项规定："对属于公法服务关系的人员，联邦可设立联邦法院进行有关惩戒程序和申诉程序。"[4]据此规定，德国设有联邦和州两级纪律法院负责相关审判工作。②行政法院模式。作为行政法母国的法国建有发达的行政法

---

[1]　虽然《公务员法》没有明确公务员根据该法第100条所能提起的属于何种性质的诉讼，但在威科先行法律信息数据库，以"《公务员法》第100条"作为关键词检索得到的判例都属于民事诉讼。

[2]　王锴、王心阳："如何监督监督者——兼谈对监察委员会的诉讼监督问题"，载《浙江社会科学》2017年第8期。

[3]　姜明安："国家监察法立法应处理的主要法律关系"，载《环球法律评论》2017年第2期。

[4]　孙谦、韩大元主编：《司法机构与司法制度——世界各国宪法的规定》，中国检察出版社2013年版，第78页。

院系统，"公务员不服行政机关的纪律处分，可向行政法院提起撤销之诉和损害赔偿之诉"。[1] ③普通法院模式。采取普通法院模式的代表国家是美国。公务员在受到权利侵害后应首先向功绩制保护委员会寻求行政救济，如果对申诉处理结果不服，可向联邦或地方法院提起司法诉讼。[2]

（二）我国的应然选择

对于特定类型案件之审判机构的建构模式，我国一般采取的路径有三：①设立专门的法院。比如我国成立的军事法院、海事法院、知识产权法院以及最近成立的杭州互联网法院等专门法院；②在法院内部设立专门的审判庭。比如我国在法院内部设立的经济审判庭、环境保护审判庭等；③在法院审理相关案件时成立合议庭。就职务违法监察纠纷的审判机构选择而言，在综合考虑制度成本以及救济效果的基础上，笔者认为，在中级人民法院及跨行政区划法院以上成立监察审判庭较为妥当。具体理由如下：第一，从办案效果上看，监察纠纷案件虽然可以适用行政诉讼制度，但毕竟有其特殊性。在中级人民法院及跨区法院以上设立专门审判庭，一方面可以弥补合议庭模式在专业性上的不足，另一方面也可以让法院更好地抵抗来自监察委员会的干涉；第二，基于成本分析法，与专门法院模式相比，中级人民法院及跨区法院以上设立专门审判庭的模式可以在保证审判效果的同时，大幅降低设立成本。因为监察审判庭可以与其他审判庭共用一套办案系统，无需像专门法院那样单独配套。此外，与其他案件相比，监察纠纷案件毕竟数量有限，中级人民法院及跨区法院作为该类型案件的一审法院可以避免不必要的资源浪费。

三、确立哪些特殊规则

在适用行政诉讼制度的基础上，因案件类型以及诉讼两造等方面的特殊性，职务违法监察行为的司法救济在受理条件、受案范围、法律适用以及案件管辖等方面又存在特殊性。对此，《行政诉讼法》应有针对性地作出调适。笔者择其要者分述如下：

（一）受理条件上的特殊规则

就公职人员权利的司法救济而言，诸多国家确立了穷尽行政救济原则或

---

〔1〕 王名扬：《法国行政法》，北京大学出版社 2016 年版，第 232 页。
〔2〕 王国文："试论公务员权利的司法救济"，载《国家行政学院学报》2008 年第 3 期。

者类似的制度。比如，美国就要求公职人员在寻求救济时，应首先利用行政系统内部存在的、最近的和简便的救济手段，而后才能寻求法院救济。对此，日本亦规定，对于公务员权利的司法救济应遵从行政申诉前置程序。这些国家法律作此限制的目的"在于避免司法程序不必要地和不合时宜地干预行政程序"。[1]我国在行政诉讼制度与行政复议制度的衔接上虽然采取的是"以自由选择为原则，复议前置为辅，终局复议为例外"的做法，但鉴于监察委员会在地位及所处理案件上的特殊性，在公职人员权利的司法救济上亦应学习美日之经验，确立内部处理优先原则。即公职人员如果不服监察委员会的权利侵害措施以及人事处分决定，应先向监察委员会提出申诉，监察委员会不予受理、受理后不按期作出决定，或者对其决定不服的，才可向法院起诉。

（二）受案范围上的特殊规则

在受案范围这一问题上，美国坚持的是成熟原则。[2]该原则在我国亦有应用，如我国《最高人民法院关于适用〈中华人民共和国行政诉讼法〉的解释》第1条第2款第10项所作的"对公民、法人或者其他组织权利义务不产生实际影响的行为"不属于法院受案范围的规定。而行为是否对相对人产生实际不利影响和行为的实施是否形成最后的决定，分别构成判断"成熟性"的实质和形式标准。[3]事实上，成熟原则既列明了法院受案范围的负面清单，也确定了法院受案范围的正面清单——只要某一行为符合成熟性原则，其即应纳入法院受案范围。具体到监察委员会的职务违法监察行为，其为履行监督、调查、处置职责，可以采取谈话、讯问等措施，作出警告、记过等政务处分决定。这些行为有的可以在《行政强制法》《公务员法》以及《行政监察法》等法律中找到踪迹，有的则属于《监察法》规定的全新行为。可见，监察委员会权力的复合性决定了其可采取的行为具有混合性、综合性的特点。[4]因此，在决定哪些措施和处分决定可以纳入行政诉讼受案范围时，就要以成熟性原则为指导。即，凡是监察委员会对监察对象产生实际不利影响的措施，

---

〔1〕　王名扬：《美国行政法》，北京大学出版社2016年版，第486页。

〔2〕　该原则意指行政程序必须发展到适宜法院处理的阶段，即已经达到成熟的程序，才能允许进行司法审查。确立成熟原则的理由有二，一则，可以避免法院因过早裁判而陷入抽象的政策争论；二则，可以避免行政机关在最后决定作出之前，以及行为对当事人发生影响前受到法院干涉。

〔3〕　石佑启："在我国行政诉讼中确立'成熟原则'的思考"，载《行政法学研究》2004年第1期。

〔4〕　王希鹏："国家监察权的属性"，载《求索》2018年第4期；苏志强："反渎职侵权：作为监察权监督的一种方式"，载《北京社会科学》2018年第7期。

以及已经形成最后决定的处分，都可以纳入行政诉讼的受案范围，除非其属于依照《监察法》和《刑事诉讼法》的规定实施的职务犯罪监察行为。

（三）法律适用上的特殊规则

法院根据《行政诉讼法》第63、64条之规定审理行政案件，以法律和行政法规、地方性法规为依据，参照规章。法院在审理行政案件时，经审查认为特定规范性文件不合法的，不作为认定行政行为合法的依据，并向制定机关提出处理建议。[1] 在将来，法院在审理以监察委员会为被告的案件时的法律适用问题可能更为复杂一些。具体而言，法院需要更多考虑以下问题：第一，监察委员会未来是否会被赋予立法权及其立法在法院的适用问题；第二，行政法规、规章作为行政立法是否可以作为判断监察委员会行为合法性的依据；第三，监察委员会制定的不具有立法属性的规范性文件是否同样可以被附带审查。这些问题的解决仍需制度设计者和理论研究者继续探索。

（四）案件管辖上的特殊规则

我国《行政诉讼法》在审理第一审行政案件的权限与分工上，确立了级别管辖、地域管辖和裁定管辖三种规则。就监察委员会职务违法监察行为的诉讼管辖而言，在适用《行政诉讼法》的一般性规定外，还有其特殊性。具体而言：第一，级别管辖上的特殊规则。如前文所述，在中级人民法院及跨区法院以上设立专门审判庭，并将其作为职务违法监察行为审判机构的做法较为可取。依此制度安排，监察委员会职务违法监察行为的一审法院是中级人民法院及跨区法院，基层法院则无权管辖此类案件；第二，地域管辖上的特殊规则。在地域管辖上，职务违法监察行为案件原则上要根据《行政诉讼法》的"原告就被告"规则来确定一审管辖法院。但当原告为司法机关的公职人员时，如果继续适用地域管辖规则，可能会出现原告属于案件审理法院之公职人员的情况。此时为了保证法院的中立性和独立性，避免案件审理受到不当干预，宜通过裁定管辖的方式，将案件交由与原告无隶属关系的法院审理。

---

〔1〕《行政诉讼法》第63条："人民法院审理行政案件，以法律和行政法规、地方性法规为依据。地方性法规适用于本行政区域内发生的行政案件。人民法院审理民族自治地方的行政案件，并以该民族自治地方的自治条例和单行条例为依据。人民法院审理行政案件，参照规章。"第64条："人民法院在审理行政案件中，经审查认为本法第五十三条规定的规范性文件不合法的，不作为认定行政行为合法的依据，并向制定机关提出处理建议。"

　　总之，尊重和保障人权是社会主义法治的根本价值和宗旨，也是司法文明的核心标志以及强大动力。这就要求我们在推进监察委员会体制改革时，要坚持人权思维，树立人权观念，不仅要注重权力监督对人权的事前保障和总体保障作用，也要重视司法救济对人权的事后保障和个案保障作用；不仅要修缮对于职务犯罪涉案人员的人权司法保障制度，也要谋设对于职务违法涉案人员的人权司法保障制度。[1]唯此，方能实现人权保障的最优化、普遍化以及具体化。而鉴于针对监察权的监督机制以及针对职务犯罪涉案人员的司法救济机制已经存在，我们应推进职务违法涉案人员司法救济制度的确立，以补足权利保障的另一块短板，填补司法救济的另一片空白。当然，在《监察法》相关配套法律尚未出台之前，笔者有关型构司法救济制度的论述与其说是一种可行的制度蓝本，毋宁说是在人权保障最大化这一理念引领下的一种制度设想。这一制度设想是否必须，是否可行以及是否有效，仍需等待时间和实践的检验。

---

　　[1]　王琨："人权监察专员制度研究——从法理学视角分析"，载《理论界》2009 年第 8 期。

国家监察与刑事司法的衔接机制研究[1]

摘　要： 监察机关对职务犯罪的调查权及其行使程序具有刑事司法的基本属性。鉴于其所适用法律为《监察法》，而职务犯罪的公诉和审判程序则主要适用《刑事诉讼法》之规定，故衍生出了《监察法》与《刑事诉讼法》两法衔接之课题。为应两法衔接之需要，《刑事诉讼法》在 2018 年 10 月进行了修正，对职务犯罪调查、审查起诉和审判等程序作了针对性调整，为线索移送、工作协助配合、证据衔接或转化、案件移送与审查等两法衔接中核心议题的解决提供了依据和方向。但仅此尚不足以满足司法实践的需要，国家监察委员会可以考虑适时出台《监察法》的监察解释，为两法衔接程序和机制提供细则化和可操作性的法律规范。

关键词： 两法衔接；线索移交；工作配合；证据衔接；移送审查

国家监察与刑事司法的衔接，本质是监察制度与刑事诉讼制度的衔接，并体现为监察工作和刑事司法工作中多主体之间的互动互涉问题。[2]根据《宪法》和《监察法》的规定，国家监察机关履行职务犯罪的调查职能，因此，在行使职务犯罪调查职能的时候，国家监察机关即被纳入了刑事司法机关之范畴。但是，从其职权行使的依据来看，监察机关在调查职务犯罪过程中所适用的法律是《监察法》，而非《刑事诉讼法》，而刑事司法过程中的其他国家机关，如公安机关、检察机关、审判机关，皆适用的是《刑事诉讼法》，那么，在职务犯罪调查、起诉与审理这一连贯的司法过程中，到底应适用何种法律，《监察法》和《刑事诉讼法》又应当如何进行衔接，就成了国家监察体制改革中必须面对和解决的重大问题。2018 年 10 月 26 日，《刑事诉

---

〔1〕　该文发表在《当代法学》2019 年第 1 期。

〔2〕　龙宗智："监察与司法协调衔接的法规范分析"，载《政治与法律》2018 年第 1 期。

讼法》的修正标志着国家监察与刑事司法的衔接工作进入了新的阶段，为《监察法》与《刑事诉讼法》的衔接工作提供了新的制度依据和方向指引。结合"两法"之衔接规定，可依调查、起诉、审判之逻辑，从线索移送、工作配合、证据转化、移送起诉与案件审理等方面，对国家监察与刑事司法之间的衔接问题进行研究和解决。

一、线索移送机制

重构党和国家监督体系乃监察体制改革的基本任务之一。以《监察法》为标志，我国已经构建了以国家监察为核心的多层次、全方位的公权监督体系。在整个体系中，基于职能分工不同，国家监察、人大监督、检察监督、审计监督、民主监督等各司其职，相互配合。其中，国家监察是整个监督体系中的核心或中枢，其他监督形式负有协助配合国家监察工作的职责。有鉴于此，其他机关在工作中，若发现职务犯罪等线索，应当及时移送给国家监察机关。特别是公安机关、检察机关、审判机关和审计机关，鉴于其职能的特殊性，具有发现国家公职人员涉嫌职务违法和职务犯罪线索之便利，依法应当将其掌握或发现的线索移送给监察机关，由监察机关依法调查处置。

（一）公安机关与监察机关的犯罪线索移送

在我国，刑事犯罪的侦办历来实行双轨制。一般刑事犯罪案件由公安机关侦查，职务犯罪案件的侦办则由检察机关管辖，在监察体制改革之后，此类案件就转由监察机关管辖。基于此，监察机关与公安机关便负有相互移送犯罪线索的职责。

其一，公安机关需要移送监察机关案件线索的情况主要有两种：一是公安机关在工作中发现公职人员涉嫌职务违法或职务犯罪线索的，应当移送有管辖权的监察机关，由监察机关依法调查处置；二是公安机关在办理公职人员涉嫌一般刑事犯罪和因涉嫌黄、赌、毒被处以行政处罚或因其他违法行为被处以行政拘留的案件时，应当将立案情况、调查情况及处理结果向监察委员会通报。

其二，监察委员会在工作中发现属于公安机关管辖的案件线索，应当移送公安机关查处。但根据《监察法》第 34 条规定，若被调查人同时涉嫌职务违法犯罪和其他违法犯罪的，监察机关应当承担主要调查职责，并由此确立了"监察优越"的职能管辖原则，改变了 2012 年《关于实施刑事诉讼法若干问题的规定》中公安机关与检察机关就贪污贿赂案件的管辖规定，否定了以涉嫌主罪的管辖机关为主要侦查机关的既往规则，[1]表明了国家对职务违法和犯罪调查工作的高度重视和"重拳反腐"的决心。

（二）检察机关与监察机关的线索移送

检察机关在履行法律监督职责的过程中，也具有发现涉嫌贪污贿赂、失职渎职等职务违法或者职务犯罪线索之便利。这些线索在改革前是由办案部门直接移送检察系统内设反贪反渎部门进行侦查和处理，在职能转隶之后，检察机关发现的职务犯罪线索也必须移送给同级监察机关调查和处置——据此，检察机关在对公安机关侦办的刑事犯罪案件批捕、审查起诉以及在履行其他监督职责的过程中，发现犯罪嫌疑人、被告人还涉嫌职务违法和犯罪的，应将线索及时移送给监察机关进行调查和处置。对此，此次《刑事诉讼法》修改首先就对检察机关立案侦查的范围进行修改，仅保留了对诉讼活动实行法律监督中发现的司法工作人员的特殊职务犯罪的情况，[2]以确保监察机关与检察机关在受理范围上的良好衔接。此外，在实践中，由监察机关调查处置的职务犯罪案件中还可能涉及公益损害赔偿的问题，如被调查人还涉嫌破坏生态环境和在资源保护、食品药品安全等领域违法使用职权或者不作为，则监察机关就负有将其在职务犯罪调查处置过程中发现或掌握的公益损害线索移送检察机关，由检察机关依法提起公益诉讼的义务。

（三）审判机关对监察机关的线索移送

在规范意义上，如果说公安机关、检察机关与监察机关的线索移送机制均具有双向性，那么审判机关对监察机关的线索移送机制则只能是单向的——监察机关不具有直接向审判机关移送线索的条件和义务。但审判机关负有向

---

〔1〕 最高人民法院、最高人民检察院、公安部、国家安全部、司法部、全国人大常委会法制工作委员会曾于2012年联合发布了《关于实施刑事诉讼法若干问题的规定》，其第1条就规定了"公安机关侦查刑事案件涉及人民检察院管辖的贪污贿赂案件时，应当将贪污贿赂案件移送人民检察院；人民检察院侦查贪污贿赂案件涉及公安机关管辖的刑事案件，应当将属于公安机关管辖的刑事案件移送公安机关"在上述情况中，如果涉嫌主罪属于公安机关管辖，由公安机关为主侦查，人民检察院予以配合；如果涉嫌主罪属于人民检察院管辖，由人民检察院为主侦查，公安机关予以配合。"

〔2〕《刑事诉讼法》第19条第2款："人民检察院在对诉讼活动实行法律监督中发现司法工作人员利用职权实施的非法拘禁、刑讯逼供、非法搜查等侵犯公民权利、损害司法公正的犯罪，可以由人民检察院立案侦查。对于公安机关管辖的国家机关工作人员利用职权实施的其他重大的犯罪案件，需要由人民检察院直接受理的时候，经省级以上人民检察院决定，可以由人民检察院立案侦查。"

监察机关移送涉案人员职务犯罪线索之义务。具体有三种情形：一是人民法院在办理案件中，发现涉案对象以外的其他公职人员涉嫌职务违法犯罪线索的，应当向监察机关及时通报移送。二是监察委员会对涉嫌犯罪的中共党员或者其他公职人员作出党纪政务处分决定时，要求人民法院提供相关材料的，各级人民法院应当予以协助配合。三是审判机关对于被告人为党员或党和国家机关工作人员及监察对象的，在作出判决（裁定）后，应当按干部管理权限直接或通过上级机关将判决（裁定）书抄送同级纪检监察机关和组织部门，以扩大监察机关的线索受理范围，促进司法程序和监察程序的有序衔接。

二、工作配合机制

根据《宪法》第 140 条和《监察法》第 4 条之规定，监、公、检、法四者在办理刑事案件中具有分工合作、相互配合、相互制约的工作关系，其中：①互相配合。监、公、检、法四机关在办理职务违法犯罪案件方面，要根据法律规定履行各自职责，要相互支持与配合，避免"各管一段"、各行其是；②互相协作。监、公、检、法四机关之间互相配合是建立在平等基础上的互相协作，四者之间只有职责差别而无地位高低之分，不存在领导与被领导、服从与被服从的关系，监察委员会不能凭借其超然于公检法等国家机关的地位而僭越干涉公检法独立行使职权和正常工作；③互相制约。监公检法四机关在办理职务违法和职务犯罪案件的过程中，不仅要相互配合和协作，还要加强监督和制约，监察机关的职务犯罪调查工作在进入司法程序后必须要接受司法机关的监督和审查，以防止有违司法公正的情形出现。

（一）公安机关之于监察机关的协助配合机制

基于警察权的专属性和监察优先之原则，监察机关在调查处置职务犯罪工作中，需要警察权支持的，公安机关依法应当予以协助配合。

其一，监察机关采取特定调查措施时，需要提请公安机关予以协助配合。在实践中，特定调查措施往往包含即时强制、技术调查等具有警察权属性的特别手段，为防止这些手段的滥用，国家对其实行"专配"，即垄断性地配置给了公安机关，但同时规定，监察机关基于调查职务犯罪之必要，可以提请公安机关协助配合。公安机关接到监察机关工作协助提请时，应当依法予以协助配合。例如，监察机关要求公安机关协助进行技术调查、通缉以及限制出境等措施的，公安机关应及时执行。当然，在程序上，若监察委员会需要公安机关协作配合的，应当经主要领导之间沟通明确后送达公函，因情况紧急并与公安机关沟通后，也可以先直接联系公安机关有关业务警种开展协作配合，并于事后及时将公函补送公安机关。公安机关在协助配合监察机关采取调查措施时，应当根据监察机关要求在监察员的主持下开展工作，并按照规定佩戴单警执法记录仪或者其他具有视音频记录功能的设备，对现场执法活动进行全程视音频同步记录，同时做好对视音频资料的收集、保存、管理、使用等工作。

其二，在被调查人同时涉嫌严重职务违法犯罪和其他违法犯罪时，公安机关应当以监察委员会之调查权为优先，并依法予以协助配合。当然，监察机关在此类案件调查工作中具有优先地位，但也须遵守"严重职务违法或者职务犯罪"这一限定条件，以免引发不必要的职权冲突。在实践中，此类涉及两种性质的刑事案件可能有多种情况，例如公职人员因涉嫌贪腐渎职犯罪被采取留置措施后被发现其涉嫌如诈骗、故意杀人等其他犯罪的、公职人员因为涉嫌其他犯罪被采取强制措施后被发现该公职人员还涉嫌贪腐渎职犯罪的、非公职人员涉嫌其他犯罪被采取强制措施后被发现其还涉嫌行贿犯罪或者参与职务犯罪的、非公职人员因为涉嫌行贿或者参与职务犯罪被采取留置措施后被发现其还涉嫌其他犯罪的，[1]等等。

其三，在实践中，监察机关查办的案件如果涉及公安机关在押的人犯或者收容审查人员，可以将需要调查的问题书面告知公安机关，由公安机关对其进行讯问，并将取得的证据材料及时送交监察机关。公安机关将案件移送给监察机关的，由监察机关统一移送审查起诉。

（二）检察机关与监察机关的衔接配合机制

从诉讼构造来看，无论是监察机关所行使的职务犯罪调查权，还是检察机关行使的公诉权，都共同属于对职务犯罪的控诉职权的范围，其共同目的都是更好地实现对职务犯罪进行追诉的要求，所以，监察机关和检察机关事实上拥有同向度的诉讼功能[2]。强化"侦诉同向"的诉讼构造，不仅是法定要求，也是现实必需。[3]

---

〔1〕 王飞跃："监察留置适用中的程序问题"，载《法学杂志》2018 年第 5 期。

〔2〕 谢登科："论国家监察体制改革下的侦诉关系"，载《学习与探索》2018 年第 1 期。

〔3〕 樊崇义："'以审判为中心'与'分工负责、互相配合、互相制约'关系论"，载《法学》2015 年第 11 期。

其一，监察过程中检察机关提前介入机制。公诉机关提前介入职务犯罪调查过程，可为调查活动提供行为规范和法律指引，[1]改善监察机关在证据收集、法律适用和调查手段运用等方面的工作。以往检察机关提前介入公安机关刑事案件的侦查活动中，主要目的是引导公安机关侦查取证，对侦查活动的合法性、当事人权益保障问题进行法律监督，以保证刑事诉讼程序的合法和高效。当然，从现实需求来看，检察机关的提前介入也可以在一定程度上解决侦检双方在证据采信问题上的分歧，[2]从而提高办案效率和质量，保障侦查终结后移送审查起诉过程的顺利进行。[3]改革之后，监察机关承担了职务违法与职务犯罪的调查权，那么，依照法治的一般逻辑，检察机关"提前介入"机制应当适用于监察机关的职务犯罪调查过程中。[4]其中，在介入程序上，规定职务犯罪案件需要移送起诉的，应当提前书面通知检察机关，协商移送事宜。检察机关接到书面通知后，需要及时派员提前介入，在尽快熟悉案情的同时，就案件证据收集、法律适用、强制措施适用等问题提出初步审查指导意见，并就案件卷宗整理等形式方面的标准予以明确。据此，可以避免案件正式移送后因某些方面的问题而被退回，影响案件办理工作进程。

其二，强制措施的衔接配合机制。监察机关依《监察法》采取的监察留置措施与检察机关依《刑事诉讼法》采取的刑事强制措施是两种不同法律性质的强制措施。根据《监察法》第47条之规定，对监察机关移送的案件，检察机关应依照《刑事诉讼法》对被调查人采取强制措施。但监察留置措施与

---

〔1〕　陈卫东："'以审判为中心视角下'检察工作的挑战与应对"，载《学习与探索》2017年第1期。

〔2〕　崔凯、彭魏倬加、魏建文："检察机关'介入侦查引导取证'的理论重塑——兼论制度的可行性"，载《湘潭大学学报（哲学社会科学版）》2017年第2期。

〔3〕　高人民检察院曾于2015年发布了《人民检察院侦查监督、公诉部门介入职务犯罪案件侦查工作的规定》，指出"侦查监督、公诉部门介入职务犯罪案件侦查的主要任务是规范和引导侦查取证工作，研究法律适用问题，对侦查取证提出意见和建议，加强对侦查活动的监督。"

〔4〕　目前，部分省市已出台相关文件，明确规定了检察机关对监察机关职务犯罪调查活动的"提前介入"机制，如《广东省检察机关与监察委员会办理职务犯罪案件衔接办法（试行）》提出"监察委员会在调查案件中发现被调查人涉嫌职务犯罪的，可以邀请检察机关派员提前介入了解案情。检察机关可以就证据标准、取证方向、补充调查、法律适用等问题与监察委员会进行讨论，提出建议或意见。"深圳市《关于监察机关与司法机关在查办职务违法犯罪案件中加强协作配合的意见（试行）》明确了检察机关提前介入的时限，规定"监察机关调查的职务犯罪案件需要移送起诉的，应当在正式移送15日前书面通知检察机关，协商移送事宜"，"检察机关接到书面通知后，应当及时派员提前介入，对证据收集、法律适用以及是否需要采取强制措施进行审查"。

刑事强制措施之间应如何衔接，《监察法》却并未给出具体的规则指引。对此，新修改的《刑事诉讼法》提出了"监察留置措施先行转为刑事拘留措施""刑事拘留之后如有必要再行采取其他刑事强制措施"的程序规则。[1] 整体来看，这种程序规则既意在保证犯罪嫌疑人能够得到有效控制，又着力于监察机关和检察机关分别采取的强制措施之间的有序转换，从而为国家监察与刑事司法在强制措施上的衔接提供了最低限度的可操作性规范。但在实践中，监察留置措施与刑事拘留措施之间在时间上如何衔接，仍需要更为具体的规定。为此，可以考虑推广深圳市的做法，引入"提前告知"程序，明确监察机关在留置措施届满 15 日前书面告知检察机关，从而为检察机关在留置期限届满前是否决定采取刑事拘留措施预留充足时间；同时，检察机关应当在留置期限届满 10 日前告知监察机关是否采取刑事拘留措施，从而为监察机关是否决定解除留置措施预留时间。[2]

（三）审判机关与监察机关的协作配合机制

在实践中，监察机关会因办理关联案件、送达处分决定等事宜需要讯问、会见人民法院在办刑事案件被告人，或就相关法律问题向人民法院征询意见的，各级人民法院应当配合。在实践中，人民法院审理的以下三类职务犯罪案件，需要在判决前将拟判意见向同级党委反腐败协调小组报告：①同级党委管理的领导干部职务犯罪案件；②与监察委员会、检察机关就案件定性或案件处理有重大分歧的职务犯罪案件；③党委反腐败协调小组要求报告的其他职务犯罪案件。[3]据此，尽管党委反腐败协调小组与同级监察委员会互不隶属，更非等同，但鉴于监察机关党政合设的特殊体制，该规定仍可解释为审判机关协助配合国家监察工作的规范依据。

---

〔1〕 《刑事诉讼法》第 170 条第 2 款。

〔2〕 根据全国人民代表大会常务委员会《关于深圳市监察机关与司法机关在查办职务违法犯罪案件中加强协作配合的意见（试行）》第 16 条之规定："对被调查人采取留置措施的，监察机关应当在留置期限届满 15 日前书面告知检察机关"，"检察机关应当在留置期限届满 10 日前告知监察机关是否采取强制措施"。

〔3〕 实践中，各级反腐败协调小组都根据自身工作情况制定了相关的工作规则和办事规则，如深圳市就通过《中共深圳市委反腐败协调小组工作规则》《深圳市反腐败工作协调联席会议制度》等文件对人民法院就职务犯罪案件向反腐败协调小组报告的制度进行了规定。

三、证据衔接机制

证据是事实认定的依据和刑事司法的基石。监察机关在行使处置权的时候，必须以事实清楚、证据确凿为基础。虽然《监察法》并未明确规定监察机关在收集、固定、审查和运用证据时直接适用《刑事诉讼法》的证据条款，但其第 33 条所规定三项内容[1]仍可以合乎逻辑地解释为《刑事诉讼法》之证据规则在国家监察过程中的间接适用。由此衍生出来的问题就是"监察证据"与"刑事诉讼证据"之间的转化和衔接课题。

（一）证据标准的统一性

证据的目的在于有效证明案件事实，而证据能否达到此目的则涉及证据的标准问题。尽管监察证据主要是充当监察案件处置的依据，而刑事证据则是用于刑事案件裁判的依据，二者适用的程序不同，证据的强度要求可以有差异，但其标准应当是统一的。具体而言：

其一，根据《中共中央纪律检查委员会关于查处党员违纪案件中收集、鉴别、使用证据的具体规定》第 21 条之规定：案件的证据与事实应当具有客观联系，并且形成一个完整的证明体系，在足以排除其他可能性前提下，才能作为定案依据。这就意味着在监察过程中，违纪审查的证据应当符合客观性、关联性和排他性等基本标准。

其二，根据《监察法》第 33 条之规定：监察机关收集、固定、审查、运用证据，应当与刑事审判的要求和标准一致，对以非法方法收集的证据应当予以排除。而所谓"刑事审判的要求和标准"即《刑事诉讼法》第 55 条所规定的"证据确实、充分，且均经法定程序查证属实"。这就意味着监察过程中，违法调查的证据应当达到客观性、真实性、充分性、合法性等基本标准。

其三，为了确保监察机关收集的物证、书证、证人证言、被调查人供述和辩解、视听资料、电子数据等证据材料，能够在刑事诉讼中当做证据使用，监察机关在收集、固定和审查证据的时候，就应当秉持"就高不就低"的原

---

[1] 《监察法》第 33 条所规定三项内容包括：①证据类型与准用——"监察机关收集的物证、书证、证人证言、被调查人供述和辩解、视听资料、电子数据等证据材料，在刑事诉讼中均可以作为证据使用。"②证据要求与标准——"监察机关在收集、固定、审查、运用证据时，应当与刑事审判关于证据的要求和标准相一致。"③非法证据排除——"以非法方法收集的证据应当依法予以排除，不得作为案件处置的依据。"

则，主动对标刑事证据标准和非法证据排除规则。

（二）证据转化问题

在实践中，党的纪律检查机关在办理违纪案件过程中收集的证据，特别是言词证据，能否在刑事诉讼领域直接使用，是一直存在较大争议的。赞成者从证据证明力的角度出发，认为"如果案件当事人或证人在诉讼阶段改变供词和证言，不用纪检监察阶段获得的言词证据，有些案件就难以证实，从而难以有效地打击这些犯罪现实"；反对者从证据合法性的角度出发，认为"纪检监察言词证据虽然有一定证明力，但因其取证主体不合法，所获得的言词证据只能作为司法机关获取证据的线索和参考材料"。[1]

国家监察体制改革后，鉴于监察机关在违法调查中依法收集的证据可以在刑事诉讼中使用，纪检监察机关在办理违纪违法案件中，可以统合违纪审查程序和违法调查程序，统一收集能够证明案件事实的各种证据材料，从而有效避免重复取证所造成的公权力资源浪费。其中：①在收集言词证据时，可采行一套工作程序、两套办案文书的模式，针对违纪问题和违法问题一并开展谈话，同时用两种不同的文书进行记录，以便于后续证据运用和案卷材料的移送、归档，无需考虑重复取证带来的言词证据转化问题。②关于实物证据，鉴于其稀缺性特征和证据间接证明力的作用，对于监察机关移送的证据和鉴定意见，只要检察机关认为证据收集程序合法、鉴定意见客观公正，即可准许其作为刑事诉讼案件中的证据使用。

（三）非法证据排除问题

非法证据排除规则是刑事司法制度中标志性的证据规则，是程序公正乃至国家法治发达程度的重要标尺。[2]监察机关收集的证据依法可以在刑事诉讼中使用，同时也意味着必须适应以审判为中心的诉讼制度改革，与刑事审判关于证据的要求和标准相一致。因此，应当适用非法证据排除规则。具体而言：

其一，检察机关在对监察机关调查终结案件进行审查的过程中，如果发现监察机关办案人员以非法方法收集证据材料的，应当予以排除。为了保证

---

〔1〕 龙宗智：《证据法的理念、制度与方法》，法律出版社 2008 年版，第 98 页。
〔2〕 陈光中："对《严格排除非法证据规定》的几点个人理解"，载《中国刑事法杂志》2017年第 4 期。

检察机关对监察委员会调查工作的有效监督，还需要建立对讯问、取证工作全程录音录像的制度，并在移送起诉时随案移送录音录像资料，以备审查。此外，针对由公安机关具体执行的技术调查措施的监督问题，虽然当前监察立法和刑诉法都未对其进行明确规定，但为了加强对此环节证据收集程序的监督，检察机关可在审查批捕和审查起诉程序中，通过讯问犯罪嫌疑人、审阅案卷材料、听取辩护人意见等方式发现监察机关违法调查的相关线索，经查证之后可视情况分别作出口头提出纠正意见、发出纠正违法通知书、移送有关机关追究相关人员刑事责任的处理。[1]

其二，审判机关在案件审理过程中，对于监察机关收集的证据材料，必须经过质证方能作为定案的依据；同时，应当依职权或者根据被告人及其辩护人的申请对监察机关收集证据的合法性进行法庭调查，如果发现有通过刑讯逼供、暴力、威胁等非法手段取得的证据，应当予以排除。特别是对于言词证据，法庭如果对证据收集的合法性有疑问的，可以依法通知监察机关讯问人员出庭作证，监察机关讯问人员应当出庭作证，就言词证据收集的合法性作出说明，确保职务犯罪案件审理的程序正义。

四、审查起诉中的程序衔接

根据《监察法》规定，监察机关调查终结的案件，应当依法移送检察机关审查起诉。人民检察院应当根据《刑事诉讼法》的规定，对犯罪事实、犯罪证据、犯罪性质和罪名等进行审查，从而决定是否符合起诉条件，检察机关经审查后认为不符合起诉条件的，有权决定是否将案件退回监察机关补充调查，或者作出不起诉的决定。[2]

（一）监察机关的移送起诉

根据《监察法》第45条第4项之规定，监察机关经调查认为犯罪事实清楚，证据确实、充分的，可制作起诉意见书，连同案卷材料、证据一并移送人民检察院依法审查、提起公诉。

其一，监察机关在调查后认为被调查人涉嫌职务犯罪的，应当依法制作文书，并与相应材料、证据等一并移送人民检察院，移送工作主要涉及案件

---

〔1〕　郑曦："监察委员会技术侦查权研究"，载《学习与探索》2018年第1期。
〔2〕　朱福惠："论检察机关对监察机关职务犯罪调查的制约"，载《法学评论》2018年第3期。

材料的移送、被调查人强制措施的转换和涉案款物的移送等三个方面的内容。根据监察机关内部的职能划分，案件材料的移送主要由案件审理部门负责，被调查人的移送主要由审查调查部门负责，涉案款物的移送主要由案件监督管理部门负责。而检察机关对移送案件的接收工作应统一由检察机关案件监督管理部门负责，材料收齐后再行分流至具体承办部门。在实践中，不少试点地区检察院已经探索建立了统一的职务犯罪检察部，例如北京市检察机关就统一设置了职务犯罪检察部，[1]专门负责与监察机关的衔接工作以及立案审查工作，以促进工作衔接规范有序。

其二，在案件材料移送过程中还需要结合监察工作实际，制定符合实践需求的程序规则。具体而言，当前监察机关在办理违纪违法案件过程中，往往采取了"一竿子插到底"的方式，即违纪调查和违法犯罪调查同步展开的做法，这就意味着调查结束之后监察机关会分别形成执纪审查、职务违法犯罪调查两份报告，这两份报告会同时交给审理部门进行审核并作出相应的党纪处分和政务处分。[2]所以，在案件移送起诉时，需要提交给检察机关只是职务违法调查这一份报告，违纪报告无须随案移送。但在实践中为了避免程序回流和重复调查的问题，监察机关在移送材料时有必要将职务违法犯罪调查报告进一步整理为"两卷"，即文书程序卷和证据卷。在审查过程中，检察机关发现证据不够充分、事实不够清晰的，可退回监察机关进行补充调查，而监察机关也只需要对证据卷进行修改与核查。如此既可保障检察机关对监察机关的有效制衡，又能推动监察工作的改善，有利于监察程序和司法程序的联通和衔接。[3]

（二）检察机关的审查起诉

对于监察机关移送的职务犯罪案件，检察机关应当对移送案件的事实和证据进行审查，并作出是否起诉的决定。在案件移送审查起诉的过程中，监察机关与检察机关应当就以下几个问题做好工作衔接：

〔1〕吴建雄："国家监察体制改革背景下职务犯罪检察职能定位与机构设置"，载《国家行政学院学报》2018年第1期。

〔2〕李兵、赵艳群："北京探索执纪执法'一程序两报告'"，载《中国纪检监察报》2018年3月25日。

〔3〕刘艳红："监察委员会调查权运作的双重困境及其法治路径"，载《法学论坛》2017年第11期。

其一，退回补充调查问题。针对《监察法》第 47 条之退回补充侦查的规定，《刑事诉讼法》也作出了相应的衔接性规定，[1]这就意味着：①检察机关的审查依据不仅仅是《刑事诉讼法》，还包括《监察法》；②人民检察院对于监察机关移送起诉案件的审查方式必须是"实质审查"，而非"形式审查"；③"退查"是检察机关对监察机关职务犯罪调查职权及其活动的监督机制，监察机关应当根据"退查"意见，对相关事实进行补充核实；④为确保"退查"决定的权威和效力，《监察法》第 47 条明确规定："对于补充调查的案件，应当在一个月内补充调查完毕。补充调查以二次为限"；⑤为准确查明案件事实、完善补强证据、保障公诉案件质量，加强对监察机关职务犯罪调查活动的法律监督，《监察法》和《刑事诉讼法》均规定检察机关"必要时可以自行进行侦查"。据此，在检察机关与监察机关对案件的事实和证据认识存在较大分歧，不宜退回补充侦查或者案件当事人提出非法证据排除，监察机关办案人员可能有违法调查行为，关键证据需要检察机关调查核实等情形时，便可启动自行侦查程序。

其二，是否作出起诉决定问题。根据《监察法》第 47 条之规定，检察机关应当依据"犯罪事实清楚""证据确实充分""依法（刑法）应当追究刑事责任"等法定标准进行审查、作出起诉决定，由此即形成了对检察机关审查权的制约。检察机关对于有法定不起诉情形的，或者犯罪情节轻微不需要判处刑罚的，抑或退回补充调查二次后仍然认为事实不清、证据不足的，经上一级检察机关批准，可依法作出不起诉决定。监察机关认为不起诉的决定有错误的，可以向上一级检察机关提请复议，由此即形成了监察机关在检察机关作出不起诉决定后的监督制约机制。鉴于监察机关作出不起诉决定所适用的法律是《刑事诉讼法》第 16 条之规定，因此，监察机关应当根据该条规定提请复议，上一级人民检察院也应当根据该条规定对被申请检察机关作出的不起诉决定"是否错误"进行审查。至于监察机关申请复议之程序以及检察机关受理复议、审查复议申请之程序，应由国家监察委员会和最高检联合出台相关解释予以明确。

---

　　[1]　《刑事诉讼法》第 170 条第 1 款规定："人民检察院对于监察机关移送起诉的案件，依照本法和监察法的有关规定进行审查。人民检察院经审查，认为需要补充核实的，应当退回监察机关补充调查，必要时可以自行补充侦查。"

其三，提请没收违法所得问题。根据《监察法》第48条之规定，监察机关在作出"没收违法所得"决定时，应当符合《监察法》第45条之标准，即犯罪事实清楚，证据确实充分。同时，检察机关在收到监察机关"没收违法所得"之提请意见书后，应当根据《监察法》第45条和第47条之规定，对案卷材料和证据进行审查，并结合《刑事诉讼法》的相关规定决定是否向人民法院提出没收违法所得的申请。

其四，审查时限和速裁程序适用问题。根据《刑事诉讼法》第172条的规定，检察机关对于监察机关移送起诉的案件，应当在一个月以内作出决定，重大、复杂的案件，可以延长半个月。这一规定明确了检察机关对于监察机关移送起诉案件一般应当在一个月之内作出起诉或者不起诉之决定，审查时限最长不得超过一个半个月。[1]根据《监察法》第31条之规定，被调查人主动认罪认罚，并有自动投案、真诚悔罪悔过，或积极配合调查工作、如实供述监察机关还未掌握的违法犯罪行为，或积极退赃、减少损失，具有重大立功表现或者案件涉及国家重大利益等情形的，经领导人员集体研究，并报上一级批准，可以在移送起诉时提出从宽处罚的建议。检察机关对于监察机关提出的"从宽处罚建议"，应当依法进行审查，如果符合《监察法》第31条之规定，在提起公诉的时候，建议人民法院适用速裁程序。

五、案件审理中的程序衔接

在审判环节，由监察机关调查终结的职务犯罪案件和由公安机关侦查终结的一般刑事犯罪案件一样，均适用《刑事诉讼法》规定的程序进行裁判。但鉴于职务犯罪案件本身的特殊性以及《监察法》第48条、第31条、第44条等规定，有关职务犯罪的缺席审判、认罪认罚从宽处罚以及没收违法所得等程序，仍属于国家监察与刑事司法衔接的议题范围。

（一）缺席审判

《刑事诉讼法》修改之后，增设"缺席审判程序"一章，在现有的"犯罪嫌疑人、被告人违法所得没收程序"之外进一步扩充了可以缺席审判的范

---

〔1〕《刑事诉讼法》第172条第1款："人民检察院对于监察机关、公安机关移送起诉的案件，应当在一个月以内作出决定，重大、复杂的案件，可以延长半个月；犯罪嫌疑人认罪认罚，符合速裁程序适用条件的，应当在十日以内作出决定，对可能判处的有期徒刑超过一年的，可以延长至十五日。"

围，从单纯的对"物"的缺席审判发展到了对"人"的缺席审判。[1]特别需要注意的是，缺席审判程序的适用范围也包括了贪污贿赂犯罪案件，由此即为监察机关提供了被调查人逃匿境外时的处置手段。对于此类案件，监察机关在调查结束后可直接移送起诉，检察机关也认为犯罪事实已经查清，证据确实、充分，应当追究刑事责任的，可以向人民法院提起公诉。人民法院在审查后，认为起诉书中有明确的指控犯罪事实，符合缺席审判程序适用条件的，应当决定开庭审判。从其外部效果来看，缺席审判程序与违法所得没收程序都是监察机关境外追逃追赃的重要手段，也是遏制腐败分子以为"一走了之"就可逃避刑事处罚的利器，对打击和预防腐败工作具有重要意义。[2]当然，从《刑事诉讼法》当前的规定来看，缺席审判程序还存在着适用条件不够充分、适用程序不够具体等问题，需要在监察实践和刑事司法实践中继续完善。

（二）认罪认罚从宽建议的审查

监察机关对于主动认罪认罚并符合《监察法》第 31 条规定的被调查人员，可以在移送人民检察院时提出从宽处罚的建议。对于监察机关依法提出的"从宽处罚建议"，检察机关应当依法予以审查。检察机关在审查案件时，应当告知犯罪嫌疑人的诉讼权利和认罪认罚的法律规定，并将从轻、减轻或者免除处罚等从宽处罚的建议、认罪认罚后案件审理适用的程序作为必须记录在案的基本内容。此外，犯罪嫌疑人自愿认罪，同意量刑建议和程序适用的，应当在辩护人在场的情况下签署认罪认罚具结书，并在起诉书中写明，随案移送审判机关。对于认罪认罚案件，人民法院依法作出判决时，一般应当采纳人民检察院指控的罪名和量刑建议。

（三）监察机关提请检察机关向人民法院提出抗诉

对于审判机关作出的刑事判决，检察机关可以根据《刑事诉讼法》和《人民检察院刑事诉讼规则》的相关规定，依照法定程序提出抗诉，由上一级审判机关对原审案件进行全面审查。改革之后，监察机关接替检察机关，对职务犯罪案件依法进行调查，并与检察机关、审判机关在办理职务犯罪案件领域构成了新的刑事司法关系。据此，作为职务犯罪案件调查机关，监察机

---

〔1〕 陈卫东："论中国特色刑事缺席审判制度"，载《中国刑事法杂志》2018 年第 3 期。
〔2〕 张旭："反腐败视域下的'零容忍'：内涵、价值与实现"，载《当代法学》2018 年第 5 期。

关如果认为审判机关作出的刑事判决存在错误，有权提请上级人民检察院按照审判监督程序向同级人民法院提出抗诉。接受抗诉的人民法院应当组成合议庭对案件进行重新审理，对于原判决事实不清楚或者证据不足的，可以指令下级人民法院再审。审判机关对原审判决进行全面审查后，如果认为原判决存在错误的，应当依法予以改判；如果认为原判决正确的，应予以维持。

（四）违法所得处理与刑期折抵

根据《监察法》第 46 条之规定，监察机关对涉嫌犯罪取得的财物，应当随案移送人民检察院。检察机关依法审查后，在提起公诉时，应将涉嫌犯罪取得的财物随案移送至人民法院，由审判机关依法判决追缴或者没收违法所得。根据《监察法》第 48 条之规定，被调查人逃匿，在通缉一年后不能到案，或者死亡的，由监察机关提请人民检察院依照法定程序，向人民法院提出没收违法所得的申请，人民法院应当依法受理，并开庭审理。根据《监察法》第 44 条之规定，对于被采取留置措施的被告人，审判机关在判处管制、拘役或有期徒刑的刑罚时，应当将留置的期限折抵刑期，其中留置一日折抵管制二日，折抵拘役、有期徒刑一日，从而实现职务犯罪量刑的实体正义。

结　语

在规范意义上，国家监察与刑事司法的衔接机制问题主要体现为《监察法》与《刑事诉讼法》"两法衔接"的问题。目前，国家监察制度运行仍处于"试点"阶段，就两法衔接问题各地方实务部门都在做积极探索，但尚未形成统一模式。在此情况下，2018 年《刑事诉讼法》的修改，即是在《刑事诉讼法》这一端作出了有效的"对接"，但仍需《监察法》这一端作出更具可操作性的解释。故此，最高国家监察机关可参仿司法解释制度，对《监察法》作出监察解释。如是，既可切实因应两法衔接之实践需要，亦可为《监察法》的准确统一适用提供权威准据。

监察过程中的公安协助配合机制研究[1]

摘 要：基于《监察法》授权的非完整性与非对称性，监察机关必须借助公安机关等执法部门的协助配合，方能充分行使监察职能，完成监察职责。较诸其他执法机关，公安机关的协助配合对监察职能的有效行使尤为重要。因此，构建科学有效的"警监协助"机制，在监察法治体系建设中居于基础地位。在规范意义上，构建"警监协助"机制，应在遵循"相互配合，相互制约"宪法原则的基础上，明确协助配合的事项范围，规范协助配合之申请、审批、执行等程序机制，厘定协助配合之管辖、法律适用、人员经费以及责任分配等配套机制。现阶段，鉴于制度供给的阙如，"警监协助"工作只能通过出台较低位阶的规范性文件予以调试。为长远计，有必要制定《监察程序法》，修改《警察法》等相关法律，并出台配套的法律法规，逐步形成权威高效完备的监察协助配合机制。

关键词：警监协助；政务连带；配合制约；协助机制；《监察程序法》

一、问题的提出

监察体制改革后，新成立的监察委员会将如何融入现有的政法体制成为学者们热议的话题。[2]在新的国家机关体系中，如何科学构设"监审关系""监检关系"和"监警关系"是攸关监察权能否顺畅运行的核心问题，因而，在国家监察体制中具有基础性地位。根据修改后的《宪法》第127条第2款

---

[1] 该文与学生张硕共同署名发表在《法学研究》2019年第2期。

[2] 相关论述如江国华、何盼盼："中国特色监察法治体系论纲"，载《新疆师范大学学报（哲学社会科学版）》2018年第5期；马岭："监察委员会与其他国家机关的关系"，载《法律科学》2017年第6期；焦洪昌、叶远涛："监察委员会的宪法定位"，载《国家行政学院学报》2017年第2期；翟志勇："监察委员会与'八二宪法'体制的重塑"，载《环球法律评论》2017年第2期等。

之规定："监察机关办理职务违法和职务犯罪案件，应当与审判机关、检察机关、执法部门互相配合，互相制约。"该条款为厘定监察机关与法检及执法部门之间的关系提供了宪法依据。根据宪法修正案和国家《监察法》的精神，新修改的《刑事诉讼法》着力解决了国家监察与刑事司法之间的衔接问题，[1]监察机关与检察机关、法院在办理刑事案件中的分工与衔接机制得以确立。可以预见，随着相关司法解释的出台，"监检关系"和"监审关系"的定位将愈加清晰，但"监警关系"仍是一个缺乏关注却亟待解决的问题。

在权力配置层面，随着新的宪法修正案和《监察法》的出台，国家权力在整体配置上，由"四权架构"演变成为"五权架构"[2]——在"五权架构"体系中，监察权是一项独立于立法权、行政权、审判权和法律监督权的"第五权"。但《宪法》和《监察法》对于监察机关的授权既不完整，也不对称。其中，①非完整性，即根据《宪法》和《监察法》的授权规定，监察机关具备"履行反腐败职责所需的必要权力，而非打击腐败所需的全部权力。"[3]比如，相比于公安机关的一般犯罪侦查权而言，监察机关对职务违法犯罪的调查权属于特殊调查权。基于特殊性和普遍性的一般关系，监察机关所配置的职务违法犯罪调查权往往只是"决定性权力"，而"执行性权力"则由公安机关保留。其中，"通缉""边控"等措施最具典型意义，根据《监察法》第29条、第30条之规定，监察机关对于被调查人员享有的仅仅是"通缉""边控"等决定权，而执行权则由公安机关行使。②非对称性，即《宪法》和《监察法》授予监察机关职务违法和职务犯罪的调查权，但并未配置其履行这项职权的相对应的全部手段。比如，《监察法》授予监察机关有权对被调查人的人身自由及其财产予以合理限制，但并没有为其配置强制执行所需的暴力机构——在监察体制改革前，法律在赋予检察机关行使职务犯罪侦查权的同时，为其配置了司法警察队伍，据此，检察机关的职务犯罪侦查活动，主要由其自身的司法警察负责具体执行，因而具有对称性。而监察委员会成立后，《宪法》和《监察法》并未给监察机关配置警察力量。这种非完整性和非对称性的权力配置模式的要旨有二：一是避免重复授权，即可以由公安

---

〔1〕 陈光中、肖沛权："刑事诉讼法修正草案：完善刑事诉讼制度的新成就和新期待"，载《中国刑事法杂志》2018年第3期。

〔2〕 江国华："国家监察体制改革的逻辑与取向"，载《学术论坛》2017年第3期。

〔3〕 熊秋红："监察体制改革中职务犯罪侦查权比较研究"，载《环球法律评论》2017年第2期。

机关行使的一般性的强制性执行等职权，仍由公安机关保留；二是避免监察机关权力过分集中，将警务活动从监察核心业务中剥离，从而构建既相互合作又相互制约的新型"监警关系"。

在规范供给层面，据以规范"监警关系"的法律法规仍存在供给不足或不及时的问题。具体体现为：①尽管2018年宪法修正案与《监察法》都对监察机关与公安机关等执法部门的关系问题作出了原则性规定，但《警察法》等相关法律法规尚未作出针对性调整；②《宪法》对"监警关系"的规定过于笼统，下位法与相关法律解释尚未出台，《监察法》也仅对部分"警监协助"义务作了初步规定，但缺少可操作性的实施细则；③《监察法》中的"警监协助"条款皆属于协助事项范围规范，缺少程序规范。有鉴于此，根据《监察法》警监协助事项条款，部分地方如H省、F省等出台了"公安机关协助监察机关工作的操作规程"之类的文件，[1]以因应实践中的需要。这些地方性探索在一定程度上为监察机关提请公安机关协助配合提供了规范依据，在全国有一定的示范意义。但这些规范位阶较低，且基本局限于本行政区域内的警监协助事项之规定，对警监协助配合程序建构的意义十分有限。

在监察实践层面，除了协助事项、协助程序之外，监察机关提请公安机关协助配合的具体方式亦亟待出台相应规范。监察委员会成立后，监察机关与公安机关的沟通方式基本沿袭着监察委员会成立前纪委与公安机关的沟通方式。这种沟通机制的本质并不是国家机关之间的申请协助机制，而是一种党内协调机制。例如，由监察机关负责人直接电话联系公安机关负责人，商请实施协助配合；或者，通过政法委协调公安机关予以协助；再者，通过在公安机关的驻派纪检组，即通过"内部执纪者"[2]要求公安机关予以协助等。监察体制改革后，"监警关系"发生了新变化，过往的行政内部协助机制和党内协调机制均无法满足"警监协助"之需要。故有必要通过新监警程序规范，构建新的"警监沟通"机制。

基于"相互配合、相互制约"的宪法原则，"警监协助"既要着眼于"配

---

〔1〕　H监察委员会、公安厅联合印发了《H省公安机关协助配合监察机关调查的办法（试行）》，F省监察委员会、公安厅也联合印发了《监察机关与公安机关加强协作配合实施办法（试行）》。

〔2〕　秦前红、刘怡达："国家监察体制改革背景下人民法院监察制度述要"，载《现代法学》2018年第4期。

合"的价值预设，又要放眼于"制约"的价值取向。"配合"的价值预设旨在形成"反腐败合力"——监察机关是反腐败的专责机关，但反腐败并非监察机关"一家"的事情；鉴于监察机关调查手段的不完整性、技术能力的单一性以及监察力量的有限性，只有公安机关等执法机关积极协助配合监察调查活动，才能"把所有反腐败的力量和资源整合在一起，形成新的反腐败体制。"〔1〕为此，《监察法》规定了五项由公安机关具体负责的协助义务。〔2〕"制约"的价值取向意在为监察权的行使设置必要的制度性制约机制，以避免因"明确分工不正常地结合成一体化结构"〔3〕而造成监察权独大的失衡格局——为预防"警监协助"随意化将导致的监察权变相扩张与权力滥用，需要公安机关在协助配合中对监察机关形成监督与制约。〔4〕

二、监察过程中公安协助配合的法理基础

监察体制改革后，监察权成为一种新的、独立的权力类型。鉴于《宪法》和《监察法》对监察机关授权的非完整性和非对称性，"警监协助"机制成为监察机关有效行使职权、履行职责的基础性配套机制。在法理上，所谓"警监协助"是指监察委员会在履行职责过程中遇到自身无法克服的障碍，向与其无隶属关系的公安机关提出协助请求，经公安机关审核同意后，实施协助行为以支持请求机关实现其监察职能的制度。这是关涉监警两权实现"相互配合、相互制约"的重大理论问题。探讨"警监协助"机制的法理基础，其表层意义在于阐释"警监协助"的发生机理，即监察机关为何需要公安机关予以协助配合等基本问题；深层意义在于从监察权与警察权相互作用的制度场域中寻找一个平衡点，既要形成反腐倡廉之合力，又要防止监察权之

---

〔1〕 马怀德："国家监察体制改革的重要意义和主要任务"，载《国家行政学院学报》2016 年第 6 期。

〔2〕 《监察法》中明确规定需要公安机关协助配合的五个条款分别是：第 24 条提请公安机关协助配合搜查的规定、第 29 条由公安机关协助发布通缉令的规定、第 30 条由公安机关执行限制出境措施的规定、第 34 条关于向监察机关移送案件的规定、第 43 条第 3 款提请公安机关协助配合采取留置措施的规定。实践中需要公安机关予以协助的事项范围要远超于此。

〔3〕 韩大元、于文豪："法院、检察院和公安机关的宪法关系"，载《法学研究》2011 年第 3 期。

〔4〕 齐小力、陆冬华："论公安机关和监察机关互相配合、互相制约"，载《中国人民公安大学学报（社会科学版）》2018 年第 3 期。

滥用。

（一）职能分立与政务连带理论

国家机构间关系的本质是一种"政务连带"关系。在其一般意义上，所谓"连带"，是指"个人与个人、个人与群体、群体与群体之间的相互渗透、相互依存的状态。"[1]据此，政务连带关系可以解释为"基于职能分立所形成的不同国家机构之间为履行职务职能而相互协作、彼此依存的关系"——在现代国家，其机构体系是一个整体，职能分立的各个机构是这个整体的某种器官，彼此各不相同，但同样是整体所必不可少的。[2]这些国家机构为完成各自的职能，在国家共同体中，内在的产生着职能交叉、彼此依存、相互协作等连带关系。在国家廉政体系中，监察机关与司法机关、执法机关等也内在地存在这种政务连带关系。就其性质而言，借助于狄骥社会连带关系理论，政务连带关系可以分为同求与分工两种。[3]其中，同求的政务连带关系，意指不同国家机构为实现国家共同体设置国家机构的共同目的以及完成国家机构所赋予的共同使命而形成的政务上的共同协作连带关系。这种政务连带关系是基于国家目的和国家使命，不以国家机构意志为转移，因而，是一种客观的政务连带关系。在现代国家机构体系中，由于不同的国家机构被赋予了不同的职能和职责，为实现其职能，履行其职责，不同的国家机构必须寻求与其他机关的合作，由此所形成的政务连带关系即分工的政务连带关系。这种政务连带关系具有一定的随机性，国家机构可以根据情势和任务差异选择不同的合作者，因而，是一种主观的政务连带关系。作为一种政务连带关系，"警监协助"兼具同求与分工双重属性，构建科学有效的"警监协助"机制，有助于实现监察权与警察权之间"科学的分权与充分的合作"。[4]其要义有三：

其一，"警监协助"的制度基础在于"监警分立"。任何形式的机构协助，都是以明确的职能分立和机构分设为基础的。所以，在国家机构之间，

---

〔1〕 董溯战："论作为社会保障法基础的社会连带"，载《现代法学》2007年第1期。

〔2〕 ［法］埃米尔·涂尔干：《社会分工论》，渠东译，生活·读书·新知三联书店2013年版，第152页。

〔3〕 ［法］狄骥：《法律与国家》，冷静译，中国法制出版社2010年版，第213~214页。

〔4〕 湛中乐、郑磊："分权与合作：社会规制的一般法律框架重述"，载《国家行政学院学报》2014年第1期。

无分权即无协助。对于一个集多权于一身的机构而言，即无协助的必要，亦无协助的可能。但现代社会，是一个分工日益精细的社会，而且，社会越是进步，分工越是发达。[1]同理，"按照精细化管理原则和要求管理政府职能，是现代政府治理的趋势"。[2]现代国家，其宪法均奉行职能分立和机构分设之原则，并基于该原则，形成国家职能分工体系和国家机构体系。因此，在现代国家及其社会治理活动中，任何单一机构都不可能包揽该领域的全部事权；由此，机构间的协助和协作便成为必要。分工细化的机构基于同求或分工关系，为实现同一目标或为实现职能互补而形成的合作、协作与协助，即属现代政务连带关系。作为一种政务连带关系，"监警协助"的前提正是监警职能的分立和监警机构的分设——正是国家监察体制改革，将监察权从行政权、检察权等权力体系中剥离出来，交由专门的监察机关行使，"警监协助"方成其为必要，科学有效的"警监协助机制"的构建才成其为必须。

其二，"警监协助"的合法性基础在于国家政治共同体的"共同使命"。现代国家职能分立和机构分设的终极目的在于更好地实现政治共同体的"共同使命"。随着现代国家机构体系内部职权划分精细化、专门化的增长，国家机构间的相互依赖关系也在同步增长。[3]职能分立导致的国家与社会在运行过程中出现的分散化倾向需要通过机构间协助予以平衡。[4]这体现了一种普遍存在的同求关系。即单一功能组织更需要与其他国家机关协力合作，才能完成宪法上之要求。[5]监察委员会作为专职的反腐机构，在履职过程中亦不能超脱于客观连带关系之外。"单打独斗""各自为战"的反腐体制无法适应现代廉政建设的需要。中国监察体制改革的终极目标，不仅在于构建高效权威统一的反腐败体制，更在于构建以专责的监察机关为基本内核、各职能部门联动协作的现代廉政制度。构建科学有效的"警监协助"机制，促成警监协同反腐合力，既是监察制度有效运行的内在需要，也是完善警察制度应有

---

〔1〕 [法]埃米尔·涂尔干：《社会分工论》，渠东译，生活·读书·新知三联书店 2013 年版，第 217~218 页。

〔2〕 汪智汉、宋世明："我国政府职能精细化管理和流程再造的主要内容和路径选择"，载《中国行政管理》2013 年第 6 期。

〔3〕 [法]埃米尔·涂尔干：《社会分工论》，渠东译，生活·读书·新知三联书店 2013 年版，第 109 页。

〔4〕 关保英："论行政执法中的行政协助"，载《江淮论坛》2014 年第 2 期。

〔5〕 萧文生：《国家法 I——国家组织篇》，元照出版公司 2008 年版，第 105 页。

之义。

其三，"警监协助"的价值取向在于"相互配合、相互制约"。良性的"分工、同求"关系一定是"分权控制、协调配合"[1]的状态。"警监协助"机制的价值取向不仅体现在警察权对监察权的协助配合，还表现为警察权对监察权的制约。[2]在"警监协助"过程中，较诸公安机关的不作为，"监警一体化"的风险更值得警惕。如果说"警监协助"过程中的公安机关不作为所导致的可能是监察权力的运行失效，那么"监警一体化"则很可能导致监察权不当扩张——由此所造成的监察机关与监察对象之间"法律装备"的失衡，很可能让监察机关落入"塔西佗陷阱"。因此，构建科学有效的"警监协助"机制，在价值取向上应当立足于"配合"与"制约"并重。基于这种并重的价值取向，"警监协助"机制的设计应遵循如下三个规则：①恪守"监警分工"的制度安排，警察的归警察，监察的归监察，防止"警监合体"而造成权力的不当"板结"；②规范监察机关申请协助的程序机制，通过程序的"作茧自缚"效应，[3]促使监察机关谨慎行使监察协助申请权；③规范公安机关对协助申请的审批程序，实现审批程序实质化，防止"警监协助"随意化。

（二）"警察力量"专业化理论

在政治学层面，国家有权使用包括警察权在内的暴力机器，但应将其作为"最后的手段"[4]。在国家对内统治的各职能部门中，警察的角色定位是"合法的暴力"。[5]为了实现对内统治职能，国家必须拥有合法使用暴力的垄断权。[6]马克斯·韦伯将国家定义为一种垄断暴力的实体，在其领地内，只有它自己或经它允许，才能合法的使用暴力。[7]警察作为国家行使对内统治

---

〔1〕　徐汉明："国家监察权的属性探究"，载《法学评论》2018年第1期。

〔2〕　陈光中："《监察法》是党规转向国法的重要变化"，载《中国新闻周刊》2018年第11期。

〔3〕　季卫东：《法治秩序的建构》，中国政法大学出版社1999年版，第18页。

〔4〕　[英]鲍桑葵：《关于国家的哲学理论》，汪淑钧译，商务印书馆1995年版，第191页。

〔5〕　龙耀："对非法暴力者的即时暴力——警察职能定位新探"，载《中国人民公安大学学报（社会科学版）》2015年第6期，第46页。

〔6〕　[美]亚历山大·温特：《国际政治的社会理论》，秦亚青译，上海人民出版社2000年版，第258~259页。

〔7〕　[德]马克斯·韦伯：《经济与社会》（下卷），林荣远译，商务印书馆1998年版，第730~731页。

权的暴力机关，代表国家对内依法使用暴力。作为一种具有暴力属性的行政权，警察权天然地具有扩张性，是公民权利最大的潜在威胁者。因此，在现代国家治理理论中，"警察是一种必要的恶"——因其必要，所以不可或缺；因其性恶，所以必须谨慎。为充分发挥警察权的正面功能，防止其恶性发作，现代国家大多创设了"警察力量"专业化制度——众所周知，英国是现代职业警察的故乡，美国则是现代警察专业化运动的发源地。[1]至今，世界各国大多建立了以"警察职责的专门化、职权的法制化、警察组织体系的独立化和警察职业的专业化"为基本内核的现代警察制度。

其一，警察权配置的集约化。"集约化"本是经济学术语，所谓"集"是指集合人力、物力、财力、管理等生产要素，所谓"约"是指节俭、约束、高效的价值取向。"集约化"即是通过集中、节约、高效的资源配置达到降低成本、提高效率之目的。警察权配置的集约化，即基于警政分立的原则，将警察权从行政权中分离出来，垄断性地授予统一的专门机构——由此衍生出警察权专配之法则，即不得给其他国家机关配置警察权。在我国，国家警察权集约性地配置给了公安机关，其他国家机关，包括国家监察委均没有配置警察权。由此，衍生出公安机关的协助义务原理——基于国家共同体的共同任务和目标，其他国家机关若为履行法定职责，需要警察权予以支持时，垄断警察权的公安机关即有协助配合之义务。

其二，警察权行使的统一化，即基于警察权配置的集约性，警察权必须由专门机构独立统一行使。在我国，公安机关是行使警察权力唯一合法之主体，其他机关均不得行使警察权，也不得以"权力板结"的方式变相行使警察权。由此，衍生出警察权力行使"亲自性"法则，即警察权只能由公安机关亲自行使，不可转让，不可委托，也不可放弃。所以，监察机关为履行调查职务犯罪职能需要警力支持的，只能请求公安机关协助。

其三，警察权运行的职业化，即基于警察权配置的集约性，警察权运行必须遵循职业规程和职业伦理。故此，不管是公安机关履行本职工作，还是依其他机关申请，协助出动警力，均必须尊重警察职业化的内在要求。由此，衍生出警务活动法治化原则——基于警察权力运行的职业化要求，任何形式

<hr />

〔1〕 王春梅："警察职业专业化探源——从英美警察的专业化谈起"，载《公安学刊》2010年第5期。

的警务活动，都必须尊重法治原则。作为一种职业化的警务活动，警监协助也应当符合法定目的、法定条件和法定程序。

（三）特殊调查手段的排他性理论

在违法犯罪侦查与调查语境中，所谓特殊调查手段，大体上包括搜查、电子侦听、电子监控、定位跟踪、秘密拍照录像、邮件检查等手段。这些手段，既是查处案件所必须的，又具有高度的"侵略性"——这些特殊调查手段关涉公民的基本人权和隐私，关涉公民个人生活的安宁，关涉国家社会秩序的稳定。所以，在法治国家对于特殊调查手段的配置和行使均施行排他性法则。基于排他性法则，特殊的调查手段只能配置给特定机构，而且只有专门的机构才可以行使特殊调查手段。

其一，特殊调查手段配置的排他性，即鉴于特殊调查权的高权性与侵益性，特殊调查手段只能配置给少数特定机构。在我国，基于《警察法》《国家安全法》《监察法》之规定，只有公安机关、国家安全机关和新设的监察机关享有特殊调查权和可以使用特殊调查手段。因此，只有上述特定机构被授权能够在履行严格审批手续后决定使用特殊调查、侦查手段。其他任何机构、组织以任何理由使用特殊调查手段均不具有合法性。另外，基于审慎原则，在立法技术上，配置特殊调查手段时，往往采行特殊调查手段"决定权"与"执行权"相分离之规则。比如，《监察法》中配置给监察机关的特殊调查手段实质上就是"特殊调查手段之决定权"，而将其"执行权"保留给了公安机关。正是《监察法》的这种立法取向，决定了在监察调查活动中，监察机关需要采取特殊调查手段时，只能作出"采取特殊调查之决定"，而执行"特殊调查手段"的工作，只能寻求具有完整特殊调查权的公安机关的协助配合。

其二，特殊调查手段行使主体的排他性，即特殊调查手段只能由专门机构具体执行。特殊调查权的决定权与执行权分属不同性质的权力，基于程序分离原则，[1]同时也为预防"自批自用"导致的审批形式化，[2]国际通行做法是将特殊调查的审批权与执行权相分离。[3]我国《监察法》第28条规定监

---

〔1〕 即不同类型权力的行使应适用不同法律程序。冯俊伟："监察体制改革中的程序分离与程序衔接"，载《法律科学》2017年第6期。

〔2〕 胡铭："技术侦查：模糊授权抑或严格规制"，载《清华法学》2013年第6期。

〔3〕 詹建红："理论共识与规则细化：技术侦查措施的司法适用"，载《法商研究》2013年第3期。

察机关决定采取技术调查措施的，须按规定交有关机关执行。从机构设置实践来看，只有公安机关长期保持一定数量的警力配备，设区的市一级以上公安机关均已设置技术侦查部门，具备独立开展特殊调查的技术和警力要件。而包括监察机关在内的其他机构均不具备开展特殊调查的便利条件。公安机关作为特殊调查手段行使主体，在地位上具有排他性，这就决定了协助配合监察机关进行特殊调查的主体只能是公安机关。

其三，特殊调查手段行使条件的排他性，即基于合目的性、正当程序与比例原则的要求，特殊调查手段行使必须符合法定条件：①采取特殊调查手段必须符合法定目的，禁止特殊调查手段适用于法外之目的；②采取特殊调查手段必须遵循正当法律程序，其适用范围、批准权限及时限都必须合乎法律的明确规定，如《监察法》第28条规定，可以采用技术调查措施的案件须符合"重大贪污贿赂等职务犯罪"条件，对批准决定应用技术调查措施的种类、适用对象、时限等条件作出明确限定；③采取特殊调查手段必须合乎比例原则，只有案件达到特定的严重性、复杂性条件，才能够使用特殊调查手段。

三、监察过程中公安协助配合的事项范围

构建科学有效的"警监协助"机制，首先有必要厘定警监协助事项之范围。在实践中，用来规范监察机关提请、提交公安机关协助调查的制式文书达十多种，其中所涉及的协助事项包括协助查询信息、委托勘验、委托鉴定、协助搜查、协助技术调查、通缉、限制出境、协助留置等。[1]除此之外，还有不少非定式协助事项。为规范监察权力运行，节约警力资源，"警监协助"事项范围应作严格限定——协助事项范围的确定应以《监察法》所规定的五类[2]协助事项为基础，一般不得超出法定协助范围申请公安机关协助；对于《监察法》未作规定，但确属实现监察职能所必须的协助事项，应严格规范监察机关的协助申请程序和公安机关的审批程序。

---

〔1〕 这些制式法律文书多由省级监察委员会、省级公安部门联合制作，供本辖区内的监察机关和公安机关使用。不同省份的制式法律文书有较大差异。

〔2〕 即《监察法》第24条关于提请公安机关协助配合搜查的规定、第29条由公安机关协助发布通缉令的规定、第30条由公安机关执行限制出境措施的规定、第34条关于向监察机关移送案件的规定、第43条第3款提请公安机关协助配合采取留置措施的规定。

（一）案件移送类事项

在"警监协助"机制中，案件移送属于公安机关依职权进行的监察协助事项。根据《监察法》第 34 条第 2 款之规定："被调查人既涉嫌严重职务违法或者职务犯罪，又涉嫌其他违法犯罪的，一般应当由监察机关为主调查，其他机关予以协助。"该规定体现了刑事案件处理中的"监察案件优先处理"原则。在这个意义上，案件移送实质上是一种刑事案件处理顺位的排序机制。正因为案件处理存在先后顺序，才会产生监察机关与公安机关之间的案件移送问题。在实践中，作为"警监协助"事项的案件移送主要有两种：

其一，公安机关向监察机关移送案件。公安机关向监察机关移送案件可分为主动移送和依申请的移送。主动移送的情形有两种：①职务犯罪线索移交，即根据《监察法》第 34 条第 1 款之规定，公安机关在工作中发现公职人员涉嫌贪污贿赂、失职渎职等职务违法或者职务犯罪的问题线索应当移送监察机关；②依法应当由监察机关优先处理的职务犯罪案件的移送。根据《监察法》和《刑事诉讼法》的规定，应当由监察机关优先处理的职务犯罪案件，公安机关应当主动移送给监察机关，公安机关未主动移送的，监察机关可以向公安机关提出移送申请。监察机关认为不需要将全案移送的，应在申请中列明需要移送的具体材料。例如监察机关查办的案件涉及公安机关在押的人犯或者收容审查人员，可以将需要调查的问题书面告知公安机关，由公安机关对其进行讯问，并将取得的证据材料及时送交监察机关。公安机关将案件移送给监察机关的，由监察机关统一移送审查起诉。

其二，公安机关接收监察机关移送的案件。监察机关向公安机关移送案件分为两种情况：①监察机关认为，被调查人既涉嫌职务犯罪又涉嫌其他犯罪，应先对其他犯罪进行侦查的。例如，被调查人除涉嫌腐败类犯罪外，还涉嫌非法持有枪支、故意杀人等恶性刑事犯罪，造成恶劣社会影响的主要是这些恶性刑事案件。此类案件须先由公安机关对其他刑事犯罪展开调查，再由监察机关对职务犯罪问题展开调查。对是否属于"一般"情况的判断权，应由监察委员会行使。②监察机关请求公安机关协助配合办理监察相关案件而进行的案件移交。例如，监察机关在调查职务犯罪案件过程中，为了不惊动被调查对象，需要通过其他违法犯罪行为线索控制涉腐相关人员的，需要向公安机关移交有关案件线索。比较常见的是监察机关为了在不惊动主要被调查人的情况下收集证据，可将与被调查人有密切关系的其他涉案人员涉嫌

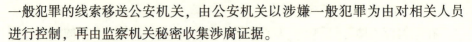

一般犯罪的线索移送公安机关，由公安机关以涉嫌一般犯罪为由对相关人员进行控制，再由监察机关秘密收集涉腐证据。

（二）协助取证类事项

"证据制度是监察制度与刑事司法衔接的重要环节。"[1]为适应刑事诉讼的证明要求，监察机关在调查取证过程中要保证证据的合法性与可靠性，部分情况下需要公安机关予以协助配合。公安机关也应充分利用自身的职权优势与专业优势，向监察机关提供必要协助。根据取证方式的不同，可以分为以下几种协助事项。

其一，协助查询、调阅信息。公安机关作为负责社会治安管理的行政机关，信息采集等行为系具有日常行政管理性质的行政辅助行为。基于此类工作性质，公安机关成为了最主要的公民个人信息采集、处理、使用和存储的主体，其他部门在执法或办理案件过程中，需要公民个人信息的，都应申请公安机关协助配合。监察委员会在调查过程中，可能需要公安机关协助配合查询的信息包括个人身份信息、家庭信息、违法犯罪记录信息、金融信息、个人通信信息、交通管理信息、边控信息、视频监控信息、酒店及娱乐场所登记信息等。

其二，协助搜查。搜查是《监察法》为监察委员会配置的调查措施之一。《监察法》第 24 条第 3 款规定了公安机关对监察机关的搜查协助义务："监察机关进行搜查时，可以根据工作需要提请公安机关配合。公安机关应当依法予以协助。"监察机关虽完全继承了原检察机关的搜查权，但仍缺乏独立完成搜查任务的行为能力。执行搜查任务需要多个小组协同进行，一般会有警戒组、搜查组、保护组、保障组等，各职能小组各负其责。原检察机关在对职务犯罪进行侦查并需采取搜查措施时，一般由反贪局工作人员携带搜查证，与法警一起执行搜查任务。监察体制改革后，新成立的监察委员会并未配备法警力量，所以在必要时需公安机关出警协助。

其三，协助进行专门性问题鉴定。《监察法》第 27 条前半段规定："监察机关在调查过程中，对于案件中的专门性问题，可以指派、聘请有专门知识的人进行鉴定。"所谓"专门性问题"，是指"监察机关在调查过程中遇到的

---

[1] 纵博："监察体制改革中的证据制度问题探讨"，载《法学》2018 年第 2 期。

必须运用专门的知识和经验作出科学判断的问题。"[1]"专门性问题"主要包括法医类鉴定、物证类鉴定、声像资料鉴定、技术问题鉴定等。由于公安机关设有专业的法医部门和技术部门，拥有专业的鉴定人员、技术与设备，监察活动中需要用到照相录像、痕迹检验、文书（含笔迹）检验、刑事理化检验、法医鉴定、DNA检验、声纹鉴别、气味鉴别、心理测定（测谎）、人体外貌识别、侦查通讯、刑事模拟画等刑事科学技术时，监察机关可以提请公安技术部门予以协助。

其四，协助技术调查。《监察法》第28条第1款规定：监察机关调查涉嫌重大贪污贿赂等职务犯罪，根据需要，经过严格的批准手续，可以采取技术调查措施，按照规定交有关机关执行。"技术调查"是《监察法》中出现的一个全新的措施，与《刑事诉讼法》规定的"技术侦查"类似，通常指运用技术装备调查罪犯和案件证据的一种秘密侦查措施，包括电子侦听、电话监听、电子监控、秘密拍照、录像、进行邮件检查等秘密的专门技术手段，即实践中俗称的"六类"技侦措施。[2]鉴于技术调查可能对被调查人的基本人权产生一定限制，《宪法》第40条规定限制公民通信自由的调查措施必须由公安机关执行，《监察法》第28规定的"有关机关"也意指有权采取技术调查措施的公安机关。除了协助执行技术调查外，公安机关还要负责协助监察机关延长或解除、结束技术调查措施。

其五，协助查封扣押。查封、扣押是监察机关调查职务违法犯罪案件时收集、固定证据的一项重要措施。监察机关在调查过程中，发现涉嫌职务违法或职务犯罪的财物、文件和电子数据等信息，需要及时、全面、准确地收集、固定，防止涉嫌违法犯罪的单位或者人员藏匿、毁灭证据。查封扣押不动产或一般动产涉及通知当事人和见证人到场、财务清点、制作查封笔录、开列查封扣押清单、查封扣押现场的照相录像、张贴查封扣押公告、贴封条等诸多具体事务性工作。由于监察体制改革后监察机关不再配属警察力量，部分具体事务性工作就需要公安机关协助执行。

---

〔1〕　中共中央纪律检查委员会、中华人民共和国国家监察委员会法规室编写：《〈中华人民共和国监察法〉释义》，中国方正出版社2018年版，第150页。

〔2〕　万毅："解读'技术侦查'与'乔装侦查'——以《刑事诉讼法修正案》为中心的规范分析"，载《现代法学》2012年第6期。

（三）协助限制人身自由类事项

监察机关在对职务违法与职务犯罪案件进行调查时，根据案件需要，可以对被调查人的人身自由进行控制或限制。但由于监察机关人力或手段上的不足，需要请求公安机关予以协助配合。根据限制人身自由的不同情况，可以分为以下几类事项：

其一，协助留置。《监察法》第43条第3款规定："监察机关采取留置措施，可以根据工作需要提请公安机关配合。公安机关应当依法予以协助。"监察机关在留置被调查人时需要公安机关进行协助的具体情形包括：①拟留置对象去向不明的，监察机关可以提请公安机关协助定位或找寻被调查人。②拟同时对多个调查对象采取留置措施，但监察力量不足的，监察机关可提请公安机关出动警力予以协助。③拟留置对象有暴力倾向或具有一定人身危险性的，监察机关可提请公安机关协助，防止留置过程中出现可能危及监察人员人身安全的情况。④留置行为可能引发其他风险的，监察机关可提请公安机关协助进行防控风险或恢复秩序。⑤监察机关对被调查人作出留置决定后，为防止被调查人逃跑，可请求公安机关协助，预先在被调查人可能出现的地点进行布控，协助实施留置。

其二，协助追逃。监察机关拟对被调查人进行留置，但被调查人出逃的，监察机关可请求公安机关协助追逃，具体的协助情形可以分为以下几种情况：①被调查人正在乘坐交通工具进行出逃的，监察机关可请求公安机关出警协助实施追捕，对被调查人可能出现的车站、机场、酒店等场所进行协查，也可以在被调查人出逃路线上设卡拦截，具体的追逃方式需要视具体情况而定。②被调查人已经在逃的，监察机关可申请公安机关依法对其进行通缉。《监察法》第29条前半段规定："依法应当留置的被调查人如果在逃，监察机关可以决定在本行政区域内通缉，由公安机关发布通缉令，追捕归案。"③被调查人逃往国外，而监察机关已掌握确凿证据的，应通过境外追逃合作，将涉案人员追捕归案。这需要公安机关协助监察机关同国际刑警组织等国际追逃机构进行接洽。

其三，协助防逃。防逃工作主要是防止贪官出逃境外。"出入境管理工作是党和国家赋予公安机关的专有事权。"[1]《监察法》第30条前半段规定：

---

〔1〕孙智慧：《出入境管理法律与实践》，中国政法大学出版社2013年版，第54页。

"监察机关为防止被调查人及相关人员逃匿境外，经省级以上监察机关批准，可以对被调查人及相关人员采取限制出境措施，由公安机关依法执行。"另外，监察机关日常的出国审批、证照集中管理等工作也需要公安机关予以协助。例如监察部门会同省级组织部门和公安部门，开展证件护照管理的专项检查，集中查找上交假护照、不交护照、交部分护照等违规问题。

四、监察过程中公安协助配合的基本程序

"监警协助"程序有两重意涵：一是作为"交涉过程的制度化"[1]，协助程序旨在调整监察机关与公安机关之间的组织关系，以确保"监警关系"恪守"相互配合、相互制约"的宪法原则；二是作为限制恣意的工具，协助程序对监察调查过程具有规范功能，能够防范监察权的恣意，避免监察机关与被调查人之间关系的失衡。

（一）监察机关协助申请程序

监察机关提出协助请求是公安机关进行协助的前置性程序，该程序亦应符合正当法律程序的要求。规范申请程序的目的有二：一方面，为预防监察机关滥用协助申请权，须通过程序性机制对监察机关申请"警监协助"的裁量权加以限制；另一方面，也要预防同为高权性权力的警察权借"警监协助"实现自我扩张。鉴此，应确立"警监协助"申请程序的单方性、单向性和要式性规则：

其一，监察协助启动的单方性规则。所谓单方性是指，只要监察机关认为案件性质满足申请公安机关协助配合的条件，就可单方启动申请程序，不以被申请机关意志为转移。"警监协助"启动的单方性能够对警察权的积极性有所限制，但为避免单方性规则下申请协助权的滥用，还应在申请程序中设置以下法定的协助启动事由：①因法定事由，不能独立完成监察任务的。例如，根据《宪法》《监察法》之规定，监察机关不能执行技术调查措施的，可以提请公安机关协助配合。②因履职困难，即因人员、设备不足等事实原因，不能独立完成监察任务的；例如，监察机关留置看护人员不足提请公安机关派员协助。再如，监察机关缺少内设的物证鉴定部门，可以请求公安机关协助鉴定的。③不能独立进行调查以认定事实的。例如，监察机关在调查过程

---

〔1〕　季卫东：《法治秩序的建构》，中国政法大学出版社 1999 年版，第 21 页。

中需要向相关人取证，但相关人员拒不配合的，可以提请公安机关将其带至指定地点。④需要公安机关提供所掌管的信息、文书、统计资料等监察活动所需资料的。例如，监察机关需要调取被调查人身份信息、活动记录的，可提请公安机关协助配合查询。⑤由公安机关提供协助更为经济效率的。例如，实践中监察机关需要调取被调查人通话记录信息的，需要通过上级监察机关与工信部协调后，携带介绍信与工信部函件前往电信部门申请查询；而同级公安机关能够直接从电信部门查询上述信息，所以监察机关请求公安机关予以协助更加经济效率。⑥有其他正当理由需请求其他机关协助的。

其二，监察协助请求的单向性规则。所谓单向性，即指一般只能由监察机关向公安机关提请协助配合，而非公安机关主动向监察机关提供协助或公安机关向监察机关提请协助配合。《监察法》第 4 条第 1 款规定："监察委员会依照法律规定独立行使监察权，不受行政机关、社会团体和个人的干涉。"其中，"不受行政机关干涉"意指行政机关除不得阻挠监察活动外，亦不能主动参与监察调查。公安机关主动协助配合监察机关调查，会破坏监察权与警察权之间的分工，不利于监察机关依法独立行使监察权。除法定的公安机关主动向监察机关移送案件线索外，其他情况下未经监察机关申请公安机关不能主动实施协助行为。

其三，监察协助申请的要式性规则。监察协助申请是要式法律行为，监察机关向公安机关发出《协助函》或其他用于申请协助的法律文书是提请公安机关协助配合的前置性条件。要式性的具体表现为：①监察机关提请公安机关等执法机关协助，必须严格按照程序规定出具《协助函》等书面文件。②《协助函》必须列明协助办理的事项和要求。协助行为的履行范围限于《协助函》载明之内容，《协助函》没有载明的事项，不在办理范围内。③公安机关在职权范围内予以协助。《协助函》写明的办理事项超出公安机关职权范围的，公安机关不得越权办理。提请的办理事项在公安机关职权范围内的，公安机关也须在办理法定的手续或者履行合法的程序后方能办理。

其四，特殊情况下的监察协助申请规则。特殊情况主要包括以下两种情形：①重大复杂事项的协助申请。重大复杂案件可能会超过监察委员会的自身权限和承受能力，通常很难由监察委员会一个机构独立办理，需要协调机构、统一调度各方力量方能办理。实践中，监察机关在办理职务犯罪案件过程中，需要公安机关对重大复杂事项予以协助的，通常会报请同级反腐协调部门处理。如《H省公安机关协助配合监察机关调查的办法（试行）》第5条第2款规定："重大复杂事项应及时提请同级反腐败协调小组研究办理。"由反腐协调部门负责处理重大复杂事项的优势在于提升管理层级，通过优化内部审批流程、强化制度保障来解决单一部门因应对重大复杂问题权限不足、承受能力不足而出现的"等、拖、让、推"等现象。②紧急情况下的协助申请。常规的协助申请流程从制作协助申请书、送达公安机关、公安机关批准回复最后到出警协助需要耗费一定时间，无法有效应对紧急情况下的调查需求。对紧急情况下的协助配合请求，应简化申请程序，通过"即时申请、即时批复、即时协助"的方式予以处理。这就需要公安机关和同级监察机关之间建立起成熟的、常态化的工作协调对接机制，在紧急情况下监察机关能够通过简易程序向公安机关提出协助申请。紧急状态消除后，监察机关再向公安机关补充申请材料。

（二）公安机关审核回复程序

监察机关向公安机关提出协助申请后，公安机关通过内部程序讨论并作出是否应予以协助的决定后，由具体承办部门以公安机关的名义将决定的具体内容函复或回复监察机关。在这一程序性环节中，可能存在两类风险，即审查不作为风险和协助不作为风险：一方面，公安机关对监察机关提交的协助申请仅作形式审查后即作批准，无法实现对监察权的有效制约；另一方面，公安机关因不愿履行协助义务而推诿责任。这两类潜在风险都影响"警监协助"制度目标的实现。在规范制定层面，可通过以下程序性机制防范上述问题的发生：

其一，审查方式法定化。公安机关承办部门对监察机关协助请求的审查分为两种：①对委托协助类事项采取实质审查方式。委托协助类事项申请是指监察机关在工作中遇到自身不能克服之障碍，需要委托公安机关协助实施监察行为而向公安机关发出协助申请。在这种情况下，监察机关与公安机关之间是委托与受托关系，公安机关对该项事务没有法定接受义务，可根据自身工作情况，决定是否协助。公安机关决定不予协助的，监察机关不能以《监察法》第4条第3款[1]的一般协助义务条款为依据要求公安机关必须予

---

〔1〕《监察法》第4条第3款是关于监察协助的一般性规定："监察机关在工作中需要协助的，有关机关和单位应当根据监察机关的要求依法予以协助。"

以协助。提请协助查询信息、委托勘验、委托鉴定、提请协助搜查、提请协助留置等均属于委托协助类事项。②对法定协助类事项采取形式审查方式。法定协助程序是公安机关协助监察机关执行决定的程序。在法律地位上，监察机关是决定者，公安机关是执行者，这一程序主要是监察机关作出决定向公安机关履行告知义务。对法定协助事由，公安机关没有程序性裁量空间，只要需要执行的监察机关决定非明显违法，公安机关不得拒绝执行。协助发布通缉令、限制出境、采取技术调查措施等均属于法定协助类事项。

其二，不予协助事由法定化。为保障监察调查的顺利进行、防止公安机关推诿责任，也要对公安机关的协助裁量权进行程序控制。宜通过程序规则为公安机关设定明确的拒绝事由和禁止拒绝事由，防止被申请机关因推诿责任而拒绝协助。拒绝理由分为两种，一种是必须拒绝事由，另一种是可以拒绝事由。对应当拒绝的情形被请求机关没有自由裁量权，而可以拒绝意味着被请求机关有自由裁量权。其中，必须拒绝提供协助的理由为所请求提供的协助事项超出公安机关职权范围的；抑或，所请求提供的协助事项明显违法的。可以拒绝提供协助的事由有以下几类：①如提供协助将严重损害公安机关执行固有职权的；②公安机关提供协助本身不经济或不如其他机关经济的；③公安机关客观上不具有办理协助事项的能力的；④其他因法定原因不能提供协助的。被请求机关如果拒绝提供协助，必须详细列明具体的拒绝事由。为了进一步保障协助，还应规定被请求公安机关不得以上述事由以外的理由，尤其不得以认为协助所欲帮助实施的措施不合目的，而拒绝提供协助。公安机关拒绝协助并说明理由后，监察机关坚持公安机关应予以协助的，应报请同级人民政府决定或由上一级监察机关报请与其同级的公安机关决定。

其三，回复程序规范化。审查结果分为同意予以协助和不同意予以协助两种。公安机关认为依法应当予以协助的，承办部门应当及时向监察机关回复拟办理意见和办理期限。在非紧急情况下，公安机关应以公函的形式回复监察机关；在紧急情况下，公安机关可以先行口头回复并直接进行协助配合，但须将协助情况补充登记备案，待监察机关补办协助配合手续。公安机关经审查认为不能予以协助配合的，应向监察机关说明理由和依据。

（三）公安机关履行协助义务

公安机关同意予以协助后，须立即安排部署人员、车辆。在协助调查过程中，公安机关工作人员必须尽到以下义务：①守法义务，即公安机关在协助过程中必须遵守法律规定，不得突破宪法、法律的规定实施协助调查行为。②迅捷义务，即公安机关出警协助监察机关完成调查活动时，必须迅速、高效地完成监察机关委托的任务。③保密义务，即公安机关工作人员在协助行动开始前以及行动进行中不得泄露与调查活动相关的信息。此外，在不同的协助活动中，需要遵守相应的操作规程。公安机关履行协助义务须遵守的程序性规则主要有以下几类：

其一，协助搜查的程序规则。《监察法》第 24 条第 3 款规定：监察机关进行搜查时，可以根据工作需要提请公安机关配合。公安机关应当依法予以协助。搜查应以监察机关为主，公安机关作为协助者，主要任务是协助监察机关开展外围警戒等工作。监察机关提请协助配合搜查的，公安机关应指派民警到现场予以协助，在现场应听从监察机关工作人员指挥。被调查人为女性时，且需要公安机关协助进行搜身的，应指派女民警前往进行协助搜查。对以暴力、威胁等方法阻碍搜查的，民警应当及时制止，或将其带离现场；构成违法犯罪的，应当依法追究法律责任。向被调查人出示《搜查证》以及制作搜查笔录等程序性事务一般应由监察机关工作人员独立完成。公安机关在协助搜查、留置过程中，遇到以下紧急情况时，可以公安机关的名义在没有搜查证的情况下对被调查人进行搜查：①可能随身携带凶器的；②可能隐藏爆炸、剧毒等危险物品的；③可能隐匿、毁弃、转移其他犯罪证据的；④可能隐匿其他犯罪嫌疑人的；⑤其他突然发生的紧急情况。

其二，协助技术调查的程序规则。《监察法》第 28 条第 1 款规定：监察机关调查涉嫌重大贪污贿赂等职务犯罪，根据需要，经过严格的批准手续，可以采取技术调查措施，按照规定交有关机关执行。根据该条款，对于监听电话等技术侦查手段，监察机关有权批准，但应当交公安机关执行。公安机关在与监察机关协商办理协助配合事项时，需要注意以下几个问题：①监察机关应向同级公安机关提请技术调查措施协助，不能越级提请，公安机关也不能直接越级协助；②基层监察机关需要采用技术调查措施的，应先报请所在市、州一级监察机关负责人批准后向同级公安机关提请协助。省直辖的县级行政单位的监察机关需要采取技术调查措施的，报请省监察委员会主要负责人批准后向省级公安机关提请协助。③本级公安机关的技术能力无法进行有效协助，需要由上一级公安机关执行技术调查措施的，由本级公安机关提请上一级公安机关执行。④需要异地公安机关协助配合执行技术侦查措施的，由本地公安机关与异地公安机关联系协助。⑤本级公安机关欲将具体的协助事项交有执行能力的下级公安机关办理的，需要经监察机关同意。公安机关在执行技术调查措施时，应及时向监察机关通报案件进展和与案件有关的信息。公安机关在执行技术调查措施时根据监察机关的要求整理、收集的信息资料，报公安机关负责人批准后，移送监察机关。在信息收集整理过程中，公安机关应尽到信息筛查义务，即获取的与案件相关的信息移送监察机关，对收集到的与案件无关但可能侵犯个人通讯秘密、隐私权等合法权益的内容应在信息筛选阶段中筛除。当技术调查措施期满，公安机关既未收到监察机关出具的《延长技术调查措施期限决定书》，也未收到解除技术调查通知的，公安机关应先解除技术调查措施，并将相关情况通报监察机关。

其三，协助通缉的程序规则。通缉的发布客观上应遵循"谁决定，谁发布"的原则，但考虑到我国目前公安机关、司法机关、监察机关力量与资源的差距，公安机关在调动社会资源与构建治安网络方面具有独特的优势，通缉令的发布统一由公安机关实施为宜。[1]《监察法》第 29 条规定："依法应当留置的被调查人如果在逃，监察机关可以决定在本行政区域内通缉，由公安机关发布通缉令，追捕归案。通缉范围超出本行政区域的，应当报请有权决定的上级监察机关决定。"该条款规定监察机关有权作为通缉的决定主体，而公安机关作为发布主体和执行主体有协助的义务。这种协助义务分为三项：①协助发布通缉令的义务；②协助查缉被通缉对象的义务；③协助撤销通缉令和追逃措施的义务。公安机关对监察机关提请通缉的被调查人，应当依法在本行政区域内及时发布通缉令，并采取网上追逃等措施。通缉范围超出本行政区域的，应当报请有决定权的上级监察机关决定。各级公安机关接到通缉令后，应当迅速部署、组织力量，积极进行查缉工作。

其四，协助限制出境的程序规则。《监察法》第 30 条规定："监察机关为防止被调查人及相关人员逃匿境外，经省级以上监察机关批准，可以对被调查人及相关人员采取限制出境措施，由公安机关依法执行。对于不需要继续采取限制出境措施的，应当及时解除。"根据上述规定，监察机关是限制出境措施的决定者，而公安机关是执行者。作为一种法定协助事项，公安机关对监察机关的协助申请仅能作形式审查，即出入境管理部门可以对相关法律文

---

〔1〕 王秋杰："困境与完善：论我国通缉制度"，载《法学杂志》2012 年第 11 期。

书是否齐全，内容是否存在错漏进行形式上的审查，发现问题可以与决定机关进行沟通，也可以退回限制出境的决定，以确保限制出境决定的准确性。公安机关协助执行限制出境措施有两种情况：①被调查人及相关人员已经办理护照或往来港、澳、台通行证的，由省级以下各级监察委员会报省监察委员会批准后，提请省公安边防部门依法采取限制出境措施；②被调查人及相关人员未办理护照或往来港、澳、台通行证的，由监察机关提请公安出入境管理部门报备列为不准出境人员，并不得为其办理出入境证件。

其五，协助留置的程序规则。《监察法》第 43 条第 3 款规定："监察机关采取留置措施，可以根据工作需要提请公安机关配合。公安机关应当依法予以协助。"公安机关协助监察机关执行留置措施，主要有以下几个方面：①协助采取留置措施。主要是协助监察机关控制被留置对象并将其送往留置地点。②协助提供留置场地。国家监察委成立后，产生四级监察委员会，市级以上监察委员会配备留置场所，县级以下采用留置措施的，可以带至市一级的留置场所执行留置，或将公安机关管理的看守所内部分设施进行改造，成为新的留置场所。③协助留置区看护。留置一名被调查人至少需要 8-12 名看护人员，监察机关人员力量有限，同时也为实现"看审分立"，需要公安机关协助看护。④协助留置过程中安全警戒。监察机关需要将被留置对象提出留置场所，送往医院就医、开展辨认或配合追缴财物的，公安机关应当安排看护人员予以协助，确保留置对象的安全。监察结案后，进行涉案人员移送、送审、送监等也可能需要公安机关予以协助。⑤协助执行异地留置。目前的异地留置机制仍旧处于探索阶段，还没有明确的法律规定。可参考借鉴《H 省公安机关协助配合监察机关调查的办法（试行）》第 18 条对公安机关协助执行异地留置的规定："公安机关应同级监察机关提请，可以协助对被调查人及相关人员在本行政区域内执行异地留置措施。对被调查人在本行政区域外执行留置措施的，由决定采取留置措施的监察机关报请上一级监察机关协调同级公安机关协助执行。"⑥协助应急处置。留置场所及周边可能发生的紧急、重大、突发性事件如被留置对象逃逸、死亡，留置场所发生事故、灾害，留置场所附近发生群体性事件等。当出现紧急情况时，公安机关须组织警力协助监察机关及时妥善处置。

五、监察过程中公安协助配合的配套机制

法律制度的系统存在与有效运行离不开的作为"黏合粒子"的配套规范。[1]就监察机关与公安机关协作配合制度本身而言,协助事项范围与协助程序构成了"监警协助"制度的"四梁八柱",但要发挥制度优势、提升反腐败工作合力,除了加强协作配合制度本身的程序建设外,还要完善协助配合的相关配套措施,尤其要解决实践中影响制度效果发挥的重点问题。

(一)管辖制度

"警监协助"的管辖问题是指监察机关向哪一级、哪一地公安机关申请协助并由哪一级、哪一地公安机关履行协助义务的问题。管辖问题旨在解决不同级别、不同地域公安机关之间在受理并执行监察机关协助申请过程中的分工和权限。管辖是启动监察协助程序的第一重要环节,完善的管辖制度能够将协助义务明确落实到具体的公安机关,既能避免公安机关之间推诿协助义务,又能保证监察机关与公安机关之间形成高效的协作互动。管辖权问题应具体明确以下两个问题:

其一,监察机关应向哪一级公安机关提出协助请求的问题。如果四级公安机关都可提供协助,出于协助秩序与沟通成本的考量,宜确立同级管辖原则,即监察机关只能向同级公安机关提出协助请求。如同级公安机关明显缺乏管辖权限或管辖能力,需要由上级公安机关实施协助的,应逐级报请上级监察机关,由上级监察机关提请同级公安机关实施协助。例如,县级监察委员会为防止重要涉案人员逃往境外,需要在出入境口岸采取限制出境措施的,应逐级报请省级监察委员会批准,由省级监察委员会向省级公安部门提请协助配合。

其二,应由哪一地公安机关履行具体协助义务的问题。该问题须视监察机关的申请情况与案件执行的便利程度分情况讨论:①监察机关申请协助事项需要异地协助的,由作出决定的监察机关报请上级监察机关协调同级公安机关协助执行。例如,县级监察委员会在调查过程中,发现重要涉案人员已逃往本省邻市某县,需要当地公安机关协助进行异地留置的,需要层层上报至省监察委员会,由省监察委员会向省公安厅提请协助留置,再由省公安厅

---

[1] 徐向华、周欣:"我国法律体系形成中法律的配套立法",载《中国法学》2010年第4期。

按程序协调处理。②同级公安机关接到协助请求后，认为应由上级公安机关进行协助的，应将具体理由告知同级监察机关，由申请协助的监察机关报请上一级监察机关批准后，由上一级监察机关提请同级公安机关实施协助。③同级公安机关接到协助请求后，认为由下级公安机关即可完成协助的，可告知同级监察机关，经申请机关同意后，指定下级公安机关执行。

（二）法律适用

监察协助的法律适用问题是指监察机关提出协助请求、公安机关履行协助义务时应适用哪一类法律法规的问题。监察协助的法律适用应根据行为性质的不同，分别适用不同的行为规范。监察协助的法律适用可分为以下环节：

其一，行为性质之认定。行为的法律性质决定了如何选择法律程序以及如何具体适用法律规范。就协助行为的性质而言，因涉及监察机关与公安机关两个主体，其外部表现形式可能是监察行为、行政行为抑或二者兼有。就协助行为过程而言，公安机关协助监察机关涉及监察机关的申请行为和公安机关的协助行为，属于多阶段行为，又可分阶段进行定性：①监察机关的申请行为是《监察法》的授权行为，属于监察行为的一部分。②公安机关的审核行为不受《监察法》调整，属于内部行政行为。③公安机关对外实施的协助行为涉及多种法律关系，当协助事项属于公安机关独立行使《警察法》第6条所规定的警察职权时，应将协助行为界定为警察行为，具体属于司法行为抑或行政行为再视具体的行为内容而定。当协助事项在内容上属于在监察机关的指挥下进行的监察辅助性活动时，应将其界定为监察行为的一部分。

其二，法律程序之选择。公安机关履行协助行为时应如何选择法律程序，需要根据具体的协助情形而定。在法定协助事项中，监察机关是决定者，公安机关是执行者，二者处于同一"工作流水线"，是工作程序上的衔接关系，公安机关的协助行为属于正常行使警察权的行为，只需适用公安法律程序。而在委托协助事项或其他商请协助事项中，要区分公安机关协助行为的性质是行使警察权还是监察权。如果协助行为在性质上属于通过行使警察权来促进监察目的实现的，应适用警察法律程序；如果协助行为具有"代替"监察机关履职的性质，则协助行为属于监察机关行使监察权行为的一部分，应符合监察程序要求。例如，监察机关委托公安机关勘验鉴定的，相关操作标准和证据形式应符合监察法律法规的要求，并能够直接作为监察证据使用；再如，监察机关提请公安机关协助进行留置看护的，公安机关工作人员在看护过程中应受监察机关指挥辖制。

其三，法律规范之适用。在行政协助中，请求机关原行政行为、是否需要请求行政协助的判定皆以请求机关所适用的法律作为依据，是否应提供协助以及如何提供协助以被请求机关所适用的法律作为依据。[1]但监察协助在性质上与行政机关间相互协助存在以下差异：①监察机关提出协助配合申请属于监察行为，判断是否需要请求公安机关协助以及相关申请程序应以请求机关所适用的法律作为依据；②公安机关对协助请求进行审查时，申请协助事项既要满足《监察法》及相关协助配合规范中规定的形式要件，又要符合公安机关的操作规程，所以公安机关审核是否应提供协助时应同时适用监察法律规范与警察法律规范。③公安机关对外实施协助行为根据行为事项性质的不同，分别适用刑事诉讼法律规范、行政法律规范、监察法律规范；公安机关工作人员在履行协助义务时，应符合警察法律规范。

（三）保障制度

监察协助制度的有效运行需要具体的保障制度，尤其要充分保障协助机关用于协助配合的人员与经费，才能有效提高协助机关实施协助的积极性。监察过程中公安机关协助配合机制需要以下制度保障：

其一，机构保障。为实现监察机关与公安机关协作的常态化，应增加部分常设机构，主要包括：①两机关内部设置常态化的协调机构，就公安机关而言，实践中多在法制部门中增设机构，专司受理、审核、回复监察机关的协助申请。②同级人大办公厅或专业委员会增设监察协助争议解决部门，负责解决监察机关与公安机关之间针对协助问题可能产生的争议问题，如是否应予协助的争议、协助管辖争议等问题。③同级党委中的监察协调机构，负责统筹监察执纪工作，推动监察机关与公安机关信息共享、手段互补、重点协调。

其二，人员保障。人员保障主要靠细化编制管理制度实现。如 F 省《监察机关与公安机关加强协作配合实施办法（试行）》要求："为不断提升协作配合水平，监察机关可以根据实际协同公安机关与同级编制管理部门加强沟通，争取为公安机关法制部门和监所管理部门增设专门机构，并在省里分配中央下达我省公安机关新增政法专项编制时予以优先增编。"该条款虽为建

---

〔1〕 黄学贤、吴志红："行政协助程序研究"，载《行政法学研究》2009 年第 4 期。

议性条款，但其提出的增设用以实施协助的专门机构与专项编制具有相当的可操作性。原检察机关办理自侦案件时，一般辅助性事务由司法警察负责。原检察机关反贪、反渎部门转隶至监察委员会后，相应的监察机关司法警察员额可适当限缩，适当增加公安机关用于协助的人员编制。

其三，经费保障。在经费保障层面，应建立合理的协助费用分担机制。重大、紧急协助事项所产生的费用通常具有花费大、可预见性低等特点，很难由监察机关或公安机关独立承担，应制定专门的经费保障机制。根据《突发事件应对法》第31条规定："国务院和县级以上地方各级人民政府应当采取财政措施，保障突发事件应对工作所需经费。"对重大紧急监察协助事项应由地方财政统一负担，所需资金单独列入财政预算。对一般的、常规性的协助事项产生的费用，应在监察机关与公安机关之间进行合理分派。就法定协助事项而言，协助情形、协助手段等都具有可预见性，且公安机关履行协助义务即是履行正常的公安工作，属于本机关正常公务开销，因此相关费用由公安机关直接负担即可。就委托协助事项而言，鉴于监察协助事项对公安机关而言，具有临时性和不可预见性等特征，一般应当由监察机关从本机关经费中列支用于支付协助费用。

（四）责任制度

凯尔森的法律责任论认为，在法律上对一定行为负责，就意味着不法行为者应受制裁。[1]有学者将其总结为"由不法行为引起的制裁之规范效果"。[2]在"警监协助"活动中，可能的不法行为包括监察机关的申请行为、公安机关的审核决定行为以及具有外部性的协助行为。据此，可将"警监协助"责任分为三种责任类型：

其一，机关内部法律责任。机关内部法律责任包括监察机关工作人员违反《监察法》和公安机关工作人员违反警察行为规范的法律责任。监察机关在申请协助配合、与公安机关协作实施监察调查工作中，相关人员存在失职渎职、徇私枉法、窃取或泄露涉密信息、违规扩大调查范围等违纪、违法行为的，应依法追责。对监察机关工作人员的责任追究主要依《监察法》中的

---

〔1〕 See Hans Kelsen, *Pure Theory of Law*, *Translated By Max Knight*, University of California Press, 1967, pp. 119~120.

〔2〕 余军、朱新力："法律责任概念的形式构造"，载《法学研究》2010年第4期。

责任条款〔1〕以及监察机关内部工作规程进行处理。公安机关工作人员在审核监察协助请求以及实施协助行为过程中，存在违反公安机关操作规程但尚不构成职务违法与职务犯罪的，由公安机关依纪依规进行内部追责。

其二，机关间法律责任。监察协助申请权作为监察机关的法定权力，其直接的权力客体是被申请机关，故被申请机关拒绝协助或在实施协助过程中存在不法行为时，应向监察机关承担相应的协助责任。监察机关提出申请但公安机关拒不提供协助引发的不作为法律责任，可以参照《监察法》第62条关于拒不执行监察机关作出的处理决定，或者无正当理由拒不采纳监察建议的责任承担方式进行追责，即"由其主管部门、上级机关责令改正，对单位给予通报批评；对负有责任的领导人员和直接责任人员依法给予处理"。这种责任追究方式一般通过上级监察机关同上级公安机关协调解决。对监察协助过程中，公安机关工作人员行为失范的，由其所在单位、主管部门、上级机关或者监察机关责令改正。涉嫌职务违法或职务犯罪的，可由监察机关依法处理。

其三，外部法律责任。《监察法》第67条规定了监察行为的外部责任问题："监察机关及其工作人员行使职权，侵犯公民、法人和其他组织的合法权益造成损害的，依法给予国家赔偿。"而在监察协助活动中，法律责任主体具有不确定性，协助行为引发的外部法律责任应由哪一机关承担需要分情况讨论：如果协助行为属于法定协助事项范围时，公安机关的协助行为以本机关名义作出，亦应对自身所实施的监察协助行为承担外部法律责任；如果协助行为属于委托协助事项，无论公安机关的协助行为属于何种性质，监察机关作为委托人，必然承担相关法律责任。在委托协助事项范围内，当公安机关的协助行为在性质上属于通过行使警察权来促进监察目的实现的，公安机关与监察机关对外承担连带责任；当公安机关的协助行为具有"代替"监察机关履职的性质时，由监察机关对外承担法律责任，公安机关就协助行为对监察机关负责。

六、结　语

公安机关协助配合监察机关调查职务违法犯罪乃"警监关系"之核心内

---

〔1〕　主要依据是《监察法》第65条关于监察机关工作人员进行追责的规定。

容。基于《监察法》对监察机关授权的不完整性与非对称性，唯借助公安机关等执法部门之协助配合，监察机关方能充分有效履行其监察职能。故此，构建科学有效的"警监协助"机制实属监察法治体系建设之迫切任务。为此，国家监察委有必要适时对《监察法》"警监协助条款"出台监察解释，以为"警监协助"机制框定基本原则和规则；同时，须在总结监察实践有益探索之基础上，尽快修改《警察法》及其配套法律法规，以明确公安机关在"警监协助"中的义务与操作规程。为长远计，基于监察协助配合机制之于整个监察体制的特殊作用和不可或缺之地位，有必要将制定单独的《监察程序法》提上全国人大的立法议程——在整个监察协助配合机制中，"警监协助"无疑至关重要，但监察机关与其他执法部门的协助配合机制，比如监察机关与审计部门、税务部门、电信部门、市场监管部门等其他执法部门间的协助配合机制，亦为国家监察制度有效运行所不可或缺之要素。基于法治原则，这些监察协助配合机制必须纳入"一体化"建设；而"一体化"建设的基本路径就是出台《监察程序法》。在立法技术上，可以考虑在《监察程序法》中设"监察协助"专章，对各类协助配合机制作统一规定。

监察委员会留置措施论析[1]

摘　要： 作为取代"双规措施"的监察留置措施具有行刑双性以及强制性、预防性等特性。基于法治原则，监察机关适用留置措施应当遵循《监察法》所规定的基本原则、适用条件、基本程序以及监诉衔接机制。鉴于监察留置措施的人身强制性，在监察制度改革全面试点的过程中，有必要进一步完善留置配套机制，加强被留置人之权利保障。

关键词： 留置措施；行刑双性；强制性；配套机制

2018年3月11日第十三届全国人民代表大会第一次会议通过的《中华人民共和国宪法修正案》在宪法第三章"国家机构"中增加一节，作为第七节"监察委员会"，由此，监察委员会在法律地位上，将与现有的"一府两院"相平行，各级监察委员会由各级人民代表大会产生，在组织机构上独立于"一府两院"，形成"一府一委两院"（"一委"即监察委员会）的国家机构新格局[2]。根据宪法，中华人民共和国第十三届全国人民代表大会第一次会议于2018年3月20日通过了《中华人民共和国监察法》（以下简称《监察法》）。《监察法》规定留置等调查措施，并对留置措施的适用条件和程序作了明确规定。鉴于留置措施涉及公民人身自由的限制，有必要对其法律属性、适用原则、适用程序等作学理性阐释。

一、监察留置的法律性质

根据《监察法》之规定，监察留置属于"调查措施"之范畴。就其性质而言，在《监察法》框架内，"调查"既是一项基本的监察权力，也是行使

---

〔1〕　该文与学生王冲共同署名发表在《湖北社会科学》2018年第11期。
〔2〕　江国华、彭超："国家监察立法的六个基本问题"，载《江汉论坛》2017年第2期。

"调查权"的一种方式。作为一项权力，"调查"与"监督""处理"并列，系监察机关三大基本职权之一。作为行使"调查权"的一种方式，"调查"包括讯问、询问、留置、搜查、调取、查封、扣押、勘验检查等措施。其中的"留置措施"具有行刑双性、强制性、预防性等法律属性。

（一）行刑双性

关于留置措施的性质定位问题，目前学界通说观点是行政属性与刑事司法属性兼具，是一种兼具强制措施性质和调查取证措施性质的国家监察手段。[1]这一观点应当结合监察体制改革进程中留置措施的推进过程进行分析。

首先分析留置措施的刑事司法属性。其一，从改革之初来看，《全国人民代表大会常务委员会关于在北京市、山西省、浙江省开展国家监察体制改革试点工作的决定》（以下简称《决定》）第二项将行政监察部门、检察机关及纪检监察部门反腐资源整合至监察委员会，从权力来源分析，监察委员会的调查权力来源之一为刑事司法机关，留置措施当然具有刑事司法属性。其次，《监察法》第22条规定留置措施适用于"严重职务违法或者职务犯罪"，监察委员会调查权行使范围涵盖了职务犯罪行为，留置措施在设置目的方面当然具有刑事司法属性，另外，将被调查人留置于特定场所，限制的是被调查人的人身自由权，留置措施的性质可类比《刑事诉讼法》的拘留和逮捕。

留置措施还具有行政属性的理由在于，监察体制改革的基本价值之一为优化国家的权力配置从而建立高效有力的反腐机制。改革之后，政府的行政监察由过去的同体监督变成了异体监督，形成国家监督权与国家行政权的监督与被监督关系，通过监督权对行政权的监督保障，实现行政权的依法公正高效运行。[2]从权力来源而言，监察委员会的一部分职权来自于行政监察机关的转隶；从权力实际运行的过程和性质看，监察委员会的职务违法与职务犯罪调查权能也更偏向于以往行政机关或党纪监察部门对组织内部工作人员的调查，类似内部行为，在功能和实际运行效果方面具有行政属性。故由此可以认定，留置措施在具有刑事司法属性的同时也具有行政属性。监察委员会留置措施的定位并非单一的刑事属性或行政属性所能涵盖与释明。

---

[1]　姜明安："国家监察立法的若干问题探讨"，载《法学杂志》2017年第3期。

[2]　吴健雄："论国家监察体制改革的价值基础与制度构建"，载《中共中央党校学报》2017年第3期。

（二）强制性

留置措施的又一性质在于强制性，同时兼具主动性与单方性。从这一角度可对留置措施作如下释义：为保障侦查活动的顺利进行，由监察委员会针对被调查人所采取的、限制其人身自由的强制措施。在确有必要的情况下，监察人员可以使用械具，以保障后续监督、调查、处置等行为顺利实行。与此对应，监察人员依法对被调查人员采取留置措施时，被调查人员具有隐忍或服从的义务，配合监察委员会的调查活动，不得依据任何理由采取暴力或非暴力的对抗行为。

基于留置措施的此项特性，我们可以认定其天然地具有扩张性，可类比刑事诉讼程序中的未决羁押。[1]在所有保证刑事程序顺利进行的强制措施中，对人身自由干预最大的是羁押，未决羁押不但是对犯罪嫌疑人、被告人自由的剥夺，也会导致被追诉人与他的社会、经济关系断绝。[2]若留置措施被不合理使用，极易导致被调查人的合法权利受到不当侵犯。如何防止调查权因过分膨胀而成为"脱缰野马"，将是监察委员会未来改革进程中所应正视的重要问题。

（三）预防性

留置措施的第三个性质为预防性。此项性质主要体现在两个方面：其一，对于被调查人员实施其他犯罪行为或潜逃行为起到预防作用，因涉嫌职务违法与职务犯罪的人员在社会上多具有一定影响力，采取留置措施能够在一定程度上预防被调查人实施其他犯罪行为并保障监察委员会职权的顺利行使。此外，"被告人在场"是刑事诉讼程序的重要原则，被告人对于整个刑事审判程序负有"出席义务"[3]，在《监察法》第22条规定的情形下对被调查人采取留置措施亦能够预防嗣后进行的刑事诉讼程序因被告人无法到场、证据被伪造、隐匿等情况无法正常进行；其二，对于其他机关和个人实施阻碍侦查的行为起到一定的预防作用，监察委员会在进行腐败案件的调查过程中可能受到来自外界的多方干扰（譬如涉嫌单位犯罪的机关以及涉及同案违法或

---

〔1〕 考虑到"审前羁押"很容易被误解为"审判前阶段的羁押"，而将审判阶段的羁押排斥在外，因此，笔者在本文中采用"未决羁押"这一称谓。此观点来自：陈瑞华："未决羁押制度的理论反思"，载《法学研究》2002年第5期。

〔2〕 ［德］克劳思·罗科信：《刑事诉讼法》，吴丽琪译，法律出版社2003年版，第273页。

〔3〕 林钰雄：《刑事诉讼法》（上），中国人民大学出版社2005年版，第270页。

犯罪的嫌疑人），在必要时对被调查人采取留置措施，能够有效对案件进展情况进行保密，防止被调查人接触可能对调查行为造成不利影响的单位或个人，造成案件信息外泄等情形的发生。

二、监察留置的原则

留置的基本原则主要解决留置措施今后应当如何进行进一步规范建构的问题，主要包括考虑何种因素、从哪些方面进行建构，以及未来在留置措施适用过程中出现无法律明文规定的情形时，应当遵循何种原则决定是否采取留置措施等方面。监察留置的原则应当包括：合法性原则、正当程序原则、合比例原则以及查留分离原则四项内容。

（一）合法性原则

监察留置措施的性质与刑事诉讼中的拘留、逮捕之要素存在交叉重叠，与刑事拘留和逮捕相比，羁押并不是一种法定的强制措施，而是由刑事拘留和逮捕的适用所带来的持续限制嫌疑人、被告人人身自由的当然状态和必然结果。[1]与拘留、逮捕相类似，留置措施也必定带来被调查人人身自由受到限制的结果，属于较为严厉的强制措施，在适用过程中尤其应当注意遵循合法性原则。当前《监察法》在留置措施的行使主体、批准主体、执行与批准程序、被留置人的权利保障、留置时限、刑期折抵以及取证过程的合法性问题等方面作出了规定。但为使留置措施的行使具有完善、系统的法律依据，在未来修法中应当进一步明确留置措施执行场所、与刑事逮捕的衔接、被留置人权利救济（包括事前及事后救济）、违反法律规定行使职权所应承担的后果，[2]不仅对合法性要求作出宣示，也赋予被调查人以救济途径。

（二）正当程序原则

在正当程序原则方面，美国耶鲁大学的法学教授杰里·马修（Jerry L. Mashaw）提出了"尊严价值理论"，其核心内容是，评价法律程序正当性的主要标准是它使人的尊严获得维护的程度。[3]《监察法》第41条涉及正当程

---

〔1〕　陈瑞华："未决羁押制度的理论反思"，载《法学研究》2002年第5期。

〔2〕　包括机关责任与个人责任，前者主要指非法获取的证据应当被排除，后者意指个人违法行使职权应承担相应的刑事责任。

〔3〕　陈瑞华："程序正义的理论基础——评马修的'尊严价值理论'"，载《中国法学》2000年第3期。

序原则，包括证件出示、书面通知、二人以上进行等内容。但此处关于正当程序的规定依然略显简单，我们不妨引入"尊严价值理论"，结合行政法中正当程序的基本原则对留置措施进行建构：监察委员会在采取留置措施时应当遵循正当的法律程序，包括事先告知被留置人，向其说明行为的依据及理由，并听取被留置人的陈述、申辩，告知其进行权利救济的途径。除此之外，正当程序原则还应当包括"自己不得作自己案件的法官"之意，使留置措施的最终决策者保持独立性与中立性，即留置措施的决定主体与批准主体应当分离，由批准主体来进行留置措施合法性的事前审查。

（三）合比例原则

留置措施的使用应借鉴比例原则，将该种对公民人身自由进行限制的强制措施适用于较狭窄的范围内——"在考虑某措施比例性的时候，必须平衡犯罪的严重性、嫌疑的程度、保护证据或信息的措施可能带来的价值和对所涉及的人带来的破坏或危害等因素"。[1]留置措施的比例原则内涵包括两个方面：其一为开始采取留置措施的条件（包括涉嫌职务违法及职务犯罪程度的要求），即将留置措施限定在职务违法或职务犯罪情节达到一定严重程度之时方可采取；其二为留置时限的规定，应当将对于人身自由进行限制的时间尽量缩短，以减少不必要的未决羁押。关于这两个问题，笔者将在下文中"留置的正当程序"一章"留置执行"一节作出具体论述。

（四）查留分离原则

《监察法》第22条规定将被调查人留置在"特定场所"，关于何为"特定场所"，在京、晋、浙三省市开展监察体制改革试点工作的过程中，较为普遍的做法是将被调查人留置于看守所，但这一做法并未得到规范性文件的认可。目前，我国的刑事侦查过程中所采取的模式为"侦押合一"的模式，而此种模式实际上有着较大的弊端。由于看守所属公安机关管辖，因而看守所在司法实践中往往也被认为与侦查机关一样，负有查究和打击犯罪的职责，许多地方侦查机关甚至明确规定，看守人员应当与侦查人员相互配合，协助收集犯罪证据和深挖余罪。[2]这就导致了侦查权向羁押场所不断扩张的问题，

---

〔1〕 宋冰编：《读本：美国与德国的司法制度及司法程序》，中国政法大学出版社1998年版，第384页。

〔2〕 陈永生："我国未决羁押的问题及其成因与对策"，载《中国刑事法杂志》2003年第4期。

主要见之于两个方面：超期羁押与刑讯逼供。为使得监察委员会在行使调查权与侦查权过程中尽量避免产生侵犯人权的状况，在进行留置措施的制度构建过程中，应将"查留分离"作为基本原则之一加以奉行，将留置场所与职务违法调查及职务犯罪侦查场所予以分离。

三、监察留置的条件

如前所述，监察留置与《刑事诉讼法》中对于拘留、逮捕的要件规定存在一定的交叉重叠，《监察法》列明了采取留置措施的条件，主要包括：事实条件、对象条件与情节条件。在进行监察留置条件的规范建构时，应当参考拘留、逮捕的条件，同时应当考虑到监察委员会职权、监察对象的特殊性，以及与嗣后刑事诉讼程序衔接的机制，作出区别于刑事拘留、逮捕的规定。

（一）有违法犯罪事实

《监察法》第 11 条明确了监察机关的调查职责，结合第 22 条，可对监察留置的事实条件作如下解读：一是有证据证明发生了违法、犯罪事实，要求该项事实须已达到构成违法或犯罪的程度，这一点是留置的事实发生条件；二是有证据证明该项违法犯罪事实是被调查人所为，若有多人参与，应证明该被调查人所涉嫌的情节已经达到了违法或犯罪的程度，这一点是留置的事实情节条件；三是被调查人实施违法、犯罪行为的证据已查证属实。通常在腐败案件中，一个被调查人可能会涉及数个违法或犯罪行为，只要有证据证明其中一个行为的情节符合"涉嫌贪污贿赂、失职渎职等严重职务违法或者职务犯罪"这一条件的要求即可，此点为留置的事实的证据条件。

（二）违法犯罪嫌疑人属于公职人员

就监察体制改革之前的监督工作来看，行政监察机关、党内纪检机关以及检察机关所能够监督的对象范围是存在交叉和互有重复的[1]，构建统一国家反腐败体制，能够使得监督对象更加全面，留置措施的适用范围与监察委员会的监察对象范围一致。《监察法》具体规定监察对象为六类人员，以此划定监察对象的范围是较为妥帖的。但有一点需在未来立法过程中进一步商榷——行贿罪为受贿罪的对合犯罪，两罪具有并发性与隐蔽性。在调查受贿罪的犯罪事实过程中，突破口的寻找往往依赖于行贿者的举报或口供，应当考虑将涉

---

〔1〕 江国华："国家监察体制改革的逻辑与取向"，载《学术论坛》2017 年第 3 期。

及监察机关管辖的职务违法、职务犯罪案件的行贿人也纳入留置对象的范围，有利于相关案件的调查工作顺利开展。但在此基础上如何恰当地确定留置对象范围并进行相应的权力监督与规制，使得监察机关在行使权力过程中不至于恣意扩大权力适用范围，应当在未来结合实践经验再行斟酌。

（三）有留置之必要

《监察法》第22条对留置措施适用的情节条件作出了规定，基本对试点地区监察委员会留置措施的操作规范进行了整合，对这一法条应作如下拆分解读：

1. 涉及案情重大、复杂

"重大、复杂"这一条件在实践中不易界定，应当考虑在监察体制逐渐改革完善的过程中将其细化，在法条中明文规定，以便于公众对于留置措施的适用进行监督。案件涉及人数的多少、造成社会影响的大小是衡量职务违法、职务犯罪行为情节是否严重的标准，但不易在法条中明确界定。涉案金额作为腐败犯罪重要的参考指标，容易予以量化，但金额标准在未来具有浮动的可能，不宜在具有高度稳定性的法律中明文规定，可考虑将其规定在相应的司法解释中，兼顾留置措施适用条件的稳定性与灵活性。

2. 可能逃跑、自杀

逃跑与自杀是职务违法与职务犯罪调查、审判过程中的较大阻碍。我国目前仍与许多国家在引渡问题上无法达成协议或在实际操作中遭遇难题。而职务违法与职务犯罪案件通常不是单独发生，其涉及人数较多，被调查人逃亡海外或自杀之后，相关的调查工作可能无法继续进行，或需要耗费较多的调查资源。在被调查人具有逃跑、自杀倾向时及时将其留置，有利于调查活动的顺利进行，节约办案成本，同时使确实违法、犯罪的被调查对象得到应有的惩罚。"可能逃跑"这一条件较易确定，譬如被调查对象实施了购买机票、车票、办理护照等行为。而"可能自杀"这一条件不易界定，在调查过程中应当密切注意被调查人员的动向，必要时可引入心理方面的评估，尽量确保在被调查人出现自杀倾向时能够及时采取措施。

3. 可能串供或者伪造、销毁、转移、隐匿证据

条件三涉及被调查人妨碍取证的情形。职务违法与职务犯罪案件的被调查人通常具有一定的社会地位与影响力，且职务违法与职务犯罪案件具有较强的隐蔽性，案件取证难度极高，相关犯罪证据容易灭失，调查机关对言辞

证据的依赖程度较高。而对违法与犯罪行为熟知的人大多是同案犯、行贿人或被调查人的亲友，出于惧怕打击报复或维护亲友的心理，可能与被调查人实施串供、销毁、转移、隐匿证据的行为，导致案件的调查陷入僵局。因此，在调查工作开始后，监察机关应当尽力防止被调查对象接触同案犯、证人以及相关证据，发现被调查人有此类倾向时，及时将其留置，方能保证案件调查工作的顺利进行。

4. 可能有其他妨碍调查行为

此项属于兜底性质的条件，给予监察机关在采取留置措施时一定的自由裁量空间，监察机关可根据案件调查情况灵活决定是否采取留置措施。这可参照《关于依法适用逮捕措施有关问题的规定》中关于"有逮捕必要"的规定。首先，除非是监察机关为了进一步获取证据而允许被调查人在监察机关监视之下继续实施违法、犯罪行为之外，有继续实施职务违法、犯罪行为可能的被调查人应当被留置；其次，对同案犯、证人实施威胁恐吓、打击报复的被调查人，应当被采取留置措施以防止其他犯罪行为的发生。除此之外，"其他妨碍调查行为"仍需监察机关在进一步的调查工作的实践中予以明确。

四、监察留置的正当程序

留置措施兼具行政性与刑事司法属性、强制性等特征，若被不当使用，极有可能侵犯到公民最基本的人身自由权。因此，正当程序在留置措施的适用中显得尤为重要。除应当满足前述的各项条件之外，主体条件、留置场所、留置时限、留置与逮捕如何衔接等问题也应当作为监察留置正当程序的要点予以考虑。

（一）留置决定与批准

监察委员会作为职务违法与职务犯罪调查权的行使主体，掌握着被调查人违法、犯罪的一手资料，对于对被调查人采取留置措施的必要性有着最为直观的判断，将留置决定权交由监察委员会行使最为恰当，由领导人集体研究决定是否采取留置措施，这一点在法理及实践过程中并无争议。

有争议之处在于：采取留置措施的决定作出后，其进一步的审批权究竟应当为哪个机关所掌握？在试点地区探索过程中，三地区对于留置措施批准主体的规定不尽相同：北京市规定"留置措施的使用须报同级党委主要负责人批准，予以立案审查（调查）；市纪委市监委机关对局级或相当于局级的监察对象采取留置措施的，还需报市委主要领导批准；区级纪检监察机关对处级或相当于处级的监察对象采取留置措施的，还需报区委主要领导批准"。[1]山西省的规定为"省监委确需采取留置措施的，应提交省监委执纪审查专题会议研究决定，并由案件监督管理室报中央纪委备案"。[2]浙江省的规定则是"凡采取留置措施的，需监委领导人员集体研究、主任批准后报上一级监委批准，涉及同级党委管理对象的，还需报同级党委书记签批，凡使用、延长、解除留置措施的，市县两级监察机关都需报省级监察机关备案，而省监委则需报中央纪委备案[3]"。三试点地区留置措施的审批主要与两个机关相关：监察委员会与党委（主要）负责人。在结合三试点地区经验的基础上，《监察法》规定省级以下监察机关采取留置措施须经上一级监察机关批准，省级监察机关决定采取留置措施须报中华人民共和国监察委员会备案。在当前监察体制改革的初步阶段，此种规定有利于监察委员会职权的高效行使、留置措施的顺利实施以及反腐案件进展情况的适当保密。

此外，《监察法》第 43 条规定"……在特殊情况下，可以延长一次……省级以下监察机关采取留置措施的，延长留置时间应当报上一级监察机关批准……"由此，留置措施的批准主体实际上应当包括两个层次，其一为初始留置的批准主体，其二为留置时限延长时的批准主体，目前《监察法》的规定为二者主体是同一的，此种规定便于在实践中操作，但在未来是否应当考虑二者分开设置，体现留置措施的"审慎"延长原则，这一问题尚有继续探讨的空间。

（二）留置执行

留置执行要件的解读为监察委员会在采取留置措施时的具体操作规范的解读，笔者将从留置场所与留置时限两个方面对《监察法》相关法条进行分析并提出相应的完善建议。

---

〔1〕 "从一开始就把监察权关进笼子——北京开展国家监察体制改革试点工作纪实（下）"，载《中国纪检监察报》2017 年 6 月 2 日。

〔2〕 "做好深度融合大文章——山西开展国家监察体制改革试点工作纪实（下）"，载《中国纪检监察报》2017 年 6 月 8 日。

〔3〕 "改革，不止于挂牌——浙江省开展国家监察体制改革试点工作纪实（下）"，载《中国纪检监察报》2017 年 6 月 14 日。

1. 留置场所

首先，留置须在统一的场所中进行，这一条须予以明文规定。应当参照《刑事诉讼法》第 93 条 "……逮捕后，应当立即将被逮捕人送看守所羁押……"规定在采取留置措施后立即将被留置人送往留置场所，同时确保整个过程录音录像的完整性。但《监察法》对于留置措施的执行场所仅规定为"特定场所"，《山西省纪委监委机关审查措施使用规范》在第八章也仅仅规定使用留置措施，应当在指定的专门场所实施，与被留置人谈话、讯问，应在专门谈话室进行。[1]目前尚无规范性文件指出何处为"专门场所"或"专门谈话室"。留置场所设置为看守所较适宜，主要基于以下几点考量：其一，看守所非属监察委员会管辖，将调查对象留置于看守所，能够在一定程度上避免前述侦查权向羁押场所扩张的问题；其二，看守所中的械具及配套设施等已经较为完善，监察委员会若在此之外另设一处留置场所需动用较多的人、财、物力，从经济的角度而言，此种做法并不适宜；其三，监察委办理反腐败案件时若采用设施条件优于看守所的场所（如宾馆），"留置一日折抵拘役、有期徒刑一日"的做法将会对其他被羁押于看守所的犯罪嫌疑人造成实质上的不公。[2]进一步而言，前文提及，不仅"查留分离"原则应当在留置措施实施过程中予以重视，"侦羁分离"也应当作为普通刑事羁押过程中的原则加以奉行。在看守所的职能实际运行过程中，尽管其作为公安机关的部门之一，但在实质上已经具备了一套较为完整的机关运行体系，应当考虑将看守所从侦查机关剥离，由司法行政机关来行使相应的管理职能。此外，我国目前的看守所分为治安看押区域和刑事看押区域，将被调查对象留置在这两个区域中的任何一个从名义上来说都是不太适宜的，应当考虑将目前的看守所进行相应的硬件设施改造，并开辟专门的留置执行区域，以规范留置执行场所。

其次，在被留置人权利告知方面，可参考我国香港特别行政区廉政公署在扣留被调查人时所采用的制度，设置周全的扣留设施，根据《廉政公署条例》

---

〔1〕"做好深度融合大文章——山西开展国家监察体制改革试点工作纪实（下）"，载《中国纪检监察报》2017 年 6 月 8 日。

〔2〕也有人认为，基于此种可能形成的不公，应当规定为"留置二日折抵拘役、有期徒刑一日"，但笔者认为，《监察法》的规定较为合理，我们的关注点还是应当集中于尽力使被调查人受到与其他被羁押于看守所的犯罪嫌疑人受到同等的待遇。

第 10A 条，[1]廉署有权扣留被捕人士，《廉政公署（被扣留者的处理）令》（第 204（A）章）列明了被扣留人士所享有的权利。被扣留者会收到一份中英对照的"致被扣押人士的通告"，[2]列明该法令的详细内容。这份通告会张贴在各个扣留室、会面室和扣留中心较为醒目的位置。监察委员会在行使留置措施过程中可以对此进行借鉴，在留置执行场所张贴相应的权利告知通告，使被留置人明确自身的合法权利。

2. 留置时限

在留置时限方面，从理论角度而言，有的学者认为应从职务违法行为立案调查阶段和职务犯罪行为立案侦查阶段的三个方面，设置短期、中期和长期的留置期限。[3]此种观点不甚合理，理由在于留置措施的时限设置应当结合留置措施出台的目的进行考量（即：使得此前纪委在办案过程中的"两规"措施逐步进入到刑事司法体制内，取得法律上的依据，辅助职务违法与职务犯罪调查权的行使）。首先，该观点认为短期留置可参照《公安机关适用继续盘问规定》第 11 条有关继续盘问时限的规定，设置"12-24-48"小时的短期留置时限，联系到职务违法及犯罪行为通常涉及面广、人数较多、取证难度大，在监察委员会决定采取留置措施之后，以"小时"记的留置期限往往不能满足调查与侦查的需要。其次，其认为长期留置应当参照《行政监察法》

---

[1] 《廉政公署条例》第 10A 条：（1）根据第 10 条被逮捕的人——（a）可随即被带往警署，并在该警署按照《警队条例》（第 232 章）处理；或（b）可被带往廉政公署办事处。（2）凡根据第 10 条被逮捕的人被带往廉政公署办事处后——（a）如职级为高级廉政主任或以上的廉署人员（在本条中称为"廉署高级人员"）认为有作进一步调查，有需要扣留该人在该办事处，则该人可被扣留在该处。

[2] 《第 204A 章：廉政公署（被扣留者的处理）令（宪报编号：1 of 2003）》第 17 条致被扣留者的告示（版本日期：30/06/1997）：廉政公署须在用作扣留被扣留者的每间房间的显眼处，以及易为被扣留者看见的廉政公署办事处内其他显眼地方，张贴具以下条款的中文及英文告示——"被扣留者请注意：①你可要求将你已经被扣留一事通知你的亲属或一位朋友。②在不会对调查的进行或执法构成不合理延误或阻碍的前提下，你可与一名法律顾问通讯和商议。③你如根据裁判官的命令被扣留，为准备你的辩护，你会——（a）获供应书写用品，而你的书信可邮寄出或递送出而不受延误；（b）在不会对调查的进行或执法构成阻碍的前提下，你可打电话给他人。（1987 年第 51 号第 9 条）。④你可要求保释。⑤你如感到不适，请要求医疗护理。⑥你会获得免费供应足够的食物和茶点。除属基本需要的衣物外，你不得接受从外间送来的任何其他东西。但在你的要求下，可获准自费得到外间送来食物，但这些食物须经过检查。⑦你如作出要求，便会获得供应饮用水。"

[3] 王晓："监察委员会的留置措施论要"，载《北京联合大学学报（人文社会科学版）》2017 年第 2 期。

（已失效）第 33 条〔1〕有关立案调查的案件期限，设置"6 个月至 1 年"的长期留置时限，但参照比例原则来看，对于人身自由的限制期限不宜设定得如此之长，同时结合《刑事诉讼法》第 156 条"……侦查羁押期限不得超过二个月……可以经上一级人民检察院批准延长一个月"的规定来看，6 个月至 1 年的规定过长，可以说也是不甚合理的。《监察法》在《山西省纪委监委机关审查措施使用规范》规定的"使用留置措施时间不得超过 90 日，特殊情况下经批准可延长一次，时间不得超过 90 日"基础上，规定的留置时间不得超过 3 个月。在特殊情况下，决定采取留置措施的监察机关报上一级监察机关批准，可以延长一次，延长时间不得超过三个月"比较适宜，能够兼顾案件调查。监察委员会在实际采用留置措施的过程中应参照比例原则规定留置措施的时限，使之与被调查人涉嫌罪行的严重程度、妨碍侦查的可能性的大小、人身危险性大小和案件具体情况（如涉案金额、人数等）相适应，尽量减少不必要的留置，以确保该项措施使用的合理性。

3. 留置衔接

（1）留置与逮捕的衔接。在职务违法或职务犯罪调查阶段结束之后，如何实现留置措施与逮捕的衔接则是另一个需要考虑的问题。陈光中教授认为，留置向逮捕的转化依案件情节严重程度或证据材料完整性的不同，可能产生三类处理情形：检察院依法决定独立逮捕、依法转为取保候审或监视居住、依法决定不予逮捕（说明理由、退回补充调查），〔2〕笔者赞同此种观点。此外，在留置结束转向刑事羁押之后，应当尽量减少未决羁押的时间，原因之一在于《监察法》第 44 条规定"留置一日折抵管制二日，折抵拘役、有期徒刑一日"，但在逮捕之前，对犯罪嫌疑人的人身自由限制已经经过了较长时期，若再对犯罪嫌疑人进行较长时间的未决羁押，可能导致最终判决应折抵期限超过服刑期限的问题；原因之二在于我国目前的未决羁押存在适用范围过大、羁押期限过长、超期羁押较为普遍且久禁不止等问题，〔3〕若在羁押期限之上再加入留置期限，将会加重羁押时限的不合理性。因此，在留置向羁

---

〔1〕《行政监察法》第 33 条："监察机关立案调查的案件，应当自立案之日起六个月内结案；因特殊原因需要延长办案期限的，可以适当延长，但是最长不得超过一年，并应当报上一级监察机关备案。"

〔2〕 陈光中、邵俊："我国监察体制改革若干问题的思考"，载《中国法学》2017 年第 4 期。

〔3〕 陈永生："我国未决羁押的问题及其成因与对策"，载《中国刑事法杂志》2003 年第 4 期。

押转化的过程中应当尤其注意规范相应的时限。

此外，在留置与羁押场所交接的过程中，应当无间断留存影像资料，使得整个留置与羁押的交接过程透明化，避免在交接过程中出现侵犯被留置人人身权利的情况，同时避免重要证据因来源不合法而被排除以及进行重复侦查等浪费侦查资源与司法资源的现象。

（2）案件证据移送制度的完善。对于监察委员会的证据制度，《监察法》第33条对证据种类、证据的要求和标准作出了相应的规定，但对于监察委员会将证据移送至检察机关的流程并无明文规定。在留置措施与刑事司法程序的衔接上，应当制定较为完善的证据移送制度。首先，应当确定移送相关证据材料的种类，可参考《行政执法机关移送涉嫌犯罪案件的规定》第6条对于移送证据材料内容的规定；其次，应当对证据合法性审查主体作出明确规定，检察机关是提起刑事诉讼的机关，具有对证据取得的合法性进行审查的职能，监察委员会对于职务犯罪案件的调查权实质上相当于公安机关对于普通刑事案件的侦查权，我国《刑事诉讼法》第175条对于人民检察院在证据审查过程中发现证据取得存疑可以要求公安机关对证据收集的合法性作出说明以及退回补充侦查的规定，在检察机关对监察委员会证据审查的过程中应当同样予以适用。

五、被留置人的权利保障

伴随着人权观念的传播发展，无论是基于历史渊源、现实基础抑或具体宪法规定，落实基本人权原则，切实保障公民基本权利必然是一个国家在进行制度建设时的重要考量因素。[1]被留置人的权利保障是监察体制改革中不可忽视的环节，进行相应的制度构建时应当着眼于事前权利保障与事后权利救济两个方面，事前权利保障主要包括使被留置人明确自身合法权利的内容（即前文所述应当张贴通告于留置场所的内容）、免于逼供权、陈述申辩权。而事后的权利救济主要应当着眼于监察申诉和司法救济，即被留置人的合法权利被侵犯之后，如何向监察委员会进行申诉及向司法机关提起诉讼，以期获得应有赔偿的权利。

---

〔1〕 周叶中、莫广明："论反腐败制度建设与公民基本权利保障"，载《学习与实践》2017年第3期。

（一）免于逼供权

调查权的行使与人权保障息息相关，前文提及杰里·马修教授提出的"尊严价值理论"，进而引申到监察留置措施构建过程中，正当程序原则的遵循尤为重要，其关乎一国人权保障的价值取向，与我国当前进行的司法领域改革的基本精神应当保持一致，留置对象应当享有免于逼供的权利。而刑讯逼供将侵犯被留置人生命权、健康权、人格权、自由权中的一项或多项权利，与我国当前进行的司法改革的精神背道而驰，应当在监察体制改革过程中摒弃。

《监察法》第33条对于非法证据排除原则作出了明文规定，但除检察机关审查起诉及法院在诉讼过程中进行非法证据排除之外，相关的惩戒制度也应当被纳入刑事司法体系当中。监察体制改革之前，纪委人员不属于"司法工作人员"范畴，若其违反程序的正当性，也并不能够适用刑讯逼供罪的量刑，仅能适用故意伤害罪、故意杀人罪的一般规定。但监察委员会的职务犯罪侦查权能由检察机关的相应职能整合而来，应当把行使职务犯罪侦查权的工作人员认定为司法工作人员。此外，职务违法行为是否达到了职务犯罪标准在调查开始阶段并不能够完全区分，应当认为监察委员会行使职务违法调查权的人员也属司法工作人员，适用《刑法》中对于刑讯逼供罪的相关规定，敦促其谨慎履行相应职能。

（二）陈述申辩权

在"正当程序"一节中，笔者曾经提及，监察委员会在采取留置措施时应当听取被留置人的陈述、申辩。《监察法》第41条规定了采取留置措施的程序，却并未指出被调查人是否享有陈述、申辩权利。留置措施具有行政属性，可参照《行政处罚法》第32条和第41条作出相应的程序性规定，在采取留置措施时充分听取当事人的意见，若未履行此程序，应当认定为监察委员会留置措施违反了正当程序原则，要求履职人员承担程序违法的责任，并重新履行留置程序。

（三）申诉救济权

1. 监察申诉

陈述申辩权着眼于采取留置措施之前被调查人人身权利的维护，而监察申诉则是着眼于被留置人在留置过程中的权利救济。留置具有行政属性，申诉的构建可类比行政申诉制度，但我国目前尚未进行体系化的构建，相关的简要规定可见于《行政复议法》第 8 条、《行政监察法》第 38 条和 39 条、《行政处罚法》第 54 条。就实用性方面而言，这样的规定有所欠缺，且行政监察机关的独立性不足，其履职的公正性当然也存疑。《监察法》第 60 条规定被调查人及其近亲属有权向监察机关申诉，但仅限于超期留置情形，稍显简略。在未来的监察体制改革过程中，此种规定应当进一步予以细化，包括留置程序违法时的申诉救济，可考虑规定行政申诉（包括监察申诉）的内容作为独立的行政救济制度，设置独立于监察委员会和检察机关的机构，譬如，可建立行政申诉专员制度来受理一般的行政申诉案件，同时也包括监察申诉案件。并规定相应的受案范围与配套程序，切实使申诉制度做为被调查对象权利救济的途径之一。

2. 司法救济

前述几项权利所具有的防御功能并不能够完全杜绝公权力对被留置人合法权益的侵害，但在中国整个审判前程序中，由于并不存在类似西方国家那样的预审法官、侦查法官或者治安法官的参与，因此，法院对侦查、审查起诉阶段的诉讼行为无法进行同步的司法审查。[1]故应当引入司法救济机制作为事后救济途径之一。如姜明安教授所言，国家监察法立法有必要适当引入司法救济机制，即监察对象对于监察机关采取的限制人身自由的强制措施（如留置）、对财产的部分强制措施（如查封、冻结、扣押、搜查等），以及个别最严厉的行政处分决定（如开除公职）不服，国家监察法应赋予相对人向法院提起诉讼的权利。[2]司法的终局性特点决定了其应当作为解决司法救济含有司法机关对于监察委员会行使留置措施的监督之义，具有附随性，即法院仅能够在诉讼中对于监察委员会职权行使的合法性进行审查。在此类诉讼中，监察委员会为留置措施的实施主体，若其行为侵犯到被留置人的合法权利，自然应当由其自身作为诉讼的被告一方。

不可否认，监察委员会性质定位具有特殊性，以之为被告的诉讼性质尚有待明确。陈光中教授指出，此次监察体制改革将监察权从行政权中剥离，明显提高了监察权在国家权力架构中的等级，使之成为与行政权、司法权并

---

〔1〕 陈瑞华：“未决羁押制度的理论反思”，载《法学研究》2002 年第 5 期。

〔2〕 姜明安：“国家监察立法的若干问题探讨”，载《法学杂志》2017 年第 3 期。

列的国家权力。[1]从一方面来说，监察委员会并不能够被定义为行政机关，行政复议与行政复核的规定并不能够直接适用，若承认被留置人对监察委员会提起的诉讼为行政诉讼，便等同于承认监察委员会是行政机关，其所行使的权力为行政权，显然是不成立的。但不可否认的是，监察委员会的职权具有特殊性质，留置措施的适用类似于一般犯罪的侦查机关对于拘留或羁押的适用，与民事、刑事诉讼相比较而言，此类诉讼更贴近于行政诉讼，应当由法院的行政庭受理及审判。

尽管《监察法》已经出台，但基于留置措施制度为改革过程中所新设，在监察委员会采用此项措施时，可能会遇到较多关于程序合法性的问题，包括前述所列举的留置措施行使对象、场所、时限、条件、审批主体、权利救济等。除此之外，仍有一些问题须在未来监察体制改革进程中予以进一步的考量，譬如针对涉嫌职务犯罪与职务违法行为，是否应当采用不同程度、不同时限的留置措施，使该项强制措施与被调查人行为的社会危害性大致等同；再比如留置过程中是否应当赋予被调查人会见律师的权力，同时又应当如何操作才不致使得案件信息外泄；再者，在监察委员会工作人员采取留置措施过程中因不当行使权力造成被调查人合法权利受损的情况下，是否应当适用、应当怎样适用《国家赔偿法》，以及国家进行赔偿之后，是否能够向该工作人员进行追偿的问题等。在各地已有经验的基础上，立法者应当进行经验的总结并进行进一步的立法、修法，使监察委员会的权力在法律的轨道内运行。

---

[1]　陈光中、邵俊："我国监察体制改革若干问题的思考"，载《中国法学》2017 年第 4 期。

参考文献

一、著作

1. 习近平：《习近平谈治国理政》，外文出版社 2014 年版。

2. 习近平：《决胜全面建成小康社会　夺取新时代中国特色社会主义伟大胜利——在中国共产党第十九次全国代表大会上的报告》，人民出版社 2017 年版。

3. 《马克思恩格斯选集》（第 1 卷），人民出版社 1995 年版。

4. 《马克思恩格斯全集》（第 1 卷），人民出版社 1972 年版。

5. 《马克思恩格斯全集》（第 3 卷），人民出版社 1972 年版。

6. 《马克思恩格斯全集》（第 19 卷），人民出版社 1975 年版。

7. 《列宁全集》第 12 卷，人民出版社 1987 年版。

8. 《邓小平文选》（第 3 卷），人民出版社 1993 年版。

9. 《彭真文选》（1941-1990），人民出版社 1991 年版。

10. 蔡定剑：《中国人民代表大会制度》，法律出版社 2003 年版。

11. 蔡定剑：《宪法精解》，法律出版社 2006 年版。

12. 陈清秀：《行政诉讼法》，元照出版公司 2012 年版。

13. 陈敏：《行政法总论》，三民书局 1998 年版。

14. 邓频声等：《中国特色社会主义权力监督体系研究》，时事出版社 2011 年版。

15. 胡建淼主编：《外国宪法案例及评述》（下册），北京大学出版社 2004 年版。

16. 陈卫东主编：《刑事诉讼法》，中国人民大学出版社 2015 年版。

17. 万毅、班保申、周国军：《现代领导科学与艺术》，黑龙江教育出版社 2013 年版。

18. 高兆明：《制度公正论——变革时期道德失范研究》，上海文艺出版社 2001 年版。

19. 郭道晖：《法的时代精神》，湖南人民出版社 1997 年版。

20. 陆学艺主编：《当代中国社会阶层研究报告》，社会科学文献出版社 2002 年版。

21. 李秋芳、孙壮志主编：《反腐败体制机制国际比较研究》，中国社会科学出版社 2015 年版。

22. 林尚立：《建构民主——中国的理论、战略与议程》，复旦大学出版社 2012 年版。

23. 李念祖：《司法者的宪法（二）》，元照出版公司 2013 年版。

24. 刘曼容：《港英政府政治制度论（1841–1985）》，社会科学文献出版社 2001 年版。

25. 刘志勇：《中国官员财产申报制度研究》，中国社会科学院出版社 2013 年版。

26. 龙宗智：《证据法的理念、制度与方法》，法律出版社 2008 年版。

27. 罗华滨、刘志大编著：《中国特色社会主义监督体制》，中国方正出版社 2012 年版。

28. 江国华：《常识与理性：走向实践主义的司法哲学》，生活·读书·新知三联书店 2017 年版。

29. 江国华编著：《中国行政法（总论）》，武汉大学出版社 2012 年版。

30. 江必新、梁凤云：《行政诉讼法理论与实务》，北京大学出版社 2009 年版。

31. 沈德咏主编：《中国特色社会主义司法制度论纲》，人民法院出版社 2009 年版。

32. 沈跃东：《宪法上的监察专员研究》，法律出版社 2014 年版。

33. 孙谦、韩大元主编：《司法机构与司法制度——世界各国宪法的规定》，中国检察出版社 2013 年版。

34. 彭勃、龚飞主编：《中国监察制度史》，中国政法大学出版社 1989 年版。

35. 任建明主编：《反腐败制度与创新》，中国方正出版社 2012 年版。

36. 马进甫等编著：《德国廉政制度与文化研究》，中国法制出版社 2017 年版。

37. 王名扬：《美国行政法》，中国法制出版社 1995 年版。

38. 王名扬：《法国行政法》，北京大学出版社 2016 年版。

39. 王名扬：《美国行政法》，北京大学出版社 2016 年版。

40. 王有粮等：《中外廉政文化研究》，四川大学出版社 2017 年版。

41. 邬思源：《中国执政党监督体系的传承与创新》，学林出版社 2008 年版。

42. 翁岳生：《行政法与现代法治国家》，台湾大学法学丛书编辑委员会 1982 年版。

43. 於兴中：《法治东西》，法律出版社 2014 年版。

44. 杨伯峻编著：《春秋左传注》，中华书局 1981 年版。

45. 游劝荣主编：《台湾法律界》，九州出版社 2013 年版。

46. 许宗力：《法与国家权力》，月旦出版有限公司 1993 年版。

47. 周叶中主编：《宪法》，高等教育出版社 2016 年版。

48. 左连璧主编：《中国监察制度研究》，人民出版社 2004 年版。

49. 《廉政公署 25 周年纪念》，香港特别行政区廉政公署制 1999 年版。

50. 史琛良：《香港政制纵横谈》，香港三联书店有限公司 1988 年版。

51. 张晋藩主编：《中国古代监察法制史》，江苏人民出版社 2007 年版。

52. 张文显：《权利与人权》，法律出版社 2011 年版。

53. 张文显：《司法的实践理性》，法律出版社 2016 年版。

54. 中共中央纪律检查委员会、中央文献研究室编：《习近平关于党风廉政建设和反腐败斗争论述摘编》，中央文献出版社、中国方正出版社 2015 年版。

55. 中国社会科学院"政治发展比较研究"课题组编著：《国外公职人员财产申报与公示制度》，中国社会科学出版社 2013 年版。

56. 中共中央文献研究室编：《十八大以来重要文献选编》（上），中央文献出版社 2014 年版。

57. 中共中央文献研究室编：《十八大以来重要文献选编》（中），中央文献出版社 2014 年版。

58. 中共中央纪律检查委员会、中华人民共和国国家监察委员会法规室编写：《〈中华人民共和国监察法〉释义》，中国方正出版社 2018 年版。

59. 中央纪委案件审理室编著：《纪律审查证据收集与运用——以新修订的《中国共产党纪律处分条例》为视角》，中国方正出版社 2018 年版。

60. 中华人民共和国监察部编：《中国监察年鉴：1992—1997 年卷》（上册），中国方正出版社 2007 年版。

61. （汉）班固撰：《汉书·卷五十八·公孙弘传》，中华书局 1962 年版。

62. （汉）王符著，（清）汪继培笺，彭铎校正：《潜夫论笺校正·卷五·衰制》，中华书局 1985 年版。

63. （宋）欧阳修、宋祁撰：《新唐书·卷四十八·百官志三》，中华书局 1975 年版。

64. （明）黄淮，杨士奇等编著：《历代名臣奏议·卷二百二·听言》，学生书局 1964 年版。

65. （明）张瀚：《松窗梦语》，中华书局 1997 年版。

66. 《明实录·卷六·太祖实录》，上海书店 1982 年版。

67. 《大明会典·卷二〇九·都查院·风宪总例》。

68. 《明会要·卷三十三·职官五》。

69. （清）龙文彬撰：《明会要·卷三十三·职官五·都察院》，中华书局 1956 年版。

70. （清）王夫之：《读通鉴论·唐太宗》，中华书局 1975 年版。

71. [古希腊] 亚里士多德：《政治学》，吴寿彭译，商务印书馆 1965 年版。

72. [古罗马] 奥古斯丁：《忏悔录》，周士良译，商务印书馆 1963 年版。

73. [德] 马克思：《资本论》，人民出版社 1975 年版。

74. [德] 马克斯·韦伯：《经济与社会》（上），阎克文译，商务印书馆 1998 年版。

75. [德] 耶林：《为权利而斗争》，郑永流译，商务印书馆 2016 年版。

76. [美] 道格拉斯·C. 诺思：《制度、制度变迁与经济绩效》，杭行译，格致出版社、上海三联出版社、上海人民出版社 2014 年版。

77. [美] R. 科斯等：《财产权利与制度变迁——产权学派与新制度学派译文集》，刘守英译，上海三联书店、上海人民出版社 2000 年版。

78. [美] 道格拉斯·C. 诺斯：《经济史中的结构与变迁》，陈郁等译，上海三联书店、上海人民出版社 1994 年版。

79. ［美］罗伯特·D. 帕特南：《使民主运转起来》，王列、赖海榕译，江西人民出版社 2001 年版。

80. ［美］塞缪尔·P. 亨廷顿：《变化社会中的政治秩序》，王冠华等译，三联书店 1989 年版。

81. ［美］塞缪尔·P. 亨廷顿：《变化社会中的政治秩序》，王冠华等译，世纪出版集团、上海人民出版社 2008 年版。

82. ［美］西摩·马丁·李普塞特：《政治人——政治的社会基础》，张绍宗译，上海人民出版社 1997 年版。

83. ［美］弗朗兹·博厄斯：《人类学与现代生活》，刘莎等译，华夏出版社 1999 年版。

84. ［美］罗纳德·德沃金：《认真对待权利》，吴玉璋、信春鹰译，上海三联书店 2008 年版。

85. ［美］巴里·海格：《法治：决策者概念指南》，曼斯菲尔德太平洋事务中心译，中国政法大学出版社 2005 年版。

86. ［美］约翰·罗尔斯：《正义论》，何怀宏等译，中国社会科学出版社 2001 年版。

87. ［英］洛克：《政府论》（下篇），商务印书馆 1964 年版。

88. ［英］丹宁：《法律的正当程序》，李克强等译，群众出版社 1984 年版。

89. ［法］孟德斯鸠：《论法的精神》（上册），张雁深译，商务印书馆 1982 年版。

90. ［日］芦部信喜：《宪法》（第 3 版），林来梵等译，北京大学出版社 2006 年版。

91. ［新西兰］吉瑞米·波普：《制约腐败——建构国家廉政体系》，清华大学公共管理学院廉政研究室译，中国方正出版社 2003 年版。

二、学术论文

1. 陈越峰："监察措施的合法性研究"，载《环球法律评论》2017 年第 2 期。

2. 刘权："目的正当性与比例原则的重构"，载《中国法学》2014 年第 4 期。

3. 杨登峰："从合理原则走向统一的比例原则"，载《中国法学》2016 年第 3 期。

4. ［德］安德烈亚斯·冯·阿尔诺："欧洲基本权利保护的理论与方法——以比例原则为例"，刘权译，载《比较法研究》2014 年第 1 期。

5. 白冬："论刑事诉讼人权保障目标模式要素之理性"，载《贵州民族大学学报（哲学社会科学版）》2017 年第 6 期。

6. 白钢、潘迎春："论坚持党的领导、人民当家作主和依法治国的有机统一"，载《政治学研究》2010 年第 1 期。

7. 毕鸿昌："建立健全我国监察委员会制度的思考"，载《桂海论丛》2017 年第 5 期。

8. 卞建林："监察机关办案程序初探"，载《法律科学》2017 年第 6 期。

9. 蔡道通："没有真正的监督就没有良性的权力"，载《淮阴师专学报》1993 年第 1 期。

10. 蔡学恩："专门环境诉讼的内涵界定与机制构想"，载《法学评论》2015 年第 3 期。

11. 曹亘平："对监察委的监督制约严密而有效——多把'连环锁'确保监察权良性运行"，载《人民论坛》2018 年第 1 期。

12. 陈琛："重构政治生态的善政革命"，载《改革与开放》2015 年第 23 期。

13. 陈端洪："政治法的平衡结构——卢梭《社会契约论》中人民主权的建构原理"，载《政法论坛》2006 年第 5 期。

14. 陈丰："论制度生态环境与制度成本"，载《华东理工大学学报（社会科学版）》2013 年第 1 期。

15. 陈光中、邵俊："我国监察体制改革若干问题思考"，载《中国法学》2017 年第 4 期。

16. 陈光中、张建伟："联合国《公民权利和政治权利国际公约》与我国刑事诉讼"，载《中国法学》1998 年第 6 期。

17. 陈国权、黄振威："善政发展的逻辑"，载《经济社会体制比较》2009 年第 3 期。

18. 陈国权、周鲁耀："制约与监督：两种不同的权力逻辑"，载《浙江大学学报（人文社会科学版）》2013 年第 6 期。

19. 陈建斌："论公仆人格及其冲突与调适"，载《上海交通大学学报（哲学社会科学版）》2003 年第 2 期。

20. 陈景云、杨爱平："制度剩余与制度短缺：我国廉政制度建设的结构性问题"，载《学术论坛》2011 年第 12 期。

21. 陈朋："重构政治生态：权力制约监督的一种新视角"，载《江苏行政学院学报》2016 年第 3 期。

22. 陈卫东："职务犯罪监察调查程序若干问题研究"，载《政治与法律》2018 年第 1 期。

23. 陈尧："从'三位一体'到'四位一体'：监察体制改革对我国政体模式的创新"，载《探索》2018 年第 4 期。

24. 陈永革："论香港廉政公署制度的特色及其对内地廉政法治的启示"，载《清华法学》2003 年第 2 期。

25. 陈越峰："监察措施的合法性研究"，载《环球法律评论》2017 年第 2 期。

26. 邓安庆："论价值哲学的本体论问题"，载《江汉论坛》1997 年第 3 期。

27. 邓和军："报案、举报与控告"，载《贵州警官职业学院学报》2003 年第 3 期。

28. 丁国民、吴菁敏："论内部行政行为的可诉性——以人事性质内部行政行为为视角"，载《东北农业大学学报（社会科学版）》2018 年第 1 期。

29. 董芳："公务员受撤职处分执行问题分析"，载《中国监察》2014 年第 7 期。

30. 董芳："关于政纪处分的适用问题"，载《中国纪检监察》2014 年第 17 期。

31. 董树文："纪检监察谈话过程中的难点及对策"，载《北京石油管理干部学院学报》2010 年第 4 期。

32. 董瑛：“努力构建山清水秀的党内政治生态——学习十九大报告关于全面从严治党的重要论述”，载《人民论坛·学术前沿》2017 年第 24 期。

33. 段博今：“国家监察体制改革与监察权力制约”，载《社会治理法治前沿年刊》2017 年。

34. 方茜、贺昌政：“基于激励视角的政府效能提升路径研究——以基本公共服务为例”，载《软科学》2013 年第 2 期。

35. 冯俊伟：“国家监察体制改革中的程序分离与衔接”，载《法律科学（西北政法大学学报）》2017 年第 6 期。

36. 冯莉：“美国学者对腐败与文化关系的研究及对中国反腐的启示”，载《当代世界与社会主义》2017 年第 5 期。

37. 扶松茂：“从瑞典、英国议会行政监察看中国的行政监察专员制度的创制”，载《云南行政学院学报》2002 年第 6 期。

38. 付建萍：“浅谈新形势下纪检监察干部队伍建设存在的问题及对策”，载《经济师》2018 年第 2 期。

39. 高丽、管小敏：“略论加强纪检监察干部队伍自身建设”，载《福建教育学院学报》2010 年第 2 期。

40. 高艳：“人力资源管理理论研究综述”，载《西北大学学报（哲学社会科学版）》2005 年第 2 期。

41. 龚举文：“对监察权有效监督制约将使监委更具权威”，载《中国纪检监察》2018 年第 8 期。

42. 郭华：“监察委员会与司法机关的衔接协调机制探索——兼论刑事诉讼法的修改”，载《贵州民族大学学报（哲学社会科学版）》2017 年第 2 期。

43. 郭文亮、王经北：“同体监督异体化·异体监督实体化——改革和完善我国权力监督机制的路径与对策”，载《理论探讨》2010 年第 5 期。

44. 郭振亚：“‘合理化作用’析”，载《检察风云》2005 年第 18 期。

45. 过勇：“完善中国反腐体制与机制的几点建议”，载《经济社会体制比较》2010 年第 4 期。

46. 韩大元、于文豪：“法院、检察院和公安机关的宪法关系”，载《法学研究》2011 年第 3 期。

47. 韩大元：“论国家监察体制改革中的若干宪法问题”，载《法学评论》2017 年第 3 期。

48. 韩锐、李景平、张记国：“国内外关于‘高薪养廉’问题研究述评”，载《人力资源管理》2011 年第 8 期。

49. 韩志明：“监督权的内在贫困及其理论建构”，载《中共福建省委党校学报》2009 年第 8 期。

50. ［德］汉斯·约格·阿尔布莱希特："德国贿赂犯罪的基本类型与反腐刑法的最新发展"，韩毅译，载《经济刑法》2017年。

51. 何深思："人大监督刚性的天然缺失与有效植入"，载《中国特色社会主义研究》2013年第1期。

52. 何勇："努力做好效能监察工作"，载《中国监察》2000年第3期。

53. 贺日开："《行政机关公务员处分条例》的进步与不足"，载《行政法学研究》2008年第2期。

54. 胡洪彬："廉政问责多元参与机制的建构"，载《中国特色社会主义研究》2016年第2期。

55. 胡建淼："'特别权力关系'理论与中国的行政立法——以《行政诉讼法》《国家公务员法》为例"，载《中国法学》2005年第5期。

56. 胡杨："论中国特色反腐模式转型的内在逻辑与发展路径"，载《马克思主义与现实》2010年第4期。

57. 黄学贤："行政法中的比例原则研究"，载《法律科学（西北政法学院学报）》2001年第1期。

58. 黄义英、秦馨："廉政、廉政文化和廉政文化建设的理论内涵"，载《前沿》2010年第9期。

59. 姬亚平、吉亮亮："国家监察委员会的设立与运行制度研究"，载《财经法学》2018年第1期。

60. 江国华、何盼盼："中国特色监察法治体系论纲"，载《新疆师范大学学报（哲学社会科学版）》2018年第5期。

61. 江国华、刘文君："习近平'共建共治共享'治理理念的理论释读"，载《求索》2018年第1期。

62. 江国华、彭超："国家监察立法的六个问题"，载《江汉论坛》2017年第2期。

63. 江国华、周海源："论行政法规之审查基准"，载《南都学坛》2010年第5期。

64. 江国华："国家监察体制改革的逻辑与取向"，载《学术论坛》2017年第3期。

65. 江国华："无诉讼即无法治——论宪法诉讼乃法治之精义"，载《法学论坛》2002年第4期。

66. 江国华："中国宪法中的权力秩序"，载《东方法学》2010年第4期。

67. 江利红："行政监察职能在监察体制改革中的整合"，载《法学》2018年第3期。

68. 姜明安："国家监察法立法的若干问题探讨"，载《法学杂志》2017年第3期。

69. 姜明安："国家监察法立法应处理的主要法律关系"，载《环球法律评论》2017年第2期。

70. 姜明安："行政诉讼功能和作用的再审视"，载《求是学刊》2011年第1期。

71. 姜明安：“论监察法的立法目的与基本原则”，载《行政法学研究》2018 年第 4 期。

72. 解志勇、闫映全：“反向行政诉讼：全域性控权与实质性解决争议的新思路”，载《比较法研究》2018 年第 3 期。

73. 柯葛壮、张震：“《监督法》实施与人大司法监督的改进”，载《法治论丛（上海政法学院学报）》2007 年第 5 期。

74. 雷磊、刘雪利：“国家监察机关的设置模式：基于‘独立性’的比较研究”，载《北京行政学院学报》2017 年第 6 期。

75. 雷思远：“如何理解监委依法独立行使监察权——准确把握依法、独立、配合、制约四个关键词”，载《中国纪检监察》2018 年第 9 期。

76. 李兵：“人大如何对监委实施有效监督”，载《中国纪检监察》2018 年第 6 期。

77. 李步云、邓成明：“论宪法的人权保障功能”，载《中国法学》2002 年第 3 期。

78. 李超峰、邢永杰：“我国搜查制度的运行现状、问题及完善”，载《江西社会科学》2014 年第 2 期。

79. 李和中、邓明辉：“政府廉政生态的建构与策略选择”，载《中国行政管理》2014 年第 4 期。

80. 李红勃：“迈向监察委员会：权力监督中国模式的法治化转型”，载《法学评论》2017 年第 3 期。

81. 李红勃：“人权、善政、民主：欧洲法律与社会发展中的议会监察专员”，载《比较法研究》2014 年第 1 期。

82. 李辉、蔡林慧：“权力监督机制的结构功能困境及其破解”，载《行政论坛》2013 年第 1 期。

83. 李景平、赵亮、于一丁：“中外行政监察制度比较及其启示”，载《西安交通大学学报（社会科学版）》2008 年第 4 期。

84. 李乐霞、解超：“社会主义法治：意蕴、困境及出路”，载《克拉玛依学刊》2017 年第 6 期。

85. 李雷：“监察体制改革的宪法学思考”，载《江苏行政学院学报》2017 年第 3 期。

86. 李立景：“网络反腐：模式、问题与制度创新”，载《学术交流》2011 年第 5 期。

87. 李龙、徐亚文：“正当程序与宪法权威”，载《武汉大学学报（人文社会科学版）》2000 年第 5 期。

88. 李梦云：“政治文化架构下的社会主义廉政文化建设”，载《马克思主义研究》2012 年第 3 期。

89. 李森：“国家监察委员会职权的立法配置与逻辑思考”，载《首都师范大学学报（社会科学版）》2017 年第 5 期。

90. 李天昊：“党内法规与国家法的冲突与协调”，载《岭南学刊》2017 年第 2 期。

91. 李巍巍、施祖麟："经济机制设计理论评介"，载《数量经济技术经济研究》1993 年第 9 期。

92. 李小琼："效能政府的内涵"，载《经济论坛》2005 年第 17 期。

93. 李永洪、王瑞娟："反腐倡廉要重视发挥专业人才的积极作用"，载《理论探索》2012 年第 1 期。

94. 李永忠："监察体制改革与国家治理现代化"，载《中国经济报告》2018 年第 5 期。

95. 李媛："强化监察人员保密意识对提升廉政监察水平的特殊意义"，载《中国公共安全（学术版）》2011 年第 3 期。

96. 林尚立："在有效性中累积合法性：中国政治发展的路径选择"，载《复旦学报（社会科学版）》2009 年第 2 期。

97. 刘宸："中国和新加坡反腐制度的比较研究——以权力结构为视角"，载《安徽行政学院学报》2014 年第 4 期。

98. 刘道前："中华人民共和国监察法（草案）立法考量——基于国家学说及宪法权利保障的角度分析"，载《人民论坛·学术前沿》2017 年第 23 期。

99. 刘东亮："什么是正当法律程序"，载《中国法学》2010 年第 4 期。

100. 刘海年："略论社会主义法治原则"，载《中国法学》1998 年第 1 期。

101. 刘计划："侦查监督制度的中国模式及其改革"，载《中国法学》2014 年第 1 期。

102. 刘茂林："国家监察体制改革与中国宪法体制发展"，载《苏州大学学报（法学版）》2017 年第 4 期。

103. 刘熙瑞、段龙飞："服务型政府：本质及其理论基础"，载《国家行政学院学报》2004 年第 5 期。

104. 刘小妹："人大制度下的国家监督体制与监察机制"，载《政法论坛》2018 年第 3 期。

105. 刘艳红："程序自然法作为规则自治的必要条件——《监察法》留置权运作的法治化路径"，载《.华东政法大学学报》2018 年第 3 期。

106. 刘艳红："监察委员会调查权运作的双重困境及其法治路径"，载《法学论坛》2017 年第 6 期。

107. 龙宗智："监察与司法协调衔接的法规范分析"，载《政治与法律》2018 年第 1 期。

108. 龙宗智："庭审实质化的路径和方法"，载《法学研究》2015 年第 5 期。

109. 卢岳华："党政纪检、监察监督体制改革刍议"，载《行政与法（吉林省行政学院学报）》2004 年第 3 期。

110. 卢政峰："内部行政程序及其法治化建构研究"，载《辽宁大学学报（哲学社会科学版）》2018 年第 3 期。

111. 罗凤梅："政府采购廉政风险点及防范对策"，载《法制与经济》2017 年第 9 期。

112. 罗淦、宋甜甜、李琳："监察机关是如何提出监察建议的"，载《中国纪检监察》2018

年第 12 期。

113. 马方、吴桐："逻辑与司法：监察程序中证据规则的解构与建构"，载《河北法学》2018 年第 9 期。

114. 马怀德："《国家监察法》的立法思路与立法重点"，载《环球法律评论》2017 年第 2 期。

115. 马怀德："国家监察体制改革的重要意义和主要任务"，载《国家行政学院学报》2016 年第 6 期。

116. 马怀德："监察法：新时代党和国家自我监督的重要规范"，载《紫光阁》2018 年第 4 期。

117. 马怀德："事关全局的重大政治改革"，载《中国纪检监察报》2017 年第 6 期。

118. 马怀德："再论国家监察立法的主要问题"，载《行政法学研究》2018 年第 1 期。

119. 马家福、季美君："检察院内部监督制约机制框架设计"，载《国家检察官学院学报》2003 年第 6 期。

120. 缪蒂生："关于司法监督机制改革的若干思考"，载《江苏社会科学》2003 年第 1 期。

121. 莫纪宏："国家监察体制改革要注重对监察权性质的研究"，载《中州学刊》2017 年第 10 期。

122. 莫纪宏："坚持党的领导与依法治国"，载《法学研究》2014 年第 6 期。

123. 倪明胜："新常态下反腐倡廉建设的四重逻辑转换"，载《中国党政干部论坛》2016 年第 7 期。

124. 倪星："理性经济人视角下的官员腐败研究"，载《广州大学学报（社会科学版）》2009 年第 6 期。

125. 欧阳景根："作为制度变革的法治建设模式：一种统摄性法治理论的建构"，载《政治学研究》2015 年第 4 期。

126. 庞华萍："监察权独立行使的五个保障"，载《安徽警官职业学院学报》2018 年第 1 期。

127. 彭辉："监察体系重构视野下的国家监察委职能研究"，载《社会治理法治前沿年刊》2017 年。

118. 彭昕："加强社会监督是遏制腐败的有效途径"，载《党政干部学刊》2011 年第 3 期。

129. 期。

130. 亓光："论中国共产党的反腐廉政建设"，载《政治学研究》2011 年第 3 期。

131. 钱小平："监察委员会监督职能激活及其制度构建——兼评《监察法》的中国特色"，载《华东政法大学学报》2018 年第 3 期。

132. 乔亚南："政府职能转移：承接组织权利救济及行政契约争议解决"，载《苏州大学学报（哲学社会科学版）》2018 年第 2 期。

133. 秦策："监察调查程序的法治化构建"，载《理论视野》2018 年第 2 期。

134. 秦前红、石泽华："监察委员会调查活动性质研究——以山西省第一案为研究对象"，载《学术界》2017 年第 6 期。

135. 秦前红、石泽华："论监察权的独立行使及其外部衔接"，载《法治现代化研究》2017 年第 6 期。

136. 秦前红、苏绍龙："论党内法规与国家法律的协调衔接"，载《人民论坛》2016 年第 10 期。

137. 秦前红、杨临宏："特别权力关系理论研究"，载《法学论坛》2001 年第 4 期。

138. 秦前红："监察体制改革的逻辑与方法"，载《环球法律评论》2017 年第 2 期。

139. 秦前红："困境、改革与出路：从'三驾马车'到国家监察——我国监察体系的宪制思考"，载《中国法律评论》2017 年第 1 期。

140. 秦前红："我国监察机关的宪法定位——以国家机关相互间的关系为中心"，载《中外法学》2018 年第 3 期。

141. 冉富强、耿鹏飞："未来国家监察委员会的功能定位刍议"，载《河南教育学院学报（哲学社会科学版）》2017 年第 6 期。

142. 任铁缨："反腐败与社会监督"，载《中共中央党校学报》2009 年第 4 期。

143. 沈德咏："论以审判为中心的诉讼制度改革"，载《中国法学》2015 年第 3 期。

144. 沈国琴："正当法律程序与警察行政权的行使"，载《中国人民公安大学学报（社会科学版）》2007 年第 3 期。

145. 石庆环："立法与反腐：以美国联邦政府腐败治理为研究对象"，载《辽宁大学学报（哲学社会科学版）》2015 年第 2 期。

146. 石泰峰、张恒山："论中国共产党依法执政"，载《中国社会科学》2003 年第 1 期。

147. 石佑启："在我国行政诉讼中确立'成熟原则'的思考"，载《行政法学研究》2004 年第 1 期。

148. 宋河发、张思重："自主创新政府采购政策系统构建与发展研究"，载《科学学研究》2014 年第 11 期。

149. 苏彩霞："《联合国反腐败公约》与国际刑法的新发展——兼论《公约》对我国刑事法的影响"，载《法学评论》2006 年第 1 期。

150. 苏志强："反渎职侵权：作为监察权监督的一种方式"，载《北京社会科学》2018 年第 7 期。

151. 孙谦："论依法治国与提高执政能力"，载《中国法学》2005 年第 4 期。

152. 孙长永："通过中立的司法权力制约侦查权力——建立侦查行为司法审查制度之管见"，载《环球法律评论》2006 年第 5 期。

153. 覃旭："'官员财产申报制度'求法之路"，载《财经》2008 年第 6 期。

154. 谭家超：“国家监察权设置的功能”，载《河南社会科学》2017 年第 6 期。

155. 谭世贵：“论对国家监察权的制约与监督”，载《政法论丛》2017 年第 5 期。

156. 汤维建：“论人大监督司法的价值及其重点转向”，载《政治与法律》2013 年第 5 期。

157. 唐海歌：“承袭与变异：中国古代监察制度述论”，载《重庆科技学院学报（社会科学版）》2009 年第 7 期。

158. 唐云、唐辉：“完善公职人员财产申报制度的路径研究”，载《知与行》2017 年第 8 期。

159. 唐忠宝、徐玉生：“论新时代廉政组织与廉政文化协同反腐及其机理”，载《河南社会科学》2018 年第 3 期。

160. 童之伟：“对监察委员会自身的监督制约何以强化”，载《法学评论》2017 年第 1 期。

161. 童之伟：“国家监察立法预案仍须着力完善”，载《政治与法律》2017 年第 10 期。

162. 汪海燕：“论刑事庭审实质化”，载《中国社会科学》2015 年第 2 期。

163. 王成栋：“‘正当法律程序’适用的基本问题”，载《法治论丛（上海政法学院学报）》2008 年第 6 期。

164. 王飞跃：“监察留置适用中的程序问题”，载《法学杂志》2018 年第 5 期。

165. 王凤涛：“变通定罪与制度损益——非法处置行政机关查封、冻结、扣押的财产的定性”，载《安徽大学法律评论》2012 年第 2 期。

166. 王国文：“试论公务员权利的司法救济”，载《国家行政学院学报》2008 年第 3 期。

167. 王建明：“职务犯罪侦查措施的结构、功能及适用原则”，载《中国法学》2007 年第 5 期。

168. 王错、王心阳：“如何监督监督者——兼谈对监察委员会的诉讼监督问题”，载《浙江社会科学》2017 年 08 期。

169. 王可园、齐卫平：“国家治理现代化视角下党的执政能力提升研究”，载《理论与改革》2014 年第 5 期。

170. 王琨：“人权监察专员制度研究——从法理学视角分析”，载《理论界》2009 年第 8 期。

171. 王立峰、潘博：“浅析中共纪检监察机关的内部监督机制”，载《长白学刊》2015 年第 6 期。

172. 王梅芳、赵高辉：“新媒体生态下的舆论监督”，载《南京社会科学》2011 年第 5 期。

173. 王鹏祥、张彦奎：“当代中国贿赂犯罪的刑法治理——以《联合国反腐败公约》为观照”，载《河北法学》2014 年第 2 期。

174. 王全宝：“‘两规’从严”，载《中国新闻周刊》2013 年第 34 期。

175. 王希鹏：“国家监察权的属性”，载《求索》2018 年第 4 期。

176. 王锡锌：“正当法律程序与‘最低限度的公正’——基于行政程序角度之考察”，载

《法学评论》2002 年第 2 期。

177. 王旭："国家监察机构设置的宪法学思考"，载《中国政法大学学报》2017 年第 5 期。

178. 王洋："加强和改进人大监督研究综述"，载《当代社科视野》2011 年第 2 期。

179. 王仰文："中国式问责悖论的政治学解释"，载《求实》2014 年第 3 期。

180. 王迎龙："监察委员会权利运行机制若干问题之探讨——以《国家监察法（草案）》为分析蓝本"，载《湖北社会科学》2017 年第 12 期。

181. 王玉樑："关于价值本质的几个问题"，载《学术研究》2008 年第 8 期。

182. 王中胜："谈话、讯问、询问三项措施有何不同"，载《中国纪检监察》2018 年第 12 期。

183. 魏昌东："国家监察委员会改革方案之辨正：属性、职能与职责定位"，载《法学》2017 年第 3 期。

184. 吴从星："谈效能政府建设中公民主体理论的基础"，载《北京城市学院学报》2009 年第 6 期。

185. 吴德星："论国家权力的分工与制约——现代制衡制度比较研究"，载《中央政法管理干部学院学报》1995 年第 1 期。

186. 吴海红："反腐倡廉建设中的社会监督机制研究"，载《中共福建省委党校学报》2012 年第 2 期。

187. 吴汉东："国家治理能力现代化与法治化问题研究"，载《法学评论》2015 年第 5 期。

188. 吴纪树："德国法治反腐的实践与启示"，载《领导科学》2015 年第 12 期。

189. 吴建雄："监察委到底如何运行"，载《中国党政干部论坛》2017 年第 3 期。

190. 吴建雄："试点地区用留置取代两规措施的实践探索"，载《新疆师范大学学报（哲学社会科学版）》2018 年第 2 期。

191. 吴健雄："论国家监察体制改革的价值基础与制度构建"，载《中共中央党校学报》2017 年第 2 期。

192. 吴伟达："我国宏观调控司法监督的困境与出路"，载《宏观经济研究》2015 年第 4 期。

193. 吴永生："公共领域视野中权力监督的逻辑、批判与规范"，载《行政论坛》2015 年第 2 期。

194. 吴永生："权力监督与国家治理能力现代化"，载《理论探索》2015 年第 2 期。

195. 吴昱江："试论比例原则在国家安全与言论自由平衡下的使用——以美国司法判例为鉴"，载《政法论丛》2016 年第 3 期。

196. 武政文、张友国："民主改革以来印度尼西亚的反腐败工作"，载《东南亚纵横》2005 年第 8 期。

197. 习近平："要拎着'乌纱帽'为民干事"，载《西部大开发》2013 年第 3 期。

198. 夏文强："论公务员勤政建设的重要性"，载《世纪桥》2016 年第 9 期。

199. 肖俊奇："民评官：以横向问责强化纵向问责"，载《中国行政管理》2015 年第 1 期。

200. 肖群忠："传统性善论与社会监督机制的缺失"，载《河北学刊》2009 年第 1 期。

201. 谢皓、原晓红："信任就是考验监督没有例外——始终贯彻信任不能代替监督的理念"，载《中国纪检监察》201 年第 21 期。

202. 谢佑平、江涌："论权力及其制约"，载《东方法学》2010 年第 2 期。

203. 熊丝语："监察委员会的权力制约与监督机制研究"，载《社会治理法治前沿年刊》2017 年。

204. 徐法寅："机构合并和平台协调——监察体制改革中监督力量的整合路径"，载《河南社会科学》2018 年第 7 期。

205. 徐锋："现代政党治理刍论"，载《当代世界与社会主义》2004 年第 1 期。

206. 徐汉明、张乐："监察委员会职务犯罪调查与刑事诉讼衔接之探讨——兼论法律监督权的性质"，载《法学杂志》2018 年第 6 期。

207. 徐汉明："国家监察权的属性探究"，载《法学评论》2018 年第 1 期。

208. 徐理响："现代国家治理中的合署办公体制探析——以纪检监察合署办公为例"，载《求索》2015 年第 8 期。

209. 徐双敏、张巍："职责异构：地方政府机构改革的理论逻辑和现实路径"，载《晋阳学刊》2015 年第 1 期。

210. 徐伟红："孙中山监察权独立思想及其对廉政监察的启示"，载《湖南人文科技学院学报》2018 年第 2 期。

211. 徐永平："充分发挥社会监督的反腐败功能"，载《理论研究》2012 年第 2 期。

212. 许耀桐："治理为官不为、懒政怠政问题刍议"，载《中共福建省委党校学报》2015 年第 10 期。

213. 郇雷："民主巩固过程中的制度因素：发展、设计及其关联性"，载《国外社会科学》2012 年第 2 期。

214. 杨解君："特别法律关系论——特别权力关系论的扬弃"，载《南京社会科学》2006 年第 7 期。

215. 杨伦华、徐汉明："关于推进检察监督法治化现代化的思考——以国家监察体制改革为背景"，载《社会治理法治前沿年刊》2017 年。

216. 杨宇："21 世纪的公共治理：从'善政'走向'善治'"，载《改革与开放》2011 年第 20 期。

217. 姚莉、秦文峰："国家监察体制改革语境下的若干刑诉法问题应和"，载《求索》2018 年第 4 期。

218. 姚文胜："监察权是符合党和人民意志的宪定权"，载《中国纪检监察报》2018 年第

6 期。

219. 叶青、王小光："域外监察制度发展评述"，载《法律科学（西北政法大学学报）》2017 年第 6 期。

220. 叶青："监察机关调查犯罪程序的流转与衔接"，载《华东政法大学学报》2018 年第 3 期。

221. 于晋芳、罗小丽："借鉴国外反腐倡廉的有益做法　构建具有中国特色的廉政文化"，载《先锋队》2013 年第 27 期。

222. 于文轩、吴进进："反腐败政策的奇迹：新加坡经验及对中国的启示"，载《公共行政评论》2014 年第 5 期。

223. 余承法、廖美珍："询问乎·讯问乎——析《中华人民共和国刑事诉讼法》中'问'的表述"，载《求索》2006 年第 5 期。

224. 余凌云："对我国行政问责制度之省思"，载《法商研究》2013 年第 3 期。

225. 俞可平："公正与善政"，载《南昌大学学报（人文社会科学版）》2007 年第 4 期。

226. 俞可平："论政府创新的若干基本问题"，载《文史哲》2005 年第 4 期。

227. 俞可平："推进国家治理体系和治理能力现代化"，载《前线》2014 年第 1 期。

228. 袁秉达："习近平总书记治国理政思想的人民性特质"，载《前线》2017 年第 5 期。

229. 翟志勇："监察委员会与'八二宪法'体制的重塑"，载《环球法律评论》2017 年第 2 期。

230. 翟志勇："论监察权的宪法性质——兼论八二宪法的分权体系"，载《中国法律评论》2018 年第 1 期。

231. 粘凌燕："善治思维下领导干部问责机制的理论逻辑与实践范式"，载《领导科学》2018 年第 10 期。

232. 詹建红、张威："我国侦查权的程序性控制"，载《法学研究》2015 年第 3 期。

233. 张成福："责任政府论"，载《中国人民大学学报》2000 年第 2 期。

234. 张恒山："论坚持党的领导与依法治国"，载《安徽师范大学学报（人文社会科学版）》2015 年第 2 期。

235. 张建伟："法律正当程序视野下的新监察制度"，载《环球法律评论》2017 年第 2 期。

236. 张杰："透明国际建构国家廉政体系主张及其对中国反腐败的意义"，载《江苏警官学院学报》2010 年第 5 期。

237. 张晋藩："中国古代监察思想、制度与法律论纲——历史经验的总结"，载《环球法律评论》2017 年第 2 期。

238. 张立哲："推进党政合署机构改革的基本遵循"，载《领导科学》2018 年第 20 期。

239. 张丽青："健全人民群众监督机制是防止腐败的根本途径"，载《郑州大学学报（哲学社会科学版）》2004 年第 3 期。

240. 张倩："国家监察体制改革的三维价值"，载《中国报道》2017 年第 11 期。

241. 张倩："英国监察专员的类型、功能及启示"，载《政法论丛》2017 年第 4 期。

242. 张守文："政府与市场关系的法律调整"，载《中国法学》2014 年第 5 期。

243. 张文："探索自上而下与自下而上相结合的反腐模式——丹麦工业联合会反腐行动对中国的启示"，载《学习与探索》2016 年第 4 期。

244. 张文显："习近平法治思想研究（下）——习近平全面依法治国的核心观点"，载《法制与社会发展》2016 年第 4 期。

245. 张志铭、于浩："现代法治释义"，载《政法论丛》2015 年第 1 期。

246. 章剑生："从自然正义道正当法律程序——兼论我国行政程序立法中的‘法律思想移植’"，载《法学论坛》2006 年第 5 期。

247. 师长青："建设一支党和人民完全依赖的队伍——改革开放以来纪检监察干部队伍建设综述"，载《中国监察》2008 年第 24 期。

248. 赵红军、杜其航、胡敏："丹麦反腐败制度体系、政策和行为准则对中国的启示"，载《学习与探索》2016 年第 12 期。

249. 赵鹏辉："新形势下纪检监察干部队伍建设再思考"，载《法制与社会》2014 年第 16 期。

250. 赵肖筠、郭相宏："法治原则述要"，载《法学评论》1998 年第 4 期。

251. 赵晓光："监察留置的属性与制约体系研究"，载《中国社会科学院研究生院学报》2018 年第 2 期。

252. 赵心："香港反腐制度设计对内地国家监察体制改革的借鉴研究"，载《理论月刊》2017 年第 8 期。

253. 赵旭东："程序正义概念与标准的再认识"，载《法律科学（西北政法学院学报）》2003 年第 6 期。

254. 赵雪雁："推进纪检监察文化建设的思考"，载《发展》2011 年第 10 期。

255. 郑贤君："论国会调查权的宪法界限"，载《法学评论》2014 年第 1 期。

256. 周国辉："公众监督的缺陷分析及其对策"，载《唯实》2001 年第 5 期。

257. 周乐军："‘对人监察’抑或‘对事监察’——论我国监察委员会监察权的边界"，载《时代法学》2018 年第 4 期。

258. 周琪："西方学者对腐败的理论研究"，载《美国研究》2005 年第 4 期。

259. 周叶中、蔡武进："新时期我国社会主义民主政治建设的新思考——现行《宪法》实施 30 年来我国社会主义民主政治建设的回顾与展望"，载《法学杂志》2012 年第 7 期。

260. 周叶中："论‘党纪新条例’的法技术与法属性"，载《武汉大学学报（人文科学版）》2016 年第 1 期。

261. 周叶中："论重大行政决策问责机制的构建"，载《广东社会科学》2015 年第 2 期。

262. 周佑勇："行政法的正当程序原则"，载《中国社会科学》2004 年第 4 期。

263. 周佑勇："监察委员会权力配置的模式选择与边界"，载《政治与法律》2017 年第 11 期。

264. 朱福惠："国家监察法对公职人员纪律处分体制的重构"，载《行政法学研究》2018 年第 4 期。

265. 朱福惠："国家监察体制之宪法史观察——兼论监察委员会制度的时代特征"，载《武汉大学学报（哲学社会科学版）》2017 年第 3 期。

266. 朱慧玲："共和主义在当代的困境及桑德尔的解决进路"，载《哲学动态》2014 年第 12 期。

267. 朱立恒、王超："纪检监察证据在刑事诉讼中的合理运用"，载《中共中央党校学报》2016 年第 1 期。

268. 朱玲玲："反腐新态势下廉政文化建设重要性再思考"，载《法制与社会》2017 年卷。

269. 朱赟先："试论国家监察委员会的调查职能及其制约——以职务犯罪侦查权为视角"，载《山东青年政治学院学报》2018 年第 1 期。

270. 卓越："台湾监察制度的特征与脉络"，载《台湾研究集刊》2002 年第 4 期。

271. 左卫民："规避与替代——搜查运行机制的实证考察"，载《中国法学》2007 年第 3 期。

三、学位论文

1. 夏杰："纪检监察机关与检察机关反腐败协作研究"，南京理工大学 2017 年硕士学位论文。

2. 徐德刚："五权宪法监察权研究"，武汉大学 2006 年博士学位论文。

3. 徐桂林："新时期地方纪检监察干部队伍建设研究"，湖南师范大学 2005 年博士学位论文。

四、报刊文章

1. 白育庆："实现内部监督和外部监督良性对接"，载《甘肃日报》2006 年 4 月 20 日。

2. 包心鉴："不断净化优化党内政治生态"，载《人民日报》2016 年 12 月 19 日。

3. 报社评论员："把'三转'推向更高层次更高水平"，载《中国纪检监察报》2018 年 4 月 16 日。

4. 陈金来："法法衔接更顺畅更有效"，载《中国纪检监察报》2018 年 3 月 28 日。

5. 高伟："监察建议运用研究"，载《中国纪检监察报》2018 年 5 月 23 日。

6. 郭世杰："从'纪法分开'转向'纪法衔接'"，载《北京日报》2018 年 4 月 2 日。

7. 韩毅："德国反腐刑法的国际化发展"，载《中国社会科学报》2017 年 6 月 28 日。

8. 湖北省纪委监委案件监督管理室："问题线索如何规范管理高效处置"，载《中国纪检监察报》2018 年 5 月 2 日。

9. 林子桢："陈光中：监察体制改革需启动系统修法工程"，载《财新》2017 年 1 月 17 日。

10. 刘飞："诫勉谈话若干问题解析"，载《中国纪检监察报》2018 年 3 月 14 日。

11. 刘战成："'内部监督'与'外部监督'双管齐下——广州采取'四化'举措强化纪检监察干部监督"，载《中国纪检监察报》2015 年 9 月 26 日。

12. 鲁纪干："如何加强纪检监察系统内部监督管理"，载《中国纪检监察报》2016 年 6 月 10 日。

13. 马怀德："全面从严治党亟待改革国家监察体制"，载《光明日报》2016 年 11 月 12 日。

14. 毛翔："'政务处分'首现中央纪委每月通报"，载《中国纪检监察报》2018 年 2 月 23 日。

15. 明金维、马世骏："贺国强与波兰最高监察院院长会谈"，载《人民日报》2011 年 7 月 8 日。

16. 钱广礼："滕州'裂变式'培训提升纪检监察干部素质"，载《中国纪检监察报》2010 年 7 月 29 日。

17. 钱唐："打造全融合全覆盖监察新体系——监察体制改革试点的'浙江样本'之二"，载《中国纪检监察报》2018 年 1 月 11 日。

18. 田国垒："始终在党的领导和监督下开展工作"，载《中国纪检监察报》2018 年 3 月 19 日。

19. 王少伟、王新民、陈治治："汇聚向上向善的正能量——深入推进党风廉政建设、重塑社会价值观系列述评之三"，载《中国纪检监察报》2014 年 10 月 8 日。

20. 王珍、李光："他们这样开展执纪监督和审查调查"，《中国纪检监察报》2018 年 1 月 17 日。

21. 王臻："浅析政务处分和原政纪处分的解除"，载《中国纪检监察报》2018 年 2 月 14 日。

22. 吴云："纪挺法前要深刻理解四个'不等式'"，载《中国纪检监察报》2015 年 10 月 9 日。

23. 习近平："决胜全面建成小康社会　夺取新时代中国特色社会主义伟大胜利——在中国共产党第十九次全国代表大会上的报告"，载《人民日报》2017 年 10 月 19 日。

24. 习近平："领导干部要做尊法学法守法用法的模范　带动全党全国共同全面推进依法治

国"，载《人民日报》2015 年 2 月 3 日。

25. 习近平："在第十八届中央纪律检查委员会第六次全体会议上的讲话"（2016 年 1 月 12 日），载《人民日报》2016 年 5 月 3 日。

26. 徐华娟："英国财产申报制度的最初设立"，载《学习时报》2013 年 6 月 24 日。

27. 闫鸣："监察委员会是政治机关"，载《中国纪检监察报》2018 年 3 月 8 日。

28. 袁曙宏："深化国家监察体制改革的四重意义"，载《中国纪检监察》2018 年 3 月 18 日。

29. 张长虹："如何实践监督执纪'四种形态'"，载《中国纪检监察报》2017 年 2 月 15 日。

30. 张振平："问题线索处置全程留痕"，载《中国纪检监察报》2018 年 2 月 12 日。

31. "王岐山在北京、山西、浙江调研监察体制改革试点工作时强调实现对公职人员监察全覆盖完善党和国家的自我监督"，载《人民日报》2016 年 11 月 26 日。

32. 赵青："人大代表韩德云七年死磕官员财产申报公开"，载《中国青年报》2012 年 3 月 9 日。

33. "中共中央关于全面推进依法治国若干重大问题的决定"（2014 年 10 月 23 日中国共产党第十八届中央委员会第四次全体会议通过），载《人民日报》2014 年 10 月 29 日。

34. "党风廉政建设和反腐败斗争永远在路上"，载《人民日报》2015 年 1 月 15 日。

35. "加强反腐倡廉法规制度建设，让法规制度的力量充分释放"，载《人民日报》2015 年 6 月 28 日。

36. "习近平总书记在十八届中央纪委第二次、三次、五次全会上重要讲话选编"，载《中国纪检监察报》2016 年 1 月 11 日。

37. "案件审查的中止是否表示案件的撤销或结束"，载《中国纪检监察报》2017 年 1 月 25 日。

38. "积极探索实践 形成宝贵经验国家监察体制改革试点取得实效——国家监察体制改革试点工作综述"，载《中央纪委监察部网站》2017 年 11 月 5 日。

39. "全国人大常委会关于在全国各地推开国家监察体制改革试点工作的决定"，载《人民日报》2017 年 11 月 5 日。

40. "十九大首提'合宪性审查'，释放了什么信号"，载《重庆日报》2017 年 11 月 7 日。

41. "监察的是'人'而不是'机关'"，载《中国纪检监察报》2017 年 11 月 13 日。

42. "关于《中华人民共和国监察法（草案）》的说明——2018 年 3 月 13 日在第十三届全国人民代表大会第一次会议上"，载《人民日报》2018 年 3 月 14 日。

43. "关于《中华人民共和国监察法（草案）》的说明——2018 年 3 月 13 日在第十三届全国人民代表大会第一次会议上"，载《人民日报》2018 年 3 月 14 日。

44. "中共中央印发《深化党和国家机构改革方案》"，载《人民日报》2018 年 3 月

22 日。

45. 李艳："谈话函询覆盖六类监察对象"，载《中国纪检监察报》2018 年 5 月 9 日。

46. 马春生："党纪政纪处分决定执行制度完善研究"，载《中国纪检监察报》2014 年 5 月 16 日。

47. 向伟："讯问、询问重在细节"，载《检察日报》2013 年 4 月 16 日。

五、网站文章

1. "理论创新与实践创新的良性互动和新时代新思想的创立"，载中国社会科学网：http://www.cssn.cn/zx/201712/t20171208_3773570.shtml.

2. "中国共产党第十八届中央委员会第三次全体会议公报"（2013 年 11 月 12 日中国共产党第十八届中央委员会第三次全体会议通过），载新华社：http://cpc.people.com.cn/n/2013/1112/c64094-23519137-4.html.

3. 王岐山："全面从严治党，严明党的纪律，把握运用监督执纪'四种形态'"，载http://leaders.people.com.cn/n/2015/0927/c58278-27638972.html.

4. "对纪检监察文化建设的实践与思考"，载 http://www.yaqf.gov.cn/thread-12375-1.html.

5. "山西运城中院：监察委所办案件非法证据的排除要谨慎、要报告"，载 http://www.thepaper.cn/baidu.jsp? contid=1742416.

6. 晋城市纪委："晋城市交通运输局原党组书记、局长李玉山被'双开'"，载 http://www.sxdi.gov.cn/gzdt/jlsc/2017082213392.html.

7. 山西省纪委监委："山西：对市县监察体制改革试点工作进行评估"，载 http://www.ccdi.gov.cn/yw/201708/t20170825_105370.html.

8. 邓楚开："监察委员会对司法生态的可能影响"，载 http://www.houqilawyer.com/view682.htm.